프레젠테이션 교과서

Presentation Patterns: Techniques for Crafting Better Presentations

발표자라면 꼭 알아둬야 할 **88가지 실천 기법**

닐 포드, 매튜 매컬러프, 나다니엘 슈타 지음 / 윤이 옮김

프레젠테이션 교과서:
발표자라면 꼭 알아둬야 할 88가지 실천 기법

지은이 닐 포드, 매튜 매컬러프, 나다니엘 슈타

옮긴이 윤이

펴낸이 박찬규 | 엮은이 이대엽 | 표지디자인 아로와 & 아로와나

펴낸곳 위키북스 | 주소 경기도 파주시 문발로 115, 311호 (파주출판도시, 세종출판벤처타운)

전화 031-955-3658, 3659 | 팩스 031-955-3660

가격 25,000원 | 페이지 396 | 책규격 188 x 240 x 18mm

초판발행 2014년 04월 28일
ISBN 978-89-98139-48-3 (13000)

등록번호 제406-2006-000036호 | 등록일자 2006년 05월 19일

홈페이지 wikibook.co.kr | 전자우편 wikibook@wikibook.co.kr

Authorized translation from the English language edition, entitled PRESENTATION PATTERN: TECHNIQUES FOR CRAFTING BETTER PRESENTATIONS, 1st Edition by FORD, NEAL; MCCULLOUGH, MATTHEW; SCHUTTA NATHANIEL, published by Person Education, Inc, publishing as Assison-Wesley Professional, Copyright © 2012

All rights reserved. No part of this book may be reproduced or transmitted in any form or by any means, electronic or mechanical, including photocopying, recording or by any information storage retrieve system, without permission from Pearson Education, Inc. Korean language edition published by WIKIBOOKS, Copyright © 2014

이 책의 한국어판 저작권은 저작권자와의 독점 계약으로 위키북스에 있습니다.
신저작권법에 의해 한국 내에서 보호를 받는 저작물이므로 무단 전재와 복제를 금합니다.
이 책의 내용에 대한 추가 지원과 문의는 위키북스 출판사 홈페이지 wikibook.co.kr이나
이메일 wikibook@wikibook.co.kr을 이용해 주세요.

이 도서의 국립중앙도서관 출판시도서목록(CIP)은 서지정보유통지원시스템 홈페이지(http://seoji.nl.go.kr)와
국가자료공동목록시스템(http://www.nl.go.kr/kolisnet)에서 이용하실 수 있습니다. (CIP제어번호: CIP2014011619)

프레젠테이션
교과서

들어가기

제목만 봐도 짐작할 수 있듯이 이 책은 어떻게 하면 프레젠테이션을 더 잘할 수 있을까를 설명한다. 이런 주제를 다룬 책이라면 이미 널리고 널렸는데 굳이 이 책이 필요할까? 기존 책들은 대부분 자료를 잘 만들고 프레젠테이션을 더 잘하는 방법을 다루고 있고 꽤 유용하기도 하다. 하지만 그것만으로는 충분하지 않다. 프레젠테이션을 성공적으로 이끌 수 있는 중요한 원칙도 없고, 당장 실행에 옮길 수 있을 만한 내용도 부족하다. 아마 슬라이드 쇼를 무난하게 만들고 색상환표에서 잘 어울리는 색상 톤을 찾는 방법 정도는 배울 수 있을 것이다. 그렇지만 당장 다음 주에 새 프레젠테이션 자료를 제대로 만들어야 한다면 이런 지식이 무슨 소용이겠는가? 이런 추상적인 내용으로 무엇이 좋고 나쁜지 정도는 판단할 수 있겠지만, 괜찮은 결과물을 만들어 내려면 다음 단계로 나아갈 수 있도록 구체적인 조언이 필요하다.

프레젠테이션을 준비하는 방법을 찾아보면 대개 프레젠테이션 툴이 어떻게 작동하는가 하는 기능 위주로 설명하지, 그 기능을 어떻게 효과적으로 사용할지는 설명하지 않는다. 스피치 전문가가 아니면 실제 발표 내용을 효과적으로 전달하는 데 필요한 기술을 어떻게든 스스로 익혀야 한다. 대중 앞에서 말하기는 엄청나게 긴장되는 일이라서 효과적인 프레젠테이션 기술을 익혔더라도 긴장감 때문에 잊어버리기 십상이다.

대부분의 초보 발표자들은 프레젠테이션 툴의 사용 방법을 배우려고 하루짜리 교육을 듣기도 하는데, 이런 교육에서도 툴을 사용해서 효과적인 커뮤니케이션을 하는 방법을 가르쳐 주지는 않는다. 기본적인 사용법은 툴에 내장된 마법사나 도우미를 이용해서 배울 수 있다. 다만, 이런 마법사나 도우미를 사용하면 효과적인 커뮤니케이션을 하기 어렵다. 예컨대, 대부분의 템플릿에서 기본 슬라이드 타입은 점 목록 형태로 돼 있다. 점 목록을 사용하면 서로 구분된 항목을 다루기에는 좋지만 이 책에서 총알 박힌 시체로 정의한 안티패턴이 되기 쉽다. 기본 템플릿을 사용하면 다른 사람들이 만든 프레젠테이션과 차이가 없어 보이므로 이 책에서는 기본 템플릿 사용을 권장하지 않는다. 기본 설정 무시 패턴에서 설명하겠지만 청중에게 좋은 경험을 제공하는 것이 최우선 돼야 한다.

이 책의 저자들은 모두 소프트웨어 개발자 출신이라는 배경을 기반으로 프레젠테이션에 대한 독특한 아이디어를 발전시켜 왔고, 이 아이디어를 토대로 더 깊이 있게 프레젠테이션을 이해하고자 노력했다. 프레젠테이션 패턴은 설득력 있는 프레젠테이션을 만들고 전달하는 실질적인 기술을 다룬, 우리 저자들의 지식과 경험의 정수다. 프레젠테이션을 대하는 저자들의 독특한 관점을 이해하면 이 책이 독자 여러분에게 줄 수 있는 혜택을 더 쉽게 받아들일 수 있을 것이다.

목차

part.1 준비

1장. 사전 준비 패턴   25
   패턴: 청중 분석(Know Your Audience)   29
   패턴: 소셜 미디어 광고(Social Media Advertising)   29
   패턴: 필수(Required)   34
   패턴: 중요한 이유(The Big Why)   37
   패턴: 지원(Proposed)   41
   안티패턴: 요약문 전문 변호사(Abstract Attorney)   44

2장. 창의적 사고 패턴   47
   패턴: 기승전결(Narrative Arc)   48
   패턴: 4단계(Fourthought)   53
   패턴: 시련의 장(Crucible)   59
   패턴: 동시 작성(Concurrent Creation)   64
   패턴: 3단 구성(Triad)   67
   패턴: 신축 이음관(Expansion Joints)   70
   패턴: 토클릿(Talklet)   73
   패턴: 공통 시각 테마(Unifying Visual Theme)   75
   패턴: 쉬는 시간(Brain Breaks)   80
   안티패턴: 찬물 끼얹기(Alienating Artifact)   83
   안티패턴: 셀러리(Celery)   87
   패턴: 전문가 집단 언어(Leet Grammars)   90
   패턴: 번개 토크(Lightning Talk)   92
   패턴: 다카하시(Takahashi)   95
   패턴: 동굴 벽화(Cave Painting)   98

part.2 구현

3장. 슬라이드 구성 패턴   103
- 안티패턴: 쿠키 틀(Cookie Cutter)   104
- 패턴: 종결부(Coda)   107
- 안티패턴: 잘못된 개요(Injured Outlines)   109
- 패턴: 동료 검토(Peer Review)   112
- 패턴: 예고(Foreshadowing)   117
- 안티패턴: 총알 박힌 시체(Bullet-Riddled Corpse)   121
- 패턴: 그리스 코러스(Greek Chorus)   125
- 안티패턴: 개미 같은 글꼴(Ant Fonts)   127
- 안티패턴: 글꼴 중독(Fontaholic)   131
- 안티패턴: 워터마크의 홍수(Floodmarks)   134
- 안티패턴: 사진광(Photomaniac)   139
- 패턴: 애니메이션 조합(Composite Animation)   143
- 패턴: 주문식 강연(À la Carte Content)   148
- 패턴: 아날로그 잡음(Analog Noise)   153
- 패턴: 휴가 사진(Vacation Photos)   158
- 패턴: 기본 설정 무시(Defy Defaults)   162
- 안티패턴: 빌린 신발(Borrowed Shoes)   165

4장. 시간 패턴   167
- 안티패턴: 슬라이드문서(Slideuments)   169
- 패턴: 정보성 문서(Infodeck)   173
- 패턴: 점진적 일관성(Gradual Consistency)   177
- 패턴: 불탄 자국(Charred Trail)   183
- 패턴: 화면 위로 제목 이동(Exuberant Title Top)   187
- 패턴: 숨김(Invisibility)   194
- 패턴: 컨텍스트 키퍼(Context Keeper)   199
- 패턴: 탐색 경로(Breadcrumbs)   203
- 패턴: 북엔드(Bookends)   207
- 패턴: 부드러운 전환(Soft Transitions)   212
- 패턴: 간주곡(Intermezzi)   215
- 패턴: 백트래킹(Backtracking)   218
- 패턴: 프리롤(Preroll)   220
- 패턴: 움직이는 크레디트(Crawling Credits)   223

5장. 데모 vs. 프레젠테이션   226
- 패턴: 라이브 데모(Live Demo)   230
- 안티패턴: 데드 데모(Dead Demo)   234
- 패턴: 립싱크(Lipsync)   239
- 패턴: 움직이는 강조 효과(Traveling Highlights)   243
- 패턴: 움직이는 코드(Crawling Code)   250
- 패턴: 서서히 등장(Emergence)   253
- 패턴: 라이브 온 테이프(Live on Tape)   256

part.3 전달

6장. 무대준비   261
- 패턴: 준비(Preparation)   262
- 패턴: 지지자(Posse)   265
- 패턴: 포석 깔기(Seeding Satisfaction)   268
- 패턴: 우월감 표출(Display of High Value)   271
- 안티패턴: 시간 부족(Shortchanged)   277

7장. 실행 안티패턴   280
- 안티패턴: 말버릇(Hiccup Words)   282
- 안티패턴: 토픽과의 분리(Disowning Your Topic)   285
- 안티패턴: 돼지 얼굴에 립스틱(Lipstick on a Pig)   287
- 안티패턴: 쓸데없는 말의 탑(Tower of Babble)   290
- 안티패턴: 벙커(Bunker)   293
- 안티패턴: 방해꾼(Hecklers)   296
- 안티패턴: 메타적 접근(Going Meta)   300
- 안티패턴: 비공식 루트(Backchannel)   304
- 안티패턴: 레이저 무기(Laser Weapon)   307
- 안티패턴: 소극적 무시(Negative Ignorance)   310
- 안티패턴: 머리 둘 달린 괴물(Dual-Headed Monster)   312

8장. 실행 패턴   315
- 패턴: 카네기 홀(Carnegie Hall)   316
- 패턴: 감정 상태(Emotional State)   320
- 패턴: 숨 쉴 공간(Breathing Room)   322
- 패턴: 신발 벗기(Shoeless)   324
- 패턴: 멘토(Mentor)   326
- 패턴: 기상 캐스터(Weatherman)   329
- 패턴: 첫 질문 유도(Seeding the First Question)   333
- 패턴: 선물 뿌리기(Make It Rain)   335
- 패턴: 엔터테인먼트(Entertainment)   338
- 패턴: 잠복근무(The Stakeout)   341
- 패턴: 광선검(Lightsaber)   343
- 패턴: 반향실(Echo Chamber)   346
- 패턴: 빨강, 노랑, 초록(Red, Yellow, Green)   348

저자 이야기

이 책의 공동 저자 세 명 모두 소프트웨어 개발자 출신으로 소위 말하는 컴퓨터광이다. 저자들은 종종 자신들과 비슷한 다른 이들을 모아 놓고 소프트웨어 구현에 관해 떠들기를 좋아한다. 저자들이 소프트웨어 개발자 출신이다 보니, 문제가 생기면 완벽한 해결책을 찾고 싶어한다. 셋 다 애자일 소프트웨어 개발 전문가이며, 피드백 루프를 통한 개선이라는 개념을 신봉한다. 뭔가 새로운 것을 프로그래밍할 때, 소스 코드를 일부분만 작성하고 잘 동작하는지 확인한 후 코드를 좀 더 작성하는 식으로 반복하면서 계속 결과를 확인하는 전략을 쓸 수 있다. 여기서 핵심은 바로 피드백 루프를 만드는 것이다. 프레젠테이션을 개선하는 데도 이런 개념을 적용할 수 있다. 만약 프레젠테이션 스킬을 가르치기 위해 피드백 루프를 사용하는 훈련소 같은 것을 만든다면 어떤 모습이겠는가? 각 참여자가 수많은 기술 주제를 다루는 다양한 프레젠테이션 자료를 만들고, 크고 작은 규모의 청중을 대상으로 자신이 만든 내용을 발표한 후, 그들에게 자세한 피드백을 받아 프레젠테이션을 수정해서 다시 발표하는 방식이 될 것이다.

마침 이 책의 저자들은 지난 5년 동안 그런 환경에서 지내왔다. No Fluff, Just Stuff에서 저자들이 경험한 이야기가 이 책의 첫 번째 쉬어가기 내용이다.

No Fluff, Just Stuff

기술에 관해 떠들기 좋아하는 컴퓨터광이라면 대개 콘퍼런스에서 할 프레젠테이션을 준비하느라 고심하게 될 텐데, 운이 좋으면 많아야 두세 번 정도로 그칠 것이다. 기술의 발전은 빠르고 관련 콘퍼런스가 많지도 않을뿐더러 발표 기회도 별로 없기 때문이다. No Fluff, Just Stuff는 예외겠지만.

No Fluff, Just Stuff는 소프트웨어 개발과 관리에 관련된 광범위한 주제를 다루는 순회 기술 콘퍼런스 시리즈다. 미국 전역에서 연간 25~35개 도시를 순회하며, 가끔 다른 국가에서도 열린다. 한 번 개최할 때마다 주요 발표자가 12~15명 정도 되며, 이들은 해마다 거의 모든 발표를 진행한다. 이 책의 저자들도 여기에 포함돼 있다. 발표자는 각자 주어진 주제에 대해 50번 이상 발표하며, 일부는 100번 이상 발표하기도 한다. 같은 내용을 여러 번 발표하고 나면 내용이 매우 정제된 형태로 다듬어진다. No Fluff, Just Stuff는 프레젠테이션 스타일과 기법을 관찰하고 시험하는 독특한 연구도 지원한다. 발표자들이 모든 시간대에 발표하는 것은 아니므로 남는 시간에 다른 관심 있는 주제나 발표자의 세션에 참여할 수 있다.

No Fluff, Just Stuff 콘퍼런스의 뛰어난 특징 중 하나는 면밀한 평가 형식이다. 모든 참석자는 각 세션이 끝난 후에 평가표를 작성하고 자신의 의견을 써내야 한다. 이를 통해 발표자들은 어떤 부분이 효과적이었는지 쉽게 파악할 수 있다. 발표자는 청중의 피드백을 받아 이를 적용하고 다시 피드백을 받는 방식을 반복하면서 자신의 발표 내용을 개선한다.

No Fluff, Just Stuff는 이 책의 저자들이 프레젠테이션에 관한 생각을 확립하는 데 큰 영향을 줬다. 발표 대상 자료를 꾸준히 다루다 보니 어느 시점에 와서는 완벽하게 이해할 수 있게 됐다. 이를 통해 어려운 자료를 프레젠테이션하는 방법을 다양하게 확장하고, 즉각적인 피드백 루프를 통해 그런 방법이 효과가 있었는지 쉽게 확인할 수 있었다. 이렇게 갈고 닦는 과정을 수년간 반복했다.

패턴에 대하여

프레젠테이션은 No Fluff, Just Stuff의 발표자 사이에서 당연히 인기 있는 대화 주제다. 그런 대화 중에 닐은 소프트웨어 엔지니어링 분야의 개념인 패턴과 안티패턴을 프레젠테이션 기법에 적용하면 어떨까 하는 아이디어를 떠올렸다.

소프트웨어 분야에서 사용하는 패턴과 안티패턴은 사실 크리스토퍼 알렉산더(Christopher Alexander)라는 건축 설계사가 1977년에 쓴 '패턴 랭귀지(A Pattern Language)'[1]라는 책에서 따온 아이디어다. 알렉산더는 이 책에서 문화와 지역, 시간에 걸쳐 되풀이되는 설계 패턴을 관찰한 후, 목록으로 작성하고 분류해서 설명했다. 다른 건축가들은 알렉산더의 책을 유사한 요소나 스타일을 그루핑하고 생각하는 흥미로운 방식 정도로 여겼지 혁신적인 아이디어로 생각하지는 않았다. 하지만 알렉산더의 책은 다른 분야에서 이뤄진 비슷한 작업에 영감을 제공했다.

패턴 개념은 소프트웨어 분야에서 '디자인 패턴(Design Patterns)'[2]이라는 책으로 유명해졌다. 이 책은 나중에 저자들의 별명을 따서 'GoF(Gang of Four)'라고 불렀다. 소프트웨어 엔지니어는 패턴 개념을 사용해서 수많은 공통 문제를 설명한다. GoF 책에서는 패턴을 위한 포맷을 정의했고, 이것은 나중에 소프트웨어 분야에서 일종의 표준이 됐다.

패턴 구조

이 책에서 설명하는 패턴 구조의 일부는 GoF 책에서 빌려왔다. 패턴별 가치와 주의 사항, 적용 과정을 나타내는 일관된 방법을 제공해서 효율적으로 구조화했다. 이 책에서는 각 패턴에 이름을 붙여 정의하고 관련 내용을 적절하게 설명했다. 이 책에서 설명하는 패턴의 구성 요소는 다음과 같다.

패턴 구성 요소	설명
이름	쉽게 연상할 수 있게 붙인 패턴이나 안티패턴의 이름
별칭	패턴이나 안티패턴의 다른 이름
정의	패턴이나 안티패턴에 대한 정의
동기	이 패턴을 사용해야 하는 이유 또는 이 안티패턴을 피해야 하는 이유.
적용성 및 적용 결과	패턴을 적용할 수 있는 프레젠테이션 종류와 패턴/안티패턴의 적용 결과 (좋은 사례와 나쁜 사례 모두 포함)
방법	패턴을 사용하는 데 필요한 단계 또는 안티패턴을 피하는 방법. 패턴을 사용하거나 안티패턴을 피하기 위한 실행 단계에 대한 설명
사례	패턴이 사용된 일반적인 사례
관련 패턴	이 패턴과 미묘한 차이가 있거나 반대되는 패턴, 또는 이 패턴에서 한발 더 나아간 관련 패턴 또는 안티패턴

이 책에서 구체적인 기법을 보여줄 때는 키노트와 파워포인트 두 가지 모두 설명할 것이다. 하지만 패턴은 툴 기능보다 더 깊은 수준에 있다. 프레젠테이션 툴을 이용해 패턴을 구현하겠지만, 단순히 키노트와 파워포인트의 기능 목록처럼 패턴을 나열할 수는 없다. 방법 부분에서는 주로 특정 패턴이 툴 기능에 따라 전혀 다르게 구현된다는 점을 설명한다(예를 들면 숨김 패턴을 참고한다).

이 책에서의 패턴 구분이 완벽하진 않으므로 필요하면 그 구분에서 벗어날 수도 있다. 하지만 어떻게 구분하든 없는 것보다는 낫다. 소프트웨어 분야가 패턴 기법에서 가져온 좋은 점 중 하나는 바로 모든 패턴이 공유하는 포맷과 명명법이다. 프레젠테이션 분야에서는 아직 설계와 실행에 관해 이야기할 수 있는 공통 언어가 없다.

패턴이 대체 어떤 것인지 미리 맛볼 수 있도록 단순화된 형태의 정보성 문서 패턴을 한번 살펴보자. 각 요소는 주석으로 설명한다.

> 패턴의 이름. 어떤 점이 좋거나 나쁜지 한눈에 알 수 있는 이름.

패턴: 정보성 문서

> 이 패턴의 다른 이름. 이 책에서 지은 것도 있고 아닌 것도 있음.

별칭

죽음의 파워포인트, '문서'

> 패턴 또는 안티패턴에 대한 정의.

정의

정보성 문서는 프레젠테이션 툴로 작성했지만 정보를 전달하기 위해 배포하기만 할 뿐 청중 앞에서 발표하지는 않는 문서다.

> 패턴을 사용해야 하는 이유를 설명하거나, 안티패턴의 경우 왜 일부 발표자가 이 안티패턴의 희생자가 되는지를 설명한다.

동기

기존의 단조로운 텍스트 단락 설명을 벗어나, 공간적 레이아웃을 활용해 설명을 보강할 수 있다. 대체로 프레젠테이션 툴이 워드프로세서보다 뛰어난 그리기 기능을 지원하며, 빈 워드프로세서 화면보다는 슬라이드가 더 쉽게 '캔버스'를 떠올리게 해 준다.

슬라이드에서는 사람들이 잘 읽지 않는 긴 글은 쓰지 않게 된다. 점 목록(불릿)으로 원하는 내용을 전달할 수 있으면 그렇게만 남겨두고 미사여구로 된 긴 설명을 덧붙이지 않는다.

주요 요소로 다이어그램을 넣어 쉽게 내용을 전달하거나, 설명보다는 다이어그램을 통해 이야기를 이끌어간다.

> 적용성은 이 패턴이 가장 잘 맞는 상황을 설명한다. 패턴은 때로 특정한 상황에 더욱 잘 맞으며, 때로는 생각지도 않은 상황에 잘 맞기도 한다.
> 적용 결과에서는 이 패턴을 사용했을 때 나타날 수 있는 부작용이나, 프레젠테이션의 유연성과 프레젠테이션 시간 사이의 균형 같은 요소를 살펴본다. 예를 들어, 이 패턴에서는 정보성 문서를 발표하고자 할 때의 부정적인 결과를 살펴본다.

적용성 및 적용 결과

정보성 문서를 슬라이드문서로 만들지만 않는다면 프레젠테이션 툴을 사용해 간단명료하게 정보를 전달할 수 있다. 하지만 프레젠테이션 툴을 원래 목적과 다르게 사용해서 생기는 일부 제약이 없이, 대부분의 워드프로세서에 있는 전자 출판 기능을 이용하면 이런 작업을 더 쉽게 할 수 있다.

여러 모로 이 패턴 자체는 리트머스 시험과 같다. 만약 프레젠테이션 자료를 만들려고 시작했다가 정보성 문서로 끝났다면 뭔가 잘못된 거다. 프레젠테이션이 다른 커뮤니케이션 매체보다 유리한 점은, 정보를 노출하는 정도를 발표자가 조절할 수 있다는 사실이다. 이런 조절 능력을 쉽게 포기해서는 안 된다.

정보성 문서를 발표하는 데 사용하지 않도록 한다. 정보성 문서는 화면 전환이나 애니메이션에 전혀 신경 쓰지 않은 자료 형태이므로, 프레젠테이션 툴의 효과적인 기능은 전혀 활용 못한 채 빽빽하게 텍스트로만 채워진 슬라이드를 연속해서 보여주게 될 것이다.

> 방법 섹션에서는 패턴을 구현하거나 안티패턴을 피하기 위한 대안을 구현하는 방법을 설명한다. 슬라이드를 다루는 패턴의 경우 키노트와 파워포인트 두 가지 형식의 예제를 보여준다. 가장 자세하고 복잡한 부분이므로, 패턴을 구현할 때 자주 들여다보게 될 것이다.

방법

정보성 문서를 만들 때도 이 책에서 설명한 규칙이 그대로 적용된다. '창의적 사고 패턴' 장의 내용은 특히 더 그럴 것이다.

정보성 문서 슬라이드를 만들 때는 화면 전환이나 애니메이션 효과를 사용하지 않는다. 대신, 더 간결하고 정확하게 정보를 전달하는 데 노력한다. 특히 여기서 빠지기 쉬운 쿠키 틀 안티패턴을 잊지 않도록 주의한다.

> 사례 섹션에서는 이 패턴이 자주 사용되는 곳이나, 프레젠테이션에서 뽑은 특정 예제를 제시한다.

사례

정보성 문서 프레젠테이션을 명시적으로 금지하지 않은 모든 회사에서 이런 형식을 사용한다.

> 관련 패턴 섹션에서는 이 패턴과 관련된 다른 패턴의 위치를 제시하고, 어떻게 관련되어 있는지 간략히 설명한다.

관련 패턴

슬라이드문서는 보통 정보성 문서를 만들려고 했다가 실패한 경우다. 필요한 형식이 프레젠테이션인지 정보성 문서인지 초기에 결정하고, 두 가지를 동시에 만들려고 하지 않아야 한다.

쿠키 틀 안티패턴은 특히 정보성 문서 프레젠테이션에 적용되기 쉽다. 각 슬라이드를 생각의 단위로 만들지 않도록 주의한다.

정보성 문서를 만드는 중이라고 해서 기승전결 같은 창의적 사고 패턴을 무시해서는 안 된다. 화면 전환을 하지 않는 것이 이 패턴의 장점 중 하나라지만, 다른 훌륭한 기법까지 내팽개칠 필요는 없다.

패턴은 레시피가 아니다

우선, 패턴은 레시피보다 낮은 수준에서 동작한다. 레시피에는 단계가 있고, 각 단계는 '볶기'나 '껍질 벗기기' 같은 구체적인 지시어로 되어 있다. 반면 패턴은 레시피 안에 있는 하위 수준의 단계와 같다. 말하자면 마스터 셰프나 발표의 달인이 되기 위해 반드시 갖춰야 하는 기술 같은 거다. 이 책에서 설명하는 패턴을 이용해 비즈니스 미팅이나 기술 시연회, 과학 설명회, 기조연설 등 다양한 상황에서 활용할 수 있는 자신만의 레시피를 만들 수 있다. 두 번째로, '안티 레시피' 같은 것은 없다. 레시피란 본래 무언가를 만드는 것이므로 그것 자체로 긍정적이다. 그런데 프레젠테이션 분야에서 발생하는 문제 대부분은 나쁜 습관을 부추기는 오래된 툴 때문이다. 소프트웨어 분야에 패턴이 가져다 준 가장 유용한 부분은 바로 흔하지만 피하기 쉽지 않은 실수인 안티패턴의 발견이다. 이 책에서 제시하는 내용 중 상당 부분은 툴과 오래된 관습 때문에 생기는 나쁜 습관에 빠지지 않는 방법에 관한 것이다.

프레젠테이션 패턴

맨 처음 닐이 프레젠테이션에 패턴을 적용하자는 아이디어를 떠올렸을 때는 소프트웨어 분야의 메타포를 현실 세계에 마구 적용하는 괴짜 개발자의 장난 같은 것이었다. 헌데 세 명의 저자 모두 비슷한 괴짜들이다 보니 패턴-안티패턴 개념을 프레젠테이션에 적용하면 얻을 수 있는 유용성을 순식간에 이해했다. 소프트웨어 분야에서는 패턴을 사용해 복잡한 개념에 누구나 받아들일 수 있는 단일한 용어로 이름을 붙일 수 있고, 사람들은 이 이름으로 그 개념을 더 효율적으로 언급할 수 있다.

패턴에 대한 감각을 익히기 위해, 건축에 관한 알렉산더의 책에서 양면채광(Light on Two Sides of Every Room)[3]이라는 패턴을 빌려 설명해 보겠다.

> 선택의 여지가 있을 때 사람들은 항상 두 벽면에서 채광이 되는 방에 끌린다.
> 한 쪽 벽면은 사용되지 않고 뻥 뚫려서 한 방향에서만 채광이 들어오는 방은 내버려둔다.
> 따라서 각 방의 두 벽면 이상이 야외 공간과 맞닿게 설계하고,
> 야외 공간과 맞닿은 벽면에 창을 만들어
> 모든 방에 한 방향 이상의 자연광이 들어오게 만든다.
>
> – 크리스토퍼 알렉산더 –

위의 설명에 이어서 건축에서 다른 요소가 미치는 영향과, 이 패턴을 선택했을 때의 긍정적/부정적 결과 등 이러한 결론에 도달하게 된 근거가 되는 실험에 관해 설명한다. 프레젠테이션 패턴과 마찬가지로, 이 패턴 역시 기억하기 쉬운 이름과 실행 가능한 방법, 긍정적/부정적 결과를 포함해 설명하고 있다.

이 책의 저자들은 패턴과 안티패턴을 이용해 프레젠테이션을 분석하고, 복잡한 상호작용과 결과를 간결한 용어로 압축하기 시작했다. 이 작업을 계속 하면서 새로운 시각으로 프레젠테이션 요소를 바라볼 수 있게 됐다. 패턴과 같은 범주화 기법을 사용해서 이전에는 미처 몰랐던 공통성을 확인하고 이를 더 높은 수준으로 추상화해 쉽게 개념을 이해할 수 있게 만들었다. 예컨대, 발표자가 프레젠테이션을 얼마나 진행했는지 청중에게 알려줄 수 있는 몇 가지 패턴이 있는데, 탐색 경로와 북엔드 패턴이 여기에 해당된다. 그런데 이 두 가지 패턴에서 구현된 방식에 따라 다르게 적용되는 일부 공통 규칙을 고려해 더 일반적인 컨텍스트 키퍼 패턴을 끌어낼 수 있었다. 패턴과 안티패턴 목록을 작성하면서 저자들이 만든 프레젠테이션에서도 이를 확인하기 시작했고, 거기서 일부 안티패턴을 발견해 고칠 수 있었다.

이 책에서는 저자들이 경험했던 복잡한 과정을 독자들이 직접 겪지 않아도 되게끔 지름길을 제공한다. 패턴 구축은 '보면 안다(I know it when I see it)'는 막연한 상태에서 프레젠테이션을 객관적으로 생각하는 방법으로 바꾸는 과정이다. 이 책에서 설명하는 용어와 개념을 이용해 이전보다 한 단계 높은 수준으로 프레젠테이션을 생각하고 논의할 수 있게 될 것이다.

정보성 문서를 프레젠테이션으로 변경하기

대다수 발표자들이 기본적인 생각을 가능한 한 빨리 적는 데 프레젠테이션 툴을 사용한다. 보통 점 목록 형태로 말이다. 프레젠테이션을 하는 동안에는 슬라이드를 보면서 설명할 내용을 떠올린다. 각 목록을 읽으면서 항목을 상세히 설명하는데 청중은 괴롭기 그지없다. 이런 식의 프레젠테이션 자리에 참석하는 것은 일종의 고문이나 마찬가지다. 이 프레젠테이션의 발표자는 정보성 문서라는 유용한 패턴을 안티패턴으로 만들었다.

정보성 문서 패턴은 프레젠테이션 내용을 설명하는 자료다. 파워포인트나 키노트 같은 툴로 만들긴 하지만 프로젝터 화면으로 보여주며 발표하기 위한 용도가 아니다. 보통 이메일로 전달해 어떤 주제에 관한 대략의 정보를 제공하는 형식이다. 정보성 문서는 대부분의 회사에서 사용하는 표준 형식이다. 이 책에서는 이런 형식의 자료를 좀 더 잘 만들 수 있는 기법도 몇 가지 설명하겠지만, 그보다는 화면으로 보여주면서 발표할 자료를 만드는 데 더 중점을 둘 것이다. 정보성 문서와 프레젠테이션의 가장 큰 차이점은 정보를 노출하는 속도에 있다. 정보성 문서에서는 그 속도를 독자가 조절하지만 프레젠테이션에서는 발표자가 조절한다. 이런 특성 때문에 두 가지 형식은 완전히 달라진다.

프레젠테이션은 정보성 문서에 비해 큰 장점이 두 가지 있다. 정보 전달을 위해 더 풍부한 채널과 여분의 차원을 갖고 있다. 가르 레이놀즈가 쓴 책, '프리젠테이션 젠(Presentation Zen)'[4]에 따르면, 프레젠테이션에는 두 가지 정보 채널이 있다고 한다. 하나는 발표자의 목소리와 보디랭귀지, 톤에서 비롯된다. 이 채널은 주로 듣고 분석하는 데 익숙한, 뇌의 논리적 부분에 영향을 준다. 점 목록으로 된 슬라이드를 보여주면 사람들은 슬라이드가 나타나자마자 무심결에 전체 내용을 읽게 된다. 보통 회사에서 하던 대로 프레젠테이션을 하다 보면, 청중이 이미 읽어버린 점 목록을 천천히 읽으면서 각 항목을 자세히 설명할 것이다. 발표자가 하는 말에 비교적 관심을 갖는 청중이라 하더라도 이런 식의 프레젠테이션을 흥미롭게 진행하기는 어렵다. 발표자가 하는 말이 슬라이드에 고스란히 있으면 어마어마하게 지루한 프레젠테이션이 될 것이다.

또 다른 커뮤니케이션 채널은 더 전체론적이고 패턴에 들어맞게, 감성적으로 접근한다. 바로 유머나 공포, 놀라움을 이용하는 것이다. 시각 효과를 이용해 청중의 뇌에서 비분석적인 부분에 접근하면 프레젠테이션에 강력한 효과를 줄 수 있다. 분석 채널에 너무 많은 정보를 실어 상대적으로 전체론적인 부분이 부족해지게 하는 대신, 두 가지를 한 번에 노려 메시지를 매우 강하게 전달할 수 있다. 동일한 효과를 글로 써서 나타낼 수도 있겠지만, 두 번째 정보 채널을 효과적으로 보이게 하는 요인 중에는 놀라움 같은 요소도 있으므로 글만으로는 어렵다.

여기서 정보성 문서와 프레젠테이션의 두 번째로 중요한 차이점을 알 수 있다. 바로 또 다른 차원인 시간이다. 정보성 문서 자료를 배포하면 저자가 아닌 독자가 정보의 노출 속도를 조절하게 된다. 이때 독자가 정보의 미묘한 차이를 놓치기 쉬워서 저자는 자신의 글이 모호하진 않은지 확신하기가 더 어렵다. 반면 동일한 자료를 발표할 때는 숙련된 발표자가 슬라이드 화면 전환과 애니메이션 효과를 사용해 메시지를 더 명확하게 전달할 수 있다. 이 책에서 설명할 패턴의 상당수는 시간을 이용해 메시지에 강력함을 더하도록 설계됐다. 이뿐만 아니라 발표자는 어떤 개념이 어려운지 미리 살피고, 질의응답 시간을 더 효율적으로 활용할 수 있다. 대개 프레젠테이션을 종이나 PDF로 출력할 수 있는 단순한 그림 세트 같은 평면적인 매체로 오해하곤 한다. 하지만 잘만 하면 할리우드 영화쯤 돼야 뛰어넘을 수 있는, 가장 풍부한 커뮤니케이션 형식 중 하나로 활용할 수 있다. 프레젠테이션을 통해 4차원을 모두 창의적으로 활용할 수 있다. 이런 패턴 기법에 대해서는 기상캐스터 패턴과 시간 패턴에 관한 장에서 다룰 예정이다.

어떤 기법들은 동료나 동급생들에게 단순히 한 번 발표하기엔 지나치게 공들인 것으로 보일 수도 있다. 하지만 강력한 메시지는 스스로 청중을 찾아내기 마련이다. 프레젠테이션을 매우 잘해서 다른 이들을 대상으로 몇 번 더 해달라고 요청받은 경험이 얼마나 되는가? 일부 패턴의 적용 방법이 꽤 정교하긴 하지만, 대부분은 파워포인트나 키노트 같은 프레젠테이션 툴을 사용해 자동화할 수 있다. 예를 들어, 가장 인기 있는 패턴 중 하나인 불탄자국 패턴은 약간의 설정이 필요하긴 하지만 슬라이드 템플릿으로 한 번 구현해 두면 반복해서 사용할 수 있다.

---

1) Alexander, Christopher. 1977. A Pattern Language: Towns, Buildings, Construction. New York: Oxford University Press.
2) Gamma, Erich, et al. 1995. Design Patterns: Elements of ReusableObject-Oriented Software. Reading, MA: Addison-Wesley.
3) 책에 나오는 샘플 패턴 중 하나다. 자세한 내용은 www.patternlanguage.com/apl/aplsample/aplsample.htm에서 확인할 수 있다.
4) Reynolds, Garr. 2008. Presentation Zen: Simple Ideas on PresentationDesign and Delivery. Berkeley, CA: New Riders Pub.

이 책의 구성

이 책에서는 아이디어 구상부터 프레젠테이션 생성과 전달까지, 프레젠테이션의 전체 생명 주기를 다룬다. 이 책은 세 개의 파트로 구성된다.

Part I. 준비

프레젠테이션 프로젝트는 무엇을, 누구에게, 얼마 동안, 어디에서 발표할지 결정하는 것에서 시작한다. 이 파트에서는 대상 청중 분석과 발표 방법, 다양한 창의적 사고 패턴과 관련된 패턴을 설명한다. 이 패턴들을 활용해서 다양한 아이디어를 일관된 형식으로 정리하고 발표하기 위한 준비를 한다. 또한 동시 작성 패턴처럼 하나의 프레젠테이션을 여럿이 공동으로 작업할 때 필요한 방법을 설명하며, 찬물 끼얹기처럼 피해야 하는 사항도 다룬다.

Part II. 구현

이 파트에서는 슬라이드를 어떻게 만들지 기획하고 실제 슬라이드를 만드는 방법을 설명한다. 즉, 모든 장에서 프레젠테이션을 구현하는 방법을 다룬다. 슬라이드 구성 패턴에서 아이디어를 전달하는 효과적인 방법을 설명하며, 흔히 저지르기 쉬운 실수 몇 가지를 피하는 법도 다룬다. 시간 패턴 장에서는 프레젠테이션을 하는 동안 시간을 조작하는 패턴을 다뤄, 청중에게 강력한 영향을 주는 법을 설명한다. 마지막으로 데모와 프레젠테이션의 차이를 설명하고 이 두 가지를 모두 향상시키는 방안을 제시한다.

Part III, 전달

프레젠테이션 자료를 잘 만든 다음에는 그것을 전달해야 한다. 이 파트에서는 '청중 앞에 서서' 프레젠테이션을 잘하는 방법을 준비 단계부터 설명한다. 이를테면 포석 깔기를 통해 청중이 발표자를 좋아하게끔 만드는 방법처럼, 프레젠테이션을 하기 전에 발표자가 고려해야 할 사항들을 다룬다. 그런 다음 여태까지 패턴과 안티패턴을 섞어서 설명하던 것에서 벗어나, 프레젠테이션 중에 피해야 할 사항을 다룬 실행 안티패턴을 먼저 설명한다. 그리고 프레젠테이션을 더 잘할 수 있는 방법을 다룬 실행 패턴을 설명한다.

쉬어가기와 페르소나

이 책에서 설명하는 패턴은 포괄적으로 적용할 수 있는 것들이다. 회의실이나 교실, 연회장 등 어디에서나, 어떤 종류의 프레젠테이션에도 적용할 수 있다. 패턴 자체는 독립적이라서(종종 다른 패턴을 참조하긴 하지만), 각 패턴은 특정한 종류의 프레젠테이션에 더 적합하다. 어떤 패턴에 관해 다룰 때는 그 패턴이 가장 잘 맞아 떨어지는 가장 '기본적인' 상태에 있는 것으로 설명한다. 그런데 수많은 패턴을 광범위하게 적용할 수는 있지만 가끔은 특정 패턴을 서로 다른 영역에 적용하는 방법을 알기 어려울 수 있다. 예를 들어, 기승전결 패턴을 사용해서 이야기를 구성하는 법을 다루는데, 기조연설에도 적용하고 비즈니스 프레젠테이션에도 적용할 수 있게 설명하는 것이다. 패턴의 또 다른 사용법을 보여주기 위해 이 책에서 사용하는 방법 중 하나가 바로 쉬어가기다.

쉬어가기는 패턴과 패턴 사이에 들어가는 박스 형태의 짧은 설명 글이다. 쉬어가기에서는 어떤 패턴이 해결할 수 있는 문제를 강조해서 설명하고 그 패턴을 이해하기 위한 부연 설명을 제공하며, 해당 패턴 대신에 사용할 수 있는 다른 방법을 설명하거나 재미 삼아 읽을 만한 내용도 소개한다. 이 책은 내용의 특성상 다소 뚝뚝 끊어지는 경향이 있어, 패턴을 적당한 단위로 나눠서 설명하고 있다. 쉬어가기는 책에 서사를 덧입히고 또 다른 사용법을 강조하며 약간의 재미를 주는 용도로 쓰였다. 쉬어가기마다 페르소나가 등장하며, 그중 일부는 다른 쉬어가기에도 나온다. 어떤 페르소나는 실제 인물이고 어떤 페르소나는 가공의 인물이다. 각 페르소나에게는 해결해야 할 문제가 있으며 패턴을 이용해 그 문제를 해결한다.

이 책의 사용법

패턴 책은 기본적으로 교과서 형태이며, 나중에 참고할 수 있는 내용이 들어있다. 이 책이 매우 중요한 참고 자료가 되길 바란다. 하지만 이 책이 '진짜' 읽어볼 만한 책이었으면 한다. 책에 쉬어가기를 넣은 이유 중 하나이기도 하다. 쉬어가기에서 다루는 이야기 중 일부는 패턴이나 안티패턴을 만들게 된 이유가 된 실제 경험에서 가져온 일화이고, 일부는 사례를 들고자 지어낸 것이다. 이런 이야기들 덕에 책을 처음 읽을 때도 재미있게 읽을 수 있었으면 좋겠다.

이 책에서 독자 여러분이 원하는 패턴만 골라서 마음껏 써도 된다. 이 책의 패턴들은 광범위하게 상호 참조하고 있어서 처음 찾기 시작했던 내용과 관련된 다른 정보도 다양하게 접할 수 있을 것이다.

핵심 부분인 '슬라이드 만들기'를 바로 보고 싶다면 'Part II, 구현'으로 넘어가도 된다. 다만, 원하는 자료를 제대로 만들고 있는지 확인하려면 창의적 사고 패턴을 짧게라도 먼저 살펴보는 것이 좋다.

슬라이드는 이미 만들었고 그걸 완벽하게 발표하기만 하면 된다면 'Part III, 전달'로 넘어간다. 여기서는 발표할 때 알아야 하거나 피해야 할 사항을 다룬다.

요약

　이 책에서는 툴을 사용해 프레젠테이션을 더 잘할 수 있는, 프레젠테이션에 관한 새로운 사고의 틀을 만들었다. 이 책에서 제시하는 방법은 구체적이고 고집스러운 면이 있으면서도 다양한 종류의 프레젠테이션을 모두 다룰 수 있을 정도로 일반적이다. 이 책에서 알려주는 조언을 따르는 것은 적어도 다음의 네 가지 이유로 충분히 그럴만한 가치가 있다. 첫째, 이 책에서 설명하는 기법을 이용해 커뮤니케이션 능력을 향상시킬 수 있으므로 청중에게 더 효과적으로 영향을 줄 수 있다. 둘째, 여러분의 프레젠테이션이 설득력 있다면, 여러 번 발표해 달라는 부탁을 받을 것이다. 왜냐하면 이 책을 통해 프레젠테이션 전략, 효과적인 설명 방법, 또는 올바른 목표를 완벽하게 익힐 수 있기 때문이다. 셋째, 요즘처럼 휴대용 카메라를 많이 들고 다니면 여러분의 프레젠테이션을 누군가 촬영해 가서 나중에 다시 보려고 할 가능성이 매우 높다. 촬영해 간 내용이 오래 남아 있을수록 더 많은 사람들이 보게 될 테니, 애초에 프레젠테이션을 더 잘 만들고 발표해야 한다. 넷째, 겉보기에는 잘 보이지 않는 사소한 것도 결국에는 빛을 발하기 마련이다. 스티브 잡스는 애플 컴퓨터의 내부까지도 미적으로 만족스럽게 만들려고 노력한 것으로 유명하다. 고객이 보통은 보지 못하는 사소한 부분까지, 제품 전체에 걸쳐 완벽을 기하는 것이야말로 기량에 대한 자부심이다. 프레젠테이션을 공들여 만들었어도 청중들이 그 미묘한 차이를 바로 알아차리지 못할 수 있다. 하지만 그런 노력 없이 만든, 다른 사람의 프레젠테이션과 비교해 보면 청중들도 어느 쪽이 훌륭한지 명백하게 알 수 있을 것이다.

PART 1

준비

프레젠테이션을 준비하려고 할 때 맨 처음 떠올리는 건 아마 발표할 내용과 슬라이드를 만드는 데 사용할 툴, 청중에게 보여 줄 시각 자료일 것이다. 하지만 이들은 무엇에 관해, 누구에게, 얼마 동안, 어디에서 발표할 것인지에 따라 달라진다. 따라서 이 책에서는 프레젠테이션 일정 수립, 프레젠테이션 자료를 만들고 전달하는 단계 이면의 사고 과정, 발표 장소와 시간대에 따른 제약 조건, 발표 내용을 청중에 맞게 조절하는 것의 중요함 등과 관련한 패턴부터 먼저 다룬다. 이런 기본적인 단계는 프레젠테이션의 궁극적인 성공에 있어서 발표 내용만큼이나 중요하다.

사전 준비 패턴은 프레젠테이션 툴을 다루기 전에 고려해야 할 여러 가지 사항을 다룬다. 창의적 사고 패턴은 발표 내용을 설계하고 적절한 구조를 골라 구현하며 공동 작성 같은 어려운 문제를 어떻게 풀어나갈지 설명한다.

1장

....

사전 준비 패턴

프레젠테이션 자료를 본격적으로 만들기 전에 고려해야 할 사항이 있다. 프레젠테이션 툴을 사용해서 쓸 만한 템플릿이 있는지 살펴보기 전에, 또 비즈니스 미팅 자리에서 발표할 건지 아니면 심사 콘퍼런스나 지역 분과회 등에서 발표할 건지 결정하기 훨씬 이전에, 몇 가지 공통 사안을 처리해야 한다.

1 패턴: 청중 분석

별칭

충분한 사전 조사, 미리 들은 얘기

정의

프레젠테이션을 잘 해내고자 할 때 준비만큼 중요한 요소는 없으며, 준비의 핵심은 참석할 행사에 대해 최대한 많이 아는 것이다. 내 프레젠테이션을 보고 들을 청중이 누구인지 철저하게 분석한다.

동기

프레젠테이션을 준비할 때 초기에 내릴 수 있는 가장 중요한 결정 사항은 아마 발표할 주제에 대한 경험 정도와 지식, 태도 등 청중의 특성일 것이다. 궁극적으로 발표자는 청중이 누구인지 가능한 한 많이 알고 있는 상태에서 발표장에 들어서길 원할 테니 말이다. 청중은 누구인가? 연령층은 어떤가? 기술적으로 얼마나 잘 아는가? 기술적 능력이 다양하게 섞여 있는가 아니면 특정 영역에 한정되어 있는가?

프레젠테이션 자료를 아무리 잘 만들어도 청중의 수준에 맞지 않으면 그저 별볼일 없는 프레젠테이션이 될 뿐이다. 프레젠테이션 평가 결과가 나쁘게 나오는 이유 중 상당수는 청중의 기대치에 부합하지 못했기 때문이다. 청중이 발표 내용을 잘못 이해했거나, 근본적으로 발표 내용이 청중의 수준보다 높거나 낮았던 것이다. 어떤 경우든 형편없는 결과가 나오게 돼 있다. 단 몇 분만이라도 시간을 내서 참석할 행사에 관해 조사한다면 엄청나게 큰 도움이 될 것이다.

적용성 및 적용 결과

이 패턴을 잘못 이해하면 사실상 나머지 내용도 결코 제대로 이해할 수 없을 것이다. 청중이 누구인지 잘 알면 발표할 내용을 그에 맞게 조절할 수 있다. 기술적인 수준이 높은 그룹에 맞춰 내용의 깊이를 조절하거나 특정 그룹에게 더 적합한 이야기를 강조해서 하는 등, 청중의 수준에 맞게 메시지를 만들 수 있다. 어떤 행사에는 기술적 수준이 매우 높은 전문가 집단이 모이는 반면, 또 어떤 행사에는 기술적인 내용을 잘 모르는 사람들이 모일 수 있다. 같은 이야기도 전문가 집단에서는 쉽게 받아들일 수 있지만 그렇지 않은 사람들에게는 너무 어려울 수 있다. 청중이 더 높은 수준의 기술적 지식을 원한다면 발표자는 그에 맞춰줘야 한다!

준비된 발표자는 긴장하지 않는 법이다. 프레젠테이션을 잘하기 위해 자신이 할 수 있는 모든 노력을 다 했다는 사실을 스스로 알면 대중 앞에서 말하는 데서 오는 긴장감이 확실히 줄어들 것이다. 프레젠테이션 대상이 누구인지도 반드시 알아야 한다.

방법

업무와 관련된 프레젠테이션을 할 때는 사전에 참석자 목록을 확인하고 그 목록에 변동은 없는지 확실히 파악한다. 예컨대, 공통 시각 테마를 이용해서 스키 타기에 대해 자세히 보고한다면 이는 지역 담당자한테나 흥미로운 자료지 이제 막 참석하기로 결정한 본사 부회장한테는 별 의미가 없다.

공공 행사에 관한 자료를 모으는 방법에는 여러 가지가 있겠지만 그중에 가장 쉬운 건 인터넷이다. 해당 행사의 웹사이트를 찬찬히 훑어보자. 행사에 관해 어떤 내용이 담겨 있는가? 작은 지역 행사인가 아니면 대규모의 국제 콘퍼런스인가? 행사 등록비로도 많은 걸 알 수 있다. 사람들은 아무래도 공짜 행사보다 참가비를 많이 받는 행사에 더 큰 기대를 가질 테니 말이다. 후원사가 어디인지 알아두는 것도 중요하다. 특히 가장 중요한 자리를 차지하는 후원사를 기억한다. 행사를 가장 크게 후원하는 회사에 비판적인 내용을 발표하면 다음번에는 초대받지 못할 수도 있다.

콘퍼런스 웹사이트에서 다른 발표자가 누구인지도 주의 깊게 살펴본다. 아는 발표자가 있으면 연락해서 예전에 그 콘퍼런스에서 발표한 적이 있는지 물어본다. 웹사이트에서 이전 행사를 찾아보는 것도 좋다. 발표자 중 아는 사람에게 연락해서 참석자에 대한 정보나 발표 내용, 장소 등 궁금한 사항을 물어본다.

콘퍼런스 웹사이트를 충분히 살펴본 후에는 트위터, 페이스북, 블로그 같은 소셜 네트워크를 공략한다. 요즘은 많은 콘퍼런스에서 해시태그를 이용해 행사에 관한 코멘트를 표시한다. 이런 정보를 찾아본다. 블로그는 또 다른 정보의 보고다. 사람들이 작년 행사에 관해 뭐라고 하는지 한번 검색해서 읽어본다. 작년 행사나 발표 내용, 발표자에 관해 어떤 의견이 있는가? 사람들이 예년보다 더 전문적인 내용을 기대하는가? 어떤 발표가 인기 있었고, 어떤 발표가 실망스러웠는가?

대다수 콘퍼런스에서 이전 프레젠테이션의 슬라이드나 심지어 녹화 동영상을 게시하기도 한다. 이런 자료들을 잘 살펴본다. 프레젠테이션이 어떤가? 발표자는 어떤 옷을 입었는가? 어떤 주제를 다뤘는가? 어떤 발표자들은 발표 슬라이드를 개인 웹사이트에 게시하거나 SlideShare 같은 사이트에 공유하기도 하고, 발표자에 관한 정보도 블로그에서 얻을 수 있다. 발표자들의 개인 사이트에 연락처가 있다면 그들에게 연락해 경험담을 들어본다.

또 다른 주요 정보 제공처는 행사 기획자들이다. 행사에 참석할 사람들(또는 참석했으면 하는 사람들)에 대해 잘 알고 있을 가능성이 크다. 행사 기획자에게 작년 행사와 참석자들의 일반적인 수준을 물어본다. 대부분의 콘퍼런스에서는 세션 평가뿐 아니라 행사 평가도 진행한다. 평가 피드백을 기반으로 어떤 부분을 바꿨는지 주저하지 말고 행사 기획자에게 물어보라. 어떤 발표가 가장 인기 있었고 어떤 발표가 가장 재미 없었는가? 일부 기획자의 경우 참석자들의 공통 성향을 분석하려고 인위적으로 페르소나를 만들기도 한다.

관련 패턴

대상 청중 분석의 일환으로 프레젠테이션 시점에 청중들의 감정 상태를 알아내는 것도 중요하다.

포석 깔기는 프레젠테이션을 시작한 직후에 청중과의 유대를 맺기 위한 노력이다.

청중의 기억이란…

스콧 데이비스는 발표자가 겪을 수 있는 최악의 경험을 했다. 한 콘퍼런스에서 이런저런 프레젠테이션을 하기로 했는데 직전에 갑자기 목소리가 나오지 않았던 것이다. 커피와 차를 멀리하고 뜨거운 꿀물을 줄곧 마시는 등 최선을 다해 노력했지만 겨우 속삭이는 정도로만 목소리를 낼 수 있었다. 스콧은 콘퍼런스 기간 내내 담요를 뒤집어쓰고 다녔고, 마이크를 사용해야만 쉰 목소리라도 겨우 낼 수 있었다. 스콧의 목소리가 잘 안 나오는 것은 누구나 알 수 있었으니 그의 프레젠테이션을 들은 청중들이 그 사실을 모르고 넘어갈 수는 없었을 것이다.

그런데 놀랍게도 그렇지 않았다. 1년 후에 스콧은 그 콘퍼런스에 참석했던 사람 중 한 명을 우연히 만났다. 스콧이 그때의 일을 사과했는데, 그 사람은 그 사실을 기억하지도 못했다. 스콧이 발표했던 내용이 워낙 좋았기 때문에 청중들의 기억 속에는 그 내용만 남아 있었다.

2 패턴: 소셜 미디어 광고

📶 별칭

트윗 글, 블로그, 페이스북, 스팸

📶 정의

트위터, 페이스북, 위키, 블록, 웹사이트, 메일링 리스트 등 다양한 수단을 활용해서 자신의 프레젠테이션을 홍보한다.

📶 동기

매우 저렴하게 또는 공짜로 사용할 수 있는 디지털 매체가 이렇게 많은데, 당연히 이것들을 적극 활용해서 다가올 프레젠테이션을 홍보해야 한다. 세련된 이벤트 웹 페이지나 페이스북 이벤트, Meetup.com^{역주)} 사이트, 트윗 글 리트윗 등을 활용하면, 공개 행사의 경우 보수적으로 잡아도 50% 정도는 참석자를 늘릴 수 있다.

📶 적용성 및 적용 결과

소셜 미디어의 혜택을 가장 크게 볼 수 있는 것은 공개 발표다. 두 번째로 큰 혜택을 볼 수 있

역자주) 미국의 인터넷 커뮤니티. 관심 있는 주제의 그룹에 참여해 전 세계의 사람들과 친분을 쌓을 수 있다.

는 것은 유료로 등록해야 하는 비공개 행사다. 행사 기획자들의 이야기에 따르면 발표자와 발표 주제에 관한 내용을 트위터와 블로그에 게시하면 유료 참석자가 증가한다고 한다. 유료 행사는 참석자가 많을수록 발표자와 행사 주최측 모두에 유리하다. 발표자 입장에서는 인지도가 높아져 좋고, 행사 주최측은 수익 측면에서 좋다. 그래서 과거 참석자들에게 인기가 좋았던 발표자를 다시 초청하는 경우가 많다.

다가올 발표를 잘 홍보하면 발표자의 지분도 늘어난다. 디지털 매체를 이용해 홍보하면 디지털 커뮤니케이션 수단에 대한 인식이 자연스레 형성된다. 사람들은 비공식루트를 통해 프레젠테이션에 관한 후기를 트위터와 페이스북, 유투브, 이메일, 블로그에 더 자주 올리게 된다. 발표자가 프레젠테이션을 진행하는 동안 실시간으로 말이다. 발표자가 충분히 준비했다면 이런 현상을 긍정적으로 볼 수 있다. 발표 내용이 얼마나 뛰어났고 청중들이 거기에 어떻게 반응했는지에 대한 칭찬이 널리 퍼질 수 있는 좋은 기회이기 때문이다.

방법

소셜 미디어 광고는 가장 구현하기 쉬운 패턴 중 하나일지 모른다. 하지만 제대로 해내기 어려운 패턴이기도 하다.

가장 긴 형태인 웹 페이지는 사이트에 로그인해서 들어가 무슨 내용인지 확인하는 쉬운 방식으로, 주의를 끌 만한 자세한 내용을 모두 담아야 한다. '웹 페이지'는 복합적인 전용 웹사이트부터 Meetup.com 같은 전문 서비스의 도움을 받아 만든 공개 위키 또는 블로그에 있는 단순 입력란 등의 페이지까지 그 어떤 것도 될 수 있다.

트위터와 페이스북, 인스턴트 메시지 서비스를 이용해 짧은 형태의 디지털 홍보를 할 때는 효과적인 태그나 선전 문구를 사용하고, 자세한 내용을 확인할 수 있는 웹 페이지로 바로 가는 링크를 함께 싣는다.

사례

주로 마케팅이나 기술 분야의 개인 발표자들이 디지털 매체를 이용해 홍보하며 점점 증가 추세에 있다. 개인 발표자들이 널리 사용할 뿐 아니라 Lanyrd.com과 Meetup.com 같은 유용한 서비스의 덕도 많이 볼 수 있다. 이런 사이트에서는 트위터나 페이스북의 소셜 그래프를 활용해 사용자의 소셜 네트워크에 포함된 지인 목록을 콘퍼런스에 참석하는 사람들, '관심사 일치'

알고리즘, 관련 주제의 다른 콘퍼런스, 단발성 행사와 교차해서 비교한 후, 적절한 방식으로 지인들에게 행사 내용을 홍보한다.

관련 패턴

프레젠테이션이 끝난 다음에 후기를 나누는 비공식루트를 활용해 미리 홍보해야 한다.

공개적인 포석 깔기의 가장 좋은 방법은 소셜 미디어 광고를 사용하는 것이다.

데이나 박사, 논문 공모에 응하다

　데이나 박사는 자신의 일을 무척 좋아한다. 환자를 보고, 병을 고치며, 때로는 다른 의사들이 환자를 치료하는 데 도움이 될 만한 소소한 연구를 하는 것 역시 즐긴다. 데이나 박사는 항상 자신의 연구 결과를 다른 의사들에게 알려주고 싶어 했지만, 콘퍼런스 주최측에서 그녀에게 먼저 연락해 온 적도 없고 데이나 박사가 소속된 병원의 치프가 그녀를 국내 의학 콘퍼런스에서 발표할 수 있게 해 주지도 않았다. 데이나 박사가 자신의 연구 결과를 어딘가에서 발표한다면 그건 전적으로 자신의 노력으로 이뤄낸 성과일 것이다.

　주변에 알아보니 보통 발표자가 되는 데는 세 가지 방법이 있다고 한다.

1. 필수(Required)

자신의 직업을 유지하기 위한 경우처럼 평범한 이유로 어쩔 수 없이 발표를 할 수밖에 없는 경우다.

2. 지원(Proposed)

특정 장소에서 발표하기 위해 노력해서 커리어를 발전시킬 수 있는 기회로 삼는다.

3. 초청(Invited)

자신의 분야에서 충분히 인정을 받으면 행사 기획자로부터 행사 발표자로 서 달라고 초청받게 된다.

데이나 박사의 경우는 당연히 두 번째 방식에 해당한다. 그리고 이 분야에서 대부분의 콘퍼런스 발표는 논문 공모를 통해 자료를 제출하고 선별하는 과정을 거치게 된다는 사실을 알아냈다. 논문 공모는 합격 판정 기준과, 발표 지원 자료나 요약문의 작성과 제출 방법에 관한 지침을 제시한다. 행사 기획을 담당하는 검토자들이 제출된 지원서를 검토하고 서로 의견을 나눠서 어떤 지원서를 선택할지 최종 결정을 내린다.

발표 기회를 얻으려면 문서 템플릿이나 웹 기반의 제출 시스템을 사용해서 지원서를 제출해야 한다. 더 공식적이고 잘 기획된 콘퍼런스일수록 지원자가 온라인으로 로그인해 사진을 업로드하고 검토 진행 상황을 확인하는 방식으로 진행될 가능성이 크다.

콘퍼런스에 초청받아 발표하는 경우는 극히 드물기 때문에 이 책에서는 필수와 지원 방식에 대해서만 다룰 것이다.

3 패턴: 필수

📶 별칭

하라면 해!

📶 정의

일의 일부로 또는 다른 어쩔 수 없는 이유로 프레젠테이션을 해야 하는 경우다.

📶 동기

예컨대, 회사의 거물급 인사인 모 이사님이 느닷없이 여러분에게 연락을 해 왔다고 가정해 보자. 최근 우리 부서에서 출시한 제품에 대한 프레젠테이션을 하라는 거다. 여러분은 "잠깐만요!"라고 다급하게 외친다. "프레젠테이션은 보통 영업팀에서 하는데요!" 그렇긴 하다. 하지만 이사님은 지난 9개월간 애쓴 개발 부서의 성과를 제대로 설명하려면 기술적인 내용을 잘 아는 엔지니어가 프레젠테이션을 해야 한다고 생각하신단다. 여러분은 깊은 한숨을 내쉬고 사형수라도 된 양 어두운 표정을 짓게 될 것이다.

이렇게 프레젠테이션을 해야만 할 때의 동기는 가장 기본적인 것이다. 바로 회사에서 잘리지 않으려는 의지다. 하지만 이런 상황을 기회로 삼아 긍정적인 평판을 얻을 수도 있다.

적용성 및 적용 결과

필수 패턴은 회사의 중역회의실이나 협의회, 또는 회사에서 프레젠테이션을 할 수 있도록 자리를 확보해 둔 전국 단위의 심포지엄 등에서 주로 볼 수 있다.

어쩔 수 없이 프레젠테이션을 해야 하는 경우는 아무래도 지원이나 초청에 의한 상황보다는 위축되게 마련이다. 가장 큰 장애물은 아무리 자의로 하는 것이 아니라 하더라도 '제대로 해야 한다'는 데 있다. 그래도 다음과 같은 두 가지 이유로 긍정적인 태도를 취할 수 있다. 첫째, 이 기회를 통해 회사에서 자신의 입지를 눈에 띄게 다질 수 있다. 프레젠테이션을 훌륭하게 해내면 더욱 이목이 집중되는 중요한 자리에 초청될 수 있다. 게다가 이번 일을 계기로 회사의 간부급 인사와 교류할 수 있는 기회가 생긴다면 앞으로 여러분의 커리어에 큰 도움이 될 것이다.

둘째, 비교적 친숙한 환경에서 프레젠테이션 스킬을 익힐 수 있다. 이를 토대로 나중에 다른 장소에서 프레젠테이션을 할 기회가 생긴다면 더 잘할 수 있을 것이다. 이번 프레젠테이션을 일종의 디딤돌로 생각해 보라. 자신감을 가지고 발표하고, 이번 프레젠테이션을 훗날 여러분이 늘 참석하고 싶어 했던 콘퍼런스에서 발표할 때를 대비한 첫걸음으로 활용한다. 만약 주제를 선택할 수 있다면 어떤 주제가 재사용 가능성이 높은지 고려한다. 프레젠테이션 자료 준비는 시간이 꽤 걸리는 작업이다. 대다수 발표자들이 '기초 자료'를 준비해 두고 그때그때 필요한 부분만 수정해서 사용한다.

요약하면, 못해도 연습은 될 것이다. 여러분의 지식 목록에 몇 가지 새로운 개념을 추가하게 될 것이고, 재미있는 사진이나 이미지도 몇 장 추가할 것이며, 발표 슬라이드를 만들 때 이런 사진이나 이미지를 남용하지 않는 법도 배우게 될 것이다(사진광 안티패턴 참고). 프레젠테이션 자료는 실제 프레젠테이션을 하는 과정에서 조금씩 바뀐다. 매번 신경 써서 피드백을 받아들이도록 노력해야 한다.

방법

회사 업무로 어쩔 수 없이 해야 하는 일이므로 동시 작성 패턴을 쉽게 적용할 수 있게 여러분을 도와줄 다른 동료들이 있을 것이다. 닥치는 대로 주변을 수소문해 자료 조사에 도움을 받는다. 같은 맥락에서, 최종 프레젠테이션 대상 중 몇몇에게 슬라이드 구성을 도와달라고 부탁하거나 적어도 자료를 검토해 줄 것을 요청한다. 이렇게 하면 프레젠테이션을 하기 전에 그 사람을

'내 편으로' 만들 수 있다. 특히, 프레젠테이션을 할 때 그들에게 맨 앞자리에 앉도록 부탁한다 (지지자 패턴 참조). 맨 앞줄에서 친숙한 얼굴을 볼 수 있어 덜 긴장하게 되고, 재미있는 일화를 소개할 때 이들이 웃어 주면 서먹한 분위기를 깰 수 있다.

 관련 패턴

지원 패턴이 유사한 종류로, 프레젠테이션을 준비할 수 있는 다른 방식이다.

만약 적대적인 환경에서 어쩔 수 없이 프레젠테이션을 해야 한다면 지지자 패턴을 사용해 지원군을 데려오는 것도 괜찮다.

💡 비행기 안에서의 프레젠테이션 준비

한번은 동료 중 한 명인 벤컷 수브라마니암(Venkat Subramaniam)이 인도에서 프레젠테이션을 할 일이 생겼다. 그의 집은 미국 콜로라도 주 덴버였으니 아주 멀리 떨어진 곳에서 하게 된 셈이다. 주제는 그가 아직 잘 모르는, 새로운 프로그래밍 언어에 관한 것이었다. 태평양을 횡단하는 비행기 안에서 벤컷은 2시간씩 쪽잠을 자면서 새로운 언어를 공부하고 예제를 작성했고, 비행기가 착륙할 때쯤 프레젠테이션 준비를 끝냈다. 벤컷의 설명에 따르면 그때의 프레젠테이션 준비는 가장 촉박하고도 치열했던 경험이었다고 한다.

관객의 반응은 열광적이었다. 벤컷은 불과 몇 시간 동안 준비해서 어려운 주제의 다양한 측면을 잘 다뤘다.

이렇게 벼락치기로 프레젠테이션을 준비하는 것은 결코 바람직하지 않지만, 벤컷의 예를 보면 막바지에 준비한다고 꼭 실패하리란 법은 없다는 것을 알 수 있다. 의외로 엄청나게 성공적인 결과를 낼 수도 있다. 사실 성공의 비결은 번개같이 빠른 속도로 정보를 습득하는 벤컷의 경험과 능력에 있었다. 즉, 새로운 지식을 습득하고 전달하고자 하는 벤컷의 열정 덕분에 가능했던 것이다.

4 패턴: 중요한 이유

📶 별칭

동기, 계속하기, 합의한 대로 전달하기

📶 정의

콘퍼런스에 발표 지원서를 제출하거나 어떤 행사에서 발표해 달라는 초청을 수락하기 전에 자기 자신에게 가장 중요한 질문을 던져 보자. "왜 프레젠테이션을 하려고 하는가?" 이 질문에 대한 답이야말로 여러분이 프레젠테이션을 하는 가장 큰 이유가 될 것이다.

📶 동기

프레젠테이션을 해 달라는 요청을 수락하거나 스스로 지원한 후 답변을 받았을 때는 엄청나게 중요한 약속을 한 것과 다름 없다. 행사 기획자는 발표자가 수락한 순간부터 계획된 프레젠테이션 주제로 마케팅을 시작한다. 결국, 적절한 주제와 발표자가 있어야 그 행사의 티켓을 팔 수 있다. 애초 자신이 프레젠테이션을 하려고 했던 여러 가지 이유와 더불어, 프레젠테이션을 끝까지 완수해서 스스로 한 약속을 공개적으로 실행해야 한다.

📶 적용성 및 적용 결과

처음에는 프레젠테이션을 하겠다는 의지가 강했겠지만 서서히 날짜가 다가오면서 자신이 없어지면 언제든 취소해도 된다는 생각을 할지도 모른다. 그래서는 안 된다. 청중의 입장에서 고

대했던 프레젠테이션이 취소됐을 때 어떤 기분인지 여러분도 잘 알지 않는가? 그 실망감은 청중과 기획자 모두의 뇌리에서 한동안 떠나지 않는다. 어쨌든, 피치 못할 사정이 있더라도 예정된 일정을 취소하는 건 너그럽게 받아들일 수 없는 문제다.

건설적인 측면에서 여러분의 참여가 행사에 충분히 활용되도록 적극적으로 나선다. 주위 친구나 동료를 짜증나게 하지 않는 선에서 스스로를 홍보한다. 프레젠테이션을 하기로 한 것을 기정사실화해서 말할수록 더욱 열심히 준비하게 될 것이다. 프레젠테이션에 대해 더 많이 얘기할수록 정신적으로 프레젠테이션 준비에 더 매진하게 된다. 그리고 프레젠테이션에 대해 더 많이 홍보할수록 내용을 잘 전달했을 때 더 좋은 평판을 얻게 된다. 프레젠테이션 자료를 만드는데 최선을 다하고, 내용을 잘 전달할 수 있도록 마음의 준비를 철저히 하며, 프레젠테이션을 끝낸 후 얻게 될 성취감을 마음껏 즐기도록 한다.

방법

이 책에서 여러분에게 딱 맞는 동기를 제공할 수는 없다. 대신 일반적인 프레젠테이션 동기 10가지를 제시할 수는 있다. 아래 내용을 참고해 자신의 분야와 관련된 구체적인 사항을 대입해 보기 바란다.

1. 기술 관련

   a. 특정 기술을 공부해서 생산성을 높일 수 있다.

   b. 툴의 발전으로 프로세스를 더욱 시의적절하게 적용하거나 비용 대비 효율적으로 활용할 수 있다.

   c. 앞으로 새로 나올 기술을 미리 준비할 수 있다.

2. 청중 관련

   a. 격려가 필요한 사람들과 공감을 느낀다.

   b. 사회 생활에 필요한 여러 가지 기술을 알려주고 싶다.

3. 제품 판매

　　a. 제품을 실제로 시장에 선보일 기회다.

　　b. 웹사이트나 온라인 데모보다 제품에 대한 대중의 관심을 더 끌어낼 수 있다.

4. 공적 기여/오픈 소스

　　a. 공적 기여를 하고 싶다.

　　b. 특정 커뮤니티를 지원하고 싶다.

5. 동료의 인정

　　a. 프레젠테이션이 조직에서 승진에 도움이 된다.

　　b. 프레젠테이션을 통해 경영진에게 자신의 존재감을 드러낸다.

6. 전문 분야에서의 인정

　　a. 프레젠테이션이 컨설팅 업무로 이어질 수 있다.

　　b. 프레젠테이션을 통해 잠재적 고객에게 자신의 존재감을 드러낸다.

　　c. 프레젠테이션을 통해 특정 제품이나 서비스, 솔루션에 대한 전문가로 자리매김할 수 있다.

7. 콘셉트 판매 (Concept sales)

　　a. 프레젠테이션이 향후 판매 기회에 있어 구매 예정자의 의사결정에 영향을 미친다.

　　b. 프레젠테이션이 향후 마케팅 캠페인에 기여한다.

8. 설득

   a. 프레젠테이션을 통해 사람들의 자발적인 지원을 이끌어낸다.

   b. 프레젠테이션을 통해 향후 경계를 넓힐 수 있는 아이디어에 대한 새로운 '기준'을 마련한다.

9. 직업적 성장

   a. 기한이 정해져 있으므로 이미 동기가 부여된 사람에게도 확고한 목표를 제시할 수 있다. (프레젠테이션 기한이 다가오고 있다!)

   b. 자신의 마케팅 능력을 향상시키고 이력서에 써넣을 항목을 늘릴 수 있다. 어떤 주제에 대해 프레젠테이션을 한다는 것은 충분히 인정받을 만한 능력이다.

10. 개인적 만족도

    a. 개인적 만족도야말로 프레젠테이션을 하는 가장 중요한 이유 중 하나다.

    b. 개인적 만족도가 다른 모든 것(관심사, 인정, 성장)을 아우를 수 있다.

관련 패턴

카네기 홀이나 시련의 장 같은 패턴을 적용하려면 강력한 동기가 필요하다.

5

패턴: 지원

📶 별칭

지원 후 수락

📶 정의

스스로 시작해 보려는 발표자라면 응당 따라야 할 방식대로, 인터넷으로 찾아본 관련 행사 담당자에게 논문 초록이나 발췌본을 보내거나, 친구나 동료들에게 수소문하거나, 광고를 통해 알아본다. 며칠이나 몇 주, 심지어는 몇 달이 걸릴 수도 있지만, 기다리다 보면 그토록 원했던 수락 메일을 받을 수 있을지도 모른다.

📶 동기

콘퍼런스나 분과회 회의, 다른 어떤 장소에서든 어떤 주제에 관해 공개적으로 발표할 기회를 찾는다면, 그 이유는 아마도 중요한 정보를 특정 커뮤니티와 공유하고자 함일 것이다. 그리고 다소 개인적인 이유겠지만 발표자가 자신의 분야에서 인정받고자 하는 욕구를 충족하는 것도 중요하다.

📶 적용성 및 적용 결과

지원은 행사의 기획자가 여러분에 대해 잘 몰라서 연사로 초청할 수 없는 경우나 여러분이 발표할 필요가 없는 행사에서 발표할 기회를 얻을 수 있는 방식이다.

사전에 제출해야 할 자료의 스타일과 어조, 보충 자료가 발표자의 개인 성향을 나타낼 뿐 아니라 과연 그 행사에 적합할지 가능성을 드러내기도 한다. 따라서 조심스럽게 준비해야 한다.

지원서를 제출하는 행위는 프레젠테이션을 하겠다는 암묵적 약속과도 같다. 수많은 콘퍼런스와 분과회의 기획자들에 따르면 프레젠테이션을 하겠다고 지원했던 사람들이 나중에 시간 문제로 취소하는 일 때문에 종종 곤란함을 겪는다고 한다. 지원자 입장에서야 자신이 채택될지 사전에 알 수 없으니 확답을 주긴 어렵다고 항변할 수 있겠지만, 행사 기획자는 지원자가 그 행사를 특별하게 생각해서 꼭 참여하고픈 마음에 지원했다고 여기고 싶어 한다. 지원할 행사를 고를 때는 다른 행사에 비해 어떤 측면에서 자신이 발표하기에 적합한지 신중하게 고려한다. 자신이 채택되면 프레젠테이션을 꼭 완수하리라는 각오로 지원서를 내야 한다.

방법

우선 중요한 이유 패턴에서 설명한 모든 항목을 고려해서 적절한 주제를 고른다.

다음으로 콘퍼런스의 지원 시스템을 이해해야 한다. 거의 대부분 웹 기반으로 되어 있지만 다른 방식으로 된 곳도 드물게 있다. 지원서의 파일 형식과 제출 기한, 검토 과정, 수많은 세부 사항까지, 지원 시스템의 제출 지침을 명확하게 이해한다. 대다수 콘퍼런스에서는 지원 단계에서 주제에 대한 간단한 설명인 요약문만 제출하면 되는 경우가 많다. 제출 지침을 꼼꼼히 확인한다. 일부 콘퍼런스에서는 요약문의 길이와 내용, 스타일 등에 엄격한 규칙을 적용한다. 어떤 경우에는 발표자가 발표 대상에게 기대하는 학습 효과가 무엇인지 상세히 요구하기도 하므로 청중 분석 패턴을 적용해야 한다.

무엇을 제출해야 하는지 충분히 이해한 후에는 실제 요약문을 작성한다. 동료 검토 패턴을 적용해서 문법적으로 정확하고 간단명료한 지원서를 작성한다. 능동형 문체를 쓰고 지원서 제출 지침을 준수한다. 이 글은 지원서를 채택할지 여부를 결정하는 사람들에게 자신을 드러낼 수 있는 유일한 도구다. 글의 첫인상이 지원서 채택 여부를 좌우할 것이다. 친구나 동료에게 부탁해 지원서를 검수하고 문서 작성 도구의 맞춤법 검사 기능을 사용해서 지원서의 품질을 높여 경쟁 우위를 확보한다.

자신의 프레젠테이션에서 어떤 새로운 정보를 다룰지, 또 청중들은 이를 통해 어떤 혜택을 얻게 될지 강조해서 설명한다. 콘퍼런스나 분과회 기획자들은 대개 유용한 새 정보가 있다거나 새로 발견된 사실을 공표하고, 기존 개념에 대한 참신한 시각을 선보인다는 식의 홍보로 행사 티켓을 판매한다. 프레젠테이션에 지원할 때는 스스로 자신의 프레젠테이션을 홍보한다는 자세로 진지하게 임한다. 왜 이 주제에 관해 자신이 프레젠테이션을 해야 하는지 설득한다. 관련해서 과거 저술이나 프레젠테이션 경험이 있다면 이를 강조한다. 세계적으로 유명한 한 기술 콘퍼런스에서는, 지원서를 검토할 때 예전 발표 동영상이나 경력을 링크로 포함해서 제출하는 지원자를 더 선호한다고 한다.

사례

비공식 집계에 따르면 저자들이 참여했던 1,000개 이상의 콘퍼런스 중 90 퍼센트가 웹 기반의 논문 공모(CFP, call for papers) 과정을 사용하고 있다. 다음과 같은 유명한 기술, 의료 콘퍼런스도 이런 과정을 따르고 있다.

- No Fluff, Just Stuff[1]
- Jazoon[2]
- Devoxx[3]
- JavaOne[4]
- American Academy of Physician Assistants Annual Conference[5]
- American Academy of Orthopaedic Surgeons Annual Meeting[6]
- American Institute of Chemical Engineers Annual Meeting[7]

관련 패턴

프레젠테이션을 준비하는 또 다른 방식인 필수 패턴이 이 패턴과 비슷하다.

지원서의 글을 제대로 작성하려면 동료 검토 패턴과 잘못된 개요 안티패턴의 팁을 참고한다.

6

안티패턴: 요약문 전문 변호사

별칭

트집잡이

정의

누군가 사전에 공지된 프레젠테이션의 주제나 요약문과 실제 프레젠테이션 내용의 미묘한 차이를 찾아내려는 목적으로 프레젠테이션에 참석하는 경우를 일컫는다. 요약문 전문 변호사는 내용을 이해하는 데 집중하지 않고 사소한 차이점을 찾아내는 데만 신경쓰며, 이런 내용을 메일로 작성해 돌리거나 트위터에 공개하고 관련 사안에 대한 불평을 평가서에 쓰기도 한다.

동기

이 안티패턴의 동기는 이런 별난 행위를 즐기는 특이한 사람들만큼이나 다양하다. 아마 프레젠테이션 내용에서 정확하지 않은 사항을 '찾아내는 행위' 자체에 만족을 느끼거나, 발표자가 의도적으로 속임수를 쓴다고 믿는 경우도 있을 것이다. 왜 이런 안티패턴이 나타나는지는 중요하지 않다. 발표자가 이를 어떻게 방지할 수 있는지가 중요할 뿐이다.

적용성 및 적용 결과

이 안티패턴은 프레젠테이션의 내용을 사전에 이메일이나 콘퍼런스 브로셔, 웹 페이지 안내에 공지하면 언제든 나타날 수 있다. 대부분의 콘퍼런스는 참석자들이 듣고 싶은 내용을 미리

고를 수 있도록 프레젠테이션의 주제와 요약문을 공지한다. 초기에 주제나 요약문을 작성한 후에도 자료를 작성하다 보면 이래저래 내용이 바뀌기 마련이다. 경험이 많은 발표자들은 으레 서너 번 발표해 보기 전에는 주제를 명확히 알기 어렵다고 말한다. 그런데 매번 바뀐 현재 내용을 요약문에 반영하는 것은 쉽지 않은 일이다.

프레젠테이션을 멋지게 끝내고도 프레젠테이션 자체의 완성도 때문이 아니라 사전에 공지된 내용과 조금 다르다는 이유로 부정적인 피드백을 받으면 의기소침해진다. 참석자들이 발표 주제에서 약간 벗어난 내용을 찾아내는 대신 그냥 "공지된 주제보다 더 많은 내용을 설명하셨네요?"라고 묻고 넘어가면 참 좋을 텐데 말이다.

방법

이야기할 소재를 잘 알고 있다면(예컨대, 지난 달 매출액이나 몇몇 프로젝트에서 사용했던 웹 프레임워크에 대한 튜토리얼 등), 되도록 포괄적인 주제나 요약문을 작성한다. 이 경우 다소 포괄적인 요약문을 작성하는 것은 게을러서가 아니다. 애초에 이렇게 작성함으로써 잠재적인 요약문 전문 변호사를 제거할 수 있다(단, 발표 주제에서 다소 벗어난 내용을 설명하는 것이 프레젠테이션 진행에 필요한데도 요약문 전문 변호사에 대한 두려움 때문에 꺼리진 않도록 한다).

감당할 만한 수준이면 모호하게 설명해도 된다. 예를 들어, 필수로 참석해야 하는 회의에서 프레젠테이션을 할 때 사전에 모든 상세 내역을 공개할 필요는 없다. 그렇지 않으면 발표자 자신이나 참석자들에게 아무런 도움도 안 되면서 요약문 전문 변호사에게만 힘을 실어줄지도 모른다. 어떤 효과를 노리고 일부러 모호하게 설명할 수도 있다. 닐의 기조연설을 예로 들면, 닐은 항상 수수께끼 같은 이름을 사용하고, 요약문에는 확실한 정보보다는 궁금증을 자아내는 내용만 싣는다. 개발자 콘퍼런스에서 기조연설을 하는 시간대에는 보통 다른 세션이 진행되지 않기 때문에 콘퍼런스에 참석한 모든 사람들이 들으러 오곤 한다. 기조연설은 '일반' 기술 프레젠테이션에 비해 더 개념적인 경향이 있으므로, 기조연설에 대해 명시적으로 설명한다 한들 청중들을 불러 모으는 데는 별 도움이 안 된다. 그저 잠재적인 요약문 전문 변호사만 자극하게 될 뿐이다.

만약 모호하게 작성하는 데 서툴고 아직 주제에 대한 개념화 단계에 있다면 넓은 의미의 내용만 담은 요약문을 작성한다. 단, 나중에 아이디어를 구체화하고 실제 기승전결을 구성하기 시작하면서 요약문을 다시, 아마 여러 번에 걸쳐, 고쳐 쓰는 것을 잊지 않도록 한다. 프레젠테이션 툴을 사용하기 전에(4단계 패턴 참고) 구상하는 것이 중요하므로, 다음의 단계에 따라 요약문을 수정한다.

1. 아이디어 구상 단계에서 요약문의 첫 번째 초안을 작성한다. 여기에는 발표할 내용을 세 가지 정도로 요약해 쓴다(3단 구성 패턴 참고).

2. 이야기의 윤곽이 잡히고 발표 자료를 작성할 준비가 되면 요약문을 수정한다.

3. 첫 번째 슬라이드 초안을 완성하면 요약문을 다시 다듬는다.

4. 발표를 몇 번 해본 후 요약문을 최종 수정한다.(시련의 장과 카네기 홀 패턴 참고)

콘퍼런스 발표처럼 여러 번 반복해서 발표해야 할 내용이라면 네 번째나 다섯 번째 발표 이후에도 요약문을 다시 수정해야 한다. 프레젠테이션에 대한 압박감으로 얼마나 여러 번 발표 내용이 바뀌는지 알면 아마 깜짝 놀랄 것이다. 한두 달 후 요약문을 찾아 다시 수정할 수 있도록 캘린더에 알림 표시를 해 둔다.

요약문이 바뀌었더라도 요약문 내용을 슬라이드 첫 장에 넣어 참석자들이 사전에 읽어볼 수 있게 하면 요약문 전문 변호사의 행위를 미리 차단할 수 있다. 프리롤 패턴을 사용해 슬라이드 첫 장에 발표자 이름, 직책, 요약문, 휴대폰 정보 등 프레젠테이션에 관한 여러 가지 정보를 담는 것도 좋은 방법이다.

사례

이 안티패턴은 발표 내용에서 다루는 기술적 세부 사항의 수준과 사전 공지된 요약문에 관해, 거의 모든 기술 콘퍼런스에서 발생한다.

관련 패턴

요약문 전문 변호사는 일종의 방해꾼으로 볼 수 있다. 보통 자신의 우월감을 과시하려고 발표자를 당황시키거나 깎아내리려는 이들만큼 악의적이진 않다.

2장

창의적 사고 패턴

프레젠테이션을 멋지게 하려면 일단 자료부터 만들어야 하고, 그러려면 뭔가 흥미로운 얘깃거리를 찾아내야 한다(분명 어떤 이들은 이런 준비 없이 프레젠테이션을 하기도 했겠지만 말이다).

이 책에서 여러분에게 영감을 줄 수 있는 뮤즈를 찾아준다거나 여러분이 다뤄야 할 복잡한 주제를 명확하게 설명하지는 않을 것이다. 그저 아이디어를 찾아내서 다듬는 데 도움이 될 패턴을 소개할 것이다.

이 장에서는 프레젠테이션 내용 작성과 관련된 패턴과 안티패턴을 다룬다. 기승전결 패턴을 이용해 내용을 구조화하는 방법을 다루고, 시각 자료를 효과적으로 사용하는 방법도 다루며, 전문가 집단 언어처럼 청중의 신뢰를 얻을 수 있는 기술도 다룬다. 그리고 발표자의 신뢰도를 깎아 내릴 수 있는 찬물 끼얹기 안티패턴에 대해서도 설명한다.

7 패턴: 기승전결

📶 정의

기승전결은 이야기의 시작부터 끝까지 일이 진행되는 순서를 말한다. 이야기 속 인물이 줄거리를 따라가면서 갖가지 시련을 겪고 이를 극복하는 과정을 설명하는 것이 전형적인 진행 방식이다. 수많은 문학에서 이런 기본 구조를 따르고 있으며, 대부분의 프레젠테이션은 사실 스토리텔링과 같다.

📶 동기

다음의 인용문으로 시작해 보겠다.

> "주인공을 나무 위에 올려 놓고 그에게 돌을 던져라. 그런 다음 그를 끌어내려라"
>
> – 시드 필즈(Syd Fields)

프레젠테이션은 강력한 스토리텔링적 요소를 내포하고 있다. 발표자가 어떤 집단 내에서 홀로 동떨어져 다른 이들에게 정보를 전달하는 상황이 그렇다. 사람들은 평생 이야기를 들으며 살아왔기 때문에 이야기가 어떤 식으로 작용하는지 선천적으로 알고 있다. 어렸을 적 배웠던 능력을 발휘하면 더 흡입력 있는 프레젠테이션 자료를 만들 수 있다.

기승전결은 일종의 이야기 구조로, 갈등이 발생해서 고조됐다가 결국 절정에 이른 다음 해결되는 일련의 사건으로 정의된다. 그림 2.1과 같이 다이어그램으로 표현했을 때 긴장이 고조됐다가 떨어지는 모양 때문에 아크(arc, 둥글게 휜 모양)라고 부른다.

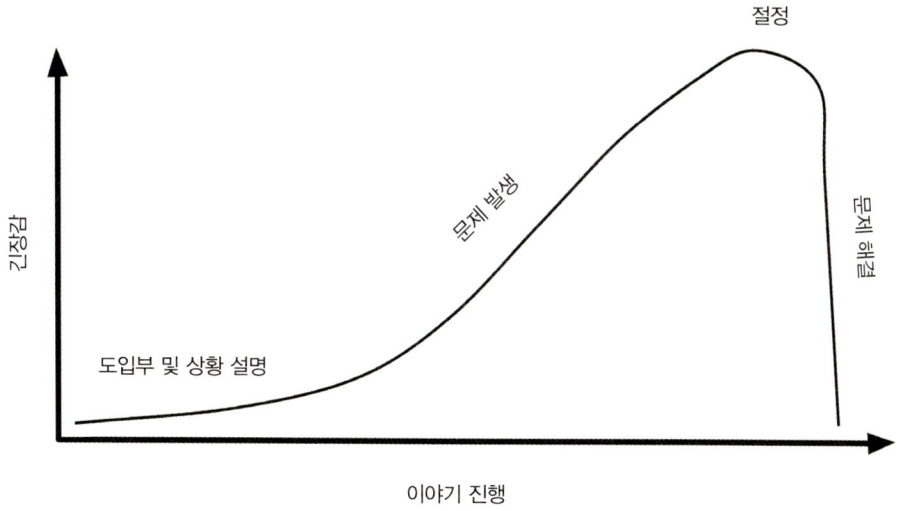

그림 2.1 기승전결

적용성 및 적용 결과

이 패턴이 모든 종류의 프레젠테이션에 적합한 것은 아니다. 하지만 특정한 종류의 프레젠테이션에 맞지 않는다고 무조건 무시하면 안 된다. 어떤 경우에는 제품 시연회에서도 이 구조를 사용할 수 있다. 소개할 제품과 비교 대상이 될 만한 다른 제품을 준비해서 타 제품이 왜 적절하지 않은지 보여준 후 소개할 제품이 얼마나 훌륭한지 마지막으로 설명한다.

사람은 비슷한 종류의 이야기를 쉽게 인지할 수 있기 때문에 이 패턴이 효과를 볼 수 있다. 예를 들어 슈퍼 히어로 영화에서 자주 사용하는 이야기 요소 중 하나는 기원에 대한 이야기나 주인공이 어떻게 특별한 능력을 얻게 됐는지에 대한 이야기다. 이런 이야기 구조는 결국 신화와 맞닿아 있다. 프레젠테이션을 들으러 온 참석자가 이런 이야기 구조를 인지하면 기본 구조를 이해하는 만큼 프레젠테이션 내용을 더 쉽게 이해할 수 있게 된다. 이야기의 곡선이 길어질수록 절정의 파급력이 더 커진다.

방법

프레젠테이션 내용에서 쓸 이야기 구조를 찾아내는 것은 이 패턴을 적용하는 데 있어 단연코 가장 힘든 작업이다. 자신이 왜 이 주제를 설명하려고 하는지 곰곰이 생각해 본다. 분명히 뭔가 얘깃거리가 있을 것이다. 그렇지 않다면 발표장에 갈 이유가 없다. 이야기 구조를 찾는 데 도움이 되는 방법 중 하나는 3의 법칙으로 생각하는 것이다(3단 구성 패턴 참고). 자신이 전달하고자 하는 항목 3가지를 찾을 수 있다면 이를 3단 구조로 만들 수 있다.

기승전결 패턴을 따른 프레젠테이션 자료는 흔히 내용에 내포된 문제/해결 구조를 기반으로 구성된다. 자신이 이야기할 주제를 이런 방식으로 구성하기 힘들다면 전체 구조를 탐색하는 데 도움이 되는 흐름도를 만들어 보기 바란다. 이런 기획 작업은 슬라이드를 만들기 전에 해야 한다. 슬라이드 작성 중에 전체 구조를 파악하기는 더 어렵기 때문이다. 그림 2.2와 같은 형식으로 흐름도를 만든다.

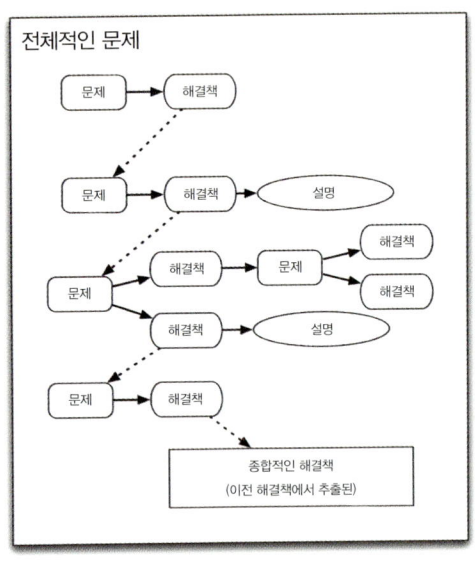

그림 2.2 프레젠테이션 구조의 흐름도

그림 2.2를 보면 전체적인 문제 제기로 끝나지 않고 이야기 속에서 작은 문제와 그에 해당하는 해결책이 연이어 제기된다. 어떤 경우에는 문제에 대한 해결책이 여러 가지여서 여러 갈래로 나눠지고, 각 해결책에서 또 다른 설명과 문제, 해결책이 이어지기도 한다. 이렇게 문제를 설정하고 해결책을 제시한 후 또 다른 문제로 연결시키는 방식이 프레젠테이션을 위한 기승전결이다. 결국 이런 식으로 문제와 해결책, 미묘한 차이를 단계적으로 설명하면 청중에게 단순히 사실만 전달하는 것이 아니라 그런 사실들이 어떻게 서로 맞물려 있는지 전후 상황을 이해시킬 수 있다.

기승전결 패턴은 컨텍스트 키퍼 패턴을 특화한 형태로, 서사라는 도구를 사용해 지속적이고 반복적으로 맥락을 전달할 수 있다.

📡 사례

닐이 소프트웨어 개발자를 대상으로 진행하는 유명한 기술 강연 중에 TDD(test driven development)에 관한 것이 있었다. 소스 코드 설계에서 테스트의 효과를 설명하는 강연이다. 언뜻 듣기엔 기승전결을 적용하기에 그다지 적합하지 않아 보일 것이다. 하지만 그때 닐은 대형 소프트웨어 프로젝트에서 나타나곤 하는 문제를 해결하려고 노력하던 중이어서 참석자 모두가 이해할 법한 방식으로 문제를 설명할 수 있었다. 닐은 강연 중에 여러 가지 상황을 설정하고 그 속에서 몇 가지 작은 문제와 즉각적인 해결책을 제시하려고 했다. 강연의 전체 구조는 그림 2.3과 같았다.

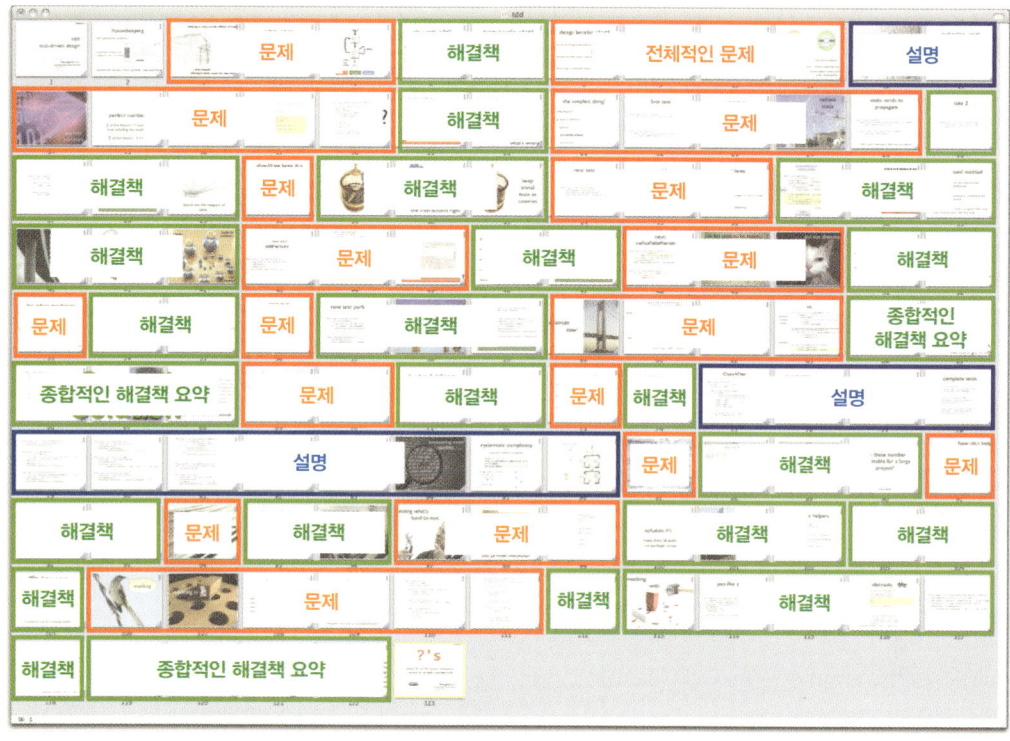

그림 2.3 Test-Driven Design 강연의 전체 구조

TDD 강연에서 닐은 전체적인 문제를 제기한 다음 작은 문제/해결책 구조로 이야기를 진행했다. 각 해결책을 설명한 후에는 자연스럽게 다음 문제점으로 넘어가면서 이야기의 완급을 잘 조절했다. '설명'이라고 표시된 부분에서는 참석자에겐 익숙치 않을 툴을 소개하고 기본적인 사항을 설명했다. 하지만 그림 2.3에서 보다시피 강연의 대부분은 문제/해결책 구조를 따라 진행했다. 강연의 후반부에는 문제는 한 가지인데 해결책은 여러 개인(별도의 '해결책' 상자로 표시함) 부분이 몇 군데 있다. 실제 강연에서는 이 부분이 매우 자연스럽게 연결됐다. 닐은 전체적인 문제를 제기하는 것으로 시작해 바로 그 문제를 해결하는 점진적인 방법을 설명했다. 각각의 부분적인 해결책은 원래 문제의 한두 가지 측면을 해결하지만, 각 해결책에서 다시 새로운 문제나 원래 문제의 미묘한 차이가 도출된다. 강연 후에 닐이 조사한 바에 따르면, 참석자들은 강연의 이야기 흐름이 매우 자연스러워서 원래 시간인 90분보다 강연 시간이 짧게 느껴졌다고 평가했다.

참석자들이 이런 문제/해결책 사이클을 보고 나면 전체 구조를 명확하게 이해할 수 있다. 닐은 중요한 해결책을 제시할 때마다 뒤에 간주곡에 해당하는 슬라이드를 삽입해 구조를 강조했다. 이 부분은 슬라이드에서 간결한 어구와 관련 이미지를 사용해 쉽게 구분할 수 있게 했다. 그리고 강연의 공통 시각 테마를 '건설(건축)'로 하고 대부분의 사진을 이 테마에 맞게 사용해서 효과를 완성했다.

관련 패턴

3단 구성 패턴에서는 모든 것을 세 가지 항목으로 만드는데, 이 방식은 가장 일반적인 기승전결로 친숙하다. 보통 북엔드와 간주곡이 기승전결과 관련이 있다. 이들은 배경 이야기에 그럴듯하게 추가할 수 있다. 북엔드는 별로 관련이 없어 보이지만 전체 메시지를 한데 묶을 수 있게 도와주므로 기승전결을 다듬고 보완하는 좋은 방법이다.

기승전결과 공통 시각 테마도 연관성이 높다. 때로는 공통 시각 테마를 이용해 이야기를 이끌어가거나 보완할 수 있다.

8 패턴: 4단계

📶 정의

자료를 준비할 때 프레젠테이션 툴을 사용하는 데 너무 많은 시간을 허비하지 않도록 주의한다. 자료를 만들기 전에 생각을 정리하고 구조를 만든다. 자료를 만들 때는 구상, 소재 정리, 구조화, 설계의 4 단계를 거친다.

📶 동기

프레젠테이션 자료를 작성하는 '진짜' 작업을 하기 전에 포스트잇으로 메모하고 마인드맵을 사용해 생각을 정리해서 줄거리를 만드는 게 시간 낭비처럼 느껴질 수 있다. 그냥 프레젠테이션 툴을 사용해서 자신의 생각을 바로 정리할 수 있을 거라고 생각할지도 모른다. 하지만 단언컨대 절대 그렇지 않다.

이 책의 저자 세 명이 각자 경험으로 알게 된 바에 따르면 가능한 한 오랫동안 프레젠테이션 툴을 멀리해야 한다. 실제 프레젠테이션을 하기 전에 이야기로 풀 만한 가치가 있는 뭔가가 분명 있을 것이다. 먼저 공들여 자신의 생각을 정리하면 나중에 프레젠테이션 내용을 구성할 때 크게 도움이 될 것이다. 성급하게 자신의 생각을 슬라이드로 옮기면 적절한 기승전결을 찾기가 더 어려워진다.

📶 적용성 및 적용 결과

슬라이드를 작성하면서 통합된 하나의 메시지를 만들기는 어렵다. 프레젠테이션 툴 때문에 개념을 슬라이드 크기의 조각으로 잘라야 하기 때문이다. 생각을 그런 작은 크기로 쪼개서 구상하기란 거의 불가능하다. 이런 부정적인 효과는 쿠키 틀 안티패턴에서 설명한다. 슬라이드에서 설명하는 내용 자체보다는 프레젠테이션 내용의 설계를 고민해야 한다. 프레젠테이션 툴을 사용하다 보면 전체 내용 중 한 가지 측면만 과도하게 강조해서 설계하기 쉽다.

프레젠테이션 내용을 사전에 완벽하게 설계한 다음에 기계적으로 슬라이드에 모조리 옮기라는 게 아니다. 프레젠테이션의 시각적인 부분을 구현할 때 프레젠테이션에 관한 생각이 바뀔 것이고 실제로도 바뀌어야 한다. 다만, 설계 단계에서는 프레젠테이션 툴을 사용하지 말 것을 권한다.

방법

스튜어트 할로웨이(Stuart Halloway)는 유명한 소프트웨어 전문가이자 파워 블로거다. 그가 블로그에 글을 하나 쓸 때는 아침 조깅을 세 번 하는 동안 머릿속으로 내용을 구상한 후 단 15분만에 그걸 쓴다고 한다. 만약 프레젠테이션 자료를 만들 때 대부분의 시간을 슬라이드 작성에 허비한다면 완전히 잘못된 것이다!

프레젠테이션 준비를 할 때는 다음과 같은 4 단계를 거친다.

구상: 발표할 내용을 구상한다. 필수 프레젠테이션이라 하더라도 어떻게 이야기를 효과적으로 전달할지 생각해야 한다. 예를 들어, 업무상 분기 실적을 발표해야 한다면 공통 시각 테마로 회사 야유회 사진을 이용하는 등의 아이디어가 있을 것이다. 이 단계의 산출물은 프레젠테이션 내용에 포함시킬 수 있을지 없을지 모를 아이디어에 불과하지만 미약하게나마 주제와 연관되어 있다.

소재 정리: 아이디어의 소재를 정리하되 미리 구체화하지는 않는다. 아이디어의 숨은 연결고리가 엄격한 계층 구조에는 맞지 않으므로 성급하게 구조를 적용하지 않도록 주의한다. 작가들은 모두 마인드맵 툴을 좋아한다. 마인드맵 툴을 사용하면 정보를 비전형적인 구조로 정리할 수 있기 때문이다. 인덱스 카드로도 비슷한 효과를 볼 수 있다. 이 단계에서 프레젠테이션 툴을 사용하면 아이디어를 쿠키 틀 크기로 조각내야 하기 때문에 절대로 프레젠테이션 툴을 사용하지 않는다. 다음으로 사용하지 말아야 할 것은 엄격한 계층 구조를 적용하는 개요작성 툴(outlining tool)이다. 이 단계에서는 프레젠테이션 내용을 구성하는 요소 간 연관 관계만 확인하면 된다.

구조화: 구상하고 정리한 아이디어를 구조화한다. 프레젠테이션 주제의 범위를 정하고 아직 구조화되지 않은, 아이디어의 얼개를 만든다. 독립적인 개요작성 툴을 사용해도 좋고, 프레젠테이션 툴에 있는 개요작성 기능을 활용해도 된다. 구조화 단계의 목표는 구상한 아이디어를 엮어 강력한 기승전결을 만드는 것이다. 소재 정리 단계에서 정리한 소재들을 프레젠테이션 주제의 일부로 포함시키는 것이 중요하다. 정리한 소재 중 상당수는 여기에 포함되지 않을 테지만 걱정할 필요 없다. 아이디어를 정리하는 과정에서 나온 많은 소재들이 흥미롭긴 하나 프레젠테이션 내용에는 크게 보탬이 되지 않는 경우가 많다.

설계: 프레젠테이션 툴을 사용해 아이디어를 슬라이드에 옮긴다. 이때, 이 책에서 설명하는 패턴을 활용한다.

종이나 포스트잇 메모를 이용한 아날로그 방식이나 마인드맵, 개요작성 툴을 이용한 디지털 방식으로 사고를 정리하는 방법에 대해서는 수많은 책에서 다루고 있으므로 이 책에서는 관련 내용을 생략한다. 그래도 어떤 식으로 작업하면 될지 예제 정도는 제시할 수 있다.

닐의 작업 방식

닐이 각종 콘퍼런스에서 강연을 하고 다닐 때는 프레젠테이션 자료를 많이 만들지 않으려고 노력한다. 대신, 다음 해의 주제에 관한 구상을 주로 한다. 관심 있는 주제를 목록으로 뽑아서 정리한 다음 해당 주제의 어느 부분을 발표하면 좋을지 생각하기 시작한다. 관련 주제에 대해 관찰한 것들이나 통찰, 갑자기 떠오른 영감(아무리 사소한 것이라도)을 계속 메모한다. 관련성이 미미하거나 잠재적인 것이라도 말이다.

소재 정리 단계에서는 마인드맵을 즐겨 사용한다. 구조에는 크게 신경 쓰지 않고, 그동안 메모했던 이런저런 내용을 모두 마인드맵 툴에 집어넣는다. 초기 단계에 마인드맵을 즐겨 사용하는 이유는 주제와 관련된 모든 이질적인 정보를 한데 모을 수 있고, 개요작성 툴이나 프레젠테이션 툴과는 달리 특정한 구조를 적용하지는 않기 때문이다. 마치 해리 포터에서 덤블도어 교수가 펜시브(머릿속 생각을 추출해서 정리할 수 있게 담는 마법 장치)를 사용하는 것처럼 마인드맵을 사용한다.

프레젠테이션 자료를 만들어야 할 때가 오면 마인드맵을 이용해 생각에 구조를 입힌다. 대개 해당 주제에 관해 지난 6개월간 생각했던 내용의 50~75 퍼센트 정도만 남게 된다. 이 단계에서 주요 테마와 주제의 순서, 공통 시각 테마 등의 더 큰 구조를 만든다. 닐이 정리한 마인드맵의 예제는 그림 2.4에서 볼 수 있다.

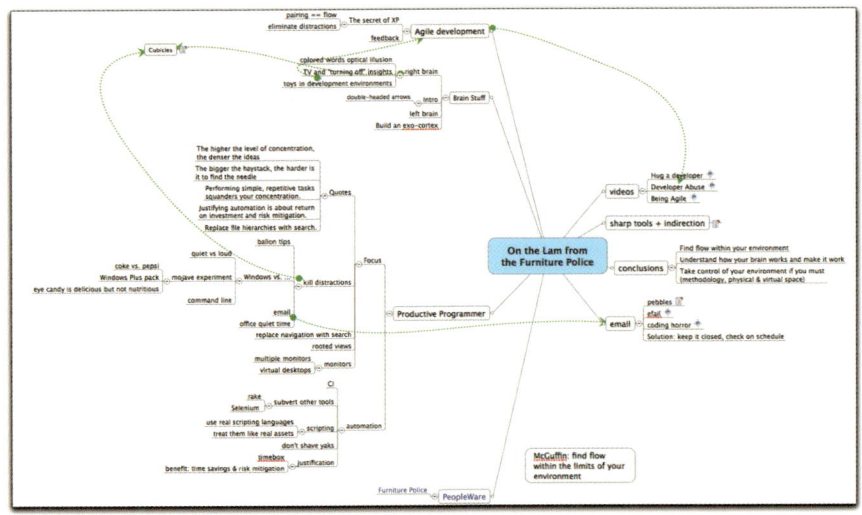

그림 2.4 닐이 On the Lam from the Furniture Police 기조연설에 사용한 마인드맵 예제

그림 2.4의 마인드맵에서 서로 엇갈린 선을 볼 수 있는데, 이것이 개요작성 툴과는 다른, 이런 종류의 툴의 장점이다. 마인드맵을 사용하면 계층적인 레이아웃을 만들면서도 항목 간 교차 연결 관계를 표현할 수 있다. 이런 교차 연결 관계는 주제에 관해서 독특하고 비선형적인 생각을 보여주므로 프레젠테이션에서 가장 흥미로운 부분이 되는 경우가 많다.

마인드맵으로 모든 소재를 정리한 후에는 내용을 개요작성 툴로 옮긴다. 구조화 단계에 해당한다. 여기서는 마인드맵의 구조를 선행화해서 개요를 작성하는 것이 중요하다. 슬라이드로 표현한 프레젠테이션은 시간의 흐름에 따라 표현되므로 선형적이다. 필요한 부분에서 설명할 내용의 순서를 결정해야 한다. 마인드맵의 내용을 개요로 작성할 때는 교차 연결 관계에 특히 주의한다. 교차 연결 관계에 공통 시각 테마를 사용할 만한 부분이 있을지도 모르고, 쓸 만한 부분을 찾으면 백트래킹 패턴을 효과적으로 사용할 수 있다.

프레젠테이션마다 핵심 주제가 있긴 하겠지만 주요 메시지를 전달하는 데 방해가 되지 않는 선에서 부가적인 내용을 통찰력 있게 다룰 수 있다면 프레젠테이션을 더욱 깊이 있고 흥미롭게 만들 수 있다.

주제를 선형적인 구조로 만든 후에 설계 단계로 넘어가 프레젠테이션 툴로 슬라이드를 작성한다. 기본 구조를 사전에 정해 놓으면 슬라이드를 작성할 때는 설명보다 시각적인 부분에 더 집중할 수 있다.

관련 패턴

공통 시각 테마에 관한 아이디어는 보통 구상 단계나 소재 정리 단계에 떠오른다.

백트래킹 패턴은 강력한 보강 기법이다. 추적 대상은 이 패턴의 구상 단계와 구조화 단계에서 얻을 수 있다.

이 패턴을 적용하고 나면 프레젠테이션의 기승전결로 넘어간다.

창의성과 제약

　북미에서 루비 온 레일스(Ruby on Rails) 개발자 커뮤니티를 위해 열리는 대규모 콘퍼런스인 RailsConf는 혁신적인 프레젠테이션과 기술에 대한 독창적인 아이디어로 유명하다. 2010년에, 한 발표자가 발표를 취소하는 바람에 닐이 그 대타로 기조연설을 하게 됐다. 실제 발표일까지 석 달 가량의 준비 기간이 있었던 터라 닐은 주변 친구와 동료들에게 의견을 구했다. 닐이 가장 최근에 쓴 책의 서문을 썼던 데이비드 복(David Bock)은 창의성 제한의 효과에 대한 연구는 어떻겠냐고 제안했다. 적절한 제약은 완벽하게 자유로운 경우보다 창의성에 도움이 되지만 너무 많은 제약은 방해가 된다.

　강연의 테마와 관련해서, 닐은 강연 24시간 전까지는 프레젠테이션 툴을 사용하지 않기로 결심했고 실제로 그렇게 했다. 그렇다고 그가 프레젠테이션 준비를 하지 않았다는 의미는 아니다. 사실은 그 반대다. 마인드맵과 개요작성 툴을 사용해서 프레젠테이션 내용을 구조화하는 데 필요한 이런저런 작업을 했다. 이 과정에서 닐은 주제에 대한 생각이 바뀌었고, 주요 테마와 관련해서 이전에는 고려하지 않았던 흥미로운 접점을 발견했다. '창의성과 제약'이라는 주제는 훌륭했으나 그것을 뒷받침하는 요소가 더 근본적인 다른 아이디어도 뒷받침하고 있음을 깨달았다. 기조연설을 나흘 정도 앞둔 시점에 닐은 강연의 주요 테마가 자연스레 바뀌었다는 사실을 깨달았다. 즉, 이제는 컴파일돼 동작하는 코드가 수행하는 기능이 아니라, 작성된 매체인 소스 코드 자체에서 뛰어난 부분을 찾을 가능성에 대한 내용이 됐다. 이 내용 역시 여전히 '창의성과 제약'에 관련돼 있다. 왜냐하면 프로그래밍 언어가 제공하는 제약이 있듯이 예술 매체도 예술가가 따라야 할 제약 조건을 정의하기 때문이다. 예술가가 예술 매체에서 제약에 접근하는 방식으로 프로그래밍 언어의 제약에 접근하면 어떨까?

　닐은 자신의 약속대로 정확히 강연 24시간 전에 슬라이드 작성을 시작했다. 프레젠테이션 자료를 구성하는 것 자체는 쉬웠다. 모든 어려운 부분은 광범위한 설계 단계에서 해결됐기 때문이다. 45분간의 발표를 위해 총 108장의 슬라이드를 만들었고 슬라이드 내용이 잘 어우러져 닐이 원하는 메시지를 충분히 전달할 수 있었다.

　시각적인 부분을 미룬 덕에 화면 전환과 애니메이션 효과, 사진 등을 신경 쓰지 않고 프레젠테이션 내용의 테마를 정제(재정의)할 수 있었다. 먼저 전하고자 하는 진짜 메시지를 다듬는 데 집중하고, 아이디어를 슬라이드로 옮기는 기술적인 작업을 했다.

9

패턴: 시련의 장

별칭

프레젠테이션 구성과 다듬기

정의

프레젠테이션 내용을 전달하는 것은 프레젠테이션 자료를 구성하는 것과는 다르다. 하지만 프레젠테이션을 해야 한다는 압박감 때문에 프레젠테이션 내용이 (때로는 대폭) 바뀔 것이다. 이런 내용 변경이 잠재적으로 프레젠테이션 내용을 개선할 수도 있으므로 이를 받아들이고 활용하는 법을 배운다.

동기

프레젠테이션의 서사적 흐름에 대한 번뜩이는 아이디어가 있었더라도 실제 그것을 청중 앞에서 발표할 때는 변하기 마련이다. 누구든 첫 발표를 끝낸 후에는 내용을 (가끔은 완전히) 바꾸게 돼 있다. 어떤 이들은 몹시 까다로운 바이올린 연주자처럼 사소한 것 한 가지라도 정확히 맞아떨어지지 않으면 발표를 할 때마다 계속 내용을 바꾼다. 고된 실행 과정을 거치면서 발표자가 주제에 관해서 어떻게 이야기해야 할지 스스로 알고 있다고 여겼던 것이 바뀌게 된다. 이 패턴은 그런 소중한 경험을 활용하는 방법을 설명한다.

적용성 및 적용 결과

이 패턴은 종류나 상황에 관계 없이 모든 프레젠테이션에 적용할 수 있다. 닐의 경우만 해도 뭔가 완벽하게 마음에 들지 않아 50번 이상 수정하고도 여전히 고치고 있는 프레젠테이션 자료가 있다. 발표를 몇 번이나 했는지는 상관없다. 회를 거듭할수록 발표를 할 때 잘 안 맞는 부분이 있으면 바로 알 수 있으므로 계속 고치고 다듬어서 메시지를 더 명확하게 만든다.

가장 바람직한 결과는 프레젠테이션을 거듭하면서 내용이 월등히 좋아지는 것이다. 헌데 그렇게 되려면 프레젠테이션을 하는 동안 무엇이 좋고 나쁜지를 매의 눈으로 관찰해야 한다. 사실 발표자는 프레젠테이션 내용 자체에 집중해야 하므로 이렇게 하기는 매우 어렵다(자세한 내용은 시련의 장 패턴의 방법 부분 참고).

> 도움이 되는 사람들은 성가시다.
>
> – 로버트 프립(Robert Fripp)

연습할 때 가장 중요한 부분은 피드백이다. 모든 사람들이 좋은 피드백만 준다면 기분이야 좋겠지만 전혀 도움이 되지는 않는다. 제대로 된 피드백을 받으려면 프레젠테이션 내용의 모든 측면에서 강점과 약점을 짚어줄 수 있는, 잔인할 정도로 정직한 검토자가 필요하다. 검토자가 적어도 한 번은 프레젠테이션을 보고 피드백을 주도록 한다. 그리고 이 작업을 계속 반복한다. 꼼꼼한 피드백을 주는 검토자가 있으면 다른 발표자에 비해 엄청나게 큰 도움이 될 것이다.

처음 프레젠테이션을 할 때는 가능한 한 잘할 수 있도록 최선을 다하는 것에만 집중한다. 그 다음 번에 프레젠테이션을 할 때는 어떻게 하면 다음에 더 잘할 수 있을지 생각할 수 있는 여유가 생긴다.

여기서 권고하는 내용이 4단계 패턴에 모순돼 보일 수 있다. 4단계 패턴에서는 툴을 사용하기 전에 많은 시간을 투자해 내용을 설계하라고 했으니 말이다. 하지만 이 두 패턴은 상호 보완적으로, 평화롭게 공존할 수 있다. 4단계 패턴은 프레젠테이션의 구조에 관한 내용으로서 프레젠테이션 자료를 만드는 데 드는 노력의 중요함을 다룬다. 4단계 패턴에서 다루는 내용은 프레젠테이션의 전체적인 의미를 좌우할 수 있으므로 나중에 바꾸기는 어렵다. 반면, 시련의 장 패턴은 프레젠테이션 내용이 어느 정도 정해진 상태에서 이를 점진적으로 개선하기 위해 단계별로 아이디어를 다듬는 과정을 다룬다.

📶 **방법**

매우 드문 경우겠지만 만약 시간이 많고 기꺼이 들어줄 대상이 있다면 이 패턴을 사용해 지속적으로 프레젠테이션 내용을 다듬을 수 있다. 진짜 초안(예상 가능한 전체 분량의 1/4에서 1/2 정도)부터 시작해서 프레젠테이션을 하고 피드백을 받아 수정하는 과정을 반복한다. 이렇게 몇 번 반복하다 보면 말하고자 하는 바가 좀 더 명확해진다.

반복 접근법은 글길이 막혔을 때도 도움이 된다. 아무리 형편없는 초안이더라도 생각만 하고 실행에 옮기지 않는 것보다는 낫다는 말이 있다. 전체적인 그림이 아직 떠오르지 않은 상태이더라도 아는 것부터 시작해 반복하다 보면 최종 목표에 가까워질 수 있다.

> 최선은 선의 적이다.
>
> – 볼테르

완벽한 프레젠테이션 자료를 만들기란 불가능한 일이니, 처음부터 너무 완벽하게 하려고 조바심 낼 필요 없다. 시간이 충분하고 내 얘기를 들어줄 청중이 있다면 처음엔 부족하더라도 완벽을 향해 한 걸음씩 나아갈 수 있다.

흔히, 프레젠테이션을 하는 도중에 내용에 사소한 결함이 있다는 사실을 발견하곤 한다. 예컨대, 두 가지 주요 관점을 설명하는 자료를 만들 때는 그 순서가 맞다고 생각했으나 발표장으로 이동하는 동안 순서를 바꾸는 게 낫겠다 싶은 정도의, 매우 사소한 경우다. 문제는 프레젠테이션이 끝나고 나면 수정하려고 했던 내용을 기억하기 힘들다는 점이다. 다음 번에 같은 프레젠테이션을 할 때 똑같은 문제가 보일 테지만 여전히 기억하지 못할지도 모른다. 아마 몇 가지 소소한 문제가 있긴 한데 그걸 기억하지 못해 찝찝한 기분만 남게 될 것이다.

확실한 해결책은 문제를 발견하면 그 즉시 메모해 두는 것이다. 하지만 수많은 사람들이 지켜보는 가운데 이야기를 중단하고 메모할 순 없는 노릇이다. 그래서 티 나지 않게 메모하는 방법을 몇 가지 소개해 보겠다.

컴퓨터 옆에 펜과 종이를 준비해 놓고, 문제점을 발견하면 간단하게 메모하거나 슬라이드 번호라도 써 둔다. 다른 이에게 보여줄 내용은 아니니 그리 자세하게 쓸 필요는 없다. 그저 자신이 기억할 수 있을 정도만 되면 된다. 발표가 끝난 직후에는 메모 내용을 확인해 문제를 고치거나, 다음에 고칠 수 있게 자세한 내용을 덧붙인다.

녹음기가 있으면 더 좋다. 닐은 짧은 음성 메모를 할 수 있는 아이폰 앱을 사용한다. 발표 직전에 앱을 실행하고 대기 모드로 바뀌지 않게 설정해서 앱이 종료되지 않게 해 둔다. 발표 중에 문제를 발견하면 해당 부분을 15초 정도 녹음한다. 발표가 끝난 후에는 녹음 내용을 확인해 수정할 항목을 메모한다. 짧지만 이 정도로만 기록해 두면 문제가 되는 부분을 기억하기엔 충분하다.

물론 전체 프레젠테이션을 동영상으로 녹화하는 방법도 있겠으나(좋은 생각이다), 작은 문제 하나를 찾기 위해 전체 내용을 반복해서 보는 건 지루한 일이다. 아주 작은 부분만 녹음해 두면 해당 부분을 기억하기에 충분하다.

프레젠테이션을 하는 동안 다음과 같은 사항에 주의해서 다음 번에 활용할 수 있도록 한다.

- 청중의 호응을 얻기 위해 사용하는 어구나 농담. 어떤 게 효과가 있는지 주의 깊게 살펴본다. 경험이 많은 발표자는 같은 내용을 반복해서 프레젠테이션할 때 어구의 표현과 시점을 잘 조절한다. 시간이 흐름에 따라 경험이 쌓이다 보면 입증된 내용으로 프레젠테이션 내용을 다듬을 수 있을 것이다.

- 레이저 포인터를 이용해 계속 강조하는 내용. 이런 요소는 움직이는 강조 효과로 바꾼다. 또, 실수로 레이저 무기 안티패턴에 빠지지 않도록 주의한다.

- 지루한 부분. 여담이 얼마나 재미있을지 발표자의 생각은 중요하지 않다. 청중의 반응에 신경 써야 한다. 정말 필요한 부분이 아니면 과감히 삭제한다. 만약 흥미로운 부분이 나오기 전에 꼭 다뤄야 하는 중요한 배경 정보라면 쉬는 시간 패턴을 사용해 본다.

경험이 많은 발표자들이 입을 모아 말하길, 처음 세 번 정도의 프레젠테이션에서 주요 내용을 다듬고 그 이후에는 수정하는 빈도나 분량이 점점 줄어들긴 하지만 결코 수정할 내용이 완전히 없어지진 않는다고 한다.

관련 패턴

보통 청중의 관심을 유도하려면 쉬는 시간 패턴을 사용해서 약간의 유머와 여담을 추가한다. 시련의 장 패턴에 따라, 가장 효과가 있는 쉬는 시간에 주목하고 프레젠테이션을 할 때마다 이를 다듬도록 한다.

 매튜의 농담 목록

전문 강사나 발표자는 같은 프레젠테이션을 반복해서 하는 경우가 많기 때문에 내용의 미묘한 차이가 프레젠테이션 대상 집단에 따라 미치는 영향에 꽤 민감하다. 매튜는 프레젠테이션을 할 때 어떤 부분에서 어떤 농담을 사용할지 자신만의 목록을 만들어 놨다고 인정했다. 언제든지 청중에 따라 적절한 농담을 골라 쓸 수 있게 준비한 것이다.

프레젠테이션을 할 때 어떤 부분이 가장 효과적인지 주의 깊게 살펴본다. 발표자 입장에서는 다소 놀랄 수도 있을 것이다. 자신이 생각하기에 별로 재미없는 부분이 청중들에겐 가장 인기 있고 재미있는 부분이 될 수도 있다. 청중의 관심을 사로잡는 다양한 어구와 표현을 계속 찾아본다. 그러다 보면 프레젠테이션 자료를 입증된 내용으로 채울 수 있을 것이다.

10

패턴: 동시 작성

정의

프레젠테이션 자료를 발표 순서와 동일하게 작성해야 한다는 강박에 시달릴 필요는 없다. 여럿이 함께 프레젠테이션 내용을 작성할 때는 기조를 유지할 수 있도록 규칙을 정해 따른다.

동기

개인적으로 프레젠테이션 내용을 작성할 때는 필요한 자료를 제때 사용하기 어렵다. 따라서 시간 순서에 관계 없이 자료를 작성하는 것도 나쁜 생각은 아니다. 프레젠테이션 자료를 막판에 급하게 작성할 때는 지나치게 흥분해서 착각에 빠지지 않도록 주의한다. 새벽 4시에 보면 모든 것이 완벽해 보이다가도 다음날 아침이 되면 슬라이드 자료가 뒤죽박죽이라는 사실을 깨닫게 되는 경우가 많다. 순서에 상관없이 자료를 작성하려면 기승전결을 완벽히 이해하고 검증해야 한다.

시간이 촉박해서(흔한 경우다) 여러 명이 함께 프레젠테이션 자료를 작성할 때는 누군가 한 명을 슬라이드지기로 지정해야 한다. 슬라이드지기는 발표에 사용할 최종 슬라이드를 관리하는 사람이다.

적용성 및 적용 결과

이 패턴은 회사에서 여러 명이 협업해 급하게 프레젠테이션 자료를 만들어야 할 때 흔히 적용된다.

여러 명이 작성한 슬라이드를 하나로 합칠 때는 늘 서로 사용한 템플릿이나 기본 설정, 기타 툴의 조건 등이 미묘하게 다르기 때문에 어려움을 겪기 마련이다. 한 명이 최종 슬라이드를 '취합'하는 것이 좋다.

방법

프레젠테이션 자료를 개인적으로 작성하든 여러 명이 공동으로 작성하든, 특히 주의해야 할 부분은 최대한 보기에 좋지 않은 색상이나 글꼴로 된 템플릿으로 작성한다. 프레젠테이션 자료를 만들 때 이 템플릿 부분은 나중에 사용하도록 남겨둔다. 그러려면 이 템플릿 부분의 슬라이드를 최대한 보기 싫게 만들어서 당장은 절대 프레젠테이션 자료로 쓸 수 없게 해야 한다.

요즘 사용하는 프레젠테이션 툴은 협업하기엔 매우 불편하게 되어 있다. 부득이하게 협업을 해야 하는 달갑지 않은 상황이라면 몇 가지 규칙을 정해서 적용하는 것이 최선이다.

- 한 명이 슬라이드지기를 담당하게 한다. 이 사람만 최종 버전을 관리할 수 있게 한다.
- 작성에 참여하는 모든 구성원이 같은 템플릿이나 테마를 쓰도록 한다.
- 템플릿이나 테마를 중간에 수정하면 모든 구성원에게 전달해 동시에 적용하기 어려우므로 가급적 수정하지 않는다. 중간에 자주 수정하면 의욕이 꺾이게 돼 있다! 같은 템플릿이나 테마 내의 슬라이드를 수정하면 이름에 '복사본'이라고 표시된 복제 슬라이드가 생긴다. 헷갈리기만 할 뿐 전혀 도움이 되지 않는다.
- 각 구성원이 작성한 슬라이드를 슬라이드지기에게 전달하면 슬라이드지기가 이를 취합해 프레젠테이션 자료를 완성한다. 이 단계에서 다른 사람들이 템플릿을 수정했더라도 사용 중인 최종 템플릿을 기준으로 덮어쓰기 때문에 매우 중요하다.
- 모든 자료를 취합해 최종 버전을 만들 때는 마감 시간을 설정한다. 가급적 슬라이드지기가 작업을 잘 마무리할 수 있을 정도로 충분한 시간이어야 한다.

사례

모든 회사에서 사용한다.

관련 패턴

토클릿 패턴을 이 패턴과 함께 사용하면 특히 효과적이다. 각 구성원이 토클릿을 만들고, 슬라이드지기가 최소한의 공통 시각 테마를 적용한다.

11 패턴: 3단 구성

별칭

3막극 구조

정의

세 가지 중심 아이디어를 기준으로 프레젠테이션 내용을 작성한다.

동기

프레젠테이션의 목적은 정보를 전달하는 것과 즐거움을 주는 것, 두 가지다. 프레젠테이션 내용에 너무 많은 정보를 담으면 아무리 재미 요소가 많아도 청중의 집중력과 기억력에 악영향을 미치게 된다. 전달할 주제를 몇 가지로 제한하면 청중에게 부담을 주지 않고 관련 내용을 충분히 전달할 수 있다.

적용성 및 적용 결과

이 패턴은 정보성 문서를 포함한 모든 종류의 프레젠테이션 형식에 적용할 수 있다. 주로 큰 의제를 제시하면서 청중에게 확고한 인상을 남기고자 하는, 기조연설이나 추상적인 프레젠테이션 형식에 적합하다. 이 패턴은 더 구체적인 발표에도 효과적으로 적용할 수 있다. 3막극과 같은 형식으로 잘 알려진 정보 구조이기 때문이다. 만약 구상하는 내용의 주요 주제가 세 가지를 넘는다면 내용을 다시 확인해야 한다. 전혀 불가능하진 않지만 프레젠테이션 내용으로 청중에게 엄청나게 많은 정보를 기억하게 하기는 어렵다.

지나치게 복잡한 주제를 억지로 나눠서 이 패턴을 적용하지는 않는다. 주제를 제대로 전달할 수 없게 돼 득보다 실이 더 클 것이다.

방법

프레젠테이션 내용을 작성하려고 툴을 사용하기 훨씬 전에, 4단계 패턴을 활용해 전달하고자 하는 정보가 무엇인지 생각해 본다. 핵심 주제가 너무 많으면 곤란하다. 청중들은 절대 그것을 다 기억하지 못할 테니. 경험상 3가지 정도가 적당하다. 상황 설명, 문제, 해결책의 3단 구성 형태로 익숙한 기승전결을 쉽게 사용할 수 있다. 이런 이야기 구조는 문자를 쓰기 이전부터 있었으므로 모든 청중이 익숙하게 받아들일 것이다. 프레젠테이션의 핵심 내용을 더 효과적으로 전달하는 데 이렇게 좋은 구조를 활용하지 않을 이유는 없다.

이 패턴은 특히 토클릿 패턴과 함께 사용하면 효과적이다. 핵심 주제를 담은 세 개의 토클릿(talklet)을 만들고, 여기에 약간의 양념을 더해 프레젠테이션 자료를 만든다.

사례

'Ancient Philosophers & Blowhard Jamborees' 기조연설에서 닐은 전형적인 3단 구조를 사용했다. 첫 번째 부분에서는 이 기조연설이 무엇에 관한 내용인지 설명하고, 두 번째 부분에서는 기존의 소프트웨어 작성 방식의 문제점을 제시하고, 세 번째 부분에서는 청중들이 경력을 유지하는 데 도움이 될 행동 수칙을 설명했다. 그 콘퍼런스에 참석했던 다른 발표자들은 여기에 '죽음의 천사'라는 별명을 붙여 부르기 시작했다. 후반부로 갈수록 내용이 암울해졌기 때문이다. 닐은 두 번째 부분에서 우울한 사실들을 계속해서 보여주면서 내용이 점점 어두워지게 만들었다. 두 번째 부분의 마지막 슬라이드에서는 그림 2.5와 같이 직업 훈련에 관한 내용을 담은 어둡고 우울한 내용을 표현했다.

두 번째 부분에서 설명한 암울한 내용을 해결하는 방법을 마지막 부분에서 소개하려고 닐은 의도적으로 우울한 분위기를 끌어올리려 했다. 청중들이 다 함께 우울해졌다가 마지막에는 다 함께 행복해지도록 이야기 구조를 만든 것이다. 덕분에 청중들이 더욱 몰입할 수 있었고 닐의 발표는 더 기억에 남는 내용이 됐다.

관련 패턴

이 패턴을 사용한다고 해서 강력한 기승전결이 필요하지 않다는 건 아니다.

4단계 패턴의 각 단계를 진행하는 동안, 내용이 이 패턴과 잘 어울리는지 확인한다.

그림 2.5 두 번째 부분의 우울한 결말

12

패턴: 신축 이음관

별칭

골디락스(짧게, 중간, 길게)

정의

열심히 구상하고 기획해서 사전에 철저하게 준비해도, 항상 시간이 변수가 될 것이다. 불확실한 상황에 대비해서 환경 요인에 따라 늘리거나 줄일 수 있는 자료를 확보해 둔다.

동기

언제나 발표자가 제어할 수 없는 요인이 있으므로 주어진 시간에 꼭 맞게 프레젠테이션 자료를 준비하는 것은 매우 어렵다. 예컨대, 회의를 할 때는 협의할 안건이 확대되지 않도록 대화의 분량을 주의 깊게 조절해야 한다. 좀 더 공식적인 프레젠테이션에서는 보통 청중이 관심을 보이고 참여하며 피드백을 제공하기를 바란다. 하지만 발표자가 청중의 참여 시간을 고려해 프레젠테이션을 준비했는데 이 프레젠테이션을 미국 중서부 위쪽에서 했다고 치자. 거기 사람들은 다들 조용하고 잘 나서질 않아서 아마 프레젠테이션 시간이 많이 남을 것이다.

프레젠테이션 내용에 암묵적이거나 명시적인 신축 이음관을 넣으면 주어진 시간에 맞게 내용을 늘리거나 줄일 수 있다. 발표자는 다양한 유형의 청중에 맞춰 그때그때 프레젠테이션 내용을 조절할 수 있다.

🔖 적용성 및 적용 결과

이 패턴은 프레젠테이션 시간이 정해져 있고, 청중의 참여나 식사 시간 같은 외부 시간 요소가 프레젠테이션 속도에 어떤 영향을 미치는지 확실하지 않을 때 효과적이다.

이 패턴은 설명을 얼마나 상세하게 해야 할지 사전에 청중의 취향을 알 수 없을 때도 효과적이다. 신축 이음관을 사용하면 청중이 요구하는 수준으로 상세함의 정도를 조절해 설명할 수 있다.

또한 청중의 참여 정도는 늘 다르므로 다양한 환경에서 수차례 프레젠테이션을 해야 하는 경우에도 이 패턴을 적용할 수 있다.

프레젠테이션 내용에 명시적인 신축 이음관을 넣으려면 추가 작업이 필요하므로 이를 감당할 만큼 충분히 타당한 이유가 필요하다.

경험이 많은 발표자는 대개 프레젠테이션 자료를 너무 많이 준비하거나 너무 길게 이야기할 위험이 있다. 유명한 발표자이자 이 책에서 설명하는 몇몇 패턴의 작성에 기여한 마틴 파울러(Martin Fowler)는 신축 이음관을 안전망으로 사용한다. 마틴은 결코 자료를 지나치게 조금만 준비하는 법이 없지만 항상 그럴까 봐 걱정한다. 그래서 마틴은 만약을 대비해 늘 암묵적인 신축 이음관을 약간 추가한다.

🔖 방법

암묵적이거나 명시적인 신축 이음관을 구현할 수 있다.

🔖 암묵적인 신축 이음관

암묵적인 신축 이음관은 발표자가 중요한 시점에 추가해 가변적인 시간 동안 즉흥적으로 설명할 수 있는 화제를 말한다. 가장 간단하게는, 자연스럽게 다른 화제로 넘어갈 수 있는 전략적인 위치에 있는 슬라이드 정도가 될 수 있다. 상황에 따라 해당 슬라이드를 보여 주고 몇 분간 관련 내용을 설명하거나, 아예 없었던 내용처럼 건너뛸 수도 있다.

여기서 중요한 점은 슬라이드를 자연스럽게 넘기는 것이다. 슬라이드를 보여주고는 시간이 없으니 넘어가겠다고 말하면 안 된다(메타적 접근 안티패턴의 좋은 사례다). 신축 이음관 슬라이드의 위치를 정확히 알고, 프레젠테이션 툴에서 단축키를 사용해 원치 않는 슬라이드를 자연스럽게 건너뛰는 법을 배우도록 한다.

명시적 신축 이음관

명시적 신축 이음관은 자체의 기승전결을 가지고 처음부터 프레젠테이션 내용에 명백하게 포함된 슬라이드다. 이 패턴을 구현하려면 주요 이야기의 전체 공통 시각 테마에 들어맞는 맥락을 유지하도록 슬라이드를 작성해야 한다.

명시적 신축 이음관은 같은 프레젠테이션 자료를 길이나 상세함의 정도에서 여러 가지 버전으로 만들어 사용해야 할 때 효과적이다. 예를 들면, 회사 경영진에 이야기할 때는 요약 버전을 사용하고, 슬라이드에 포함된 상세한 정보를 담은 신축 이음관은 기술팀을 대상으로 설명할 때만 사용하는 식이다.

관련 패턴

전체 내용 중 일부에 신축 이음관을 넣는다면 토클릿 패턴을 함께 사용하는 것이 효과적이다.

신축 이음관은 프레젠테이션 자료의 기승전결과 잘 맞아야 한다. 그저 시간을 때우려고 아무 내용이나 넣으면 분위기만 산만해진다.

13

패턴: 토클릿

제작 지원

ThoughtWorks[1] 수석 과학자, 마틴 파울러(Martin Fowler)

정의

토클릿은 작고 독립적인 내용의 프레젠테이션 조각으로서, 이 조각들을 모아 더 큰 프레젠테이션을 구성할 수 있다. 마틴의 원래 정의에서는 작고 독립적인 내용의 프레젠테이션을 모아 이야기 묶음을 만드는 개념에 초점을 맞췄다. 마틴은 작은 이야기의 '조합'에 집중했지만, 이 책에서는 이 개념을 확장해 토클릿 자체를 다루고자 한다.

동기

훌륭한 기승전결을 갖춘 프레젠테이션 자료를 만들고 싶은데, 발표 시간이 얼마나 있을지 모른다면 어떻게 해야 할까? 혹은 앞선 발표자가 시간을 오래 끈다면? 독립적인 내용으로 이뤄진 작은 단위를 모아 전체 내용을 구성하면 긴 내용을 그때그때 짧게 편집해서 사용하는 것보다 더 강력한 이야기를 유지할 수 있다.

닐의 동료인 마틴 파울러는 기술 강연 분야에서 잘 알려진 인사다. 마틴은 반복되는 상황을 피하려고 이 패턴을 만들었다. 얘기는 이렇다. 닐과 마틴은 클라이언트나 고객을 상대로 설명할 일이 잦은데, 가끔은 특이한 상황에서 할 때도 있다. 예컨대, "CTO께서 시간이 45분밖에 없으니 90분짜리를 45분으로 압축해 설명해 주실 수 있습니까?" 같은 부탁을 받는 것이다. 프레젠테이션은 조립할 수 있는 도형이 아니다. 90분짜리 이야기를 임의로 분해해서 압축하면서도 의도한 메시지를 그대로 전달하기란 불가능하다는 얘기다.

적용성 및 적용 결과

심리학 연구에 따르면 평균적으로 성인의 주의력이 유지되는 기간은 20분 정도다. 약간의 노력을 들이면 그 시간을 연장할 수 있는데, 이것이 사람들이 영화를 즐길 수 있는 이유다. 이런 생물학적 경향을 고려해 토클릿 패턴은 정확히 20분짜리 프레임에 맞춰져 있으므로, 발표자는 현재 화제에 대한 청중들의 집중력이 사라질 즈음 새로운 화제로 넘어가 청중의 관심을 환기할 수 있다.

이 패턴은 각각의, 거의 독립적인 화제를 다룰 때 효과적이다. 각 화제가 서로 부분적으로만 관련되어 있으면, 토클릿으로 구성된 큰 이야기를 만들고 각 토클릿이 서로 교차되는 지점에 공통 테마를 구축한다.

일정이 매우 가변적인 경우에는 이 패턴을 사용해서 프레젠테이션을 효과적으로 구성할 수 있다. 마틴이 선호하는 토클릿 길이는 20분으로, 이 토클릿을 이용해 전체 이야기를 20분, 40분, 60분짜리로 구성할 수 있다. 즉, "아니요, 90분짜리 설명을 45분으로 줄일 순 없습니다. 하지만 40분 동안 두 개의 토클릿으로 된 설명을 해드리면 어떨까요?"라고 대답할 수 있다.

이 패턴은 주문식 강연 패턴으로 압축하면 더 효과적이다. 청중에게 프레젠테이션하는 각 옵션을 하나의 토클릿으로 구성할 수 있다.

관련 패턴

긴 기승전결을 구성하기는 어려울 수 있다. 각 토클릿 내에서 여전히 기승전결 패턴을 사용할 수 있고 또 사용해야 하겠지만, 긴장감을 유도할 만한 충분한 시간이 없으므로 그 효과는 다소 줄어들 것이다.

특히, 백트래킹 패턴과 조합해서 사용하면 예고 패턴이 각각의 독립된 토클릿 조각 사이에 '접착제' 역할을 할 수 있다.

이 패턴은 주문식 강연 패턴과 함께 사용할 때 각 토클릿을 옵션으로 제공하면서 효과를 극대화할 수 있다.

14

패턴: 공통 시각 테마

정의

반복되는 공통 시각 요소를 사용해 프레젠테이션에서 서로 다른 부분을 하나로 묶는다.

동기

프레젠테이션 내용과 관련된 시각 테마를 사용하면 여러 가지 이점이 있다. 첫째, 말하고자 하는 화제와 개념적으로 연관된 화제 사이에 비언어적 연관성을 부여할 수 있다. 발표자의 의도에 따라 긍정적일 수도, 부정적일 수도 있다. 둘째, 프레젠테이션 내용을 시각적으로 더 흥미롭게 만들 수 있다. 지루한 점 목록과 텍스트만 보여주는 대신에 시각적인 요소를 이용해 말하고자 하는 바를 강조하는 효과적인 배경 설명을 제공할 수 있다. 프레젠테이션은 언어와 시각의 두 가지 정보 채널을 제공한다는 점을 기억한다. 관련성이 높은 이미지를 사용하면 더 효과적으로 청중과 소통할 수 있다.

만약 지나친 워터마크와 기타 필요 없는 안티패턴으로 넘쳐나는 회사 템플릿을 어쩔 수 없이 사용해야 한다면 통일된 시각 테마를 사용하는 것이 자료 작성에 도움이 된다. 색상 스킴을 변경할 수 없다면 내장된 시각 요소를 사용한다. 예를 들어, 프레젠테이션 내용이 내부 시공 능력 확립에 관한 것이라면 슬라이드 여백에 공사용 연장 그림을 넣는다. 소속된 조직과 프레젠테이션 내용의 중요도에 따라 기본 설정 무시를 적용해서 제공된 템플릿에서 마음에 들지 않는 부분은 사용하지 않을 수도 있다. 보통 회사 템플릿은 직원들에게 일관된 기본 요소를 제공하고자 하는 좋은 의도로 사용하지만, 여러 가지 제약이 있어서 좋은 자료를 작성하는 데 오히려 방해가 되기도 한다.

📶 적용성 및 적용 결과

프레젠테이션 소프트웨어에서 지원하는 클립아트나 이미지는 사용하지 않는다. 모든 이들이 같은 이미지를 활용하므로 흔하디 흔한 상품을 골라 쓴 것 같은 느낌이 들어 다른 프레젠테이션 자료와 차별화되기 힘들다.

시각 테마나 은유가 너무 강렬하면 대다수 TV나 라디오 광고에서와 비슷한 문제가 생길 수도 있다. 이미지만 기억에 남고 정작 중요한 부분은 기억하지 못하게 되는 문제 말이다. 시각 효과나 은유적 장식이 주요 메시지를 전달하는 데 방해가 돼서는 안 된다.

일견 좋아 보이겠지만 전체 이야기에는 어울리지 않는 시각 테마에 맞춰 메시지를 수정하는 것도 좋은 생각은 아니다. 은유를 지나치게 쓰는 것은 좋지 않다. 실제와의 비교에 해가 되기 때문이다. 비슷하게, 그다지 잘 맞지도 않는 테마를 사용하려고 너무 애쓸 이유도 없다. 그저 좋아 보이는 테마를 사용하기 위해 주요 메시지를 희생할 필요는 없으니까.

📶 방법

주제에 관해 생각나는 내용을 브레인스토밍해서 시각 테마를 정한다. 보통은 주제와의 연관성을 문자 그대로 나타내는 것보다 은유적인 방식을 선호한다. 예를 들어, 소프트웨어 개발에서 테스트의 효과에 관한 강연에서 닐은 대규모 건설 프로젝트를 나타내는 고품질의 사진을 사용했다. 건설 프로젝트와 소프트웨어 개발 사이의 은유적 연관 관계를 나타낸 것이다. 닐은 이 둘 사이의 관계를 말로 설명하진 않았지만, 일관된 사진을 사용해서 참석자들의 마음에 이를 각인시켰다.

고품질의, 적절한 사진을 찾기는 어렵다. 구글을 검색해서 찾은 사진을 함부로 사용해서는 안 된다. 검색된 사진 대부분이 저작권의 보호를 받으므로 이를 무단으로 사용하는 것은 불법이다. 만화나 영화, 잡지, 공공 웹사이트에 있는 사진을 사용할 때도 조심해야 한다.

사진을 별다른 제약 없이 사용할 수 있는 좋은 출처로 Flickr가 있다. Flickr에는 Creative Commons 라이선스 중 하나를 사용하는 사진만 모아둔 특별 섹션이 있다. 이 라이선스의 일반적인 변형 형태 중 하나는 귀속 조항을 포함하는 것이다. 즉, 원저작자에게 권한을 귀속시키는 한 해당 이미지를 자유롭게 사용할 수 있다. 이에 관해 강연 커뮤니티에서 약간의 논쟁이 있는데, 관련 크레디트를 해당 사진 옆에 나란히 표시할지, 아니면 모든 사진의 크레디트를 마지막 슬라이드 한 장에 한꺼번에 실을지에 대한 문제다. 이 책의 저자들의 경우, 아무리 작은 크기로 쓴다 해도 해당 사진 옆(또는 위)에 크레디트를 넣는 것을 좋아하지 않는다. 쓸데 없이 방해가 되기 때문이다. 청중이 발표자의 이야기에 몰입해야 하는데, 불필요한 정보가 계속 나타나는 건 좋지 않다.

사진을 제공하는 웹사이트도 자주 사용한다. Morguefile.com처럼 무료로 사진을 제공하는 사이트도 있다. 아니면, 사진에 대한 이용 권한을 살 수도 있다. 사진마다 요금이 매겨져 있고, 한꺼번에 여러 장을 사면 할인을 받을 수도 있다. 이런 사진 제공 웹사이트의 최고 장점은 메타데이터이다. 이 메타데이터로 적합한 이미지를 쉽게 찾을 수 있다. 어떤 사진 사이트에서도 '고양이'라고 입력하면 고양이 사진을 찾을 수 있다. 하지만 '걱정'과 같은 더 추상적인 단어로 검색해도 결과를 얻을 수 있는 사이트가 필요하다. 사진을 검색할 때는 결과로 나타나는 첫 페이지만 봐서는 안 된다. 검색어의 뉘앙스를 살릴 수 있는 흥미로운 사진은 더 뒤에 나오기 때문이다. 이런 사진을 활용하면 이전에 생각지도 못했던 새로운 관점이나 적절한 은유를 떠올릴 수 있다.

인터넷에 사진이 올라와 있다고 해서 그 사진을 프레젠테이션 자료에 자유롭게 사용할 수 있는 건 아니다. 특히 공개적으로 프레젠테이션을 할 때는 더 그렇다. 예컨대, 만화 딜버트(Dilbert)를 프레젠테이션 자료에서 사용하려면 딜버트 웹사이트[2]의 공식 정책을 따라야 한다. 중요한 발표라면, 2달러나 3달러를 들여 테마에 적합한 이미지를 구입한다.

또 다른 접근 방법은 예술가적 마인드로 자신만의 이미지를 직접 그리는 것이다. 기술 분야에서 유명한 한 발표자는 졸라맨 같은 막대 그림을 그려 슬라이드의 빈 공간을 채웠다. 그림 솜씨가 딱히 뛰어나진 않았지만 프레젠테이션 자료 전체에 걸쳐 일관성을 유지하고 전달하고자 하는 화제에 꼭 맞는 이미지를 활용할 수 있었다.

사례

이 패턴은 이 책의 저자 세 명이 주로 하는 기술 강연이나 기조연설에서 자주 볼 수 있다. 몇 가지 사례를 예로 들면 다음과 같다.

1. 소나(Sonar) 소프트웨어 메트릭 툴에 관한 강연에서 매튜는 시각 테마로 잠수함을 사용했다.

2. mergent Design 강연에서 닐은 사진 제공 사이트에서 우연히 발견한 이미지 시리즈를 사용했다. 원래는 사막에서 자라는 식물에 관한 사진을 찾다가 딱딱한 땅을 뚫고 나오는 식물의 이미지를 우연히 발견했다. 이 사진은 그림 2.6에 나와 있다.

'사막에서 피어난 식물' 테마는 강연 주제에 딱 맞는 이미지였고, 동일한 사진 작가의 작품임에 분명한 사진 5장을 특별 테마용으로 건질 수 있었다.

3. 'REST 기반 통합으로의 진화'를 주제로 한 기술 강연에서 닐은 간주곡 패턴으로 뭔가 특별한 것을 넣고 싶었다. 이야기의 요지는 많은 조직에서 통합 문제를 '해결'하는 방식이 오히려 문제를 악화시키고 있다는 내용이었다. 문제의 전후 사정을 이해하기 위해 이야기는 시간의 흐름에 따라 그 문제에 관한 생각이 어떻게 변해 왔는지로 넘어갔다. 결국 강연은 기발한 방식으로 웹 기술을 사용하는 것에 관해 설명했다. 괜찮은 은유가 없을까 검색하던 차에 닐은 거미에 관한 연구 자료를 발견했다. 이 연구에서는 거미에게 다양한 약물을 주입한 후 거미줄을 짜게 해서 그것의 품질과 모양을 분석한 것이었다. 닐에게는 완벽한 은유였다. 매력적인 거미 이미지를 사용해서 이야기의 화제와 화제 사이에 적절하게 쉬어갈 수 있게 하고 약간의 유머도 넣을 수 있었기 때문이다. 강연 초반에 기업에서 통합을 얼마나 형편없이 관리하는지에 관한 농담을 던지고 '소프트웨어 아키텍트가 마약을 하는 것 같다'는 농담으로 마무리하면서, '약물을 주입한 거미' 테마와 자연스럽게 연결됐다. 강연의 최종 목표로 통합을 제대로 하는 방법을 설명할 때는 일반적인 거미줄을 보여주면서 '이제 정상적인 거미가 어떻게 거미줄을 짜는지 볼 차례다'라고 재치 있게 말했다.

공통 시각 테마로 약물을 주입한 거미 이미지를 차용한 것은 여러 모로 잘 어울렸다. 첫째, 거미 이미지를 사용하면서 닐이 거미에 관해 이야기하는 동안 쉬는 시간을 가질 수 있었다. 주제와 직접적으로 관련된 것은 아니지만 재미 있고 시간도 많이 소요되지 않았다. 둘째, 거미 이미지는 웹 기술 사용에 관한 주제와 은유적으로 밀접하게 관련돼 있다. 셋째, 가장 중요한 부분인데, '약물을 투여한 거미' 테마를 사용해서 닐은 청중에게 자신의 생각을 주입하고 '이제 곧 약물의 영향을 받은 거미줄을 많이 보겠구나'라는 기대감을 심을 수 있었다. 실제 웹 이야기를 나중에 꺼내서 강연의 주요 주제를 설명했기 때문에 이 부분이 중요하다는 사실을 더 강조할 수 있었다. 미리 암시를 주면 나중에 그걸 드러냈을 때 효과가 더욱 커지게 된다.

그림 2.6 Emergent Design 강연에 사용된 사진

관련 패턴

관련 안티패턴으로 사진광이 있다. 사진광은 프레젠테이션 내용을 제대로 준비하지 못한 사실을 감추려고 인터넷에서 찾은 별 상관없는 사진들을 사용하는 경우다.

공통 시각 테마에 쉬는 시간을 연결해서 사용하면 프레젠테이션을 한층 설득력 있게 만들 수 있다.

기본 설정 무시 패턴의 설명을 참고해 지나치게 진부한 이미지나 클립 아트는 사용하지 않도록 한다.

15

패턴: 쉬는 시간

별칭

분위기 전환, 휴식, 쉬어가기

정의

청중의 관심을 유도하기 위해 주기적으로 분위기를 전환한다.

동기

연구 결과에 따르면 평균적으로 성인의 주의력이 유지되는 시간은 20분 정도다. 유머나 흥미로운 이야기, 자극적인 소재 등 청중의 주의를 환기할 만한 요소를 준비한다.

적용성 및 적용 결과

모든 프레젠테이션은 재미있어야 한다. 하지만, 정보 자체보다는 즐거움을 제공하고자 하는 강연(이를테면 기조연설)이나 참석을 해도 되고 하지 않아도 되는 프레젠테이션에서는 이 패턴이 특히 더 중요하다. 이 패턴은 정보량이 많은 프레젠테이션에도 효과적인데, 중간에 쉬는 시간이 있어야 신선한 내용이 계속해서 나와도 다시 집중할 수 있기 때문이다.

전후 상황에 맞는 유머가 가장 효과적이다. 한 집단에 소속된 구성원이나 특정 전문가 집단을 대상으로 할 때는 그들만 이해할 수 있는 농담을 건네는 것이 좋다. 전문가 집단 언어 패턴과 비슷하게, 농담 속에 청중들이 신뢰할 만한 요소를 집어넣어서 발표자를 자신들의 일부로 받아들이게 한다.

주의를 가장 효과적으로 끌 수 있는 요소는 사람들의 마음 속에 있는 원초적인 부분을 다룬다. 확실하게 주의를 끌 수 있는 것에는 유머와 섹스, 소문이 있다. 하지만 이런 원초적인 기폭제를 관심을 유지하는 방법으로 사용하려면 매우 조심스럽게 접근해야 한다. 특히, 청중의 구성을 정확히 모를 때는 역효과를 낼 수 있다. 역효과가 나타나면 쉬는 시간은 찬물 끼얹기가 된다.

상황에 맞는 유머는 거저 사용할 수 있으므로 더욱 가치가 있다. 다른 종류의 유머는 가끔 이야기 구조를 헤집고 다니며 뭔가 재미있는 요소를 찾아내야 한다. 반면, 상황에 맞는 유머를 구사하면 주제에서 벗어날 필요 없이 청중에게 웃음을 줄 수 있다. 같은 프레젠테이션을 여러 번 하게 된다면, 청중들이 계획된 지점에서 웃는지 아니면 생각지도 못한 곳에서 웃는지 주의 깊게 관찰한다. 닐은 항상 아이폰의 녹음 앱을 켜 놓고 필요한 때 눌러서 20초 가량을 녹음한다. 이 정도면 청중의 반응이 어땠는지 기억하기에 충분하다. 더 자세한 내용은 시련의 장 패턴을 참고한다.

🔊 방법

프레젠테이션 자료를 만들 때 여담이나 지엽적으로 관련된 내용도 그냥 지나치지 않는다. 이런 내용이 주의 환기에 써 먹을 좋은 재료가 된다. 가끔은 계획하지 않아도 발표 중에 우연히 나오기도 한다. 이것이 카네기 홀 패턴을 고수해야 하는 이유다. 열심히 연습하면 예기치 않은 상황을 쉽게 인지하고 받아들일 수 있다.

쉬는 시간은 기조연설처럼 추상적인 프레젠테이션에서 더욱 중요하다. 소프트웨어 산업 콘퍼런스에서 기조연설을 했을 때, 닐은 자료를 준비하면서 거기에 모인 청중들만 이해할 수 있는 농담과 말장난을 하려고 했다. 닐은 내용을 완성한 후 처음부터 다시 검토하면서 얼마나 자주 유머를 넣었는지 확인하고 너무 튀는 곳이 없도록 내용을 약간 조정하기도 했다. 적어도 15분에 한 번은 이야기에 활기를 불어넣을 만한 내용을 넣어 주기적으로 청중의 관심을 환기하고자 했다.

이 패턴은 프레젠테이션 내용의 이야기 구조를 거의 완성한 후에 적용하는 것이 좋다. 메시지를 제대로 전달하면서 정확히 얼마 간격으로 유머를 구사하고 쉬는 시간을 줘야 효과적인지 파악하기는 매우 어렵다. 프레젠테이션 내용의 기본 구조를 갖춘 후에는 재미 요소를 어디에 넣을지 계속 찾아보도록 한다.

관련 패턴

전문가 집단 언어는 예상 밖의 표현이나 기술적인 또는 전문적인 용어를 이용해서 평범한 문장으로 이뤄진 무난한 이야기 흐름에 적절한 포인트를 주는 방법이다.

기승전결은 잘 만들어진 헐리우드 영화처럼 의도적인 사건 해결과 휴식 지점, 이야기가 최고조에 달하는 지점 등을 넣어 청중들이 자신이 들은 내용을 조용히 정리할 수 있게 해 준다.

엔터테인먼트 패턴을 적용하면 쓸만한 **쉬는 시간** 요소를 다양하게 활용할 수 있다.

 확실한 고객 서비스

[주] 이 책의 이야기 중 대부분이 적어도 부분적으로는 지어낸 것이다. 하지만 불행하게도 이번 이야기는 실화를 바탕으로 한다.

받은메일함을 연 순간 데이브의 꿈이 막 실현됐다. 규모가 꽤 큰 기술 콘퍼런스에서 강연 수락 통보를 해온 것이다. 데이브의 생각에 그의 기술은 훌륭한 것 같으니(어쨌든 이번 콘퍼런스에서 채택됐으니까), 프레젠테이션도 멋지게 해내고 싶었다. 프레젠테이션 내용 중 일부는 다소 지루하지만 진짜 중요한 부분으로 넘어가려면 꼭 필요한 설명이었다. 하지만 그 지루한 부분을 설명할 때 청중의 주의를 끌 수 없다면 정작 중요한 부분을 설명할 때 그들이 듣지 않을지도 모른다는 걱정이 들었다.

청중의 관심을 끌 수 있는 확실한 방법 중 하나는 쇼킹하거나 자극적인 것을 이용해 주기적으로 청중을 놀라게 하는 것이다. 데이브는 헐벗은(?) 여인들이 야한 포즈를 하고 있는 시각 테마를 만들어 적용하고, 이것을 '프로그래머 포르노'라 부르기로 했다.

결과적으로 그의 계획은 역효과를 낳았다. 콘퍼런스에 참석한 그 누구도 데이브가 설명한 기술에 대해 이야기하지 않았다. 다만 놀랍도록 끔찍한 그의 취향에 관해 수군거릴 뿐이었다.

16 안티패턴: 찬물 끼얹기

별칭

욕설, 저주, 역겨운 사진, 독한 농담

정의

찬물 끼얹기는 그림이나 소리, 심지어는 암시 등의 장치를 이용해 뭔가 고상하지 못한 것을 웃음 요소로 사용하는 걸 말한다. 이런 장치는 주로 일부 청중을 소외시켜서 목표한 기대 효과를 제대로 이루지 못하게 된다.

동기

프레젠테이션을 재미있게 하기는 어렵다. 특히 다루는 주제가 지루하거나 점심 시간 직후에 진행될 때는 더 그렇다. 청중의 관심을 끌 수 있는 확실한 방법은 그 상황에 어울리지 않는 말이나 그림으로 사람들을 놀라게 하는 것이다. 일부 발표자들은 이런 장치를 사용하면 청중들이 관심을 보이지 않거나 싫어하긴 해도 일정 부분 그들의 환심을 사는 데 도움이 된다고 생각한다. 다만, 특정 그룹을 대상으로 하다 보면 의도치 않게 여성이나 소수자 등 전형적인 차별 대상을 포함한 다른 그룹을 소외시킬 위험이 있다.

적용성 및 적용 결과

이 장치는 프레젠테이션 내용 중 특별히 지루한 부분에 배치하거나 반응이 별로 없는 청중을 대상으로 할 때 사용할 수 있다. 아주 가끔 사용하면 프레젠테이션 내용의 한 부분을 특별히 강조하거나, 중요하고 기억하기 쉽게 만들 수 있다. 단, 결과에 주의해야 한다!

이 안티패턴을 사용하면 청중의 일부를 소외시킬 가능성이 매우 크다.

> 신성 모독과 외설을 원치 않는 사람들에겐 이를 무시할 권리가 있다.
>
> – 커트 보네거트(Kurt Vonnegut), Hocus Pocus 나레이션 중

📶 방법

이 안티패턴을 사용하고 싶으면 예상치 못한 곳에서 나쁜 단어를 쓰면 된다. 적절하지 않거나 쇼킹한 이미지를 사용한다.

말도 조심해야 한다. 욕설을 제대로 하려면 청중이 누구인지, 그들이 어떻게 받아들일지 알아야 한다. 만약 조금이라도 의심스럽다면 사용하지 않는다.

일부 걸출한 발표자들도 빈정거리는 말로 무심코 일부 청중을 소외시키곤 한다.

가끔 발표자들은 찬물 끼얹기를 일종의 증명 장치로 사용해 자신이 최신 트렌드에 밝다는 사실을 드러내서 청중의 환심을 사려고 한다. 그러나 이 기술을 사용해서 낚은 사람들이 있으면 다른 누군가는 소외되기 마련이다. 이를 잘 조율해야 한다. 사소한 이유로 일부를 소외시키면 프레젠테이션의 전체 목적이 흔들릴 수 있는 반면, 조금 덜 공격적인 방법을 써서 모두가 만족스럽게 만들 수도 있다.

청중의 인내심은 최대한 보수적으로 예측해야 한다. 지나치게 조심하는 것이 다소 불리할 수도 있으나, 무모하게 행동해 일을 그르치는 것보다는 낫다.

청중이 강연 내용과 발표자의 훌륭한 전달 방식을 기억해야지, 강연 중 일어난 실수나 불쾌했던 부분을 기억하게 해서는 안 된다. 무엇보다도 감동을 줘서 다시 초청받을 수 있도록 노력한다.

📶 사례

광고 분야에서 베네통 사는 1980년대 캠페인에서 기괴한 이미지로 세상을 충격에 빠뜨렸다.[3] 그 시도[4]로 인해 베네통이 언론의 주목을 받긴 했으나, 판매량이 높아지거나 브랜드 명성

을 얻는 등의 효과는 아니었다.

청중의 구성이 다양할수록 누군가를 불쾌하게 만들 가능성이 크다. 이런 일이 실제로도 있었는데, 오하이오에서 있었던 한 대규모 기술 콘퍼런스에서 기조연설을 맡았던 한 유명 인사가 계속 신성모독적인 발언을 하면서도 전혀 개의치 않아 일부 참석자들을 경악케 한 적이 있다. 그 사람의 명성을 익히 들어 알고 있던 이들이야 그의 강연에서 참신한 관점만 선별적으로 받아들일 수 있었겠지만 대다수 청중들은 기조연설의 일부분이 너무 불쾌해 실제 메시지에는 집중할 수 없었다.

기술 분야의 유명 강연자인 벤컷 수브라마니엄이 대표로 그때의 심경을 정리했다.

> 만약 발표자가 분위기를 띄우기 위해 욕설을 해야겠다고 생각한다면, (a)정신 차리고 프레젠테이션에 대한 공부나 더 하라고, (b)청중을 바보로 착각하고 있는 것이라고 말해주고 싶다.
>
> 자기 앞에 모인 완전히 낯선 사람들을 청중으로 맞이할 때 발표자는 성별이나 문화 등 청중의 다양성을 최대한 고려해야 한다. 일부 발표자들이 종종 하는 실수가 "그 동네에는 XX가 있나요?" 따위의 질문을 꺼내고는 잘못을 깨닫지 못하거나, 더 심하게는 아무렇지도 않게 그런 말을 하는 것이다.
>
> 심오하고, 유머러스하며 사람들의 관심을 사로잡을 수 있는 것이 무엇인지, 스스로에게 물어보기 바란다. 이걸 상스럽거나 음란한 것과 혼동하면 안 된다. 그럼 훌륭한 발표자가 되는 그날까지, 건투를 빈다.
>
> — 벤컷 수브라마니엄(Venkat Subramaniam)

관련 패턴

청중을 잘 이해하고 그들에 관한 통계 자료와 성향, 경력 등을 파악하면 의도치 않게 찬물 끼얹기를 사용하게 될 가능성이 줄어들 것이다.

충격과 공포

뛰어난 발표자인 톰은 종종 기술 콘퍼런스에서 기조연설을 한다. 한번은 콘퍼런스에서 초반에 청중들이 지루해하는 것을 눈치채고, 그들을 깨우기 위해 약간의 충격과 공포 요법을 쓰기로 했다. 강연에 앞서 톰은 여러 가지 재미있는 말과 종교적인 이야기를 늘어놨다.

그의 관점에서는 요청받은 바를 잘 완수했다. 모두의 주목을 받으며 강연을 시작했던 것이다. 하지만, 너무 멀리 갔다. 일부 참석자가 자리를 떠났고, 여러 소셜 네트워크에 관련 코멘트가 올라왔다. 일부는 기획자에게 공개 사과를 요구하기도 했다. 톰이 제대로 주목을 끌긴 했지만, 대체 무엇을 위한 것이었을까? 강연에서 욕설이 허용되긴 하는가?

몇몇 라디오 진행자는 청취자를 거칠게 다루는 것으로 유명하다. 죽은 사람도 얼굴을 붉힐 정도로 저속한 이야기와 표현을 즐겨 청취율을 높일 수는 있겠지만, 그런 자극적인 요소 때문에 정작 중요한 이야기 자체가 묻힐 수도 있다. 계란 껍질 위를 걷듯이 조심스럽게 행동하라거나 나쁜 표현을 아예 사용하지 말라는 것이 아니다. 다만 지나치게 멀리 가면 안 된다. 요리를 예로 들어 보자. 약간의 양념은 요리에 맛을 더하지만, 양념을 너무 많이 넣으면 양념 맛밖에 느낄 수 없다. 어쩌다 한 번 자극적인 표현을 쓰면 당장 주목을 받을 순 있겠지만, 청중들이 자리를 뜰 때 머리에 남는 것은 재미있는 표현이 아니라 발표 주제여야 한다.

기조연설에서는 이것이 더욱 중요하다. 25명의 참석자가 모인 토론방에서 충격적인 표현으로 주의를 끄는 것도 중요하지만, 모든 사람들의 시선이 향해 있다면 매우 조심해야 한다. 톰은 지나치게 흥분해서 위태로운 수준을 넘나들었다. 사람들이 그를 기억하긴 하겠지만 과연 그 행사에 다시 초청받을 수 있을까? 아마도 아닐 것이다. 게다가 그의 명성에도 금이 갔다. 소문이 돌 테고, 톰은 다시 강연을 하기 어려울지도 모른다.

외설적인 이미지를 사용하는 것도 마찬가지다. 사용을 자제할 것을 강력하게 권한다. 베이 에리어 콘퍼런스에서 있었던 한 기술 강연이 널리 유명해진 적이 있다. 강연 내용 때문이 아니라 무분별한 사진 선택과 성적 코드 때문이었다. 그래도 유명세를 탔으니 좋은 것 아니냐는 생각을 할지도 모르겠으나, 이 경우에는 그렇지 않았다. 그 강연이 화제를 불러일으키긴 했지만 그것이 발표자의 의도는 아니었을 것이다. 이 사건은 결국 콘퍼런스 기획자가 사과 성명을 발표하는 것으로 일단락됐다.

17 안티패턴: 셀러리

별칭

쭉정이

정의

셀러리 프레젠테이션이란, 채소 셀러리처럼 제공하는 에너지보다 소모되는 칼로리가 더 많은 상황을 의미한다. 셀러리 프레젠테이션의 청중은 참석하기는 어려우나 자리를 뜨기는 쉽다.

동기

보통 의도적으로 셀러리 프레젠테이션을 만들진 않는다. 우연히 그렇게 될 뿐이다.

적용성 및 적용 결과

다양한 상황에서 이 안티패턴이 발생한다. 이를테면 다음과 같은 경우다.

1. 필수 프레젠테이션인 경우. 자신이 잘 모르는 주제이거나 원래 지루한 주제로 발표를 해야 하는 경우다. 이 경우 이야기할 만한 소재를 찾아내거나, 기승전결과 쉬는 시간 같은 패턴을 활용해 프레젠테이션 내용을 크게 개선해야 한다.

2. 청중의 지적 수준을 잘못 판단한 경우. 예컨대, 심장 전문의를 대상으로 기본 봉합 수술에 관해 설명한다면, 아무리 내용이 정교하거나 재미있어도 소용이 없을 것이다. 그냥 셀러리 프레젠테이션이 될 뿐이다. 이런 상황을 대비하는 가장 좋은 방법은 청중을 분석하는 것이다.

3. 마감일. 비즈니스 시나리오에서 가장 흔히 발생하는 경우다. 일정에 따라 진행 상황을 협의하거나 경과를 보고해야 하는데, 그러려면 이야기할 만한 내용이 있어야 한다.

셀러리 프레젠테이션을 듣고 나면 청중들은 하나같이 '시간이 아깝다'고 느끼게 된다. 청중의 한 사람으로서 아무리 뒤척여도 의자가 불편하거나 시간이 거꾸로 흐르는 것 같다는 생각이 들면 셀러리 프레젠테이션을 듣고 있다는 증거다.

📶 방법

셀러리 프레젠테이션은 보통 강력한 기승전결이나 쉬는 시간 같은 것이 없다. 설득력 있는 이야기나 전제, 동기 같은 것 없이 겉만 그럴 듯하게 만든다. 대부분 의미 없는 내용으로 채워질 테지만 완전히 불쾌한 수준은 아닐 것이다.

이 안티패턴에 빠지지 않는 최선의 방법은 청중을 분석하는 것이다. 궁극적으로 청중들이 어떤 가치를 얻어갈 수 있게 만들어야 한다.

현황 보고 회의가 예정돼 있는데 주시할 만한 일이 전혀 일어나지 않았다면, 셀러리 프레젠테이션이 될 가능성이 농후하다. 이 경우, 모두가 이미 알고 있는 사실은 요약해서 짧게 설명하고 더 가치 있는 내용을 다루도록 회의의 방향을 바꾸거나 아예 회의 자체를 취소한다.

자신이 셀러리 프레젠테이션을 하게 되더라도 내용을 빨리 설명하고 넘기는 것으로 문제를 '해결'하려 해서는 안 된다. 이럴 경우 토픽과의 분리 안티패턴에 빠지게 된다. 프레젠테이션은 예정대로 마치고, 청중의 일부라도 뭔가 얻어가는 게 있기를 바라는 것이 좋다.

프레젠테이션을 빨리 진행한다고 해서 없던 영양가가 생기지는 않는다. 오히려 뭔가 조금이라도 배울 수 있었던 사람들이 속도를 못 따라올 가능성만 생긴다. 그렇지 않고 청중의 기대가 지나치게 빼딱하다면 프레젠테이션을 아예 취소한다.

📡 사례

대부분의 마케팅 관련 프레젠테이션이 셀러리 안티패턴에 빠지기 쉽다. 특히 다른 곳에서 썼던 자료를 그대로 사용하는 경우에는 더 그렇다. 청중들이 제품에 대해 관심이 많더라도 그들에게 정말 필요한 내용이 마케팅 자료에 포함되어 있는 경우는 드물다. 이건 사실 엄청나게 부끄러운 일이다. 청중들이 관심이 많다는 것은 프레젠테이션을 성공적으로 하기 위한 첫째 조건을 별로 힘들이지 않고도 충족했다는 의미이기 때문이다.

기술 강연 역시 셀러리 안티패턴에 빠질 위험이 크다. 다루는 주제가 기술적일수록 유용한 정보가 다소 부족하더라도 전달 자세와 애니메이션 효과, 슬라이드 꾸미기 등으로 쉽게 감출 수 있다. 유명한 폭스 박사 효과(Dr. Fox effect)에 따르면, 아무런 의미도 없고 전문 용어를 남발하며 이해하기 어려운 프레젠테이션도 그럴듯한 자세로 포장하면 완벽하게 감출 수 있다고 한다.

📡 관련 패턴

무심코 셀러리 프레젠테이션을 하게 되는 이유 중 하나는 바로 토픽과의 분리 안티패턴 때문이다. 청중들이 이미 해당 주제에 대해 잘 알 것이라는 걱정 때문에 건성으로 내용을 전달하는 경우다.

18

패턴: 전문가 집단 언어

📡 별칭

은어, 속어, 전문 용어, 특수 용어

📡 정의

전문가 집단 언어란 텍스트 메시지와 온라인 게임 포럼에서 시작돼서 다양한 상황에서 쓰는 은어와 비속어를 포함하는 말로 확대됐으며, 일반 언어와는 다른 표현과 문법을 구사한다. 프레젠테이션에 전문가 집단 언어를 사용하면 청중들이 좀 더 친숙하게 발표자를 받아들일 수 있다.

📡 동기

프레젠테이션 내용에 믿음이 가지 않으면 청중들은 발표자가 전달하고자 하는 메시지를 무시할 것이다. 어떤 커뮤니티와 단체에서는 외부인을 신뢰하지 않는다. 그들의 언어를 정확하게 구사하면 신뢰를 얻고 동등한 입지를 보장받을 수 있다.

📡 적용성 및 적용 결과

이 패턴은 기술 용어나 특수하게 양식화된 용어를 사용하는 집단이나 커뮤니티를 대상으로 할 때 매우 효과가 크다. 또 격식을 차리는 프레젠테이션의 경우 분위기를 부드럽게 하는 효과도 있다. 예컨대, 로렌스 레식(Lawrence Lessig)은 다카하시 형식과 전문가 집단 언어를 함께 사용해 자료의 미묘한 차이를 전달했다.

적절한 전문가 집단 언어를 사용하면 정보를 간결하게 전달할 수 있다. 역으로도 작용한다. 전문가 집단 언어를 부정확하게 사용하면 청중의 신뢰를 잃게 될 것이다. 문화나 언어에 관한 예를 잘못된 상황에서 적절하지 않게 드는 경우에도 발표자의 신뢰성에 금이 갈 수 있다. Strange Loop라는 한 유명한 개발자 콘퍼런스에서 기조연설을 담당한 발표자 중 한 명이 '큰 힘에는 큰 책임이 따른다(With great power comes great responsibility)'는 어구를 인용하면서 스파이더맨의 벤 삼촌이 아니라 스타워즈의 요다가 한 말이라고 했다. 이 사소한 실수 하나 때문에 그는 전체 프레젠테이션의 신뢰성에 타격을 입었다.

만약 기술적인 전문 용어 때문이 아니라 속어나 은어 때문에 이 패턴을 사용한다면 이를 완벽하게 구사해야 한다. 예컨대, 한 군데서 'l8r'를 썼다가 다른 데서는 'later'를 쓰면 안 된다. 이 경우처럼 뭔가 특수하게 양식화된 용어를 프레젠테이션 테마에 쓰려면 이를 완전히 받아들여야 한다. 그렇지 않으면 대충 흉내만 낸 것처럼 보인다.

관련 패턴

아날로그 잡음 패턴 역시 대충 손으로 그린 것 같은 선을 이용해 표면적으로는 규칙을 깨뜨리지만 아날로그적인 멋을 더하는 효과를 준다.

19 패턴: 번개 토크

별칭

플래시, 불꽃, 페차쿠차

정의

이 패턴의 프레젠테이션은 시간 제한이나 슬라이드 페이지 수로 구분한다. 보통 시간이 매우 짧으며 주로 스포츠 경기 같은 분위기에서 하게 된다.

동기

보편적인 프레젠테이션 양식을 파괴할 때 혁신적인 창의력이 발현되기도 한다. 모두가 지켜야 하는 특별한 제약 조건을 만들면 이런 스타일이 프레젠테이션을 예술의 형태로 격상시킬 수도 있다.

적용성 및 적용 결과

몇 가지 특정한 주제의 경우에만 번개 토크 스타일로 프레젠테이션할 수 있다. 제대로 만들려면 탄탄한 기승전결이 필요할 뿐 아니라, 발표자가 기꺼이 프레젠테이션 자료를 만들고 연습하는 등의 다양한 준비를 해야 한다. 원하는 효과를 얻으려면 시간이 매우 중요하므로 프레젠테이션 내용을 완벽하게 외워서 프레젠테이션 중에 슬라이드를 보는 일이 없어야 힌다.

카네기 홀 패턴을 적용하는 것이 중요하다. 이렇게 빠른 형식에서는 실수를 할 틈이 없다. 하지만 이 패턴의 프레젠테이션은 길어야 5분이므로 더 수월하게 연습할 수 있다.

방법

번개 토크 패턴을 적용해 프레젠테이션을 만들 때는 작성, 검토, 수정, 연습 과정을 2~4회 정도 거쳐야 한다. 4단계 패턴에서 설명한 4단계(구상, 소재 정리, 구조화, 구현)를 그대로 따른다. 단, 슬라이드 페이지 수와 시간에 엄격한 제한이 있으므로 구조화 단계가 훨씬 복잡해진다.

이 형식에서는 가볍게 기본 설정 무시 패턴을 적용할 수 있다. 예를 들면, 슬라이드를 20장으로 제한해야 하는 프레젠테이션을 준비할 때 어떤 부분은 몇 장의 슬라이드를 할애해서라도 설명하고 싶을 때가 있다. 슬라이드 여러 장에 같은 이미지를 넣고 슬라이드를 넘기지 않아서 허용된 시간보다 길게 한 장의 슬라이드 같은 모양을 보여주게 되더라도 규칙에 어긋나는 것은 아니다.

사례

이그나이트 프레젠테이션(Ignite presentations)[5]은 이 패턴의 한 형태로 유명하다. 구조는 페차쿠차(Pecha Kucha)에서 따왔고, 번개 토크 패턴의 묘미를 더했으며, O'Reilly Media에서 브랜드화한 것으로, 20장의 슬라이드를 장당 15초 가량 설명하는, 더 짧은 형식이다.

펄(Perl) 언어의 대가로 프로그래밍 분야에서 유명한 데미안 콘웨이(Damian Conway)는 OSCON 2011에서 이그나이트 프레젠테이션을 보여줬다. 그는 정확히 20장의 슬라이드를 사용해 필요한 형식을 준수했다. 그런데 그 20장의 슬라이드에서 300장이 넘는 이미지를 보여줬다. 데미안은 프레젠테이션 자료의 각주로 프레젠테이션 툴의 디자인 모드를 보여주면서 규칙은 지켰으나 형식은 파괴해서 프레젠테이션을 더 흥미롭게 만든 사실을 청중들에게 확인시켰다. 기본 설정 무시 패턴을 사용한 아주 좋은 예다.

관련 패턴

번개 토크는 토클릿 프레젠테이션의 구성 요소 역할을 훌륭하게 해낼 수 있다. 5분짜리 이야기를 몇 개 엮어서 20분짜리 토클릿을 만드는 것이다.

다카하시와 레식, 적은 자료에 많은 이야기를 함축하다

마사요시 다카하시(Masayoshi Takahashi)는 슬라이드마다 일본어 표의 문자를 사용하는 독특한 프레젠테이션 스타일을 개발했다. 이 스타일은 특히 일본에서 효과적인데, 각 '단어'가 단순히 단어의 뜻만 전달하는 것이 아니라 함축된 깊은 의미를 품고 있어서 추가적인 설명 없이도 미묘한 뉘앙스를 더할 수 있기 때문이다. 이 책에서는 이 스타일을 다카하시 패턴으로 확장했다.

로렌스 레식은 다카하시 프레젠테이션 스타일을 영어로 사용해 서구에서 대중화시켰다. 영어에서는 함축된 의미가 일본어처럼 그리 강력하진 않지만, 스타일만큼은 매우 훌륭하다. 수백 장의 슬라이드에 장마다 단어나 짧은 구절을 넣어 빠른 속도(보통 수 초마다 슬라이드 한 장)로 전달한다. 레식이 뉘앙스를 추가하는 데 자주 사용하는 방법 중 하나는 전문가 집단 언어를 강하게 사용하는 것이다 (later 대신 l8r를 쓴다거나 참패의 의미로 pwnage를 쓰는 경우). 이렇게 하면 영어라는 언어 기호에 없는 함축적인 의미를 더할 수 있다. 청중들이 문법을 안다면 중요한 함축적 의미를 전달할 수 있으므로 추가 설명 없이도 메시지에 뉘앙스를 더할 수 있다. 뿐만 아니라 레식은 아날로그 잡음 패턴을 사용해서 격식에 크게 얽매이지 않는다는 느낌을 줬다.

20 패턴: 다카하시

별칭

레식(Lessig)

정의

마사요시 다카하시가 만든 프레젠테이션 형식(서구에서는 로렌스 레식이 대중화함)으로, 각 슬라이드에 극도로 간략한 설명이나 이미지를 사용하고 이를 매우 빠르게 넘긴다.

동기

다카하시 스타일은 매우 독특하기 때문에 종래와는 다른 형식으로 프레젠테이션을 하고 싶은 경우에 효과적이다. 이 스타일은 기조연설에서도 자주 사용되는데, 기관총을 쏘듯 빠르게 설명해서 강연에 활기를 불어넣을 수 있다.

적용성 및 적용 결과

다카하시 스타일은 사실상 대부분의 프레젠테이션에 적용할 수 있다. 기술적으로 어려운 내용을 다루는 프레젠테이션에서는 매우 상세한 내용 사이사이에 이 스타일을 적용해서 페이스를 조절할 수 있으므로, 쉬는 시간과 같은 효과를 낼 수 있다.

📡 방법

다카하시 스타일의 프레젠테이션을 만들려면 많은 양의 슬라이드가 필요하다! 각 슬라이드에 단어나 구절, 사진, 줄긋기 등의 요소를 하나씩 넣는다. 이 스타일의 목표는 각 슬라이드를 단 몇 초간만 보여줘서, 발표자의 생각을 가능한 한 짧게 조금씩 드러내는 것이다.

📡 사례

로렌스 레식의 프레젠테이션이 이 패턴의 전형적인 사례다.

📡 관련 패턴

프레젠테이션의 속도를 바꾸는 것은 쉬는 시간 패턴을 구현한 것과 같은 효과를 준다. 프레젠테이션의 한 부분에 다카하시 패턴을 적용하면 속도 조절을 잘 할 수 있다.

다카하시 패턴에 푹 빠진 나다니엘

나다니엘(Nathaniel)의 프레젠테이션을 한 번이라도 본 적이 있다면 그가 다카하시 패턴을 즐겨 사용한다는 사실을 알 것이다. 나다니엘이 항상 그 스타일을 사용했던 건 아니었다. 나다니엘의 초기 프레젠테이션을 보면 총알 박힌 시체 안티패턴을 심하게 사용했었다. 하지만 로렌스 레식의 프레젠테이션을 본 이후에 나다니엘은 그의 전달 방식과 어조, 분위기에 완전히 매료됐다. 몇 년간 레식의 스타일을 자신의 것으로 만들기 위해 노력했다.

이 방법이 자신에게 꼭 맞는다는 생각이 들어도, 실제로 사용해 보면 결과가 다르다는 걸 알 수 있다. 우선, 슬라이드가 엄청 많아진다. 나다니엘의 경우에도 90분짜리 프레젠테이션을 위해 350장의 슬라이드를 만드는 것은 익숙하지 않은 일이었다. 나다니엘의 프레젠테이션을 검토했던 이들은 당연히 슬라이드 분량에 대한 의견을 줬고, 다른 발표자들조차 나다니엘이 그 많은 슬라이드를 시간 내에 발표할 수 있을지 걱정했다. 게다가 그의 프레젠테이션 자료를 출력하면 분량이 '일반' 자료보다 훨씬 많기 때문에 종이 낭비가 심하다는 비판도 들었다.

프레젠테이션을 하는 동안에는 슬라이드 분량이 그렇게 문제가 되진 않겠지만 슬라이드 번호가 포함된 경우에는 참석자가 슬라이드 분량에 놀랄 수도 있다.

다카하시 패턴은 시각적으로 매우 독특하다. 클립아트가 난무하는 프레젠테이션에 비해 훨씬 독창적으로 보일 수 있겠지만 점 목록으로 된 자료에 익숙한 독자들은 이를 매우 불편하게 여길 것이다. 점점 더 많은 발표자들이 다카하시 접근법을 사용하고 있어서 요즘은 콘퍼런스에서도 흔히 볼 수 있게 됐다. 하지만 많은 회사에서 아직도 점 목록을 사용하는 것을 선호한다. 결국 업무 관련 프레젠테이션은 정보성 문서가 되는 경우가 많다. 나다니엘의 슬라이드가 특별히 출력해서 사용하는 형식에 적합하진 않다. 하지만 선택을 하라고 한다면 현장에서 프레젠테이션을 하는 데 적합한 자료를 만들 것이다.

몇 해 전 다른 회사에서 일할 때 나다니엘은 소프트웨어 개발자를 대상으로 테스팅에 관해 교육하기 위한 프레젠테이션 자료를 만든 적이 있다. 나다니엘은 다카하시 패턴을 적용해 슬라이드를 만들고, 교육에 참석하지 못하거나 나중에 자료를 살펴볼 사람들을 위해 별도의 문서를 만들었다. 이 별도의 문서에 정확하고 자세하게 프레젠테이션의 내용을 담았기에 나다니엘도 매우 흡족해 했다.

훗날 그 회사를 그만두게 됐을 때, 나다니엘은 자신이 만들었던 프레젠테이션 자료를 다른 사람이 사용할 수 있도록 '수정'해 달라는 부탁을 받았다. 나다니엘은 자신이 자료를 수정해 줄 수는 있으나 누구든 그 업무를 인계받을 사람이 자신의 스타일에 맞게 자료를 다시 수정해야 할 것이라고 말했다. 하지만 나다니엘이 작성한 15페이지 분량의 문서와 슬라이드 자료로는 충분하지 않았다. 그래서 회사 측에서는 나다니엘에게 좀 더 '일반적인' 슬라이드 자료를 만들어 달라고 부탁했고, 나다니엘은 부탁대로 자료를 만들었다. 이때를 마지막으로 나다니엘은 총알 박힌 시체를 두 번 다시 만들지 않았다.

21
패턴: 동굴 벽화

별칭

프레지(이 패턴을 구현할 수 있는 유명한 툴)

정의

동굴 벽화는 슬라이드 레이아웃이자 프레젠테이션 기술의 한 형태로, 커다란 캔버스에 프레젠테이션 자료를 선형적으로 배치한다. 프레젠테이션을 진행하면서 일부 구성 요소를 확대하거나 축소해서 보여 준다.

동기

길고 지루한 슬라이드의 나열로는 효과가 없을 때가 있다. 동굴 벽화를 사용하면 시각과 구성 측면에서 흥미로운 효과를 줄 수 있다.

적용성 및 적용 결과

이 패턴은 여러 가지 분할된 형태의 주제를 다룰 때 효과적이다. 즉, 그 주제의 시각적 레이아웃이 전체적으로도 의미가 있고 각 하위 주제들로 나눠서 설명해도 의미가 통하는 경우다. 또한, 이 제품의 시초가 무엇인지 또는 이 아이디어가 어디에서 비롯됐는지 등의 기원에 관한 이야기에도 이 패턴을 효과적으로 사용할 수 있다.

이 패턴은 각 단계를 설명하는 동안 전체 상황과 목표를 시각적으로 계속 보여줄 수 있으므로 립싱크 패턴이나 다른 데모 기술과 함께 사용하기에도 좋다.

동굴 벽화는 컨텍스트 키퍼 패턴의 특화된 버전으로 볼 수 있다. 특정한 주제를 확대해서 설명하면서 전체 상황을 청중에게 인식시킬 수 있기 때문이다.

믿거나 말거나, 이 패턴을 사용할 때 멀미가 날 수 있다. 일부 툴에서 사용하는 빠른 확대/축소 효과에 민감한 반응을 보이는 사람들이 있기 때문이다. 자료를 만들 때 지나치게 많이 움직이거나 너무 빠르게 확대/축소하지 않도록 주의한다. 그렇지 않으면 프레젠테이션 중에 멀미용 봉투를 나눠줘야 할지도 모른다.

너무 방대하거나 다루기 힘든 주제를 구성하는 데 이 패턴을 적용해서는 안 된다. 이 기술은 정보의 밀도를 확대하는 방향으로 사용하기에는 적합하지 않다. 만약 그런 식으로 사용하면 시각적인 메타포가 무너져 엄청나게 산만하고 무의미한 화면 효과만 남게 될 것이다.

방법

일부 상용 툴에서 이 패턴을 쉽게 사용할 수 있고, 키노트와 파워포인트에 애드온을 사용해서 같은 효과를 줄 수도 있다. 하지만 특화된 툴 없이도 이 패턴을 쉽게, 효과적으로 구현할 수 있다.

스토리텔링이야말로 동굴 벽화 스타일의 가장 중요한 목적이다. 이 패턴을 구현하려면 슬라이드를 캔버스처럼 활용해 그 위에 이야기가 천천히 나타나도록 만들어야 한다. 이때 슬라이드 간 경계를 숨기고 감춰진 이야기가 전체 서사를 이끌어 나가도록 해야 하므로 부드러운 전환을 적용하는 것이 효과적이다.

그림 2.7은 닐의 기술 강연 중 하나를 예제로 보여준다. 이 예제에서 닐은 일련의 단계를 설명하면서 특정한 문제가 발생하고 두 명의 개발자가 Git이라는 툴을 사용해 어떻게 그 문제를 해결하는지 보여준다.

그림 2.7 동굴 벽화로 일련의 단계를 설명하는 예시

그림 2.7을 보면 모든 애니메이션과 화면 전환이 슬라이드 4장에 담겨 있다. 슬라이드의 경계가 서로 다른 색깔로 된 상자로 표시돼 있다. 각 슬라이드의 구성은 각 상자의 마지막 장에서 확인할 수 있다.

이 패턴을 구현하는 한 가지 방법은 슬라이드 1장에 모든 내용을 겹겹이 담는 것이다. 하지만 모든 요소를 레이어로 표현하기는 어렵다. 따라서 슬라이드 여러 장에 연결해서 구성하는 것이 낫다. 화면을 매끄럽게 전환하려면 부드러운 전환을 사용해서 각 슬라이드를 구성해 각 슬라이드의 시작 지점이 이전 슬라이드와 같게 만든다.

특화된 툴을 사용하면 여러 장의 슬라이드에 걸쳐 적용할 수 있는 보기 좋은 애니메이션과 요소를 사용해서 슬라이드 간 화면 전환을 처리할 수 있으므로 이 패턴을 더욱 효과적으로 적용할 수 있다. 키노트의 매직 무브(magic move)를 사용해서도 현재 슬라이드에 있는 요소를 다음 슬라이드의 위치로 움직이는 것처럼 매끄럽게 표현할 수 있으므로 이런 효과를 만들 수 있다. 한 슬라이드에서 '떨어져 나와' 다른 슬라이드에 '붙는' 형태의 그래픽 요소를 사용하고 같은 방향으로 화면을 전환하면, 슬라이드 간 연속성이 있는 것처럼 보이게 만들 수 있다. 그림 2.8의 예시를 보면 슬라이드 2장이 커다란 캔버스의 일부인 것처럼 보인다.

표준 툴을 사용해서 이 패턴을 구현하는 더 자세한 방법은 컨텍스트 키퍼 패턴을 참고한다. 이런 효과를 나타낼 수 있는 다양한 응용 방법이 설명돼 있다.

관련 패턴

이 패턴은 컨텍스트 키퍼 패턴의 특화된 버전으로서, 상황을 보여주는 장치로 서사(narrative)를 사용한다.

쉬는 시간의 형태로 페이스를 유지하려면 동굴 벽화를 다카하시로 변경해 완전히 다른 두 가지 형태로 만들 수 있다.

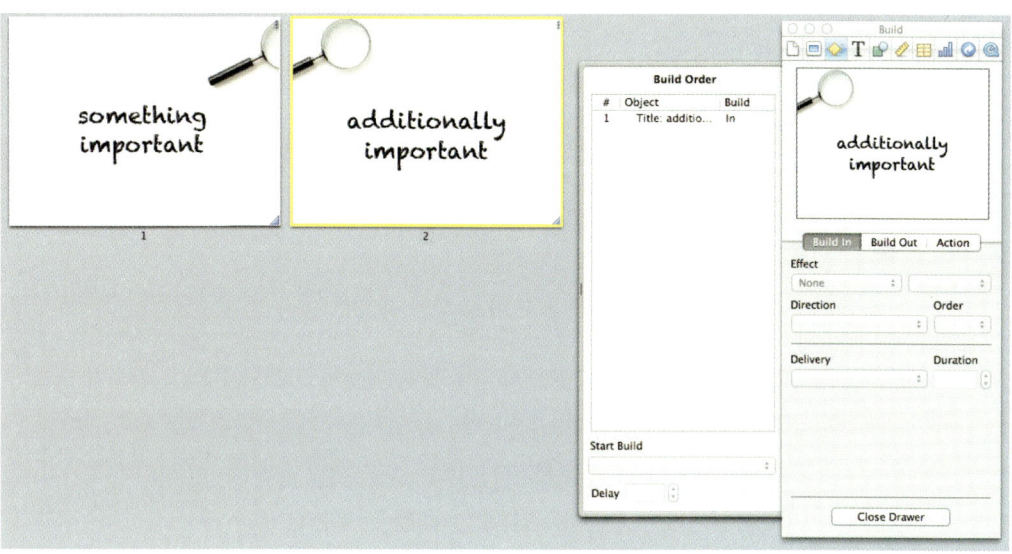

그림 2.8 키노트에서 구현한 동굴 벽화의 예시

PART 2

구현

이 파트에서는 슬라이드를 활용해 프레젠테이션 내용을 효과적으로 전달하는 방법을 집중적으로 다룬다. 요즘 프레젠테이션 툴은 다양한 템플릿과 도우미 기능을 제공하므로 처음부터 사용하기 쉽고 편리하다. 하지만 사용하기 쉽다고 항상 좋은 건 아니다. 이 책의 저자들이 패턴을 만들 때는 먼저 유효성에 중점을 두었고, 이후에 역설계 공법(reverse-engineer)으로 툴을 사용해 원하는 효과를 만들어냈다.

'3장. 슬라이드 구성 패턴'에서는 최신 프레젠테이션 툴을 사용할 때 빠지기 쉬운 함정을 피하는 데 도움이 되는 다양한 안티패턴을 다룬다. 또한 슬라이드를 더 잘 만드는 데 도움이 되는 여러 가지 패턴(직접 써 볼 수 있는 기술도 포함)도 설명한다.

'4장. 시간 패턴'에서는 프레젠테이션을 정보성 문서와 구분하는 특성인 시간에 대해 다룬다. 이 장에서는 발표할 때와 출력할 때 효과적인 프레젠테이션을 만드는 방법과 여러 장의 슬라이드에 걸쳐 내용을 전달하는 방법, 그 외 유용한 기술 여러 가지를 설명한다.

'5장. 데모 대 프레젠테이션'에서는 뭔가에 대해 시연하는 것과 프레젠테이션하는 것의 중요한 차이를 설명하고, 상황에 따라 어느 쪽을 사용해야 하는지 알아본다. 어느 쪽을 선택하든 더 효과적으로 사용할 수 있도록 도움을 주는 다양한 패턴과 안티패턴을 설명한다.

3장

슬라이드 구성 패턴

독자 여러분이 목이 빠져라 기다려 온 부분이다. 이 장에서는 프레젠테이션 자료를 만드는 구체적인 기술을 파헤친다. 주문식 강연과 예고 같은 패턴을 사용해 효과적인 구조를 만들고, 그리스 코러스와 아날로그 잡음 패턴을 사용해서 강력한 시각 효과를 주는 방법을 설명한다. 또, 개미 같은 글꼴과 잘못된 개요 같이 흔히 빠지기 쉬운 함정을 피하는 방법도 설명한다.

이 장의 핵심은 슬라이드를 만드는 것이니 당장 시작해 보자.

22 안티패턴: 쿠키 틀

별칭

프리 사이즈

정의

한 장의 슬라이드에 담기에 적합한 정보의 양이 설명하려는 주제에 따라 달라지는 것이 아니라 프레젠테이션 툴 제공업체에 의해 좌우된다.

내용을 슬라이드 한 장에 억지로 담으려고 하다 보면 이야기의 흐름을 손상시킬 수 있다.

동기

잡지 편집자들은 지면에 빈 공간이 있는 것을 몹시 싫어해서 어떻게든 그 공간을 채우려고 애쓴다. 프레젠테이션 자료를 만들 때도 이런 마음이 알게 모르게 작용하는 것 같다. 너무 많은 정보를 한 장의 슬라이드에 쑤셔 넣어서 정작 유용한 정보는 없이 의미 없는 내용만 잔뜩 담기 일쑤다.

적용성 및 적용 결과

슬라이드는 프레젠테이션 툴에서 창의성을 담는 단위이므로 슬라이드 한 장에 아이디어 하나를 싣는 것이 자연스럽다. 단지 슬라이드 한 장에 담기에 적합하지 않다는 이유로 빈 공간을 억지로 채우거나 원래 담으려고 했던 정보를 삭제하기 시작하면, 주객이 전도돼 매체가 메시지를 바꾸는 꼴이 된다. 이렇게 극단적인 방식으로 프레젠테이션 툴을 사용하지 않도록 주의한다. 사실 대다수 툴에서 제공하는 편리한 기능 때문에 이런 경향이 더 악화될 수 있다. 예를 들어, 파워포인트에는 점 목록으로 내용을 입력할 때 내용이 많아지면 글자 크기가 자동으로 줄어드는 기능이 있다. 이 때문에 한 장의 슬라이드에 훨씬 많은 내용을 채우게 된다. 슬라이드를 여러 장 사용한다고 해서 추가 비용이 드는 것은 아니니, 필요한 만큼 슬라이드를 추가해서 작성한다.

방법

쿠키 틀 안티패턴은 흔히 발생하지만 충분히 피할 수 있는 문제다. 모든 슬라이드가 완벽해야 한다는 생각에서 벗어나라. 작성하는 단락의 길이는 다루는 주제에 따라 달라진다. 먼저 전달하고자 하는 아이디어에 대해 잘 생각해 보고, 글자와 시각 자료를 조합해 그 아이디어를 전달할 수 있는 가장 간결한 방법이 무엇인지 고민한다.

이 안티패턴을 피하는 방법 중 하나는 슬라이드를 넘긴다는 사실을 '숨기는' 것이다. **부드러운 전환** 패턴에서 다루는 방법 한 가지를 소개하자면, **디졸브**(dissolve, 흩어뿌리기) 같은 슬라이드 전환 기능을 사용해서 툴이 아닌 발표자가 아이디어의 경계를 정하게 하는 것이다.

부드러운 전환을 사용해 여러 장의 슬라이드에 걸쳐 아이디어를 전달하는 방법 하나를 소개하겠다. 각 슬라이드의 화면 전환을 디졸브로 설정하고 항상 슬라이드에 **나타내기**(entrance) 애니메이션을 넣는다. 아이디어와 아이디어 사이가 자연스럽게 연결되며, 모든 요소가 페이드 인/페이드 아웃되므로 어디서 슬라이드가 시작되고 끝나는지 구분하기 어렵다.

그림 3.1과 3.2의 슬라이드를 살펴보자. 두 장의 슬라이드를 함께 사용해 한 가지 중요한 점을 나타내고 있다. 이 프레젠테이션에서 모든 슬라이드에는 디졸브 효과를 사용하므로 각 슬라이드는 다음 슬라이드의 첫 번째 요소가 나타나기 전에 사라지는 것처럼 보인다. 청중은 이런 흐름에 점점 익숙해지게 된다. 하지만, 여러 장의 슬라이드에 걸쳐 아이디어를 확장해서 표현하려면 슬라이드 전환 효과(디졸브)를 유지하되, 두 번째 슬라이드의 제목에 나타내기 애니메이션을 적용하면 안 된다. 그림 3.1에서는 제목을 디졸브 효과와 함께 나타나도록 설정하고, 슬라이드를 디졸브로 전환하도록 설정했다.

그림 3.2에서는 제목에 아무런 **빌드인**(build in) 애니메이션을 적용하지 않았으므로 슬라이드가 나타날 때 이미 제목이 화면에 표시돼 있을 것이다.

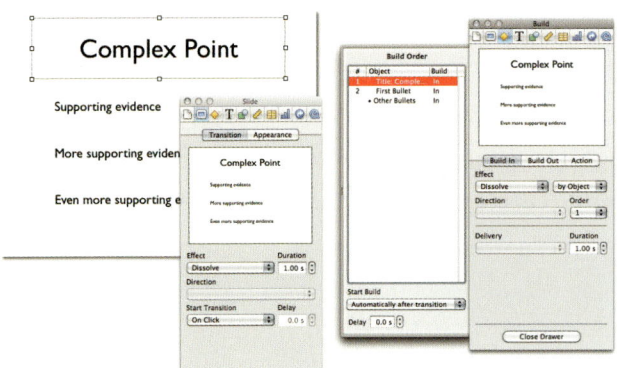

그림 3.1 두 장의 슬라이드에 일관된 하나의 주제를 나타내는 경우

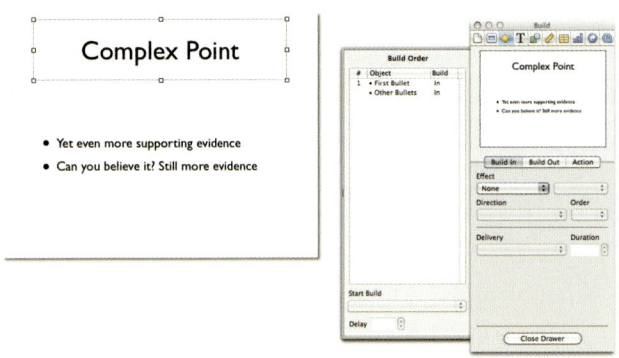

그림 3.2 두 번째 슬라이드에 이전 슬라이드와 같은 제목을 유지해 주제를 나타내는 경우

화면 전환과 애니메이션을 함께 사용하면 첫 번째 슬라이드가 제목과 함께 나타나고, 슬라이드가 전환될 때 제목은 '그대로' 남아 있다. 제목이 슬라이드의 나머지 요소처럼 사라지지 않으므로 발표자가 자신의 논지를 계속 이어갈 수 있다.

관련 패턴

부드러운 전환 패턴은 발표자의 아이디어를 슬라이드 여러 장에 걸쳐 나타내면서 각 슬라이드가 전환되는 모습을 숨길 수 있으므로 쿠키 틀 안티패턴에 대한 좋은 해결책이다.

23 패턴: 종결부

별칭

레퍼런스, 인용, 참고 도서, 에필로그, 아우트로, 보관소

정의

슬라이드 마지막에(실제 발표할 때는 설명하지 않음) 발표 내용에서 언급하기에는 너무 긴 참고 자료 목록을 넣는다.

동기

청중에게 추가 참고 자료를 제공하고 싶을 때는 종결부가 가장 적합하다. 경험이 부족한 발표자들은 이런 참고 자료를 종종 슬라이드의 핵심 부분에 넣곤 한다. 하지만 책에서와 마찬가지로 프레젠테이션에서도 관련 자료와 본문 설명이 너무 많으면 서사적 흐름이 깨질 수 있다. 종결부 패턴을 활용하면 프레젠테이션의 핵심 흐름에는 영향을 주지 않으면서 프레젠테이션 자료를 만들 때 참고했던 자료 목록을 청중에게 제공할 수 있다.

적용성 및 적용 결과

프레젠테이션 자료와 관련한 주요 연구 자료나 관련 업계의 상호 참조 자료, 추가로 읽어보면 좋은 제안 자료 등이 있다면 종결부에 넣는 것이 효과적이다. 프레젠테이션이 주로 휴가 사진 패턴으로 구성됐더라도 종결부는 추가 자료를 담기에 가장 적합한 위치다. 종결부에 참석

자들이 추가로 살펴볼 수 있는 자료 목록을 제공하면 이후에 사실 관계를 확인하거나 이메일을 통해 추가 문의를 하기가 쉬워진다.

종결부를 추가하려면 관련 자료를 더 정확하고 철저하게 준비해야 한다.

방법

다양한 형식을 사용할 수 있다. 핵심 프레젠테이션의 내용과는 다른 형식을 사용하기도 한다. 주로 점 목록을 많이 쓰며, 특별히 멋지게 꾸밀 필요는 없다. 일반적으로 참고문헌 형식을 취하지만, 특별한 인용 형식을 따라야 하는 것은 아니다.

사례

이 책의 저자 세 명은 모두 매 강연의 마지막에 사용하는 표준 종결부 슬라이드 템플릿이 있다. 프레젠테이션 자료에 힌트나 참고자료, 질문 등을 담아 청중들이 관련 주제를 더 알아보게 하는 것이 좋다.

관련 패턴

정보성 문서는 주로 주제에 관한 개요와 점 목록 형태의 정보로 구성한다. 추가로 살펴볼 참고자료를 종결부에 실으면 청중들이 슬라이드 본문에서 설명한 주제를 더 자세하게 알아볼 수 있다.

휴가 사진 패턴으로 만든 강연은 테마가 있는 사진 위에 이야기를 입히는 방식을 사용한다. 이런 이야기를 통해 전달하는 정보를 청중들이 더 자세히 알아보게끔 하고 싶다면 종결부를 활용하는 것이 효과적이다.

24 안티패턴: 잘못된 개요

📡 별칭

부족한 개요, 규칙에 맞지 않는 개요

📡 정의

슬라이드에서 형식적으로 개요에 해당하는 내용을 점 목록 형태의 텍스트로 자주 보여준다. 개요에는 특정한 규칙이 있는데 프레젠테이션 작성자가 대개 이를 잘못 사용한다.

📡 동기

문법적으로 개요는 다음과 같은 특징을 갖춰야 한다.

- 숫자와 글자 체계로 주제를 나누고 마침표를 찍는다.
- 각 제목과 하위 제목은 적어도 두 개 이상의 파트로 구성돼야 한다.
- 일관성이 있어야 한다. 전체 문장이나 짧은 형식의 문구 중 하나를 쓰되, 두 가지를 섞어 쓰지 않는다.

두 번째 항목이 프레젠테이션에서 흔히 잘못 쓰이는 경우가 많아 강조해서 표시했다. 프레젠테이션 툴을 사용하다 보면 아이디어를 쪼개서 개요를 작성하기 쉬우므로(자세한 내용은 쿠키틀 안티패턴 참고) 제대로 작성하기 위해 노력해야 한다.

그저 문법적으로 트집을 잡으려는 것은 아니다. 개요를 작성하는 규칙에는 그럴만한 이유가 있다. 만약 하위 제목이 하나뿐이라면, 하위 제목에 있는 정보가 상위 제목이 돼야 맞다. 개요(또는 슬라이드)에서 이런 간단한 규칙을 따르지 않았다면 생각을 좀 더 정리할 필요가 있다.

적용성 및 적용 결과

이 안티패턴은 점 목록으로 된 프레젠테이션이나 정보성 문서를 포함해, 정보의 개요를 보여주는 모든 슬라이드에 적용된다.

앞서 4단계 패턴에서 설명한 바와 같이, 생각을 미처 정리하지 않고 프레젠테이션 툴로 바로 옮길 때 이런 식으로 규칙에 맞지 않는 개요를 작성하기 쉽다. 게다가 키노트와 파워포인트를 사용하다 보면 이런 실수를 하기가 더 쉽다. 기본 템플릿을 사용해서 슬라이드 내용을 작성하면 대부분 자동으로 점 목록을 생성해 주기 때문이다.

방법

주제에 대해 생각할 때는 프레젠테이션 툴을 사용하지 않는다. 생각을 정리할 때는 프레젠테이션 툴을 사용하는 것보다 다른 툴을 사용하는 것이 훨씬 낫다. 전달하고자 하는 정보가 무엇인지 확실히 한 후 그에 따라서 내용을 기획한다. 슬라이드에 제목과 점 목록 하나만 작성할 거라면 그냥 슬라이드 한가운데에 제목만 크게 써 놓는 것과 무엇이 다른가?

첫 번째 초안을 작성한 후에는 아이디어가 명확하게 드러나 있는지에 집중해서 초안을 검토한다. 만약 다른 내용과 동떨어져 있는 개요 항목이 눈에 띄면, 이를 해결할 방법을 찾거나 일부러 개요를 작성하는 규칙을 깨서 그것대로의 효과를 노린다.

사례

사실 전 세계의 모든 회사에서 사용하는 슬라이드가 이 안티패턴을 사용한다.

관련 패턴

쿠키 틀 안티패턴을 해결하는 방법이 개요 자체를 사용하지 못하게 하므로 잘못된 개요 안티패턴을 피하는 데 도움을 줄 수 있다.

4단계 패턴에 따르면 주제를 충분히 고려하면 개요가 불완전해질 일이 없다.

총알 박힌 시체가 종종 잘못된 개요를 만들어내곤 한다. 점 목록을 자주 사용하다 보면 이야기가 점점 더 형편 없게 되어 결국 잘못된 개요를 만들어내게 된다.

25

패턴: 동료 검토

별칭

개정, 교열, 초안, 내용 수정, 수동태, 슬라이드 판결

정의

작성자의 눈에 완벽해 보이는 글일지라도 믿을 만한 동료나 유능한 편집자의 검토를 받는 것이 좋다. 약간의 검토와 편집만 거쳐도 오타와 문법 오류, 모호한 표현 등을 줄일 수 있다. 슬라이드에 글을 쓸 때는 개성 있게, 간결하고 명확하게, 문법에 맞게, 객관적으로 써야 한다.

동기

프레젠테이션 슬라이드에서 기본적인 문법을 지키지 않는 것은 분명히 나쁘다. 하지만 수동 표현을 가급적 사용하지 않는 것 같은, 겉보기에 중요하지 않아 보이는 지침을 어기는 것도 나쁘기는 마찬가지다. 잘못된 문체를 사용하면 프레젠테이션의 내용 전달에 방해가 될 수 있다. 예컨대, 청중의 신뢰를 얻고 싶어하는 발표자의 슬라이드 내용에 심각한 문법 오류가 있다면 청중이 어떻게 그를 신뢰할 수 있겠는가?

슬라이드를 작성할 때는 가능한 한 명확하게 메시지를 전달할 수 있어야 한다. 메시지의 명확성은 발표자가 사용하는 단어에 달려 있다. 정확하고 명확한 단어를 사용할수록 메시지를 효과적으로 전달할 수 있으며 청중에 미치는 영향력도 커지게 된다. 이렇게 단어 선택 하나하나까지 얼마나 세심하게 신경 쓰느냐에 따라 적당히 괜찮은 프레젠테이션이 될 수도 있고 정말

뛰어난 프레젠테이션이 될 수도 있다. 모두가 그런 세심함을 알아차리지는 못하더라도 계속 쌓이다 보면 언젠가 빛을 발하게 될 것이다. 그리고 누군가는 아주 작은 차이도 알아볼 것이다.

적용성 및 적용 결과

이 패턴은 모든 프레젠테이션에 항상 적용된다. 문법이 틀리거나 적절하지 않은 비속어를 사용하고, 표현에 일관성이 없으면 프레젠테이션 내용을 전달하는 데 전혀 도움이 되지 않는다.

메시지를 전달하기 위해 사용한 단어가 프레젠테이션과 관련된 회사나 제품, 기술, 프로세스의 인지에 얼마나 큰 영향을 미치는지 쉽게 판단하기는 어렵다. 맞춤법 오류는 메시지의 신뢰성을 훼손하며, 단어를 잘못 선택해 사용하면 '좋은 인상'을 남기고 싶은데 어휘력이 부족한 상황을 여실히 드러내게 된다. 사용할 단어를 잘 다듬을수록 청중들은 발표자가 명확한 메시지를 만드는 데 들인 노력에 감사할 것이므로 더 큰 효과를 볼 수 있다.

방법

흔히 하는 실수는 슬라이드에 완전한 문장을 써 넣는 것이다. 직접 인용이 아닐 때는 생각을 요약해서 슬라이드에 담아야 한다. 슬라이드에 완전한 문장을 넣으면 청중들이 발표자의 설명을 듣지 않고 그 문장을 읽게 된다. 슬라이드에 완전한 문장을 넣지 않도록 한다. 이는 잘못된 커뮤니케이션 수단을 사용하고 있다는 뜻이다. 아마 프레젠테이션 자료를 만들어야 하는데 정보성 문서를 만들고 있는 것인지도 모른다.

또 흔히 하는 실수는 수동 표현을 사용하는 것이다. 행위의 목적어를 문장이나 어구의 주어로 쓸 때 수동 표현을 사용하게 된다. 다음의 예제는 유명한 농담의 어투를 수동형으로 바꾼 것이다. '왜 길은 닭에 의해 건너졌는가? (Why was the road crossed by the chicken?)'^{역주)}

국어 선생님과 문법 검사를 하는 사람, 교열 담당자가 수동태를 싫어하는 데는 이유가 있다. 그저 어색하게 들리기 때문만이 아니라, 수동태를 쓸 때 행위의 주체를 생략하는 경우가 많기 때문이다. 이렇게 정확성이 떨어지는 문장은 메시지의 의미를 약하게 만들며, 심하게는 의미에 혼란을 줄 수 있다. 예를 들어, 다음의 경우를 비교해 보자. 먼저, 수동태로 쓰면 다음과 같다.

역자주) '닭은 왜 길을 건넜을까?(Why did the chicken cross the road?)'라는 유명한 농담을 수동태로 바꾼 것.

원본 파일이 삭제됐습니다.

이것을 능동태로 쓰면 다음과 같다.

스크립트가 원본 파일을 삭제했습니다.

첫 번째 문장에서는 스크립트가 파일을 삭제한다는 사실이 드러나지 않는다. 이 정보가 없으므로 독자는 무엇이 삭제를 수행하는지 추측(또는 질문)할 수밖에 없다. 수동태를 사용하면 말하는 이의 전문성에 확신이 없어 보이고, 이는 프레젠테이션 내용 전체에 영향을 주게 된다.

수동태를 적극적으로 사용할 수 있는 경우는 행위에 책임이 있는 존재를 모호하게 표현하고 싶을 때다. 이를테면 다음과 같은 경우다.

결국 일이 벌어졌다.

다음과 같은 몇 가지 단계를 거쳐 표현을 다듬을 수 있다. 각 단계는 시간이 지날수록 비용이 더 많이 들게 된다. 상황에 따라, 예산 범위 내에서 가능한 한 더 많은 단계를 진행하는 것이 좋다.

1. 문서 작성 툴을 사용해서 작성 내용의 맞춤법과 문법을 검사한다. 요즘처럼 워드 프로세싱 툴과 10만 단어를 지원하는 사전을 사용할 수 있는 시대에 맞춤법 오류는 변명의 여지가 없는 일이다. 경험이 많은 사람은 내용 작성이 끝나면 수동으로 맞춤법 검사를 할 수 있게끔 프레젠테이션 작성 체크리스트를 활용한다. 문서 작성 툴이나 운영 체제의 사용자 정의 사전에 기술 용어와 회사 이름, 약어, 기타 업계 전문 용어 등의 정확한 표기를 추가해서 사용힌다.

2. 다소 바보스럽게 느껴지더라도 자신이 작성한 내용을 소리 내서 읽어본다. 사람의 뇌는 자신이 보고 싶은 것을 보기 때문에 이렇게 소리 내서 읽는 과정을 거치면 사소한 오탈자를 잡아낼 수 있다. 틀림없이 약간의 오탈자가 있을 것이다.

3. 문법 오류 교정과 명확한 단어 표기에 능한 친구 또는 동료에게 부탁해 프레젠테이션 자료를 짧게라도 검토한다. 내용을 작성한 사람은 이미 거기에 익숙해진 상태라서 오류를 찾기 힘들지만 제3자가 보면 쉽게 찾을 수 있다. 보통 슬라이드에 완전한 문장 형태로 내용을 작성하지 않는 것이 좋지만, 그래도 주어/서술어 호응 같은 기본 규칙은 확실하게 지켜야 한다.

4. 회사에 문서 팀이나 마케팅 부서가 있다면 작성 내용을 검토받는다. 충분한 시간을 두고 사전에 요청하면 작성 내용을 제대로 검토해 줄 것이다.

5. 전문 교열 담당자를 시간 단위나 프로젝트 단위로 고용하는 것도 생각보다는 비싸지 않다. 최고의 교열 담당자를 고용해 여러 번의 프로젝트를 거치면서 확고한 관계를 형성해 두면, 저마다 다양한 강연 스킬을 보여주는 콘퍼런스와 컨벤션, 기타 장소에서 자신만의 경쟁력을 갖출 수 있게 된다. 교열 담당자는 단어의 선택과 문장 배열, 궁극적으로는 전체 메시지의 명확성을 향상시키면서도 발표자 고유의 색깔을 잃지 않게 해 준다. 초보 발표자가 명확한 표현을 사용해 큰 칭찬을 받는 경우도 있었다. 청중들이 잘 모르는 표현이었는데, 테크니컬 에디터의 검토를 거쳐 표현의 상당 부분을 교정했다고 한다. 요즘은 인터넷으로 파일을 쉽게 공유할 수 있어서 교정 교열을 해 줄 사람을 구하기가 더 쉬워졌다. 친구에게 추천을 받는 것이 가장 좋겠지만, 간단한 웹 검색만으로도 가장 저렴한 것부터 비싼 것까지, 교정 교열 서비스를 제공하는 곳을 찾을 수 있다.

사례

훌륭한 결과를 내는 뛰어난 프레젠테이션은 대부분 꼼꼼한 교정, 교열을 거친 것이다. 임원급 인사들은 공식적인 프레젠테이션을 할 때 유능한 에디터를 고용해 내용을 검토하고 문장을 다듬는다. 점점 많은 발표자들이 자신의 친구든, 돈을 주고 고용한 전문가이든 교열 담당자를 활용하는 추세다. (전략적인 발표자들은 이를 자신의 경쟁력으로 생각하기 때문에 휴게실이나 사무실 등에서 이런 사실을 공개적으로 언급하는 모습은 보기 힘들 것이다.)

관련 패턴

전문가 집단 언어 패턴에 따르면 문법 규칙을 양식화된 방식으로 잘 활용해서 독자와의 유대 관계를 형성하는 것이 좋다.

쓸데없는 말의 탑 안티패턴에 따르면 이해하기 힘든 전문 기술용어를 너무 많이 사용해서는 안 된다.

26 패턴: 예고

별칭

최종 결말을 향해서

정의

프레젠테이션 내용 중에 작든 크든, 이후에 드러날 사실에 대한 단서를 남겨둔다.

동기

프레젠테이션은 스토리텔링이다. 누구나 자신이 읽거나 듣는 이야기에서 깜짝 놀랄 만한 사실이나 어떤 통찰이 숨겨져 있는 것을 좋아한다. 예고는 나중에 일어날 사건을 알려주거나 강조하기 위해 작은 단서를 남겨두는 문학적 장치를 말한다. 예고 역시 프레젠테이션에서 같은 목적을 추구한다. 청중을 예측된 결론으로 이끌어서 주제에 의미의 뉘앙스와 깊이를 더하는 방식이다.

적용성 및 적용 결과

프레젠테이션 진행 중에 전체 이야기에 관해 단서를 배치할 수 있으므로 이 패턴은 기승전결과 함께 사용하는 것이 좋다. 다른 때에는 작은 예고를 배치해 내용을 확고히 할 수 있지만 이것이 전달하고자 하는 내용의 요지가 되는 것은 아니다. 모든 프레젠테이션에 적용해야 하지만 가끔은 제대로 적용하기가 어렵다.

📶 방법

이 패턴을 적용하는 방법은 툴보다는 프레젠테이션 내용의 구성 방법과 밀접한 관련이 있다. 어떤 사실을 더 구체화하거나 미묘한 차이를 나타낼 수 있는 관련 항목을 찾아내서(때로는 부분적으로), 여러 군데에 치밀하게 분산해 배치한다. 프레젠테이션을 만들 때 전달하고 싶은 주요 포인트나 약간의 미묘한 차이를 나타내는 지점이 있을 것이다. 예고를 잘 활용하면 청중을 '서서히 부추겨서' 미묘한 방식으로 중요한 점을 깨닫게 할 수 있다.

예고는 명시적일 수도 있고 암시적일 수도 있다. '명시적 예고'는 이후에 흥미로운 뭔가가 나올 거라는 사실을 프레젠테이션 내용에 문자 그대로 넣는 방식이다(전체 강연 내용의 구조를 나타내는 아젠다와는 다르다). 어떤 내용에 관한 예고를 보여준다는 것은 관련 내용이 곧 나올 테지만 지금은 그에 관한 내용을 다루지 않을 거라는 점을 청중이 이해한다는 뜻이다.

단, 이 기법은 남용하기 쉬우므로 주의해야 한다. 많아야 두 개 정도의 주요 사항을 통해 메시지를 강조할 수 있도록 정하고, 그에 관한 단서를 제공한다. 이때 사용하는 단서는 예고를 보여 주려는 사항에 밀접한 연관성이 있어야 한다. 상징성은 청중을 혼란스럽게 해서 오히려 역효과가 날 수 있다. 예고를 이용해 구축해 온 내용을 마지막에 보여주면 청중들은 일종의 절정이나 통찰을 느낄 수 있어야 한다.

일례로, Test-Driven Design 강연에서 닐은 해결책을 구현하는 두 가지 방법의 결과를 비교했는데, 당연하게도 둘 중 하나가 더 좋은 결과를 냈다. 하지만 닐은 많은 참석자들이 "그래, 예로 든 경우는 그렇다는 걸 알겠는데, 좀 더 규모가 큰 코드에서도 같은 결과가 나올까?"라는 의문을 품을 것이라는 점을 예측하고 있었다. 그래서 자신이 설명한 기술을 더 큰 규모에도 확장해서 잘 적용할 수 있음을 나타내는 사례도 연구했다. 그런데 이 사례 연구에서는 닐이 아직 다루지 않은, 다른 여러 가지 사항도 나타나 있었다. 기승전결의 관점에서 보면 이 사례 연구는 마지막에 설명해야 맞다. 하지만 20여분 후에나 설명할 사례 연구를 보여줄 때까지 이 확장성 문제에 관한 청중의 의문이 해결되지 않은 채 남아있는 것은 찝찝해서, 적절한 시점에 그림 3.3과 같은 슬라이드를 보여줬다.

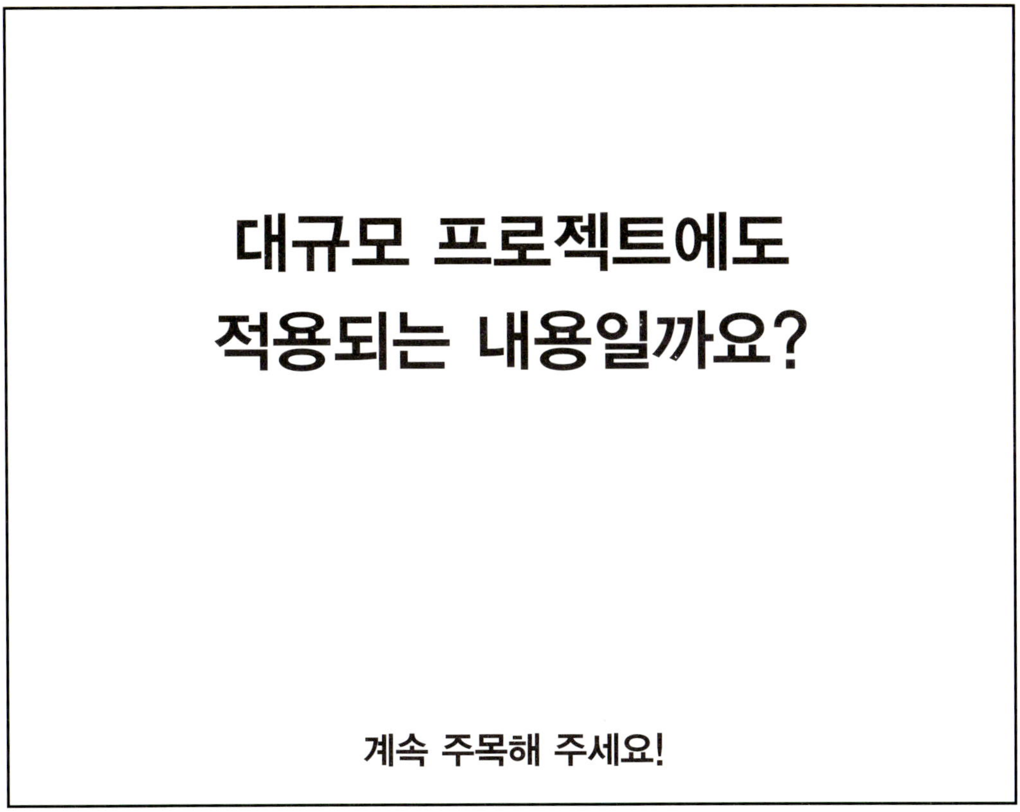

대규모 프로젝트에도
적용되는 내용일까요?

계속 주목해 주세요!

그림 3.3 나중에 나올 사례 연구에 대한 예고

사례

닐이 즐겨 사용하는 기법 중 하나는 아무런 관련이 없는 주제를 프레젠테이션 앞부분에 툭 던져놓고 프레젠테이션이 끝날 때까지 그것을 무시하거나 지나가는 말로만 한 번 더 언급하는 것이다. 이후에 외견상으로 관련이 없어 보이는 이 내용이 실은 관련이 있다는 사실이 생각지도 않은 방법으로 갑자기 드러나고, 주제에 관한 깊은 통찰을 제시하게 된다. 어떤 사실을 예고하고 그것을 드러내기까지 오랜 시간이 걸릴수록 효과는 더 커진다. 청중들이 더 오랜 시간 동안 그 사실을 잊고 있기 때문이다.

닐의 기술 강연 중 하나인 'Rails in the Large'는 닐이 소속된 ThoughtWorks에서 그가 참여했던 프로젝트에 관한 사례 연구다. 이 프레젠테이션에서 닐이 전달하려던 작은 메시지 중 하나는 ThoughtWorks 프로젝트가 업무 공간에 재미 요소를 불어넣기 위해 최대한 노력한다는 점이었다. 프레젠테이션 내내 닐은 아무런 설명 없이 간주곡 패턴으로 가위, 바위, 보를 나타내는 사진을 사용했다. 프레젠테이션에서 제일 마지막 섹션의 제목이 '웬 가위, 바위, 보?'였다. 닐은 프로젝트에서 특별히 가장 하기 싫은 일에 관해 이야기하고, 몇 가지 일은 가위, 바위, 보를 해서 누가 할지 정하곤 한다고 설명했다. 즉, ThoughtWorks에서는 대부분의 중요하지 않은 사항과 몇 가지 중요한 사항을 가위, 바위, 보로 결정한다는 이야기를 통해 프로젝트를 너무 심각하게 여기지는 않는다는 메시지를 전달하려고 한 것이다. 닐이 사용한 예고는 10분에 한 번씩 슬라이드에 등장했기 때문에 청중들이 계속해서 가위, 바위, 보가 전체 주제와 어떤 관련이 있는지 궁금해 하도록 약간의 긴장감을 조성했다. 덕분에 닐은 그냥 설명하기엔 미묘한 점을 효과적으로 전달할 수 있었다.

관련 패턴

기승전결이 탄탄하면 예고 같은 효과를 설정하기가 쉽다.

27 안티패턴: 총알 박힌 시체

📑 별칭

죽음의 점 목록

📑 정의

총알 박힌 시체는 점 목록을 지나치게 많이 사용하는 슬라이드를 말한다. 대체로 슬라이드가 발표자 노트나 다름없는 경우가 많다. 글자가 슬라이드 안에 가득 차 있어서 발표자와 청중 모두에게 의외로 친숙한 느낌을 주기도 한다.

📑 동기

대체로 프레젠테이션 템플릿의 기본 슬라이드 스타일에 점 목록을 사용하는 경우가 많다. 경험이 부족한 발표자들이 발표자 노트로 점 목록을 주로 사용한다. 그저 슬라이드 내용을 읽어주면 되니까 준비를 많이 할 필요도 없다. 시간에 쫓기다 보면 실제 문장과 단락으로 이뤄진 잘 작성된 스크립트 대신 이런 점 목록 문구로 '작성된' 가짜 문서에 의지하게 되기 쉽다.

📑 적용성 및 적용 결과

이 안티패턴은 청중들을 죽도록 지겹게 만들고 싶거나, 단지 프레젠테이션 준비나 연습을 할 시간이 없을 때 언제라도 적용할 수 있다. 청중들이 발표자의 설명을 듣기보다 슬라이드 내용을 그냥 읽으면 좋겠다 싶을 때는 이 안티패턴이 제격이다. 어떤 상황에서는 많은 청중들이 이런 스타일의 프레젠테이션을 기대하게 된다. 일부 기업이나 교육 문화에서는 워드프로세서 대신에 프레젠테이션 소프트웨어를 써서, 효과적으로 산문을 정보성 문서로 바꾸곤 한다.

총알 박힌 시체는 정보성 문서에서는 패턴이지만 프레젠테이션에서는 안티패턴이 된다. 정보성 문서의 주요 목적은 어떤 정보를 산문보다 더 집약된 형식으로 요약하는 것이다. 이런 경우에는 점 목록을 사용하는 것이 효과적이다. 하지만 프레젠테이션에서는 재앙이 될 수 있다. 프레젠테이션 도중에 점 목록으로 꽉 채워진 슬라이드가 나타나면 청중은 슬라이드의 글자를 읽는 데 집중하게 된다. 마치 교통사고가 났을 때 고개를 빼고 돌아보는 것과 같은 상황이 된다. 사람은 본능적으로 그렇게 행동한다. 발표자가 계속 설명을 이어가면 청중은 발표자의 설명과 슬라이드에 있는 글자를 함께 인식하게 된다. 어떤 발표자들은 새 슬라이드가 화면에 나타날 때 방어적으로 잠시 멈추기도 하는데, 이건 문제를 해결하는 데 전혀 도움이 되지 않는 행동이다!

점 목록을 길게 쓰는 것은 **쿠키 틀** 안티패턴과 **4단계** 패턴에서 다뤘던, 여러 가지 슬라이드 설계 지침에 위배된다. 하지만 간단한 **나타나기** 애니매이션 정도만 적용해도 그럭저럭 봐줄 만하다. **불탄 자국** 같은 패턴을 적용하면 정보를 조금씩 드러내면서도 현재 사안에 주안점을 둘 수 있기 때문에 더 좋다.

점 목록을 많이 사용한 슬라이드는 프레젠테이션 수단이나 출력 문서 어느 쪽으로도 썩 훌륭하진 않다.

이런 방식으로 작성한 슬라이드는 결국 완전한 문장으로 채운 딱딱한 슬라이드가 된다. 발표자가 슬라이드에 점점 더 많은 글자를 채워 넣게 돼서, 강연을 보조하는 문서라기보단 시력검사지 같은 결과물이 만들어진다. 거기에 텍스트가 많은 문서를 꾸밀 요량으로 클립 아트를 마구 사용하는 경우도 있다. 어떤 사람들은 점 목록을 많이 사용한 것을 감추려고 점의 모양(삼각형, 별, 사각형 등)을 바꾸기도 한다.

📡 방법

이 안티패턴을 사용하려면 오래된 개요 형식에 따라 그저 문구나 문장을 입력하고 엔터를 치면 된다. 점 목록 하나가 생길 것이다. 이것을 반복한다. 글자가 너무 작아져서 편하게 읽기 어려워지면 새 슬라이드를 만든다.

프레젠테이션 툴을 사용하다 보면 이 안티패턴에 빠지기 쉽다. 파워포인트는 사용자가 슬라이드에 점 목록을 계속 채워 넣으면 자동으로 글자 크기를 조정해 개미 같은 글꼴 안티패턴에 빠지게 만든다.

쿠키 틀 안티패턴을 이해하면 이 안티패턴을 피할 수 있다. 선택한 템플릿의 기본 슬라이드 스타일에 점 목록이 포함된 글 상자가 있다고 해서 이것을 사용해야 메시지를 효과적으로 전달할 수 있다는 뜻은 아니다.

프레젠테이션을 하기 전에 내용을 철저히 구상하고 구조화하는 4단계를 적용하는 것은 분명 효과적이다. 다만, 현실적으로 생각했을 때 준비 시간이 너무 많이 드는 것도 사실이다. 설계 툴로 프레젠테이션 툴을 사용하는 실수에 빠졌다면, 프레젠테이션 툴의 개요 기능을 활용해서 적절한 기승전결을 만든다. 이렇게 하면 대부분의 툴에서는 개요를 나타내는 점 목록이 포함된 슬라이드도 생성된다. 이 슬라이드를 그대로 사용하지 말고, 각 슬라이드를 검토해서 일부 아이디어를 분리해서 설명하는 것이 나을지 살펴본다. 정보성 문서와 프레젠테이션의 차이는 시간이라는 점을 기억한다. 개요에서는 서로 잘 어울렸던 아이디어라도 프레젠테이션에서는 나눠서 더 천천히 보여주는 것이 효과적일 수 있다.

사례

이 안티패턴은 기업이나 교육 관련 정보성 문서, 형편 없는 프레젠테이션에서 흔히 볼 수 있다.

관련 패턴

쿠키 틀 안티패턴에서 설명했듯이 슬라이드 크기에 따라 정보의 양을 조절해서는 안 된다. 총알 박힌 시체를 자주 쓰는 이들은 점 목록을 사용해 슬라이드에 표시할 정보의 양을 조절하려는 경향이 있다.

총알 박힌 시체 안티패턴으로 작업할 때는 프레젠테이션 툴 때문에 더 많은 점 목록을 사용하게 돼 저절로 개미 같은 글꼴에 빠지게 된다.

4단계 패턴의 설명대로 자신의 프레젠테이션에 맞는 이야기 구조를 만드는 데 시간을 할애하고, 아이디어를 전달하는 데 점 목록은 가급적 사용하지 않는다.

훈수꾼이 필요해

한번은 닐이 '클로저(Clojure)'라는 프로그래밍 언어에 대한 강연을 맡았다. 클로저는 문법에 괄호를 많이 쓰는 것으로 유명한 Lisp에서 파생된 언어다. Lisp에서 또 한 가지 유명한 것은 The Little LISPer[1]로 시작하는 책 시리즈다. 이 책은 저자들이 제기한 문제와 갈수록 이해에 도움이 되는 답변으로 이뤄져 있다.

The Little LISPer의 정신에 입각해서 닐은 소크라테스 방식의 질문과 답변으로 강연을 구성하면 좋은 기승전결을 만들 수 있겠다고 생각했다. 그래서 청중과 함께 클로저 언어를 배우는 입장의 페르소나를 설정하고 슬라이드에서 설명을 이어갔다. 하지만 몇몇 부분에서 개념과 개념 사이가 자연스럽게 연결되도록 이어줄 중간 예제가 필요했다. 즉, 현재 예제의 관념에 '머물러' 있으면서 닐이 만든 학생 페르소나는 확실하게 할 수 없는, 더 좋은 기법이 있다는 사실도 알려줄 수 있는 방법이 필요했다. 닐에게 정말 필요했던 것은 모든 것을 알고 옆에서 조언해 줄 수 있는 관찰자였다. 이를 테면 고대 그리스 희곡에서 극에 대한 전반적인 설명을 해 주는 그리스 코러스(Greek Chorus) 같은 역할 말이다.

28

패턴: 그리스 코러스

별칭

The Colbert Report의 "The Word" 부분

정의

말참견을 하거나 열의를 보이며, 수적으로 열세일 때 도움을 주는 지지자를 동원해 청중을 설득한다.

동기

특히, 논란이 될 만한 것을 이야기할 때는 청중 사이에 내 편이 있으면 큰 도움이 된다. 나를 지지해 줄 사람을 청중 사이에 심는 것은 부끄러운 일이 아니다.

적용성 및 적용 결과

이 패턴은 특히 회의적인 반응을 보일 수 있는 청중 앞에서 어떤 주제에 대한 현재 상황에 맞서야 할 때 적용할 수 있다. 또는 일부 청중의 세계관에 배치되는 소식을 전달해야 하는 비즈니스 상황에서도 유용하다.

그리스 코러스에는 인원이 추가로 필요한 것도 아니다. 페르소나만 있으면 된다. 앞서 소개한 쉬어가기에서 닐은 또 다른 자아를 만들어내 슬라이드에서 계속 설명을 덧붙이는 방식으로

자신의 딜레마를 해결했다. 닐은 주의 집중을 방해하지 않는 간단한 그래픽 요소를 이용해 괄호를 많이 사용하는, 이전 언어의 문법을 강조하고 싶었다. 그래서 그림 3.4의 슬라이드에 있는 캐릭터를 만들어냈다.

프레젠테이션을 진행하는 동안 괄호로 만든 캐릭터가 화면 오른쪽에서 마지막에 나타나도록 만들었다. 현재 예제가 내용을 이해하는 데 필요하긴 하지만 전문가라면 다른 좋은 방법을 쓸 수 있다는 사실을 나타내기 위해서였다. 이 보조 캐릭터를 사용했기 때문에 중간 예제가 나올 때마다 이를 짚어줄 필요가 없었다. 즉, 닐을 대신해서 설명해 줄 '다른 누군가'가 생긴 것이다.

코미디언이나 마술사처럼 사람들의 이목을 끄는 역할을 할 필요는 없다. 청중 사이에 누군가를 숨겨놓고 특정 시점에 질문을 하거나 발표자의 농담에 웃는 역할을 맡기진 않도록 한다. 만약 청중이나 회의 참석자들이 이 사실을 눈치챈다면 반발이 생길지도 모른다. 그리스 코러스는 발표자에게 불리한 분위기를 어느 정도 상쇄시키는 역할을 할 뿐이다.

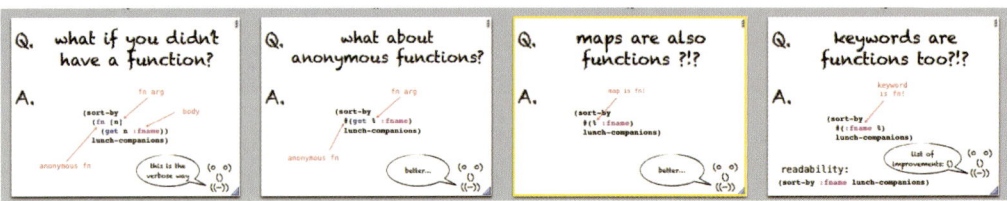

그림 3.4 더 좋은 예제가 곧 나온다는 사실을 알려주는 그리스 코러스 캐릭터

방법

발표자를 도와줄 지지자를 찾아 강연에 참석하도록 한다. 도와줄 친구가 없다면 슬라이드에 선으로 그림을 그려 넣거나 동물 모양의 봉제 인형이라도 가져와 사용한다.

관련 패턴

지지자 패턴은 이 패턴의 글자 그대로 해석한 형태다. 지지자 패턴에서는 발표자를 도와줄 수 있는 진짜 사람을 강연에 데려오라고 설명한다.

멘토 패턴은 발표자가 지녀야 할 태도에 관해 설명한다. 그리스 코러스가 다른 관점에서 보조 역할을 할 수 있다.

29

안티패턴: 개미 같은 글꼴

🔖 별칭

작은 글꼴, 현미경 필요, "뒤에서도 보이나요?"

🔖 정의

슬라이드 한 장에 더 많은 내용을 넣으려고 그냥 글자 크기를 줄이는 것이다. 사실상 글씨가 화면 위를 가로지르는 개미떼처럼 보일 정도로 작게 줄인다. 한 화면에 말 그대로 엄청난 양의 내용을 담을 수 있다.

🔖 동기

프레젠테이션에 기승전결이 부족하면 발표자는 자연스레 프레젠테이션 자료에 가능한 한 많은 내용을 담아 이를 보상하려는 경향이 있다. '아무리 나빠도 이 주제에 관해 모아온 자료를 사람들이 읽을 순 있겠지.'라고 생각하는 것이다. 이 안티패턴은 발표자가 강연을 준비하면서 했던 조사 자료의 분량으로 청중을 압도하려는 욕구에서 기인하기도 한다. 주제에 조금이라도 관련이 있다면 모두 끌어모아서 말이다.

🔖 적용성 및 적용 결과

개미 같은 글꼴은 준비 시간이 충분하지 않거나 명확한 방향성이 없는 경우, 또는 덜 중요한 항목을 '포기하고' 중요한 부분만 강조해서 설명할 수 있는 과감함이 부족한 경우에 주로 사용한다.

청중의 주의가 화면의 텍스트를 읽는 데로 넘어가면 발표자가 설명을 해야 할 이유가 없어진다. 텍스트 설명이 몇 줄에 걸쳐 이어지면 청중 입장에서는 어느 부분이 중요하고 어느 부분은 그냥 넘겼다가 나중에 참고 자료로 읽어볼지 판단하기 어려워진다. 게다가 시각 손상이나 장애가 있는 사람에게는 프레젠테이션과 출력된 슬라이드 텍스트 모두 쓸모없게 돼 버린다. 나이든 사람이 많을수록 이는 더 많은 참석자들에게 문제가 될 것이다.[2]

방법

개미 같은 글꼴을 구현하려면 각 주제를 슬라이드 한 장에 욱여넣으면 된다. 점 목록과 단락이 자연스럽게 들어가진 않겠지만 보통 30 포인트로 사용하는 글자 크기를 14 포인트 이하로 줄이면 모든 내용을 꾹꾹 눌러 담을 수 있을 것이다.

개미 같은 글꼴을 피하려면 새로 만들 프레젠테이션 자료에 사용할 템플릿의 글자 크기가 보기에 적당할 정도로 큰지 확인해야 한다. 그리고 파워포인트에서 내용을 추가하면 자동으로 글자 크기를 줄여주는 몹쓸 기능을 꺼 놓는다. 이 기능은 있어 봐야 나쁜 습관만 부추기기 때문이다. 키노트에도 이런 기능이 있지만 잘 숨겨져 있기 때문에 굳이 이 책에서 소개하지는 않을 작정이다.[3]

마틴 파울러는 'HalfSize Composition'[4]이라고 이름 붙인 방식을 제안했다. 슬라이드를 설계할 때 항상 슬라이드 크기를 실제 크기의 50 퍼센트로 줄여서 생각하는 방식이다. 50 퍼센트로 줄여서 봤을 때 너무 작아 보이는 내용은 실제 화면에 나타냈을 때 청중에게도 작아서 보기 힘들 것이다. 이 방식을 사용하면 설계자가 모든 슬라이드를 실제 거리에서 볼 수 있으므로 꽤 유용하다.

마이크로소프트의 돈 박스(Don Box)는 기술 강연 준비에 관한 인터뷰에서[5] 소스 코드를 보여줄 때 글자를 14 포인트 크기로 사용하라고 제안했다. 이 정도면 어떤 이들에겐 굉장히 큰 크기겠지만 이 책의 저자들의 관점에서는 여전히 작다. 이 책에서 권장하는 샘플 코드의 글자 크기는 18 포인트이며, 슬라이드와 해상도, 화면 크기에 따라 더 크게 해도 된다. 돈은 Lucida Console이라는 특정한 글꼴을 사용하는데, 이 글꼴은 윈도우 계열 기기에는 대부분 설치돼 있다. 요즘은 수천 가지 글꼴을 쉽게, 대부분 무료로 사용할 수 있기 때문에 이 책에서는 윈도우와 맥 모두 호환되는 트루타입 글꼴인 Inconsolata[6]를 사용하는 것을 권장한다.

📡 **사례**

기업 임원 보고용 문서와 수익 보고서, 분기별 팀 브리핑 자료 등에서 이 패턴을 주로 활용한다. 문서 작성 문화와 정보를 통합하는 방법에 대한 잘못된 인식에서 비롯된 결과다. 하지만 에드워드 투프트(Edward Tufte) 같은 데이터 시각화 분야의 선도자들은 수십 년간 "바라건대 어떤 디스플레이 기술을 사용하든 최소한 어떤 해도 끼치지 않아야 한다."라고 말해왔다. 이런 충고와, 그림 3.5와 같은 흉측한 슬라이드 사이에서 균형을 맞추는 것은 힘든 일이다.

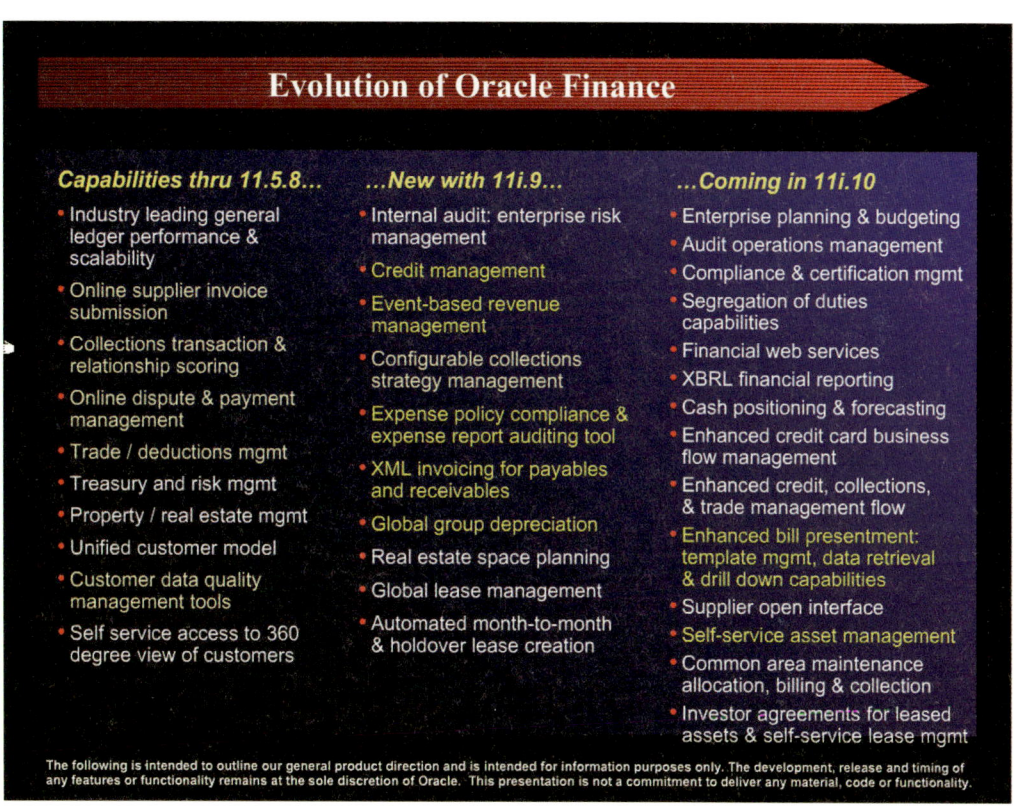

그림 3.5 개미 같은 글꼴을 사용한 오라클 현황 보고 슬라이드 사례

관련 패턴

슬라이드문서가 주로 점 목록으로 된 정보를 가득 담은 수많은 페이지로 구성된다.

총알 박힌 시체 안티패턴을 즐겨 사용하는 사람이라면 분명 이 안티패턴이 친숙할 것이다. 프레젠테이션 툴 때문에 점 목록을 계속 추가하다 보면 글자 크기가 점점 더 작아지게 된다.

정보성 문서를 만들 때는 PDF로 출력해서 보기에 글자가 너무 작아지지 않도록 주의한다.

30

안티패턴: 글꼴 중독

별칭

몸값 요구 쪽지, 미친 타이포그라퍼, 글꼴 숙취

정의

글꼴을 사용할 때 어느 정도가 '충분'한지 모르는 사람을 일컫는다. 글꼴 옵션이 전부 다 너무 좋아 보인다.

동기

프레젠테이션은 '멋지게' 꾸며야 한다. 그럴 때 재미있는 글꼴과 클립 아트를 사용하는 것보다 좋은 방법이 어디 있겠는가? 그렇다! 자료가 훨씬 더 멋져 보인다. 글꼴 하나를 추가해서 자료가 조금 더 멋있어졌으니, 글꼴을 아홉 개쯤 추가하면 아주 끝내주게 훌륭한 자료가 될 것만 같다!

적용성 및 적용 결과

이 안티패턴은 프레젠테이션이 지루해 추가적인 '한 방'이 필요한 경우에 언제든 적용할 수 있다.

글꼴을 4개에서 6개, 심지어는 9개까지 사용하고 나면, 발표자와 청중 모두 슬라이드를 보는 것만으로도 구토 증상과 비슷한 두통이 오게 된다. 청중들은 그 프레젠테이션에서 사용된 글꼴이 몇 개였는지에 대해 며칠간 떠들어 댈 것이다. 아마 뒤에서 욕설이 오갈지도 모른다.

방법

이 안티패턴을 구현하려면 윈도우의 글꼴 제어판이나 맥의 서체 관리자를 연다. 거기에는 사용자가 인터넷에서 다운로드한 글꼴뿐 아니라 운영체제와 소프트웨어에서 설치한 수많은 글꼴이 있으니 그중에서 5개 가량을 무작위로 고른다. 이렇게 고른 5개의 글꼴을 슬라이드에 적용해 보고 충분하지 않으면 마음에 들 때까지 계속 글꼴을 추가해서 바꿔본다. 하나의 단락에 글꼴 3개를 섞어서 적용해 보기도 한다. 마치 하키 해트 트릭처럼 말이다.

그림 3.6은 글꼴 중독에 빠진 슬라이드의 예제를 나타낸 것이다. 이 안티패턴을 피하려면 글꼴을 신중하게 골라서 사용해야 한다. 대부분의 영문 프레젠테이션에서는 산세리프체(sans serif)를 선택한다. 대부분의 시스템에는 다음과 같은 영문 글꼴이 포함돼 있다.

- Helvetica
- Arial
- Verdana

연구 결과에 따르면 FHWA Series Fonts[7]가 멀리서도 가장 잘 보인다고 한다. 또 다른 비공식 조사에 따르면 Helvetica의 변형 글꼴 중 유명한 Helvetica Neue가 멀리서도 쉽게 읽을 수 있다고 한다.

그림 3.7은 슬라이드에 사용하기 적합한 글꼴을 예로 든 것이다.

그림 3.6 Fontaholic으로 만든 슬라이드   그림 3.7 글꼴을 능숙하게 다루는 사용자가 만든 슬라이드

📶 사례

- 교회의 설교 전 안내문
- 신문이나 잡지를 오려 만든 협박 편지
- 지역 전문대학의 신임 교수가 만든 교재
- 거래를 중단하려고 애쓰는 판매상이 만든 매각 안내지

📶 관련 패턴

사진광은 가끔 글꼴과 무작위 그림을 맞춰 보려고 애쓰면서 글꼴을 많이 사용하기를 즐기는 경향이 있다. 인쇄 전문가가 아니라면 이런 식으로 맞춰 쓰는 것은 자제해야 한다. 깔끔하고 간단한 글꼴 몇 가지만 사용한다.

31

안티패턴: 워터마크의 홍수

별칭

지나친 광고, 마케팅광

정의

워터마크의 홍수는 모든 슬라이드에 주제와 별 관련이 없는 배경 이미지를 넣는 것을 말한다. 로고 하나가 워터마크라면 워터마크의 홍수는 너무 많은 워터마크를 넣은 것이다. 회사 로고와 콘퍼런스 후원 표시, 심지어는 배경 이미지와 부드러운 곡선 같은 그래픽 요소를 반복해서 사용하기도 한다.

동기

비즈니스 프레젠테이션에서 많은 기업들이 워터마크의 홍수로 가득 찬, 흉측한 슬라이드 템플릿을 사용하곤 한다.

콘퍼런스에 서는 개인 발표자들도 슬라이드에 협찬 표시를 잔뜩 넣어야 한다는 부담감에 시달린다. 콘퍼런스에서는 종종 그림 3.8과 같은, 워터마크의 홍수로 도배하다시피 한 슬라이드 템플릿을 모든 발표자에게 사용하게끔 한다.

콘퍼런스 기획자들은 후원을 받을 때마다 행사장을 꾸미거나 진행요원을 채용하는 데 도움이 되므로 행사에 별다른 해가 되지는 않는다고 여긴다. 한 콘퍼런스 기획자가 "후원은 많을수록 좋다. 그저 후원사끼리 서로 알게 되면 후원의 가치가 떨어진다 생각할 수도 있으니 마지막 순간까지 서로 모르게 하기만 하면 된다."라고 얘기하는 걸 들은 적도 있다. 말하자면 돈 때문에 후원을 바라는 것이다. 그렇다 보니 후원사에 대한 홍보 부담을 떠안게 된다. 이런 후원사 홍보는 콘퍼런스 장소의 복도에서부터 발표자의 프레젠테이션 자료 자체에까지 영향을 미친다.

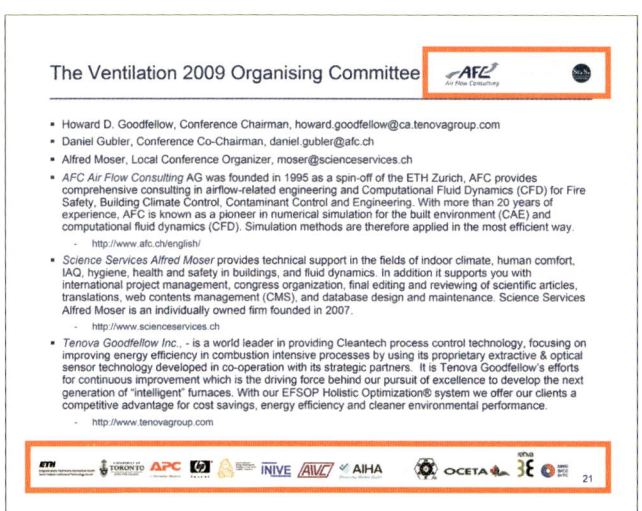

그림 3.8 워터마크로 도배된 콘퍼런스 템플릿

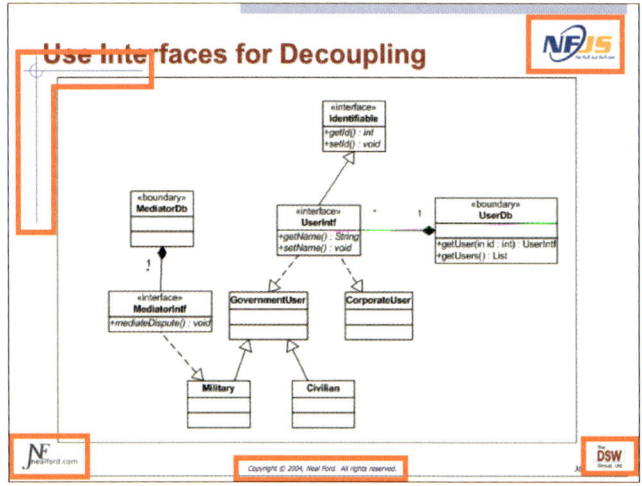

그림 3.9 넘쳐나는 워터마크에 맞춰 이미지 크기를 조절한 사례

적용성 및 적용 결과

후원을 받은 프레젠테이션이나 행사는 그 사실을 외부에 알려야 한다. 후원사가 플래티넘 후원 패키지에 해당하는 비용을 지불했다면, 복도에 그 후원사의 배너가 가득하고, 행사장에는 후원사의 제품을 시연하는 부스를 설치하며, 발표자의 슬라이드에 해당 후원사의 로고를 넣고, 프레젠테이션을 하기도 전에 그 회사의 상징이 문신처럼 새겨진다.

브랜드 광고를 지나치게 많이 하면 워터마크의 홍수가 불필요한 배경 이미지로만 보여 효과를 제대로 낼 수 없다. 워터마크의 홍수 때문에 슬라이드의 공간을 활용하기가 어려워지기도 한다. 별 의미도 없는 요소 때문에 정작 필요한 이미지를 억지로 끼워 넣겠는가 아니면 부분적으로 워터마크를 잘 보이지 않게 처리하겠는가? 그림 3.9는 닐이 뭣 모르던 시절에 작성한 흉측한(!) 슬라이드 예제를 나타낸 것이다.

그림 3.9에서 닐은 너무 많은 워터마크 때문에 이미지 크기를 줄여야 했고, 결과적으로 이미지뿐 아니라 프레젠테이션 자체의 품질마저도 타협해야 했다.

매끄러운 선과 소용돌이 모양의 상자 같이, 외견상으로 별 문제가 없어 보이는 그래픽 요소도 워터마크의 홍수를 나타낸다. 그림 3.10에서 발표자는 누구에게도 도움이 안 되는 상황에 빠졌다. 이미지 속 글자를 읽을 수 있을 정도로 크게 만들려면 제목에 있는 선과 이미지가 겹치게 해야 한다. 제목이 없는 템플릿을 쓴다 하더라도, 회사 로고 워터마크가 여전히 오른쪽 위 구석에 떠 있어 이미지를 겹치지 않게 전체 슬라이드에 채워 넣을 수 없다.

회사나 콘퍼런스의 요구대로 워터마크 투성이의 템플릿을 사용하면 멋진 프레젠테이션을 만들기 힘들다. 워터마크의 홍수 위에 공통 시각 테마를 사용하기는 어렵기 때문이다. 회사나 콘퍼런스에서 남들과 같은 시각 효과를 사용하면 두드러지는 프레젠테이션 자료를 만들기 어렵다. 대신 기본 설정 무시 패턴을 적용하기를 권장한다.

이 책의 저자들은 각 슬라이드에 워터마크로 저작권 고지를 넣는다. 우리가 법률 전문가는 아니라서 만약 회사에서 이 문제를 걸고 넘어지면 거기에 대응할 만한 법률적 배경 같은 건 없다. 다만 누군가 여러분의 슬라이드를 훔쳐 불순한 용도로 사용할 가능성이, 쓸모없는 정보를 워터마크로 제공해서 청중들을 짜증나게 할 가능성보다 적다고 본다. 여러분의 청중은 어떤가? 모든 슬라이드가 한 장 한 장 저작권 보호를 받고 있음을 청중들이 정말 알아야 하는지 생각해 보기 바란다.

모든 반복 요소는 무시되거나 청중들을 짜증나게 할 뿐 프레젠테이션에는 보탬이 되지 않는다.

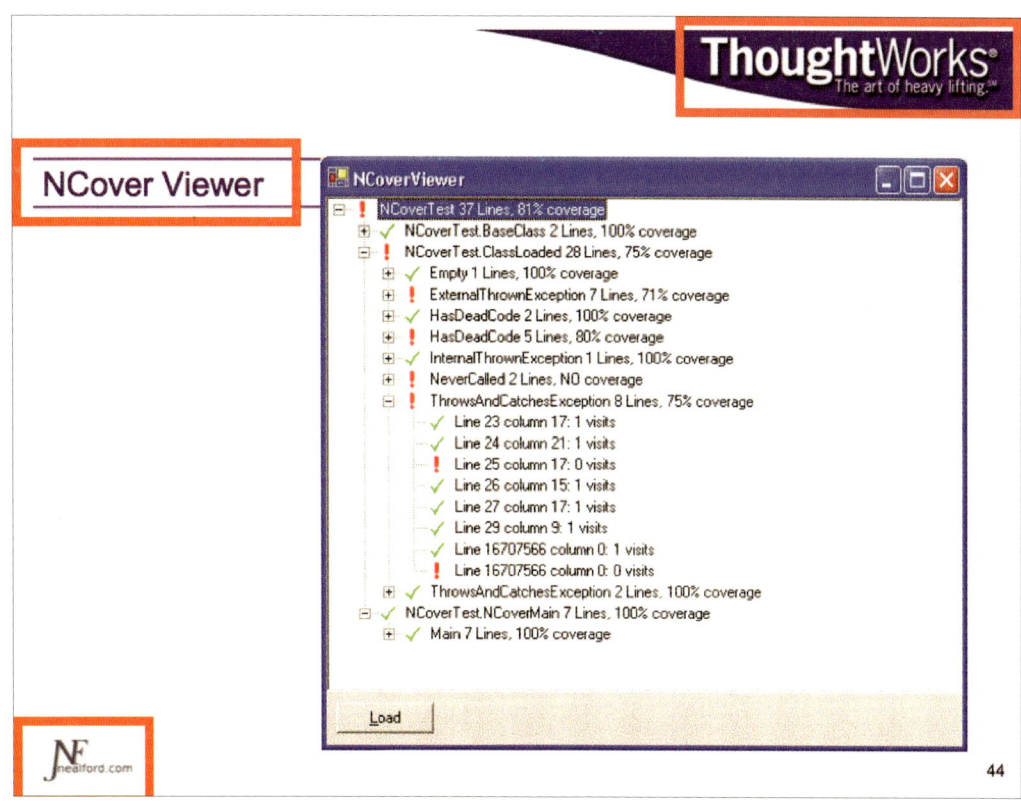

그림 3.10 이미지 크기를 키우면 보기에 좋지 않게 워터마크와 겹쳐지는 경우

방법

모두가 후원사 홍보 요소를 싫어하지는 않을 것이다. 우리 저자들 역시 기업 홍보가 유용하기도 하다는 점을 이해하고 있다. 여러분의 회사나 콘퍼런스에서 지나친 워터마크 사용을 고집한다면 뒤에 설명할 북엔드 패턴처럼 링크를 많이 넣는 방법도 있다. 하지만 대부분의 경우 저자들은 지나친 워터마크를 사용하지 않은 템플릿을 선호한다. 다른 시각적 요소와 겹치지 않게 여기저기에 있는 요소를 삭제하는 것보다는 빈 배경에 시각 요소를 추가하는 것이 훨씬 쉽다.

대중 강연의 청중들은 그 행사나 강연의 후원사가 어디인지 알고 있을 공산이 크다. 행사 장소 곳곳에 후원사 목록이 적힌 포스터가 붙어 있을 테니 말이다. 제공된 워터마크는 슬라이드 첫 장에만 넣고, 나머지는 공통 시각 테마를 사용한다.

관련 패턴

워터마크의 홍수 안티패턴을 무의식적으로 사용하다 보면 워터마크에 사용된 글꼴과 슬라이드의 글꼴이 달라져 **글꼴 중독**이 된다. 어떤 이유에서든 글꼴을 섞어서 사용하는 건 좋지 않다.

만약 회사나 콘퍼런스 기획자의 워터마크 사용 요구에 부담을 느껴 어쩔 수 없이 넣어야 한다면 가장 안전한 장소는 북엔드다. 거기라면 자세한 내용에 거의 방해가 되지 않을 것이다.

워터마크 사용 거부는 기본 설정 무시 패턴을 구현하는 것과 같고, 그 패턴의 장점을 나타내는 전형적인 예가 될 것이다. 즉, 모든 이들이 사용하는 워터마크를 넣지 않았으니 자동으로 눈에 띄는 자료가 된다.

32
안티패턴: 사진광

별칭

무작위 클립 아트, 무작위 사진, 죽음의 사진 1000장

제작 지원

ThoughtWorks[8] 수석 과학자, 마틴 파울러

정의

지루한 프레젠테이션 자료를 덜 지루해 보이게 하려고 별 의미 없는 사진을 무작위로 사용하려고 한다.

동기

파워포인트는 지난 십수 년간 무료 클립 아트를 제공해왔다. 예전에는 클립 아트가 제 역할을 했지만, 지금은 너무 오래되기도 했고 늘 같은 식상한 결과를 낼 뿐이다. 최근에는 그래픽을 많이 사용하는 경향이다. 몇 군데 이름을 들자면 ShutterStock[9], iStockphoto[10], Flickr[11], Corbis[12] 같은 에이전시에서 제공하는 사진을 주로 사용한다. 프레젠테이션 자료의 이야기에 관계 없이 멋진 사진을 찾기는 쉽다. 이런 사진을 사용하고 싶은 유혹은 매우 강하다. 어떤 프레젠테이션이라도 사진 몇 장을 잘못 골라서 넣었다고 더 나빠질 리 없기 때문이다.

📶 적용성 및 적용 결과

공통 시각 테마 대신에 매력적이지만 내용과 상관 없는 사진을 넣으면 사진광 안티패턴에 빠지게 된다.

공통 시각 테마에 잘 맞고 이를 강조할 수 있는 고품질의 이미지를 북엔드와 간주곡에 사용하는 것은 좋은 생각이다. 전달하고자 하는 메시지를 강화할 수 있는 비유를 설정하는 것이 목표이기 때문이다. 하지만 주제와 연관성이 없는, 허울만 그럴듯한 이미지를 사용하면 오히려 역효과가 난다. 예컨대, 그림 3.11에서 슬라이드는 프로그래밍 언어의 네스팅 방식(어떤 메서드 안에서 다른 메서드를 호출하는 것)을 설명하고 있다. 이 개념은 스펠링만 같을 뿐 새의 둥지(nest)와는 아무런 관련이 없다. 사진을 무작위로 사용하면 프레젠테이션 자체도 청중에게 무작위로 느껴질 게 뻔하다.

📶 방법

이 안티패턴의 구현은 앞서 언급한 사진 제공 에이전시에서 프레젠테이션의 주제와 별로 관련 없는 키워드를 검색하는 것으로 시작된다. 비용을 아끼려고 해상도가 가장 낮은 이미지를 구입한 후 프레젠테이션 소프트웨어에서 그냥 확대해 사용한다. 해상도가 낮은 사진은 당연히 화질이 떨어진다. 일부 예민한 사람들만 그럴진 모르겠지만, 청중들은 프레젠테이션의 품질이 싸구려 텔레비전 광고 같다고 느낄 것이다. 반대로, 프레젠테이션을 청중들을 교육시키는 데 드는 투자라고 생각한다면, 공통 시각 테마를 받쳐줄 수 있도록 주제와의 관련성이 높고 해상도도 충분히 높은 이미지를 구하는 데 비용을 아끼지 않아야 한다.

플리커(Flickr)와 구글이미지 같은 곳에서 CCL(크리에이티브 커먼즈 라이선스) 사진을 사용한다면 사진광은 '시간을 절약하느라' 라이선스를 어기고 사진의 소유자를 표시하지 않을 수 있다. 혹자는 이를 두고 "사진을 찍은 사람 역시 사진이 무단으로 사용되리라는 것을 알 테고, 괜찮은 사진을 찍는 것이 그렇게 힘든 것도 아니다"라는 식으로 자신의 행위를 정당화하기도 한다. 자신만의 서사를 구축하는 데 드는 창의성을 가치 있게 여기는 사람이라면 다른 사람이 만든 시각 요소의 창의성도 똑같이 그 가치를 인정해야 한다.

이 안티패턴에 빠지지 않으려면 자신의 공통 시각 테마에 맞는 이미지를 골라 꼭 필요한 곳에만 사용하고, 관련이 없는 이미지를 단지 쉬는 시간 용도로 사용하지 않는다.

그림 3.11 설명 대상과 사진이 개념적으로 충돌하는 경우

사례

주로 영업직군에서 이 안티패턴을 많이 사용한다. 제품에 대해 순수한 사실만을 늘어놓으면 사람들이 지루할 테니 시각적 요소를 더 사용해서 이를 메꾸려고 하기 때문이다. 그러다 보면 사진을 무작위로 사용하게 된다. 이를 해결할 수 있는 좋은 방법은 토클릿을 이용해 프레젠테이션을 나누고 쉬는 시간을 이용해서 적당한 길이로 요점을 설명하는 것이다. 사진광 안티패턴의 가장 일반적인 응용 형태는 프레젠테이션의 결론 부분에서 나타난다. 청중과 발표자 모두 강연 후에 악수를 하고 뭔가에 대해 동의해야 한다는 교육을 받아왔다. 이런 식의 고정관념 때문에 악수를 하는 서구 문화의 관습을 나타내는 사진을 사용하면 청중의 동의를 이끌어내고 판매에 성공할 수 있는 가능성이 커질 것이라는 그릇된 믿음을 가지기 쉽다. 이런 함정에 빠지면 안 된다. 악수하는 사진은 삭제하는 것이 늘 더 낫다.

그림 3.12 사진으로 범벅된 사진광 안티패턴 슬라이드

관련 패턴

총알 박힌 시체 프레젠테이션을 급하게 만들 때 무작위로 선택한 사진을 함께 사용하는 경우가 많다. 자료를 만드는 과정에서 두 가지 모두 끔찍한 결과를 낳는다.

강력한 공통 시각 테마를 사용하면 이 안티패턴을 피하는 데 도움이 된다. 설령 휴가 사진 같은 패턴을 사용해 사진이 많이 들어간 프레젠테이션을 만든다 해도 공통 시각 테마가 이미지를 무작위로 사용하지 않도록 도와줘, 이미지를 이용해 메시지를 강화하고 청중의 주의가 돌아가지 않게 한다.

33

패턴: 애니메이션 조합

정의

둘 이상의 애니메이션을 겹쳐놓고 동시에 실행한다. 이 패턴을 사용하면 새로운 형태의 애니메이션을 만들어 독특하고 특수한 효과를 줄 수 있다.

동기

청중의 상당수는 프레젠테이션 툴에서 제공하는 모든 종류의 애니메이션과 화면 전환 기법에 익숙하다. 뭔가 두드러지는 것을 만들려면 기존 효과를 겹쳐 사용해서 완전히 새로운 형태의 애니메이션을 만든다.

적용성 및 적용 결과

애니메이션 조합은 간단한 애니메이션만으로 원하는 효과를 낼 수 없을 때 언제든 적용할 수 있다. 프레젠테이션 툴에서 제공하는 애니메이션 기능이 단순할수록 더욱 더 이 기법을 사용하고 싶어질 것이다. 애니메이션 조합을 사용하면 프레젠테이션 툴에서는 할 수 없을 거라고 생각했던 효과를 만들 수 있다.

이렇게 새로운 애니메이션 조합을 만들어 쓰더라도 적당히 사용해야 한다. 발표자들은 대개 자신이 선호하는 애니메이션과 화면 전환 기법을 만들어서 과도하게 사용하고는 결국 그 효과가 오히려 프레젠테이션에 방해가 됨을 깨닫게 된다. 독특한 애니메이션이란 남들이 많이 사용하지 않고 새롭다는 것에 의미가 있다.

'과도하게 쓰지 말라'는 규칙에도 한 가지 예외는 있다. 동일한 애니메이션 조합을 반복적으로 사용해서 같은 논지를 말하고자 할 때이다. 예를 들어, Functional Thinking 강연에서 닐은 비기능적인 프로그래머가 기능적인 언어에서 뭔가 배울 수 있다는 것을 설명하고자 했다. 닐은 애니메이션 조합을 만들어 이런 교훈을 이해시키려고 할 때에만 사용하고, 다른 경우에는 사용하지 않았다. 덕분에 청중들은 그 독특한 애니메이션이 나타날 때 나오는 항목이 특별히 중요하다는 점을 빠르게 인지할 수 있었다.

방법

이 패턴을 구현할 때 핵심은 서로 잘 어울리는 두 개 이상의 애니메이션을 찾는 것이다. 예컨대, 화면 요소를 서서히 나타내는 **왼쪽으로 닦아내기** 애니메이션은 글자를 한 자씩 표시하는 타자기 형식 애니메이션과 함께 어울리게 사용할 수 없다. 두 가지 애니메이션이 너무 비슷해 겹쳐 사용하는 효과가 없기 때문이다.

일반적으로 이 패턴은 파워포인트보다 키노트에서 훨씬 잘 지원된다. 키노트에서 제공하는 애니메이션 효과가 더 다양하고 실행 화면이 더 자연스럽다.

키노트의 애니메이션 조합

키노트에서는 하나의 요소에 하나의 빌드인 애니메이션만 적용할 수 있게 되어 있다. 이 패턴은 몇 가지 애니메이션을 추가해 하나의 요소처럼 보이게 하는 속임수를 써서 이런 제약을 '해결'한다. 이 패턴을 키노트에서 사용하면 몇 가지 애니메이션이 잘 어울려 실행되므로 쉽고 효과적이다. 예를 들어, 닐은 아지랑이와 수렴도, 불꽃을 조합해서 진짜 돋보이는 애니메이션 조합을 만들어냈다.

1. 슬라이드에 글 상자 같은 요소를 하나 배치한다.

2. 이 요소에 빌드인 애니메이션을 골라 적용한다.

3. 이 요소를 복사해서 원래 요소 위에 정확히 붙인다.

4. 복사한 요소의 애니메이션 효과를 이전과 어울리는 다른 애니메이션으로 변경한다.

5. 위의 과정을 반복해 원하는 효과를 만든다.

그림 3.13은 키노트에서 슬라이드 요소에 애니메이션 효과를 겹치게 적용하는 화면을 나타낸 것이다.

파워포인트의 애니메이션 조합

파워포인트에서는 하나의 요소에 하나의 나타내기 애니메이션만 적용할 수 있게 되어 있다. 이 패턴은 몇 가지 애니메이션을 추가해 하나의 요소처럼 보이게 하는 속임수를 써서 이런 제약을 '해결'한다.

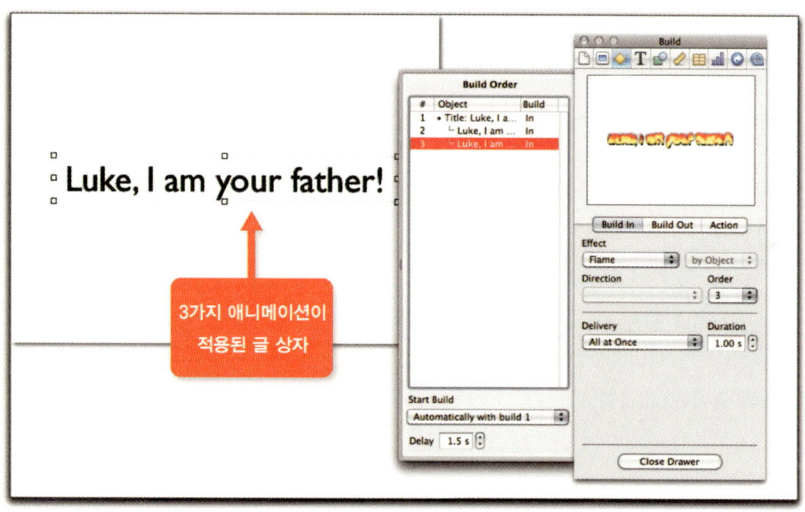

그림 3.13 키노트의 애니메이션 조합

그림 3.14 파워포인트의 애니메이션 조합

파워포인트에서는 이 패턴을 구현하기가 좀 더 까다롭다. 겹쳐서 사용할 때 서로 잘 어울리는 애니메이션이 그다지 많지 않으므로 조합할 애니메이션을 고를 때 더 신중해야 한다.

1. 슬라이드에 글 상자 같은 요소를 하나 배치한다.

2. 이 요소에 나타내기(appearance) 애니메이션을 골라 적용한다.

3. 이 요소를 복사해서 원래 요소 위에 정확히 붙인다.

4. 복사한 요소의 애니메이션 효과를 이전과 어울리는 다른 애니메이션으로 변경한다.

5. 위의 과정을 반복해 원하는 효과를 만든다.

그림 3.14는 파워포인트에서 슬라이드 요소에 애니메이션 효과를 겹치게 적용하는 화면을 나타낸 것이다.

관련 패턴

서서히 등장 패턴에서 애니메이션을 이용해 화면 요소를 서서히 드러내서 긴장감을 유발하는 방식을 다룬다. 애니메이션 조합을 사용하면 이전에 누구도 본 적 없는 시각 효과를 적용할 수 있으므로 놀라움에 더해 극도의 긴장감을 만들어낼 수 있다.

 방대한 분량의 패턴

No Fluff, Just Stuff 콘퍼런스의 유명 발표자인 마크 리처드(Mark Richards)는 열정적인 데다 자료도 굉장히 많은 것으로 알려져 있다. No Fluff, Just Stuff 콘퍼런스가 지역별로 열리기 때문에 발표자들이 여러 지역에서 만나는 청중은 경험도 지식 수준도 다양하다. 마크는 소프트웨어 안티패턴에 관한 한 강연을 준비하면서 자료를 정확히 조합하느라 고군분투했다. 설상가상으로 자료가 너무 방대해서 주어진 시간에 맞출 수가 없었다. 몇 군데 도시에서 최악의 상황이 벌어졌다. 청중의 경험 수준을 잘못 판단해서 초보자를 대상으로 가장 어려운 수준의 자료를 준비했고, 결국 사람들이 하나도 이해하지 못한 것이다.

마크와 닐은 술잔을 기울이며 이 문제에 관해 이야기를 나눴다. 마크는 모든 상황에 대비해 충분한 자료를 준비한 다음 청중이 결정하게 하는 방식으로 강연의 수준을 조절하자는 의견을 냈다. 그 둘이 함께 이 패턴을 키노트에서 구현하는 방법을 연구했고, 그렇게 해서 주문식 강연 패턴이 탄생했다.

34

패턴: 주문식 강연

별칭

제퍼디, 스스로 선택하는 모험

정의

강연을 시작할 때(가능하면 강연 도중에도) 청중에게 물어봐서 즉흥적으로 아젠다를 정하도록 한다. 기존의 일방적인 프레젠테이션과는 달리 강연에서 다음에 어떤 내용이 나올지를 청중이 선택할 수 있도록 여러 가지 선택지를 주므로, 청중에게 꼭 맞는 내용을 전달할 수 있다.

동기

프레젠테이션은 보통 융통성 없는 구조로 준비해서 전달하게 되므로 청중이 지루해 할 수 있다. 기술적인 내용을 전달할 때는 특히 더 그렇다. 게다가 청중의 대다수가 내용의 상당 부분을 이미 알고 있다면 그 프레젠테이션은 단순히 청중들을 지루하게 하는 것이 아니라 그들의 시간을 낭비하는 꼴이 된다. 청중들이 강연 내용을 더 의미 있게 받아들이게 하는 방법 중 하나는 강연의 다음 내용을 직접 고르게 하는 것이다. 그들이 가장 듣고 싶은 주제를 스스로 결정하게 하는 것이다. 그러면 청중의 관심과 적용 가능성이 높아지고, 강연에 대한 평가에도 좋은 영향을 줄 수 있다.

주어진 시간 안에 모든 내용을 설명할 수 없을 때 이 패턴을 사용하면 강연은 유기적으로 청중이 가장 원하는 형태로 정제된다. 처음에는 모든 내용을 다루려고 했더라도 필요하면 자연스럽게 특정 내용을 뺄 수 있다. 빼버린 내용을 굳이 언급할 필요도 없다(메타적 접근 안티패턴 참고). 청중들은 원래부터 발표자가 설명한 내용만큼만 다루려고 했다고 여길 테니 말이다.

적용성 및 적용 결과

이 패턴은 지식 수준이 다양한 여러 그룹을 대상으로 동일한 내용을 전달해야 할 때 특히 효과적이다. 비즈니스 프레젠테이션에서 특히 유용하다. 기업에서 시간은 매우 중요한 요소다. 이미 알고 있는 사실을 계속 웅얼거리는 것만큼 짜증나는 일도 없다. 주문식 강연 패턴으로 프레젠테이션을 만들면 시간 낭비 없이 참석자들이 관심 있어 하는 주제로 신속하게 내용을 좁힐 수 있다.

이 패턴은 제품 지연과 기타 쇼케이스 같은 라이브 데모를 할 때도 매우 효과적이다. 단, 데드 데모로 빠지지 않도록 조심해야 한다.

한 가지 불리한 점은, 상당량의 추가 정보를 준비해야 한다는 데 있다. 바꿔 말하면 이미 엄청나게 많은 자료를 가지고 있고 청중들이 그중 어느 부분을 들을지 결정하게 할 수 있을 때는 더 유리하다는 의미다. 방대한 자료를 이용해서 프레젠테이션의 종결부를 만든다.

설명에 앞서 각 섹션을 설명하는 데 어느 정도의 시간이 들지 미리 알려주면 참석자들이 자신의 시간을 효율적으로 관리할 수 있다. 즉, 참석자들이 예상 시간을 알면 관심은 더 많았지만 다소 긴 주제 대신 주어진 시간에 꼭 맞는 다른 두 가지 주제를 고를 수 있다.

방법

프레젠테이션 구조의 유연성은 발표자와 청중에게 달려 있다. 이 패턴을 구현하는 한 가지 방법은 프레젠테이션을 독립적인 내용 단위로 나눠서 활용하는 토클릿 패턴을 사용하는 것이다. 또 다른 방법은 '스스로 결정하는 모험(Build Your Own Adventure)' 스타일이다. 청중에게 토픽 목록을 제시하고 설명 순서를 정하게 한다. 이때 사용하는 토픽 단위는 토클릿에서 사용하는 단위보다 대체로 더 작아서, 일반적으로 5분에서 15분 정도의 길이로 만든다. 결국, 에릭 도넨버그(Erik Doernenburg)의 제안에 따라, 설명 가능한 토픽의 태그 클라우드를 제시해서 내용에 대한 완벽한 제어권을 청중에서 넘긴다.

키노트와 파워포인트 모두 특정 요소에 대한 하이퍼링크를 추가할 수 있으며, 이 하이퍼링크를 다른 파일로 연결되게 할 수 있다. 이 패턴을 구현하려면 '홈' 페이지를 만들고 아이콘이나 글 상자를 넣어 하이퍼링크로 각 내용의 시작 페이지에 연결되게 만든다. 각 섹션의 끝에는 '홈' 페이지로 돌아갈 수 있는 하이퍼링크를 넣는다.

키노트에서 주문식 강연 구현하기

'홈' 슬라이드 기능을 할 슬라이드를 만들고 카테고리를 나타내는 이미지나 텍스트를 넣는다. 그림 3.15와 같이 각 카테고리에 해당 요소로 연결되는 하이퍼링크를 추가한다.

그림 3.16과 같이 각 카테고리 요소를 차례대로 선택하고 키노트 도구의 하이퍼링크 탭을 사용한다.

파워포인트에서 주문식 강연 구현하기

'홈' 슬라이드 기능을 할 슬라이드를 만들고 카테고리를 나타내는 이미지나 텍스트를 넣는다. 각 카테고리에 해당 요소로 연결되는 하이퍼링크를 추가한다.

파워포인트에서 하이퍼링크는 다른 모든 마이크로소프트 오피스 제품군과 동일하게 동작한다. 이미지나 글 상자를 선택한다. 파워포인트에서 그룹으로 묶인 요소에는 하이퍼링크를 추가할 수 없으므로, 편의상 이미지와 글 상자를 그룹으로 묶었다면 그룹을 해제해야 하이퍼링크를 적용할 수 있다. 그림 3.17과 같이 해당 요소를 마우스 오른쪽 버튼으로 클릭하고 하이퍼링크를 선택해서 편집한다.

사례

벤컷 수브라마니암[13]은 No Fluff, Just Stuff에서 했던 Programming Language Puzzlers 강연에서 이 패턴을 사용했다. 그는 점점 커지는 숫자를 제시하고 청중들이 점점 더 복잡한 선택을 할 수 있게 했다. 청중들은 소리를 질러서 자신이 선택한 숫자를 다른 이들에게 '알렸다'. 수브라마니암이 해당 숫자 셀을 클릭하면 선택된 토픽에 대한 자세한 질문이 나타났다. 그가 사용했던 시작 화면은 그림 3.18과 같다.

청중이 토픽을 선택하면 그림 3.19과 같이 벤컷의 애플리케이션에서 해당 질문이 강조 표시됐다.

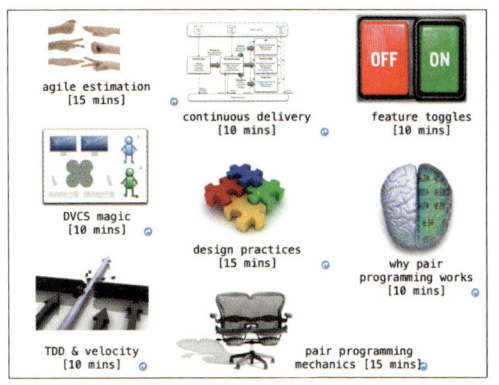

그림 3.15 닐이 주문식 강연 패턴으로 만든 Agile Engineering Practices 프레젠테이션의 '홈' 슬라이드

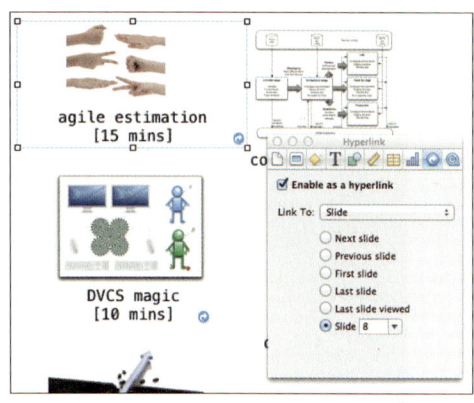

그림 3.16 키노트에서 하이퍼링크 설정

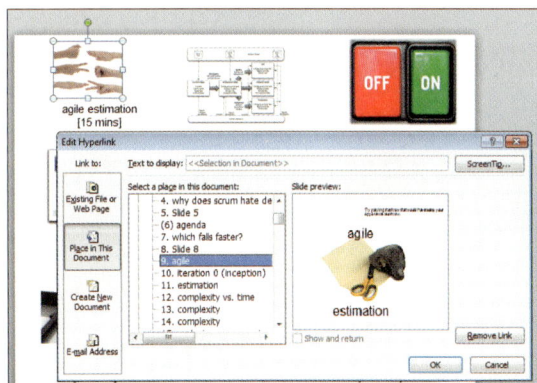

그림 3.17 파워포인트에서 하이퍼링크 설정

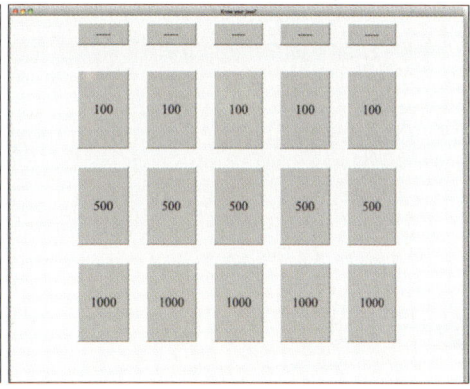

그림 3.18 수브라마니암의 Programming Language Puzzlers 게임 홈 화면

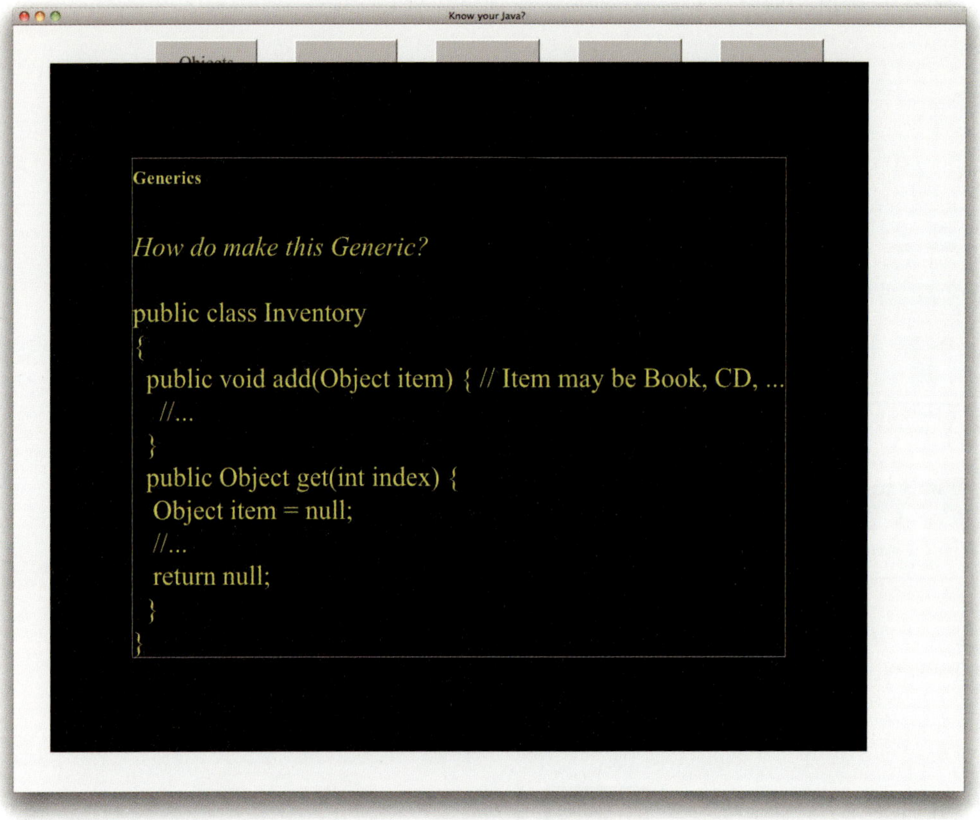

그림 3.19 수브라마니암의 Programming Language Puzzlers 게임에서 질문이 오픈된 상태

관련 패턴

토클릿 패턴을 이용해 주문식 강연으로 사용할 수 있는 독립된 내용 단위를 만들 수 있다.

35

패턴: 아날로그 잡음

별칭

핸드메이드, 빈티지, 클래식

정의

그다지 세련되거나 완벽해 보이지 않는 시각 요소를 프레젠테이션에 넣는다.

동기

미의 기준은 시간이 흐르면서 바뀐다. 18세기에는 햇볕에 그을린 탄탄한 몸을 매력적으로 보지 않았다. 야외에서 장시간 힘들게 일한다는 의미로 해석했기 때문이다. 지금은 자주 실내에서 벗어나 야외 활동을 즐긴다는 의미로 해석된다. 프레젠테이션의 미적 기준도 바뀐다. 컴퓨터를 이용한 프레젠테이션 툴이 처음 나왔을 때는 깔끔하고 예쁜 글꼴을 사용할 수 있고 자 없이도 완벽하게 직선을 그을 수 있다는 점이 마냥 놀라웠다. 하지만 시간이 흐르면서 그런 세련된 모습에 지루해졌다. 프레젠테이션에 약간의 아날로그 잡음을 추가하면 시각적으로 흥미롭고 돋보이는 자료를 만들 수 있다.

과학자 다니엘 오펜하이머(Daniel Oppenheimer)와 그의 동료인 코너 디멘드-유먼(Connor Diemand-Yauman), 에리카 본(Erikka Vaughan)[14]의 연구 결과에 따르면, 독자들은 읽기 어려운 글꼴로 작성된 정보를 더 잘 기억한다고 한다. 이 말은, 강연에서 가장 중요한 항목에는 약간의 잡음을 첨가해야 한다는 뜻이다.

적용성 및 적용 결과

강조하고 싶은 메시지나 요소가 있다면 언제든 아날로그 잡음을 사용한다.

아날로그 잡음을 제대로 사용하면 프레젠테이션에 시각적인 강조 효과를 줘서 설명 내용을 상대방이 효과적으로 이해할 수 있다. 하지만 과도하게 사용하면(그러기 쉽다) 짜증만 유발하게 된다. 아날로그 잡음은 꼭 필요한 곳에만 사용하거나 일관되게 사용해야 한다. 세련되게 잘 만든 프레젠테이션을 아날로그 잡음으로 꾸미려면 가장 중요한 점을 강조할 때만 사용한다. 만약 시각 테마의 일부로 사용한다면 일관되게 사용해야 한다(예컨대, 그림 3.25를 보면 프레젠테이션 전체에 걸쳐 아날로그 잡음을 적용한 글꼴을 사용하고 있다). 아날로그 잡음은 시각적으로 매우 두드러지기 때문에 일관되지 않게 사용하면 너무도 명백하게 눈에 띈다.

방법

아날로그 잡음을 적용한 글꼴은 키노트와 파워포인트 모두 쉽게 사용할 수 있다. 둘 다 이런 용도로 사용하기에 적합한 다양한 글꼴을 제공한다. 그림 3.20의 예제를 보면 정보가 빽빽한 그림과 요점을 전달하는 글꼴이 서로 극명한 대비를 이루고 있다.

잡음의 정도가 그렇게 높을 필요는 없다. 오히려 기존 내용과 대비되는 강조의 역할을 할 수 있다. 예컨대, 그림 3.21의 슬라이드를 살펴보자.

아날로그 잡음을 적용해서 선을 그리는 것은 키노트에 내장돼 있는 기능이다. 그림 3.22와 같이, 팔레트에서 원하는 모양을 고르고 키노트 속성(inspector)의 그래픽 속성(Graphic Inspector)에서 선(stroke) 속성을 변경할 수 있다.

깔끔한 그림이 많다면 매끄럽지 않은 그림을 넣어 좋은 대비 효과를 줄 수 있다. 매끄럽지 않은 선을 그려 넣어 어떤 항목에 대한 확신이 부족하다는 점을 나타낼 수도 있다. 예를 들어 닐의 Emergent Design 강연에서 따온 그림 3.23의 화면을 보면, 시간이 흐름에 따라 발생하는 교훈이 마냥 좋지만은 않지만 가치가 있음을 나타내고 있다.

아날로그 잡음을 사용하는 또 다른 방법은 시각 테마의 일부로 활용하는 것이다. Functional Thinking 프레젠테이션에서 닐은 수학 수업과 칠판을 활용해 사람들의 경험을 활용하려고 했다. 그래서 어두운 배경을 선택하고 제목 글꼴로 ChalkDuster라는 글꼴을, 본문 텍스트 글꼴로 또 다른, 매끄럽지 않은 글꼴을 사용했다. 이 슬라이드의 예제가 그림 3.24에 나타나 있다.

시각 요소에는 특별한 의미가 있을 수 있다. 닐의 Functional Thinking 강연은 참석자들에게 익숙하지 않은 프로그래밍 패러다임을 구축하는 방법에 관한 것이었다. 이 강연의 주요 목표는 참석자들이 개념적으로 새로운 영역을 기꺼이 탐험해 보도록 유도하는 데 있었다. 그림 3.25와 같은 시각적 배경을 사용한 슬라이드를 이용해서 닐이 참석자들에게 그들도 이렇게 할 수 있다고 격려할 때 칠판과 분필이라는 테마가 효과적으로 내용에 녹아 들어갔다.

파워포인트에는 매끄럽지 않은 선과 도형을 그릴 수 있는 방법이 없지만, 아날로그 잡음으로 볼 수 있는, 손으로 그린 듯한 선과 기타 모형을 제공하는 서드파티 업체가 점점 늘고 있다.

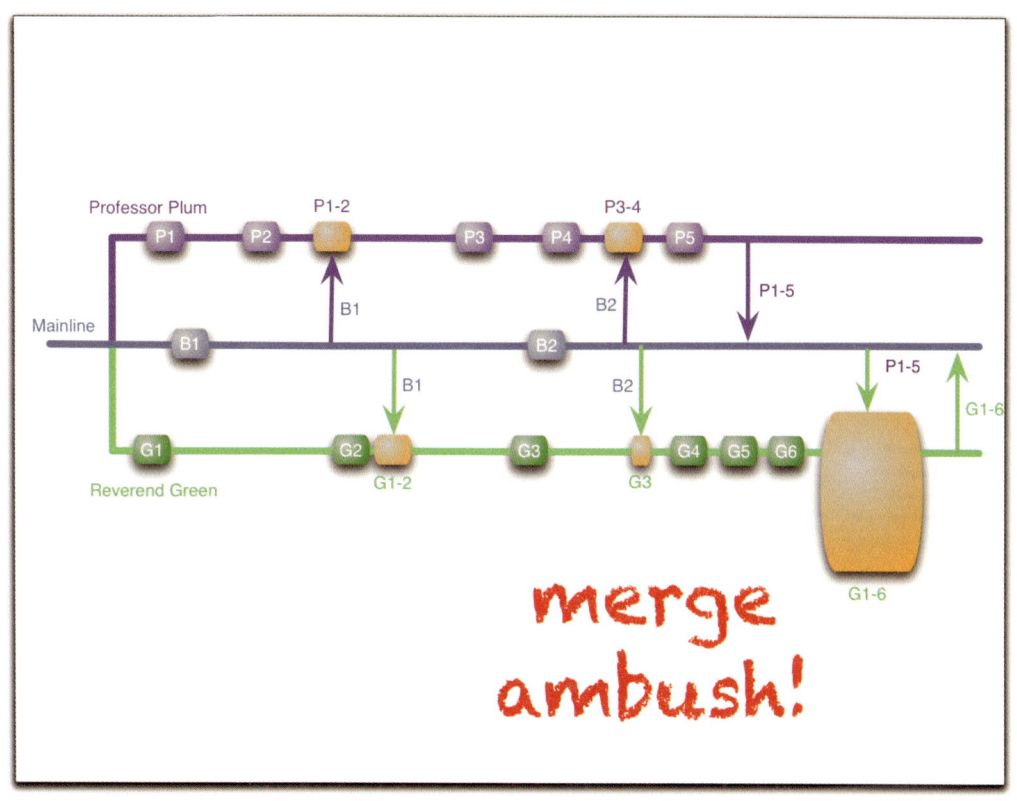

그림 3.20 정제된 선 그림과 극명한 대비를 이루는 손 글씨를 넣은 경우

그림 3.21 이미지 주변을 흐리게 표현해 중요한 부분을 강조한 경우

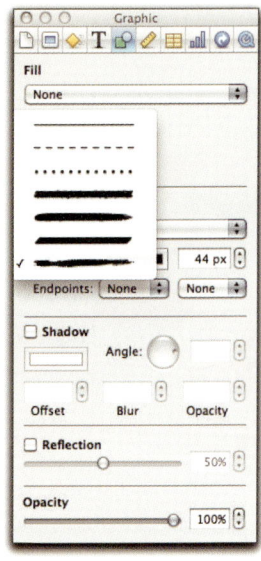

그림 3.22 키노트에서 선의 스트로크 속성

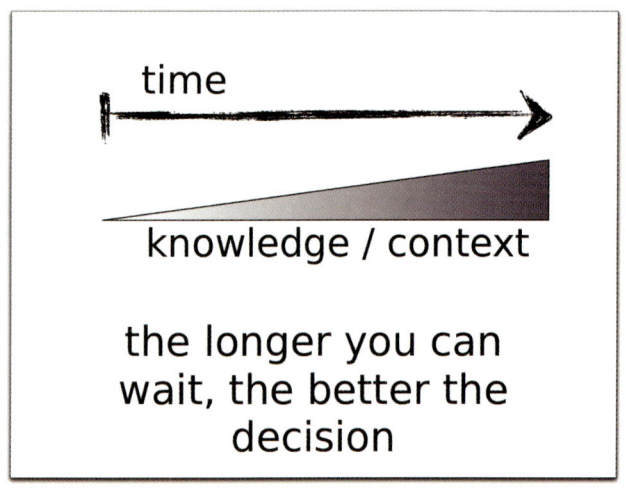

그림 3.23 시간이 흐르면 배우기가 어려워짐을 아날로그 잡음으로 표현한 경우

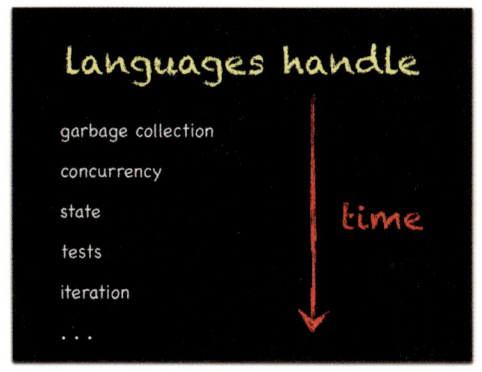 

그림 3.24 매끄럽지 않은 글꼴과 선을 의도적으로 사용한 경우

그림 3.25 사용자가 분필을 '집어 들도록' 유도하는 경우

🔖 사례

닐은 이 패턴을 엄청나게 좋아해서 아슬아슬한 수준까지 사용한다. 이 패턴은 주로 프레젠테이션 툴의 표준 템플릿에 포함된 형태로 많이 나타난다.

🔖 관련 패턴

아날로그 잡음 패턴 사용은 기본 설정 무시 패턴을 적용하는 좋은 방법이다. 특히, 특정 환경에서 딱딱한 기존 프레젠테이션을 부드럽게 바꾸고 싶을 때 효과적이다.

36

패턴: 휴가 사진

별칭

배경, 막판 프레젠테이션, 백마디 말보다 사진

정의

프레젠테이션 슬라이드에 화면 가득 고품질의 이미지를 넣고 글자는 아주 조금만 넣는다.

동기

이미지에는 강력한 힘이 있다. 제대로 사용하면 작은 공간으로 엄청난 양의 정보를 전달할 수 있다. 요즘은 이미지를 사용하지 않고는 슬라이드 자료를 만들기 어려운 지경으로 보인다. 어떤 프레젠테이션은 이미지밖에 없는 경우도 있을 정도다. 이미지는 글보다 더 쉽게 감정을 전달하며 잘 만들어진 그래프는 표로 만든 통계 자료보다 더 빨리 데이터를 전달한다. 청중은 이미지를 읽을 수 없기 때문에 그에 관해 설명하는 발표자와 설명 내용에 더 집중하게 된다.

적용성 및 적용 결과

이 방식은 스토리텔링을 기반으로 하는 프레젠테이션에 가장 적합하다. 예컨대, 기조 연설 같은 경우 그림을 이용하면 주의를 흩트리지 않고 미묘한 의미 차이를 전달할 수 있다. 이 패턴은 발표나 연설에 익숙하지 않고 프레젠테이션 툴 사용에 서툰 발표자에게도 효과적이다. 주제와 관련된 배경 이미지를 사용해서 집중력이 흐트러지지 않게 이야기를 이어갈 수 있다.

이미지는 감정을 전달할 뿐 아니라 잘만 선택하면 사람들의 주의를 끌 수도 있다. 단, 강연 내용에 어울려야 한다. 프레젠테이션에 사용된 그림이 내용과 어떻게 연관돼 있는지 알 수 없으면 참석자들은 그게 무엇인지 알아내는 데 귀중한 시간을 허비할 것이다. 이미지에 대한 생각에서 벗어나지 못하면 다른 역효과도 나타난다. 아무리 그림 하나가 백 마디 말을 대신할 수 있다 해도 강연의 절반을 그 그림 하나에 묶어 있을 수는 없는 노릇이다. 사람들은 본능적으로 그 이미지를 떠올리며 '이 이미지를 여기에 넣은 이유가 있을 텐데…내가 놓친 게 뭘까?' 같은 고민을 할 것이다.

방법

iStockphoto처럼 무한하게 많은 이미지를 합리적인 가격으로 제공하는 사이트가 있어서 슬라이드에 이미지를 넣기가 쉽다. 이런 사이트에서는 키워드로 검색하기도 쉽고 주기적으로 자료가 업데이트되므로 프레젠테이션 슬라이드 작성에 꼭 필요한 이미지를 찾을 수 있을 것이다. 하지만 사람들이 '웃는 여인' 사진이라고 부르는 반발이 약간 있을 수도 있다. 거의 모든 기업의 웹사이트에서, 엄밀히 말하자면 그 회사의 직원도 아닌 사람들이 웃고 있는 사진을 사용한다. 원래는 인간적인 기업 이미지를 나타내고 싶었겠지만 이런 사진은 그 회사를 오히려 가짜 같고 인위적으로 보이게 만든다.

인터넷을 검색하면 무엇이든 다 있을 것 같지만 어떤 때는 시간과 돈을 들여 원하는 사진을 구해야 하는 경우도 있다. 이런 사진은 신선하면서도 발표자가 원하는 것을 정확히 담게 된다. 다만, 이미지를 구할 때는 원하는 대로 사용해도 저작권에 위배되지 않는지 꼭 확인해야 한다. 동일한 그룹의 이미지나 같은 느낌을 주는 이미지는 하나의 강연 내에서 또는 일련의 시리즈를 관통하는 강력한 테마로 작용한다. 사실 어떤 이미지들은 너무나도 상징적이어서 사람들이 자연스레 특정 브랜드와 연관 짓고는 한다. 유명한 이미지는 여러 군데서 사용하므로 가치가 다소 떨어지기도 한다.

우선, 강연 내용에 잘 맞는 이미지를 파악한다. 어떤 방식이든 사용할 수 있다. 브레인스토밍이나 마인드맵을 사용할 수도 있고, 동료에게 물어보거나 스케치를 하는 등 아이디어를 떠올리는 데 도움이 되는 모든 방식을 활용한다. 강연 내용에서 X에 관해 들었을 때 사람들이 어떤 생각을 하는지 물어본다. 질보다 양이 우선이다. 강연 내용에 도움이 되는 모든 시각 자료를 떠올려 본다. 표보다는 그래프를 사용하는 것이 설명하는 데 도움이 될까?

괜찮은 아이디어가 몇 개 생기면 슬라이드 자료에서 어디에 넣어야 가장 효과가 있을지 구상하기 시작한다. 마인드맵이나 개요를 사용하면 크게 도움이 되겠지만, 이미지를 나중에 삽입할 거라면 키노트의 라이트 테이블(Light Table)처럼 슬라이드의 큰 그림을 볼 수 있는 도구를 활용한다. 여러 군데에 이미지를 배치해 보고 정확히 원하는 지점을 찾는다. 가장 큰 효과를 줄 수 있는 이미지를 골라낸다.

이 단계에서 이미지를 확보해야 한다. 유료 사진 제공 사이트부터 찾아보는 것도 좋지만, Flickr에 있는 CCL 라이선스의 이미지도 둘러보기 바란다. 수백만 장의 사진을 제한된 조건으로 사용할 수 있다(라이선스를 꼭 확인해야 한다. 일부 사진은 상업적인 용도로 사용할 수 없다). 쓸 만한 사진이 꽤 많을 테니 가장 적합한 사진을 고른다. 잘 모르겠으면 주변 사람들에게 물어본다.

관련 패턴

강력한 공통 시각 테마가 여전히 필요하다(안 그러면 사진광 안티패턴에 빠질 수도 있다). 사진을 사용했다고 해서 이야기를 잘 풀어나갈 의무가 없어지는 건 아니다.

이 패턴의 반대는, 적절하지 않은 사진을 사용하는 사진광 안티패턴이다.

에이브의 제멋대로 천문학

소프트웨어 아키텍트로 유명한 에이브가 한 유명한 개발자 콘퍼런스에서 기조연설을 부탁받았을 때의 일이다. 에이브는 프레젠테이션을 특이하게 하는 것으로 유명한데, 이를테면 우주의 나이 같은 사소한 천문학적 지식을 전하곤 했다. 그의 연설을 듣는 청중이 소프트웨어 괴짜들이었으니 당연히 그 이야기는 큰 반향을 일으켰고, 이 때문에 에이브는 더 유명해졌다. 에이브는 프레젠테이션 스타일도 독특했다. 무대 위를 휘젓고 다니며 종이를 뿌리고 소동을 일으켜 청중에게 큰 즐거움을 주곤 했다. 사람들이 그에게 왜 무대에 있는 좋은 프로젝션 시스템을 사용하지 않는지 종종 묻곤 했기에, 어느 해인가 그는 두 가지 성격을 합친 '해결책'을 들고 나타났다.

에이브는 프레젠테이션에 적합한 슬라이드를 추가하는 대신 컴퓨터 화면에 무작위로 움직이는 우주 사진을 띄워놓고 이야기를 진행했다. 에이브가 의도한 것은 그냥 배경 이미지 정도였지만 사용된 이미지가 이야기의 주제와는 전혀 상관없는 것이라 청중의 주의 집중에 방해만 됐다. 화면에서 돌아가는 아름다운 우주 사진 때문에 오랜 시간 동안 에이브의 이야기에 집중하기 어려웠던 것이다.

사진을 사용하려면 그 사진이 집중에 방해가 되지 않고 이야기에 도움이 되는지 확인해야 한다. 즉, 시각 효과가 청각적 정보 전달을 방해하지 않도록 주의한다.

37
패턴: 기본 설정 무시

정의

툴에서 제공하는 것이든 행사 기획자가 요구하는 것이든, 프레젠테이션의 어떤 부분에도 기본 설정을 적용하지 않는다.

동기

발표자의 목표 중 하나는 자신의 발표 내용을 차별화해 돋보이게 하는 것이다. 기본 색상과 글꼴을 사용해서는 이런 목표 달성에 전혀 도움이 되지 않는다. 다른 이들의 프레젠테이션과 비슷하게 보이게끔 하는 모든 요소를 피하도록 노력한다.

적용성 및 적용 결과

시간이 흐르면 글꼴과 색상, 배경 등을 조합해서 자신만의 스타일을 구축할 수 있다.

방법

최신 프레젠테이션 소프트웨어에서 제공하는 테마와 템플릿은 굉장하다. 상호 보완적인 시각 자료와 글꼴, 애니메이션, 화면 전환 등을 제공해서 매우 어려운 작업도 쉽게 할 수 있게 도와준다. 시각 자료를 다루는 감각이 뛰어나고 자신이 하고 있는 작업을 잘 이해하고 있는 경우에만 완전히 빈 슬라이드를 사용해서 자료를 작성한다. 하지만 툴을 실행하면 나타나는 첫 번째 테마를 선택해서는 안 된다. 다른 이들과 마찬가지로 똑같이 오래된 템플릿을 사용한다면 내가 만든 자료가 차별화될 리 없다.

대부분의 기업에서 '표준 템플릿'이라는 것을 사용하는데, 이 표준 템플릿은 안티패턴의 총집합체다. 표준 템플릿을 아예 사용하지 않기가 어렵다면 적어도 일부 워터마크의 위치를 바꾸거나 글꼴 중 하나를 바꿔서 동일한 글꼴 그룹을 유지하되 작은 변화라도 줄 수 있어야 한다.

대다수 콘퍼런스에서도 표준 콘퍼런스 템플릿을 만들어 발표자들이 사용하게끔 한다. 이런 템플릿도 마케팅 관련 내용이나 다른 콘퍼런스 정보를 가득 담아, 슬라이드마다 엄청난 워터마크를 집어넣곤 한다. 대규모 기술 콘퍼런스의 경우 표준 템플릿을 사용하지 않으면 엄격한 패널티를 부과하기도 한다. 자신만의 스타일이 없는 발표자야 이런 정책이 큰 문제가 되지 않는다. 아무것도 없는 상태보다는 제공된 스타일을 사용하는 게 나을 테니 말이다. 하지만 우리 저자들은 이런 요구사항에 항상 이의를 제기한다. 그 콘퍼런스에서 어떤 이를 발표자로 초청했다면 초청 이유 중 일부는 어떤 주제에 대한 그 사람의 독특한 견해 때문일 테고, 여기에는 프레젠테이션 요소도 포함돼야 한다. 여러분이 강력하게 주장하면 대부분의 콘퍼런스에서는 표준 템플릿 사용을 더 이상 강요하지 않을 것이다.

부득이하게 기본 템플릿을 사용해야 한다면 북엔드나 간주곡에만 적용해서 적어도 실제 내용에는 보기 흉한 기본 템플릿을 사용하지 않아도 되는지 알아본다.

가끔은 허락을 구하기보다 용서를 바라는 게 낫다. 프레젠테이션 자료의 시각적인 차별성은 매우 중요하므로 자신이 어느 정도의 일탈까지 감당할 수 있을지 조심스레 가늠해 본다.

관련 패턴

기업이나 콘퍼런스의 기본 슬라이드 템플릿은 항상 지나치게 많은 워터마크를 포함하고 있다.

JavaOne에 반기를 들다

수년간 많은 대기업에서 가장 인기 있는 프로그래밍 언어는 자바였고, 가장 큰 자바 콘퍼런스는 매년 여름 샌프란시스코에서 열리는 JavaOne이었다. 자바 분야에 있는 모든 이들이 이 행사에 와서 콘퍼런스에 참석하고 서로 교류하곤 했다.

JavaOne은 모든 프레젠테이션 스타일을 통일하려고 강요한 것으로 악명 높았다. 매년 행사 기획자가 흉측한 템플릿을 발행하고 발표자가 자료를 제출하면 템플릿에 맞게 작성했는지 따로 검사도 했다. 강연 자료를 제출하고 나면 콘퍼런스 현장에서만 자료를 수정할 수 있었다. 문제가 될 만한 내용은 없는지, JavaOne 직원과 변호사의 감시를 받으면서 말이다.

이런 정책의 부작용은 하나같이 끔찍한 프레젠테이션이었다. 모든 발표자가 똑같은 색상 체계와 점 목록, 다섯 가지의 슬라이드 타입을 사용했다. 마치 모든 강연의 시각적인 부분은 가능한 한 못나 보이게 만들고 싶어 안달 난 것 같았다.

어느 해에 닐이 구멍을 발견했다. JavaOne이 기술 콘퍼런스이다 보니 대다수의 강연이 주로 데모 작업으로 이뤄졌고, 대부분은 너무 복잡해서 일반 컴퓨터 환경에서 완벽하게 재현하기가 사실상 불가능했다. 이 때문에 발표자의 노트북에서 바로 프레젠테이션과 기술 데모를 할 수 있게 허락했던 것이다.

다음 해 JavaOne 행사에서 닐은 5장으로 된 매우 간단한 슬라이드 자료를 제출했다. 제출한 자료는 표준 콘퍼런스 '데모' 슬라이드를 사용한 것이었다. 현장에서 프레젠테이션을 할 때 닐은 행사장 직원에게 자신의 컴퓨터를 사용해 대부분 기술 데모를 하고 슬라이드 몇 장을 보여주겠노라고 얘기했다. 닐은 평소대로 1시간 가량 프레젠테이션을 진행했는데 그가 사용한 슬라이드는 100장이 넘었다. 그때부터 닐은 JavaOne의 템플릿을 두 번 다시 사용하지 않았다.

닐이 이 사건으로 별다른 처벌을 받지 않았음은 물론이거니와 오히려 보상도 받았다. 해마다 JavaOne은 참석자들의 평가에 따라 좋은 점수를 얻은 20명의 발표자를 선정해 'JavaOne 록스타'라는 이름으로 발표한다. 기본 템플릿 사용 수칙을 어기기 시작한 이래 닐은 JavaOne 록스타에 여섯 번이나 선정됐다. 하지만 어떻게 보면 닐이 꼼수를 쓴 것이다. JavaOne의 다른 모든 발표자는 그 흉측한 템플릿을 사용했으니, 상대적으로 닐의 프레젠테이션이 돋보일 수밖에 없지 않았을까.

38 안티패턴: 빌린 신발

📶 별칭

다른 사람의 프레젠테이션, 볼링화

📶 정의

다른 사람이 작성한 자료로 프레젠테이션을 하고 있다.

📶 적용성 및 적용 결과

이 안티패턴을 선택했든 그렇게 할 수밖에 없는 상황이든 다른 사람이 작성한 자료로 프레젠테이션을 하기란 정말 어렵다. 스스로 깨닫지 못할 수도 있지만 개인의 프레젠테이션 스타일은 그 사람이 만든 자료에 각인된다. 준비를 잘했다고 해도 다른 사람이 작성한 슬라이드로 프레젠테이션을 하는 건 뭔가 잘못된 느낌이 든다. 마치 적절한 리듬을 찾을 수 없거나, 글자와 슬라이드가 정확한 순서로 배열되지 않은 느낌이다. 이 안티패턴은 다른 사람의 신발을 신은 것처럼 불편한 느낌에 관한 것이다.

이 안티패턴의 결과는 형편 없는 프레젠테이션이다. 누군가가 슬라이드 자료를 두고 쩔쩔 매는 모습을 보는 건 대부분의 사람들이 차라리 건너뛰고 싶은, 비즈니스 세계의 통과의례 중 하나다.

📡 방법

제일 좋은 방법은 이를 악물고 프레젠테이션을 자신의 스타일로 다시 작업하는 것이다. 그렇다, 안 그래도 빠듯한 일정에 이건 시간이 너무 오래 걸리는 작업이다. 그다음으로 좋은 방법은 카네기 홀과 시련의 장 패턴에 따라, 연습 시간을 좀 더 많이 들여서 발표할 자료에 대한 느낌을 최대한 살려 보는 것이다.

프레젠테이션의 기술적인 부분은 오히려 쉽다. 만약 심각하게 부족한 슬라이드 자료를 받았다면 어떻게 될까? 예컨대, 나쁜 감사관을 대신해서 회사 이사회를 대상으로 설득력 있는 이야기를 해야 하는데, 건네 받은 슬라이드 자료라고는 건조한 사실의 나열뿐인 상황이다. 애초 자료를 작성했던 감사관은 멋진 이야기를 구상했겠지만 슬라이드 자료나 발표자 노트에는 그런 내용이 전혀 없다. 이 경우, 시간을 들여 프레젠테이션 자료를 적절한 형태로 바꿔야 한다. 적어도 단순 사실을 나열하는 게 아니라 기승전결을 추가해 이야기를 해야 한다.

만약 자신이 건네받은 자료가 평소 프레젠테이션 스타일과 현격히 다르다면 프레젠테이션을 할 때 슬라이드를 최소한으로 사용하거나 낮은 화이트보드 같은 것을 사용한다.

자신이 급하게 투입되었다는 것을 모두에게 알리면 좀 덜 다듬어진 구석이 있더라도 그럭저럭 봐줄 것이다. 발표자 스스로가 이해할 수 없는 슬라이드는 청중들 역시 이해하지 못할 것이다. 이런 슬라이드를 붙잡고 고군분투하다 보면 프레젠테이션의 원래 목적에 결코 도달할 수 없다.

만약 형편 없는 슬라이드 자료를 건네받았는데 어떻게 해볼 시간도 없다면 그냥 프레젠테이션을 포기하는 게 낫다. 형편없는 프레젠테이션을 하는 것보다는 아무것도 하지 않는 것이 낫기 때문이다. 가장 좋은 시나리오는 프레젠테이션 시기를 늦춰서 원래 하기로 했던 사람이 하게 하는 것이다.

📡 관련 패턴

대개 다른 사람이 작성한 슬라이드 자료를 빌려오면 시련의 장의 정제 과정을 적용하기 어렵다.

게다가 빌려온 프레젠테이션 자료는 발표자와 발표 내용을 가장 강력하게 만들어 줄 수 있는 핵심 기승전결도 부족하기 마련이다.

4장

시간 패턴

　시간을 활용해서 프레젠테이션에 4차원적 경험을 부여하는 것은 이 책 전체에 걸쳐 계속 반복되는 테마다. 이 장에서는 시간을 이용해서 프레젠테이션에 생명을 불어넣는 방법을 설명한다. 부수적인 효과로 슬라이드 쇼나 출력 자료 어느 쪽으로 사용해도 매력적인 프레젠테이션을 만드는 방법도 소개한다.

　이 장에서는 회사 생활에서 맞닥뜨리게 되는 불행한 현실 중 하나로 프레젠테이션 자료를 문서로도 사용하고자 하는 슬라이드문서 안티패턴을 설명한다. 이 장에서 설명하는 패턴 대다수가 프레젠테이션 중에 시간을 조작하므로, 점진적 일관성과 불탄 자국 같은 해결책과 함께 슬라이드문서로 인해 나타나는 공통 문제를 해결하는 데 도움이 될 것이다.

메리의 딜레마

큰 기회에는 큰 문제도 함께 따라오는 법. 마케터인 메리 역시 두 가지 모두 떠안게 됐다. 모두가 업계에 혁신을 불러오리라 예상하고 있는 새 제품의 출시 발표회에서 프레젠테이션을 맡게 된 것이다. 프레젠테이션은 큰 규모의 무역 박람회에서 진행될 것이고 관련자 대부분이 참석할 예정이다. 참석하지 못하는 사람들에게는 메리의 프레젠테이션 자료를 문서로 전달할 텐데, 이 문서가 현장에서 프레젠테이션을 듣는 것처럼 설득력이 있어야 한다.

프레젠테이션 자료 하나로 근본적으로 다른 두 가지 목적(현장에서의 발표 자료와 브로셔)을 어떻게 충족할 수 있을까? 슬라이드문서를 만들어 내라고 요청받은 것이나 다름없다.

39 안티패턴: 슬라이드문서

📡 별칭

상사가 훑어보는 문서

📡 정의

가르 레이놀즈가 집필한 '프리젠테이션 젠'에서 프리젠테이션 자료를 일반적인 문서로도 사용하는 경우로 이 안티패턴을 정의했다. 우리 필자들도 레이놀즈의 견해에 격하게 동의한다. 발표용으로 쓸 프리젠테이션 자료를 만들거나, 프리젠테이션 툴로 일반 문서를 만들거나 둘 중 하나여야 한다. 두 가지 용도로 한꺼번에 쓸 수 있는 자료를 만들 수는 없다!

📡 동기

슬라이드문서는 서로 호환되지 않는 정보 전달 수단인 프리젠테이션과 정보성 문서를 서로 호환되는 것으로 잘못 이해하고 합치려 하는 경우다.

📡 적용성 및 적용 결과

슬라이드문서를 만들 수는 있지만 결과가 좋기는 어렵다. 전달하고자 하는 메시지가 툴 때문에 약해지거나 변질된다. 슬라이드문서는 프리젠테이션 자료나 문서 중 하나만 만들어 사용하는 경우보다 훨씬 나쁘다.

방법

프레젠테이션 자료를 만들고 산문체의 긴 설명에 해당하는 부분은 발표자 노트에 정리해서 추가하면 조금은 나은 슬라이드문서를 만들 수 있다. 슬라이드를 출력할 때는 발표자 노트도 함께 출력한다. 문서를 배포할 때는 슬라이드 형식을 그대로 사용하지 말고 PDF 형식으로 만든다. 그래야 받아 보는 사람이 발표자가 사용한 프레젠테이션 툴 없이도 자료를 볼 수 있다(누구나 PDF 리더는 있을 테니까). 각 페이지가 하나의 형식으로만 되어 있으므로 사람들이 슬라이드와 발표자 노트를 함께 보게 된다. 중요한 정보를 발표자 노트에 담은 채로 슬라이드 자료를 원래 형식 그대로 배포하는 것은 위험하다. 많은 뷰어에서 노트 보기는 지원하지 않기 때문이다.

지금까지 설명한 접근 방식에는 두 가지 큰 단점이 있다. 첫째, 사실 프레젠테이션 툴에서 발표자 노트에 긴 설명을 써 넣기는 어렵다. 이런 툴은 워드프로세서로 설계된 것이 아니므로 내용을 보기 좋게 작성하는 기능이 부족하다. 둘째, 사람들은 슬라이드를 노트에서 설명하려는 항목의 개요로 사용하려는 경향이 강해서 결과가 총알 박힌 시체 안티패턴으로 나타나기 쉽다. 이상적으로는 출력했을 때 어떻게 보일지에 대한 염려 없이 프레젠테이션 자료를 만들거나 다른 툴을 사용해서 진짜 문서를 작성해야 한다. 반복해서 말하자면 프레젠테이션 툴은 워드프로세서로 사용하기엔 형편없다.

사례

슬라이드문서는 대부분의 큰 기업에서 흔히 볼 수 있는 안티패턴이다. 고유한 형식이 없는 전달 자료는 모두 슬라이드가 된다. 닐이 큰 회사에서 설계 평가 업무를 하는 그룹의 일원으로 일할 때 모든 자료는 파워포인트 슬라이드로 만들어야 했다. 'CEO께서 슬라이드 자료를 매우 빠르게 훑어보는 데 능하시다'는 이유 때문이었다. 닐과 그의 동료들에게 이건 그리 큰 장점이 아니었기에 그들은 회사의 방침을 거부했다. 대신 문서를 별도로 작성해서 전달했다. 전달하고자 하는 미묘하게 다른 메시지를 슬라이드에 억지로 담을 수는 없었기 때문이다(쿠키 틀 안티패턴 참고).

관련 패턴

슬라이드문서는 정보성 문서 패턴과 비슷하면서도 매우 나쁜 형태다. 사람들은 종종 실제 필요한 것은 정보성 문서이면서 슬라이드문서가 필요한 것으로 착각한다.

정보성 문서는 슬라이드문서 안티패턴의 의도에서 좋은 측면(긴 설명글이 아닌 신속한 정보 전달)만 가져오고 프레젠테이션으로도 활용하려는 나쁜 측면은 모두 제거한 형태다.

총알 박힌 시체 안티패턴이 슬라이드문서와 함께 나타나는 경우가 많다. 둘 다 프레젠테이션 툴 때문에 빠지기 쉬운 안티패턴이다.

지금까지 슬라이드문서 안티패턴에 대해 불평했으니, 이 장의 나머지 내용은 불탄 자국, 점진적 일관성, 부드러운 전환 등의 몇 가지 패턴을 이용해 프레젠테이션을 더욱 멋지게 만드는 법을 설명할 것이다. 세상에는 이것저것 신경 쓸 일도 많은데 굳이 슬라이드문서와 씨름할 필요가 있겠는가.

 멀린 만의 토큰 거래 이야기

> 멀린 만(Merlin Mann)은 종종 생산성과 GTD(Getting Things Done) 기술에 관해 강연한다. 몇 해 전에 그는 Time and Attention[1]이라는 흥미로운 프레젠테이션을 진행했다. 한 회사에서 직원들에게 나무로 만든 토큰을 나눠주고 회의 참석자를 구매하는 데 사용하라고 했단다. 그렇다, 구매라고 했다. 직원들은 다른 직원이 자신의 회의에 참석하게 하려고 이 부족한 토큰을 점점 더 많이 사용해야 했다. 이 때문에 이런저런 회의 참석에 드는, 숨겨진 비용을 측정할 수 있게 됐고, 정보를 공유하고 검토하는 비동기적인 형태로 다른 대안이 계속 생겨났다. 더 많은 직원들이 동료와 함께 업무 시간에 해낼 수 있는 일의 양을 최대화하기 위해 비동기 커뮤니케이션 형태를 고려하고 활용했다. 예를 들면 정보성 문서 같은 것 말이다!

그림 4.1 멀린 만이 구글에서 발표했던 Time and Attention 강연

40 패턴: 정보성 문서

제작 지원

ThoughtWorks[2] 수석 과학자, 마틴 파울러

별칭

죽음의 파워포인트, '문서'

정의

정보성 문서는 프레젠테이션 툴로 작성한 문서이지만 발표하는 데 사용하지 않고 배포 용도로만 사용한다.

이 정의에는 중요하고도 미묘한 차이가 있다. 비슷하긴 하지만 키오스크 모드로 계속 실행되는 슬라이드 쇼를 말하는 게 아니다. 정보성 문서는 슬라이드 쇼로 보여주기 위해 작성하는 문서가 아니다. 별개의 서사 요소로서 각 독자가 일반 컴퓨터나 태블릿 PC에서 또는 출력물의 형태로 볼 수 있게 만든 문서다.

정보성 문서는 발표자의 도움 없이 정보를 전달한다. 따라서 스프레드시트처럼 독립된 문서로 볼 수 있다.

📡 동기

정보성 문서를 작성하는 데는 확실히 합당한 이유가 있다. 다만 프레젠테이션 자료를 잘못 작성해서가 아니라 처음부터 의도적으로 작성해야 한다는 점을 명심한다.

우연히 이 패턴을 발견한 마틴 파울러는 정보성 문서를 작성하는 데는 다음과 같은 세 가지 장점이 있다고 밝혔다.

- 설명을 돕는 공간적인 배치를 활용할 수 있다. 프레젠테이션 툴은 워드프로세서에 비해 그리기 기능이 더 잘 지원되고, 슬라이드는 빈 워드프로세서 화면보다 훨씬 쉽게 '캔버스'를 떠올릴 수 있게 해 준다.

- 사람들이 읽기 싫어하는 긴 산문으로 작성하지 않게 된다. 점 목록만으로 필요한 정보를 모두 전달할 수 있다면 굳이 장황하게 설명을 쓸 필요가 없다.

- 커뮤니케이션의 주요 요소로 다이어그램을 포함하기 쉽고, 글보다는 다이어그램을 이용해 이야기를 끌어나갈 수 있다.

📡 적용성 및 적용 결과

슬라이드문서가 되지 않게만 조심한다면, 프레젠테이션 툴이야말로 간결한 커뮤니케이션에 효과적인 수단이다. 다만, 대부분의 워드프로세서의 데스크톱 퍼블리싱 기능을 활용하면 이런 작업을 더 잘할 수 있다. 원래 목적에 부합되지 않게 사용하지만 않으면 말이다.

여러 가지 면에서 이 패턴 자체는 리트머스 시험과 같다. 처음에는 프레젠테이션 자료를 작성하려고 했는데 만들다 보니 정보성 문서가 됐다면 뭔가 잘못된 것이다. 프레젠테이션이 다른 커뮤니케이션 수단보다 좀 더 유리한 점은 발표자가 정보를 노출하는 속도를 제어할 수 있다는 데 있다. 그 제어권을 쉽게 포기하지 말라.

정보성 문서로 프레젠테이션을 해서는 안 된다. 정보성 문서를 작성할 때는 화면 전환이나 애니메이션을 전혀 고려하지 않으므로, 프레젠테이션 툴을 사용하는 의미도 없이 텍스트만 빽빽한 슬라이드로 발표하게 될 것이다.

📡 방법

정보성 문서를 작성할 때도 이 책에서 설명한 모든 규칙은 그대로 적용된다. '2. 창의적 사고 패턴' 장에서 설명한 내용이 특히 그렇다.

이런 류의 슬라이드에는 화면 전환과 애니메이션 효과를 적용하지 않는다. 대신, 정보를 더 간결하고 효율적으로 배치하는 데 집중한다.

정보성 문서 스타일을 사용해서 설득력 있는 프레젠테이션 자료를 작성할 수 있다. 특히, 주제와 관련된 쓸 만한 시각 자료를 프레젠테이션 중에 보여주면 화면 전환이나 애니메이션 효과 없이 내용을 전달하는 데 도움이 된다. 단, 슬라이드 어디에도 화면 전환이나 애니메이션 효과를 사용하지 않았다면 프레젠테이션의 시간 요소를 의도적으로 무시한 것이다.

아무런 시간 조작 없이 글자만 가득한 슬라이드를 사용한다면 그 정보성 문서는 안티패턴이 될 소지가 있다.

📡 사례

정보성 문서를 명백하게 금지하지 않는 모든 기업에서 이 패턴을 사용한다.

📡 관련 패턴

대개 정보성 문서를 작성하려다 실패하면 슬라이드문서가 된다. 프레젠테이션 자료가 필요한지 정보성 문서가 필요하지를 초기에 결정한다. 두 가지를 한꺼번에 만들려고 하면 안 된다. 흔히 쿠키 틀 안티패턴을 정보성 문서에 적용하는 경우가 많다. 슬라이드가 생각의 단위가 되지 않도록 주의한다.

정보성 문서를 작성하는 중이라고 해서 기승전결 같은 창의적 사고 패턴을 무시하면 안 된다. 화면 전환을 적용할 필요가 없는 것이 이 패턴의 한 가지 좋은 점이긴 하지만 다른 모든 것을 내팽개쳐서는 안 된다.

댄의 딜레마

개발자인 댄(Dan)은 프레젠테이션을 더 잘하고 싶은 마음에 발표 스타일과 자세, 발음, 기타 다양한 기술을 배울 수 있는 세미나 몇 군데에 참석했다. 하지만 거기서 서로 상충되는 충고를 듣고는 고민에 빠졌다. 어떤 세미나에서는 슬라이드가 청중의 관심을 발표자에게서 빼앗아가기 때문에 슬라이드나 다른 프레젠테이션 툴을 사용하지 말라고 했다. 또 다른 세미나에서는 슬라이드를 사용하되 슬라이드 한 장에 하나 이상의 생각을 담지 말라고 했다. 고민 끝에 댄은 다카하시 패턴을 사용해 보기로 했다. 그런데 그의 상사가 그 프레젠테이션을 출력해서 보고는 페이지가 너무 많다고 소릴 질렀다.

이렇게 서로 상충되는 충고를 어떻게 받아들일 수 있을까? 코드 같은 기술 정보를 보여주려면 슬라이드가 필요하지만 슬라이드 분량이 너무 많아지는 것은 피하고 싶다. 분량은 작아도 정보의 밀도를 높일 수 있는 방법이 필요하다. 댄에게는 공간보다 시간을 통해 프레젠테이션 요소를 강조할 수 있는, 화면 위로 제목 이동과 점진적 일관성, 두 가지 패턴이 필요하다.

41

패턴: 점진적 일관성

정의

프레젠테이션을 할 때는 일반 문서에서는 사용할 수 없는 '시간'이라는 차원이 추가로 생긴다. 프레젠테이션에서 시간을 현명하게 사용해서 신중하게 내용을 쌓아 나간다. 이때 최종 형태는 슬라이드문서가 될 수 있다.

동기

슬라이드문서를 만들 때 '최종' 버전의 슬라이드를 당장 보여줘야 한다는 강박에 시달리지 않도록 한다. 점진적 일관성을 이용하면 슬라이드는 결국 출력된 문서처럼 보일 테지만, 최종 버전에 도달하기까지는 시간(그리고 중간 버전의 슬라이드)이 필요하다.

적용성 및 적용 결과

점진적 일관성은 대부분의 슬라이드문서 프레젠테이션에 사용돼야 한다. 프레젠테이션 자료를 출력해야 하기 때문에 이 슬라이드 자료는 프레젠테이션에 사용하기에는 너무 평이하다. 점진적 일관성은 때로 정보를 이해하는 데 시간이 매우 중요하며 시간이 프레젠테이션에 가치를 더해 준다는 사실을 역설한다.

점진적 일관성을 적용하면 슬라이드문서의 단점을 장점으로 바꿀 수 있다. 사전에 슬라이드 자료를 출력해서 배포해야 한다면, 이제는 시간의 흐름에 따라 청중들이 지금 보고 있는 결론에 어떻게 도달했는지 보여주면서 각 슬라이드에 대한 청중 개개인의 서사적 감각을 활용할 수 있다.

📶 방법

이 패턴을 적용하는 방법은 특정한 툴 기능을 사용하기보다 각 슬라이드의 서사를 구성하는 방법과 밀접하게 관련돼 있다. 툴을 보여주는 대신, 닐이 했던 기술 강연 중 하나에서 복잡한 슬라이드를 해체해 분석해 보겠다.

Emergent Design 프레젠테이션에서 닐은 관용 패턴(idiomatic pattern)이라는 개념을 정의했다. 이 패턴은 소프트웨어 개발 커뮤니티에서 잘 알려진 개념인 디자인 패턴을 바라보는 또 다른 방식이다. 닐은 패턴에 관한 이야기로 시작했지만 그림 4.2와 같이 대문자 P로 시작하는 큰 개념으로서의 패턴(Patterns)에 관해서였다.

첫 번째 애니메이션에서 디자인 패턴의 개념을 약간 축소시키고 싶었다. 그래서 첫 번째 애니메이션으로 그림 4.3과 같이 대문자 P를 소문자 p로 바꿨다.

여기서 닐은 대문자로 시작하는 'Patterns'를 모두 소문자 'patterns'로 된 글 상자로 바꿨다. 부분적으로 'patterns' 글 상자가 이 슬라이드에서 이후에 복잡하게 바뀌기 때문이다. 다른 방법은 첫 글자를 담은 글 상자와 나머지 글자(atterns)를 담은 글 상자 이렇게 두 개를 만들어서 첫 글자만 바꾸는 것이다. 이 방법을 사용하면 첫 글자에만 애니메이션을 적용해서, 두 가지 서로 다른 종류의 패턴 사이에 미묘한 차이를 만드는 역할을 할 수 있다.

다음 애니메이션은 'idiomatic'이라는 단어에 적용해 그림 4.4와 같이 닐의 패턴 개념을 기존 개념에서 분리했다.

그런 다음 이 두 단어를 슬라이드의 제목으로 변환해서, 핵심 사항을 전달한 뒤 슬라이드 본문을 이용해 추가 예제나 의미 차이를 제공하는 화면 위로 제목 이동 패턴을 구현했다. 이 효과는 그림 4.5의 중간 버전 슬라이드에 나타나 있다.

다음 애니메이션은 그림 4.6과 같이 관용 패턴의 두 가지 종류인 'technical'과 'domain'을 보여준다.

| Patterns | patterns |

그림 4.2 점진적 일관성: 'Pattern' 개념 소개    그림 4.3 점진적 일관성: 첫 글자만 변경

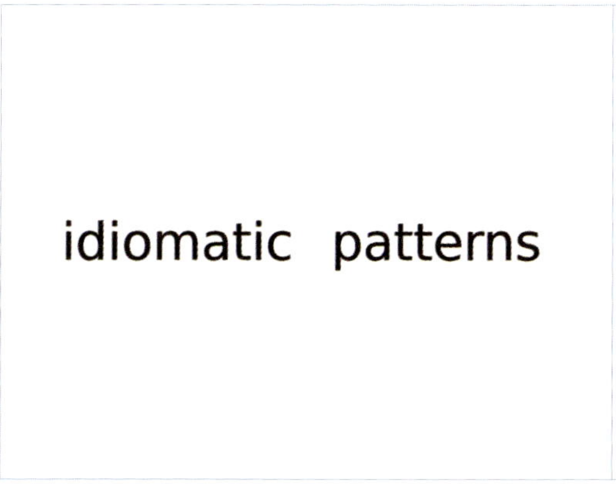

| idiomatic patterns | idiomatic patterns |

그림 4.4 점진적 일관성: 'idiomatic'을 추가해 정의 확장 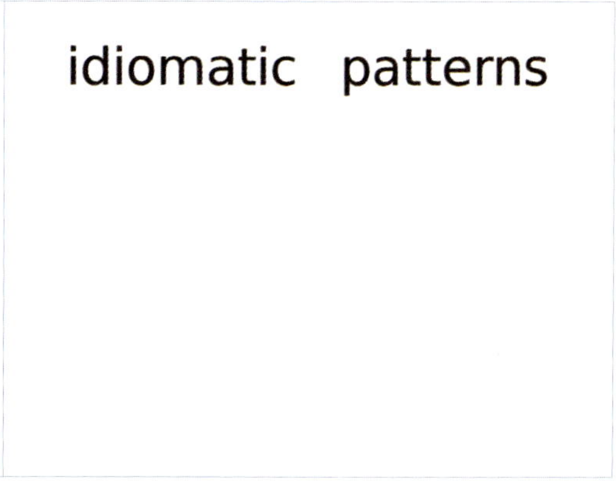   그림 4.5 점진적 일관성: 화면 위로 제목 이동을 사용해 제목을 위로 이동

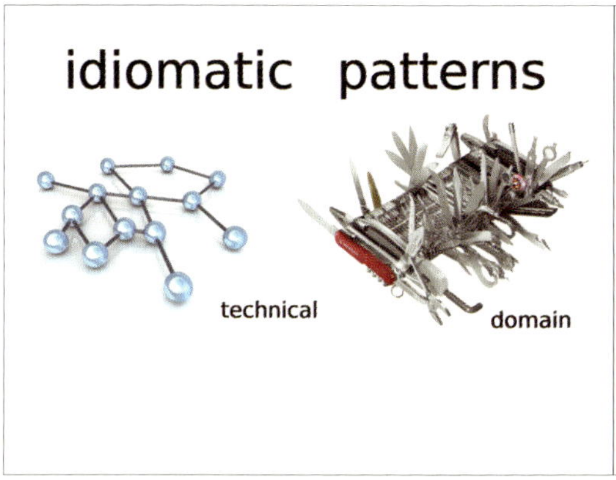

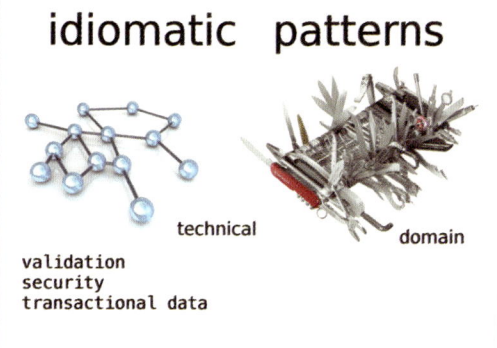

그림 4.6 점진적 일관성: 두 가지 하위 범주 추가   그림 4.7 점진적 일관성: 하위 범주 예제 추가

4장_시간 패턴

이 범주가 중요하므로 닐은 추상적이지만 상징적인 이미지를 넣어 그 두 가지 범주가 있고 이 둘이 거의 비슷하게 중요하다는 사실을 강조했다. 그 다음 애니메이션은 그림 4.7과 같이 각 관용 패턴 하위 범주 아래에 예제를 추가하기 시작한다.

세 가지 예제는 각각 분리된 글 상자에 넣는다. 첫 번째 예제에는 클릭하면 **나타내기** 효과를 사용했고, 나머지는 이전 항목 다음에 자동으로 나타나도록 설정했다. 예제가 서서히 나타나도록 해서 여러 개의 예제가 있다는 점을 부각시켰다. 하지만 각 예제의 소재를 나타내는 문장이 한두 개밖에 없었기 때문에 두 번째와 세 번째 예제는 클릭 동작을 통해 나타나는 평범한 형식으로 만들고 싶지 않았다. 화면 요소를 애니메이션으로 나타낼 때 사용하는 순서와 방법에 따라 그 요소에 관한 무언가를 강조하거나 숨길 수 있다. 잘 사용하면 매우 효과적이다.

그 다음 애니메이션은 그림 4.8과 같이 또 다른 하위 범주의 예제를 나타낸다.

마지막 애니메이션은 이 개념에 대한 최종 정의를 추가하는데, 그림 4.9와 같이 슬라이드 바닥에 나타낸다.

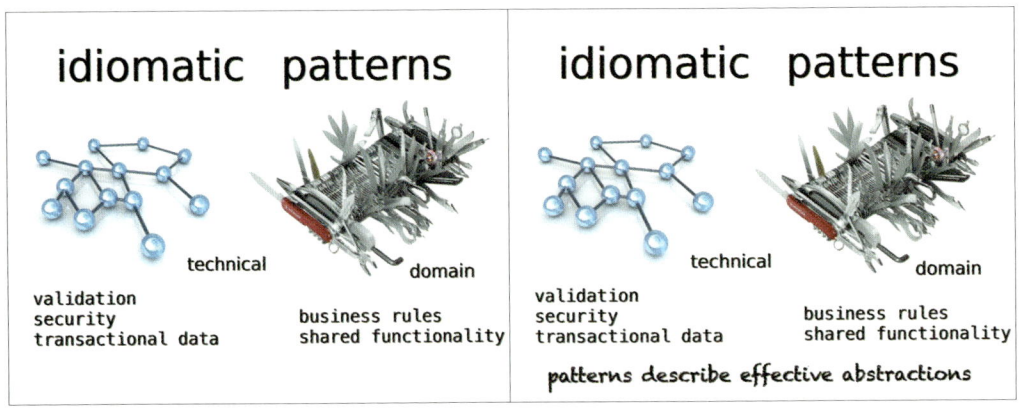

그림 4.8 점진적 일관성: 또 다른 하위 범주의 예제 추가

그림 4.9 점진적 일관성: 최종 정의 추가

이 마지막 텍스트는 이미 슬라이드가 꽉 찬 상태에서 나타나지만 닐은 여기서 최종적인 의미를 확실하게 전달하고 싶었다. 그래서 이 부분을 약간 강조하려고 글꼴을 굵게(더 강조하기 위

해 나중에 아날로그 잡음을 적용한 글꼴로 변경함) 만들고 항상 사용하던 디졸브(dissolve) 애니메이션 대신 애니메이션 조합을 사용했다.

이 슬라이드 한 장에 적용한 모든 애니메이션이 이 책 전체에 걸쳐 설명하는 패턴과 기법을 나타내고 있다(그리고 무엇보다도 한꺼번에 동작한다). 슬라이드문서를 만들 목적으로 요소를 준비할 때 눈에 보이지 않는, 나타내기 전(preappearance) 동작이 필요했다. 예를 들어, 그림 4.10은 키노트의 빌드 속성(build inspector)에서 'pattern' 글 상자를 선택한 모습이다. 다른 'Patterns' 글 상자(대문자 P로 된 부분) 아래에 '나타내기 전' 동작을 해서, 그 둘의 차이를 강조할 때 이 부분을 교체할 수 있다. 그런 다음 화면 위로 제목 이동으로 슬라이드 맨 위로 이동한다.

이 최종 버전의 슬라이드는 슬라이드문서에서 출력된 버전에 해당한다. 청중들이 발표자가 프레젠테이션하는 대로 따라오고 있다면, 이 슬라이드가 최종 목적지다. 점진적 일관성은 발표자의 이야기에 약간의 동적인 흥미를 더해 주는 방식을 제공한다. 이 슬라이드로 이야기를 시작하면 청중들은 평범한 요소를 보게 돼 약간의 긴장감이 생긴다. 무엇이 빠졌고 무엇이 추가될까? 특히 이 예제에서 닐이 했던 방식대로('Patterns'를 'patterns'로 변경) 뭔가를 제거하기도 한다면 긴장감은 흥미로 바뀌게 된다.

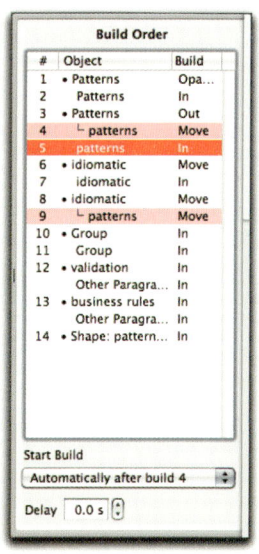

그림 4.10 점진적 일관성: 키노트의 슬라이드 속성(slide inspector)에서 'pattern' 글 상자의 복잡한 동작을 선택한 모습

📶 **관련 패턴**

출력 버전을 향해 천천히 정보를 쌓아가고 싶을 때 이 패턴은 특히 슬라이드문서 패턴과 잘 맞는다.

화면 위로 제목 이동은 이 패턴의 구체적인 구현 형태다.

 메리의 자료 배포

> 메리는 쿠키 틀 안티패턴의 위험성을 충분히 이해하기 때문에 프레젠테이션 자료를 만들 때 각 슬라이드에 하나의 생각만 담으려고 노력한다. 하지만, 출력해서 배포할 때의 분량도 고려해야 한다. 프레젠테이션을 할 때야 슬라이드가 200장이어도 빠르게 넘기면 괜찮지만 출력해서 볼 때는 그렇지 않으니 말이다.
>
> 품질 좋은 프레젠테이션 자료를 만들고 이것을 출력했을 때도 간결한 형태로 사용하려는 두 가지 목적을 한꺼번에 충족시킬 방법은 없을까? 점 목록을 쓰면 간결해지긴 하겠지만 총알 박힌 시체 안티패턴에 빠지기 쉽다. 슬라이드 한 장에 설명을 간결하게 실으면 프레젠테이션을 할 때야 좋겠지만 출력했을 때는 상당량의 정보를 압축해서 전달하기 어렵다.
>
> 메리에게 필요한 패턴 몇 가지를 이어서 설명한다. 이들 패턴을 활용하면 발표자가 설명 속도를 정확하게 제어할 수 있다.

42

패턴: 불탄 자국

별칭

점 목록 강조 표시, 집중력 유지

정의

불탄 자국 슬라이드는 출력하면 모든 항목이 표시된 완벽한 슬라이드다. 프레젠테이션을 할 때는 화면에 표시된 슬라이드의 항목들이 한 번에 하나씩 나타난다. 항목 하나가 나타나면 이전 항목은 색이 옅어진다.

그림 4.11은 설계 툴에서 본 슬라이드(출력 시의 모습)를 나타나고, 그림 4.12는 같은 슬라이드를 가지고 프레젠테이션을 할 때의 모습을 나타낸다.

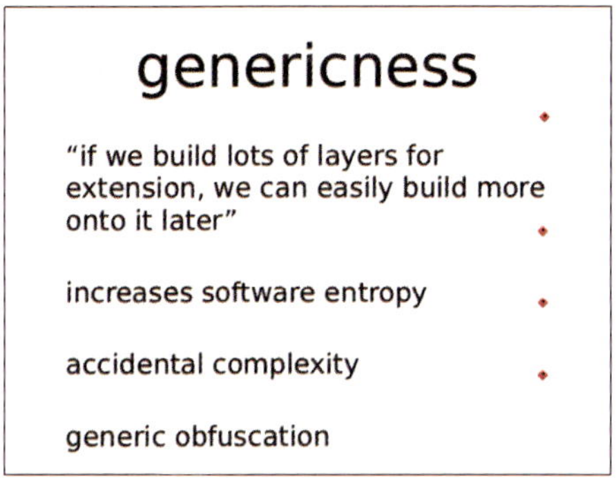

genericness

"if we build lots of layers for extension, we can easily build more onto it later"

increases software entropy

accidental complexity

generic obfuscation

그림 4.11 설계 툴에서 본 불탄 자국 슬라이드

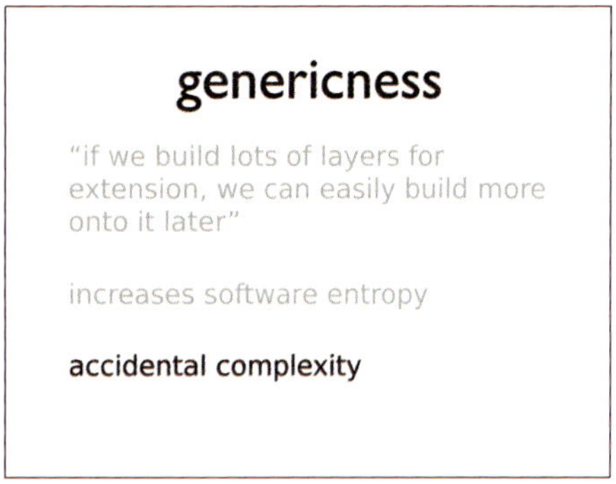

genericness

"if we build lots of layers for extension, we can easily build more onto it later"

increases software entropy

accidental complexity

그림 4.12 같은 슬라이드를 프레젠테이션할 때의 모습

동기

이 패턴은 출력하면 점 목록 형태로 나타나므로 총알 박힌 시체 안티패턴의 슬라이드가 많이 사용된 프레젠테이션에 익숙한 청중을 대상으로 할 때 효과적이다. 하지만 각 항목을 설명하면서 강조할 수 있어서 프레젠테이션을 할 때도 꽤 유용하다.

슬라이드문서를 작성해야 할 때 이 패턴을 적용하면 출력된 페이지에 설명할 항목을 자세히 담을 수 있다. 프레젠테이션을 할 때는 설명하는 항목만 강조해서 화면에 표시된다.

불탄 자국을 사용하면 슬라이드에서 현재 설명하는 부분이 어디인지 쉽게 알 수 있으므로 슬라이드 전체는 아니더라도 한 장의 슬라이드 내에서는 일종의 컨텍스트 키퍼와 같은 역할을 한다.

적용성 및 적용 결과

이 패턴을 적용하면 간결한 출력 문서를 만들 수 있으며, 이 문서를 좀 더 가공하면 괜찮은 프레젠테이션 형식으로도 사용할 수 있다.

슬라이드문서를 만들어야 하면서도 설명의 속도를 제어해야 하는 상황이라면 언제든 이 패턴을 적용할 수 있다. 또한 가독성을 높이면서 프레젠테이션을 할 때도 적합한, 유용한 구성 원칙이기도 하다.

이 패턴은 화면 위로 제목 이동과 잘 맞는다.

방법

파워포인트에는 이 패턴이 기능 중 하나로 포함돼 있다. 다만 짜증나게 숨어 있는 속성 하나를 설정해야 제대로 작동한다. 키노트에는 이 기능이 바로 구현돼 있어, 두 가지 툴 모두 이 패턴을 지원하는 템플릿 슬라이드를 만들기 쉽다.

파워포인트

파워포인트에서는 밝기 변화 같은 나타내기 애니메이션의 옵션을 설정해서 이 패턴을 구현할 수 있다. 글 상자에 있는 요소를 애니메이션 창에 갖다놓고, 그림 4.13과 같이 가장 위에 있는 요소를 선택한 후 애니메이션 창을 클릭해 효과 옵션을 선택한다.

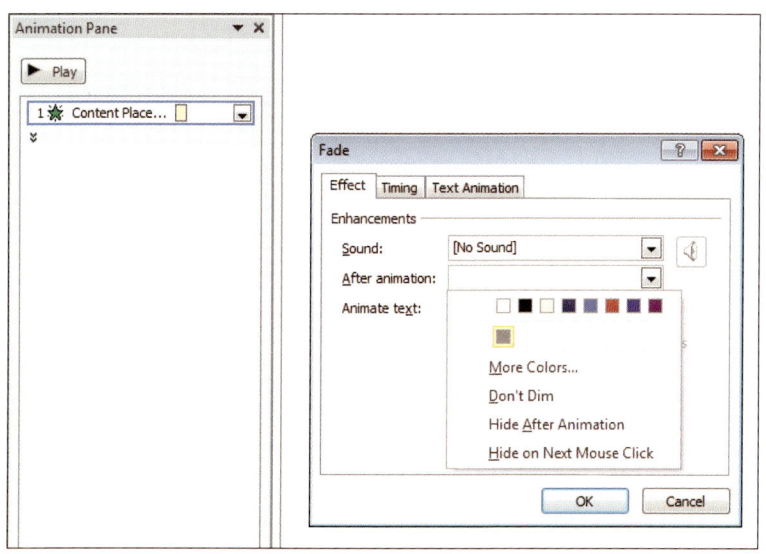

그림 4.13 파워포인트의 효과 옵션 대화 상자

옵션 중 하나는 애니메이션 효과 이후에 해당 요소를 무슨 색으로 설정할지 고르는 것이다. 불탄 자국 효과를 만들려면 색상을 투명하게 설정한다.

이 슬라이드로 프레젠테이션을 멋지게 하려면 한 단계가 더 필요하다. 기본적으로 글 상자 안의 각 요소는 그 다음 애니메이션 효과가 나타난 후에 색깔이 흐릿해지는데, 마지막 요소는 예외다. 우리가 구현한 불탄 자국에서 마지막 요소는 자국이 남지 않는다. 즉, 슬라이드의 마지막 요소 다음에 발생해야 하는 효과는 마지막 요소를 투명하게 만드는 것이 아니라 다음 슬라이드로 넘어가는 것이다. 기본적으로 파워포인트는 마지막 요소를 흐릿하게 처리해 발표자가 한 번 더 클릭해야 다음 장으로 넘어갈 것이다.

이런 번거로운 동작을 없애려면 개별 요소를 볼 수 있도록 애니메이션 창을 확장하고 마지막 요소를 선택한다. 이 요소의 효과 옵션을 흐려지지 않게 설정하면 이 문제가 해결된다.

키노트

키노트는 그림 4.14와 같이 이 패턴을 바로 구현한다. 원하는 빌드인(build in) 애니메이션을 선택하고, 실행(delivery) 옵션으로 강조된 **구분점 단위로**(by highlighted bullet)를 선택한다. 파워포인트와는 달리 마지막 요소가 자국이 남지 않게 하려고 특별히 어떤 설정을 해줄 필요는 없다. 키노트는 정확히 원하는 방식으로 동작하므로 마지막 애니메이션으로 슬라이드가 전환된다.

관련 패턴

이 패턴은 개별 슬라이드 단위로 보면 일종의 컨텍스트 키퍼다. 각 슬라이드 내에서 현재 문맥을 유지하면서 정확히 발표자가 원하는 지점에 청중이 집중할 수 있게 도와준다.

이 패턴은 화면 위로 제목 이동과 잘 맞는다.

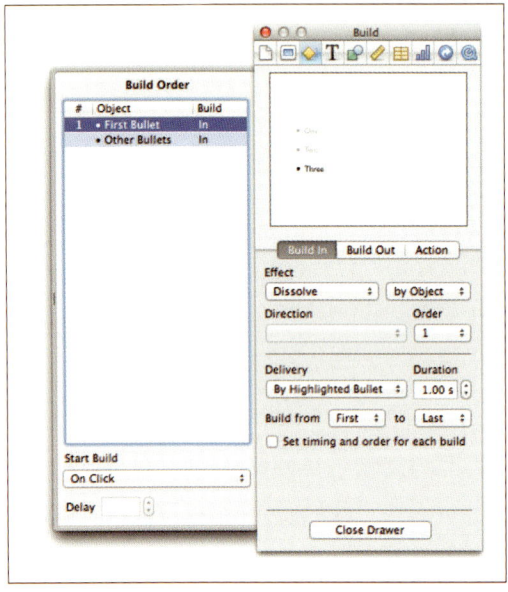

그림 4.14 불탄 자국 패턴을 구현하기 위해 by highlighted bullet 접근법을 보여주는 슬라이드 속성(slide inspector)

43

패턴: 화면 위로 제목 이동

정의

화면 위로 제목 이동은 슬라이드 제목이 화면 중앙에서 시작해서 슬라이드의 나머지 요소를 나타내기 전에 일반적인 위치인 화면 위로 이동하는 것을 말한다. 그림 4.15는 프레젠테이션에서 슬라이드의 초기 상태를 나타낸 예제다.

그림 4.16과 같이, 첫 번째 애니메이션으로 제목을 슬라이드 위로 옮긴다.

프레젠테이션을 할 때 제목이 먼저 나타나 그것이 가장 중요한 항목임을 청중에게 이해시킨다. 그런 다음 첫 번째 애니메이션으로 제목을 화면 위로 옮겨서 나머지 내용을 표시할 공간을 만든다.

그림 4.17에서 볼 수 있듯이, 이 패턴은 불탄 자국처럼 설명 속도를 느리게 조절하는 패턴과 함께 사용하면 더 효과적이다.

동기

프레젠테이션 슬라이드에서 뭔가를 강조할 수 있는 방법에는 두 가지가 있다. 정보의 크기를 조절하거나 그 정보가 얼마나 오랫동안 화면에 남아있을지를 설정하는 것이다. 화면 위로 제목 이동을 이용하면 출력했을 때는 '보통' 수준의 정보로 된 요소를 프레젠테이션에서는 강조할 수 있다. 시간이라는 차원을 추가해서 프레젠테이션을 하는 동안 중요한 요소를 강조하면서도 익숙한 슬라이드 레이아웃을 유지할 수 있다.

Startling Title!

그림 4.15 화면 위로 제목 이동
(시작 위치)

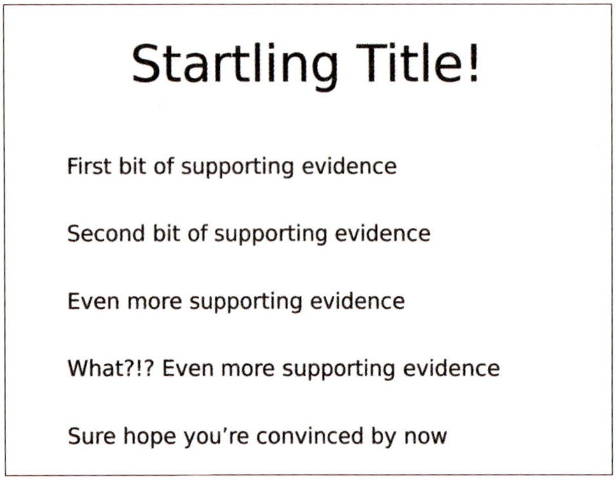

Startling Title!

First bit of supporting evidence

Second bit of supporting evidence

Even more supporting evidence

What?!? Even more supporting evidence

Sure hope you're convinced by now

그림 4.16 화면 위로 제목 이동에 본문을 함께 표시

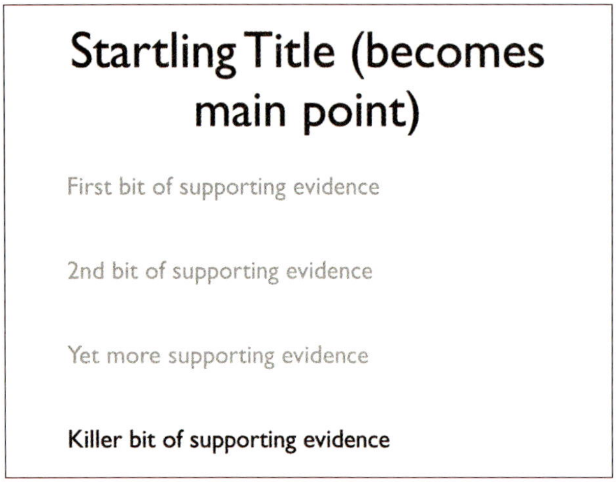

Startling Title (becomes main point)

First bit of supporting evidence

2nd bit of supporting evidence

Yet more supporting evidence

Killer bit of supporting evidence

그림 4.17 화면 위로 제목 이동 + 불탄 자국

📡 적용성 및 적용 결과

이 패턴은 출력했을 때 좋은 문서와 프레젠테이션용으로 효과적인 문서 사이의 간극을 없애 주면서도 모든 프레젠테이션에서 유용하게 사용할 수 있는 기법이므로, 슬라이드문서에 효과적으로 적용할 수 있다.

청중이 내용을 따라오다 보면 이 패턴에 대해 약간은 부정적인 반응을 보일 수도 있다(슬라이드문서에 뒤따르는 안티패턴). 화면 위로 제목 이동은 전체 슬라이드 내용을 천천히 보여주기 때문에(특히, 불탄 자국 같은 패턴과 함께 사용될 때) 가끔 프레젠테이션에 사용되는 슬라이드를 출력된 문서에 맞춰 보려면 시간이 꽤 걸린다. 이 때문에 약간의 긴장감이 조성될 수 있는데(특히 프레젠테이션의 내용을 그대로 따라오는 데 익숙한 청중의 경우), 초기에 발표자가 잘 설명해서 이를 완화시키도록 한다.

📡 방법

이 패턴을 적용하는 기본적인 방법은 프레젠테이션을 할 때처럼 설계 툴에서도 시간을 가지고 노는 것이다. 슬라이드문서는 출력했을 때 읽을 수 있어야 한다. 즉, 출력된 문서가 설계 툴에서 슬라이드의 모습을 반영해야 한다는 뜻이다. 설계 시점에는 제목을 '일반적인' 위치에 두겠지만 프레젠테이션을 할 때는 제목을 슬라이드 중앙에 두어 새로운 기능을 부여한다. 가장 중요한 점은 빌드인이 슬라이드에서 요소가 수행하는 첫 번째 애니메이션 동작일 필요가 없다는 것이다. 화면 위로 제목 이동은 첫 번째 애니메이션으로 제목 요소를 슬라이드 중앙으로 옮긴다. 그런 다음에야 빌드인 애니메이션을 적용하고, 제목을 다시 원래 자리인 슬라이드 위로 옮긴다.

📡 일반적인 방법

1. 슬라이드에서, 슬라이드문서를 출력했을 때 나타났으면 하는 위치에 제목을 배치한다.

2. 제목에 빌드인 애니메이션을 설정한다.

3. 두 가지 이동 애니메이션 중 첫 번째를 설정한다. 첫 번째 애니메이션은 제목을 최종 지점에서 처음 나타내고 싶은 위치로 이동시킨다. 애니메이션 속성에서 이 애니메이션을 빌드인 애니메이션 전에 적용되도록 변경한다.

4. 두 번째 이동 애니메이션을 설정한다. 첫 번째 애니메이션에 대칭되게, 제목을 처음 위치에서 최종 위치로 이동시킨다.

키노트에서 화면 위로 제목 이동 적용하기

1. 그림 4.17의 슬라이드는 설계 툴에서 보거나 출력해서 보면 그림 4.18과 같다. 하지만 설계 툴에서 제목 자체를 클릭하면 그림 4.19와 같이 복잡하게 설정되어 있는 것을 확인할 수 있다. 사람들은 대부분 슬라이드의 항목에 적용할 수 있는 첫 번째 애니메이션으로 빌드인을 떠올리지만 이 경우엔 그렇지 않다. 설계 시점에(그리고 출력하게 될 문서에서도) 깔끔하게 보려면 제목 상자가 최종 위치인 화면 위에 있어야 한다. 하지만 실제 적용될 효과는 제목을 슬라이드 중앙에 표시했다가 화면 위로 이동하는 것이다. 그림 4.20은 키노트에서 속성과 함께 완성된 슬라이드를 나타낸 것이다.

2. 슬라이드가 전환되면 제목의 첫 번째 애니메이션이 제목을 화면 중앙으로 이동시킨다. 그런 다음 제목의 빌드인 애니메이션이 적용된다. 화면 중앙으로 제목을 옮기는 첫 번째 동작은 슬라이드가 전환되면 실행하도록 설정돼 있고, 실행 시간은 최소(0.01초)로 설정돼 있다.

3. 빌드인 빌드가 제목을 나타나게 한다. 한 번 더 클릭하면 제목을 원래 위치로 이동시키는 두 번째 이동(move) 빌드가 실행되고, 동시에 슬라이드의 나머지 내용이 나타나기 시작한다. 보통 이 두 번째 동작 직후에 제목을 뒷받침하는 첫 번째 항목이 나타나도록 설정해야 하는데, 이렇게 하면 제목을 뒷받침하는 본문 항목 때문에 제목이 위로 옮겨진 것처럼 보이는 효과가 있다. 빌드와 '함께(with)'를 적용하면 움직이는 제목과 첫 번째 요소가 살짝 겹쳐 보이게 된다.

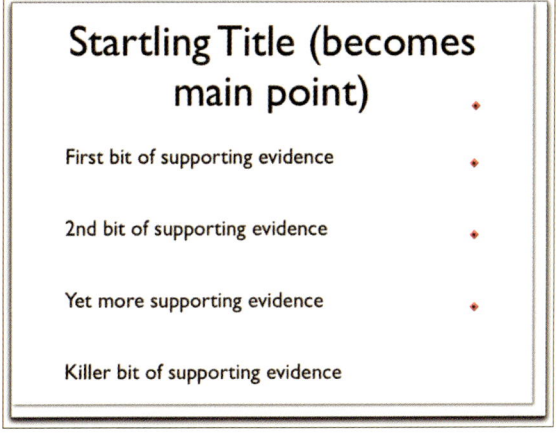

그림 4.18 설계 툴에서 본 화면 위로 제목 이동 슬라이드

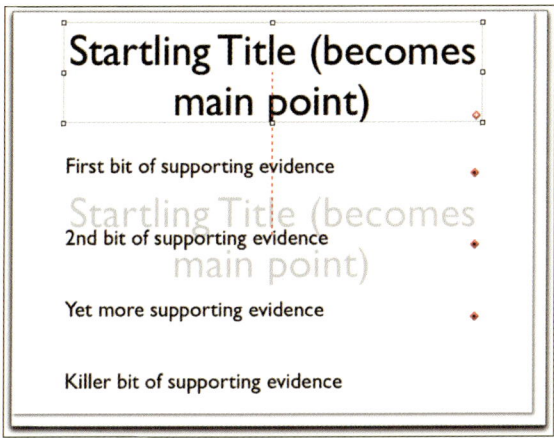

그림 4.19 설계 툴에서 본 화면 위로 제목 이동 슬라이드

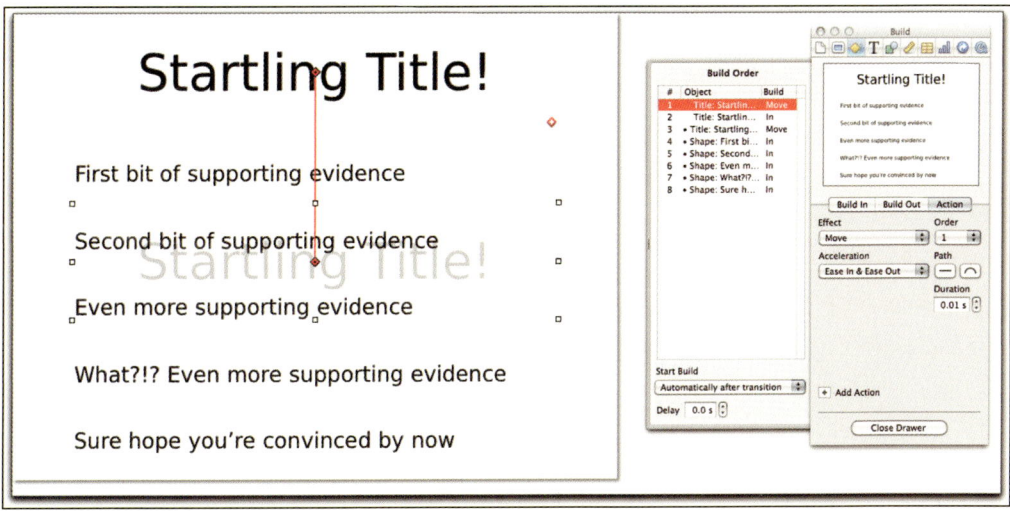

그림 4.20 설계 툴에서 본 화면 위로 제목 이동 슬라이드

4장_시간 패턴 191

키노트에서 이 패턴을 설정할 때 약간 어려움을 겪을 수도 있다. 키노트에서는 슬라이드 요소의 첫 동작이 화면에 나타나는 것이라고 가정하기 때문이다. 따라서 **이동** 빌드를 추가한 후 **빌드인** 애니메이션을 추가하면, 키노트가 빌드인이 먼저 실행되도록 빌드 순서를 바꾼다. 이때는 수동으로 이동 빌드를 빌드인 빌드 위로 이동해서 간단히 문제를 해결한다. 같은 문제가 또 다시 발생하지는 않을 것이다.

파워포인트에서 화면 위로 제목 이동 적용하기

1. 그림 4.21의 슬라이드는 설계 툴에서 본 화면 위로 제목 이동 슬라이드를 애니메이션 창과 함께 나타낸 것이다.

   사람들은 대부분 슬라이드의 항목에 적용할 수 있는 첫 번째 애니메이션으로 **나타내기**를 떠올리지만 이 경우엔 그렇지 않다. 슬라이드문서의 목표는 출력했을 때 쓸 만한 프레젠테이션 자료를 만드는 것이므로 설계 시점의 화면도 깔끔하게 유지해야 한다. 즉, 제목 상자가 최종 위치인 화면 위에 있어야 한다. 하지만 실제 적용될 효과는 제목을 슬라이드 중앙에 표시했다가 화면 위로 이동하는 것이다.

   슬라이드가 전환되면 제목의 첫 번째 애니메이션이 제목을 화면 중앙으로 이동시킨다. 그런 다음 제목의 **나타내기** 애니메이션이 적용된다. 화면 중앙으로 제목을 옮기는 첫 번째 동작은 슬라이드가 전환되면 실행하도록 설정돼 있고, 실행 시간은 최소(0초)로 설정돼 있다. 그리고 나서는 제목이 평소 위치에 나타나게 할 수 있다.

2. **나타내기** 애니메이션이 제목을 나타나게 한다. 한 번 더 클릭하면 제목을 원래 위치인 화면 위로 설정하는 두 번째 동작이 실행된다. 보통 이 두 번째 동작 직후에 제목을 뒷받침하는 첫 번째 항목이 나타나도록 설정해야 하는데, 이렇게 하면 제목을 뒷받침하는 본문 항목 때문에 제목이 위로 옮겨진 것처럼 보이는 효과가 있다('**이전 효과와 함께 시작**'을 사용하면 움직이는 제목과 첫 번째 요소가 살짝 겹쳐 보이게 된다).

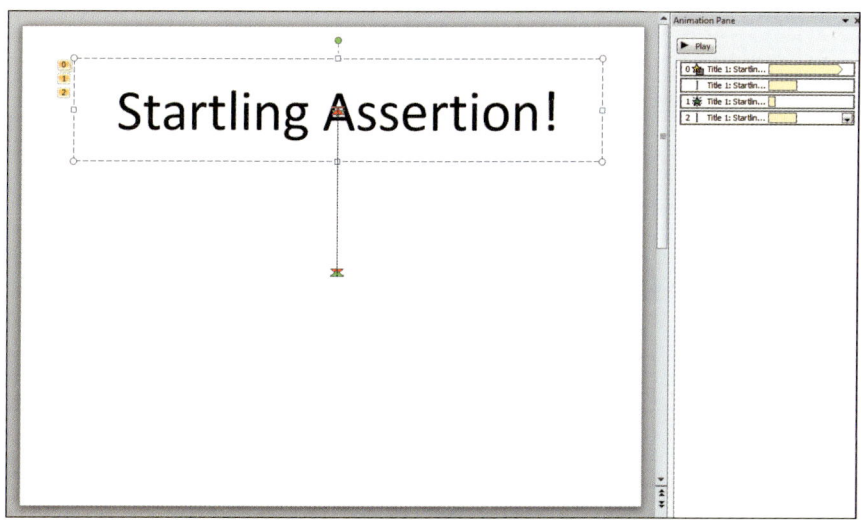

그림 4.21 파워포인트에서 화면 위로 제목 이동 적용하기

파워포인트에서 이 패턴을 설정할 때 약간 어려움을 겪을 수 있다. 파워포인트에서는 슬라이드 요소의 첫 동작이 화면에 나타나는 것이라고 가정하기 때문이다. 따라서 이동 경로 애니메이션을 추가한 후 **나타내기** 애니메이션을 추가하면, 파워포인트에서 나타내기가 먼저 실행되도록 빌드 순서를 바꾼다. 이때는 수동으로 이동 경로 애니메이션을 나타내기 위로 옮겨서 간단히 문제를 해결한다. 같은 문제가 또 다시 발생하지는 않을 것이다.

관련 패턴

이 패턴은 슬라이드의 최종 출력 버전을 향해 서서히 나아가는 방식이므로 슬라이드문서 패턴과 함께 사용하는 경우가 많다.

불탄 자국과 화면 위로 제목 이동을 함께 사용하면 밀도 있는 정보를 효과적으로 제공하면서 정보를 노출하는 속도를 제어할 수 있으므로 매력적인 조합을 만들 수 있다.

이 패턴은 결국 제목이 슬라이드의 최종 버전에 맞게 화면 위로 이동하므로 점진적 일관성 패턴를 구체화한 형태로 볼 수 있다.

44
패턴: 숨김

별칭

숨겨진 보물

정의

눈에 보이지 않는 요소와 기습적인 애니메이션을 사용해 궁금증을 불러 일으키거나 청중을 놀라게 한다. 예컨대, 프레젠테이션에서 전략적인 위치에 빈 슬라이드를 넣어 청중의 주의를 발표자에게 돌리는 방식 같은 것이다.

동기

청중을 깜짝 놀라게 하는 것은 흥미를 유발하고 유지할 수 있는 뛰어난 기법이다. 슬라이드 문서를 사용해 프레젠테이션을 할 때 청중은 보통 프레젠테이션 내용을 출력한 문서를 한 부씩 가지고 있다. 청중들이 내용을 미리 볼 수 있으므로 그들을 놀라게 할 만한 장치가 있어도 소용이 없다. 이 패턴에서는 숨겨진 이미지나 문구, 눈에 보이지 않는(출력된 문서에서는) 요소를 사용해 강한 흥미를 불러일으키는 방식을 제안한다.

같은 이유에서, 가끔은 다음 슬라이드의 주제를 꺼내기 위한 준비 시간이 필요하다. 이전 슬라이드를 계속 보여 주는 것은 별로 신선하지 않다. 애니메이션을 사용하되 완전히 빈 상태에서 시작하는 슬라이드를 만들 수 있다. 슬라이드의 요소를 효과적으로 눈에 보이지 않게 감춰 뒀다가 원하는 시점에 청중에게 보여준다.

📑 적용성 및 적용 결과

이 패턴은 모든 슬라이드문서에 적용할 수 있다. 혹자는 이 방식이 일반적인 업무 프레젠테이션에 사용하기에 지나치게 현란하다고 여길 수 있으나, 우리 저자들은 동의하지 않는다. 그런 프레젠테이션일수록 따분하기 이를 데 없으므로 흥미를 더할 수 있는 요소를 넣는다면 모든 참석자가 반길 것이다(발표자와 참석자 모두). 비즈니스 프레젠테이션에서는 자주 슬라이드문서 안티패턴을 구현하게 되는데, 이 패턴으로 상당 부분을 보완할 수 있다.

이 패턴을 적용했을 때 나타날 수 있는 한 가지 부정적인 결과는 슬라이드문서의 출력 버전과 일치하지 않는 부분이 다소 발생한다는 것이다. 출력 문서와 일치하지 않는 대신 프레젠테이션에 흥미를 불러일으킬 만한 요소를 넣어 얻을 수 있는 장점이 무엇인지 잘 따져봐야 한다.

이 패턴의 또 다른 적용 결과는 슬라이드를 설계하는 데 걸리는 시간으로 나타난다. 슬라이드문서를 잘 만들려면 설계 툴에서 볼 수 있는 슬라이드의 모양에 주의를 기울여야 한다. 이 모양 그대로 출력되기 때문이다. 슬라이드에 눈에 보이지 않는 요소가 있다면 그런 요소가 있다는 사실을 잊고 실수로 그 슬라이드 위에 다른 작업을 하기 쉽다. 키노트에서는 그림 4.23과 같이 숨겨진 요소에 작은 다이아몬드 표시를 넣어 준다. 파워포인트에서는 각 요소 위에 애니메이션 순서 번호를 표시한다. 두 가지 방법 모두 완벽하진 않다. 슬라이드 위에 다른 요소가 많을 때는 눈에 보이지 않는 요소를 못 보고 넘어가기 쉽다. 닐은 해당 슬라이드의 발표자 노트에 작은 표시를 한다. 발표자 노트 시작 부분에 '(−)' 표시가 있으면(눈처럼 보이는 문자 표시), 그 슬라이드에 눈에 보이지 않는 요소가 있으니 변경할 때 주의하라는 의미다.

이 패턴의 효과가 오래 지속되는 측면도 있다. 서프라이즈(청중을 놀라게 할 만한 효과)를 한 번 쓰고 나면 비슷한 효과를 다시 사용할 때 청중들이 자연스레 더 집중하게 된다. 초반에 이런 요소를 심어놓기만 하면 거의 사용하지 않고도 좋은 효과를 볼 수 있다. 반대로 이런 요소를 너무 자주 사용하면 서프라이즈 효과가 떨어져 되레 청중을 짜증나게 할 수도 있다.

📑 방법

숨김 패턴은 키노트와 파워포인트 모두 구현하기 쉽지만 각기 서로 다른 툴 기능을 활용한다. 간단한 버전: 키노트에서는 이미지의 불투명도를 0으로 설정해 이미지를 눈에 보이지 않게 만든 후 불투명도를 100퍼센트로 설정하는 동작을 사용한다. 파워포인트에서는 초기에 불투명도를 설정하기가 훨씬 어려우므로 슬라이드 크기와 같은, 테두리 없는 흰색 이미지를 커튼처럼 사용해 이미지를 가린다. 이미지를 다시 나타나게 하려면 커튼 이미지에 '떨어지기' 효과를 적용한다. 이 방식을 키노트에서도 사용할 수 있지만 키노트에서는 앞서 설명한 방식이 더 쉽다.

닐의 프레젠테이션 중 하나에 이 패턴을 적용한 예제를 살펴보자.

이 예제에서 닐은 어떤 문제에 대한 기술적인 해결책을 몇 가지 옵션으로 보여주려고 한다. 첫 번째 제안 방식이 효과가 있긴 하지만 일부 다른 개발자들이 (합당한 이유로) 미심쩍어 하는 것 같다. 완벽을 기하기 위해 닐은 이 방식을 보여 주되 최적의 해결책은 아닐 수 있다는 사실도 전달하려고 했다. 슬라이드가 나타나는 순서는 그림 4.22와 같다.

설계 툴에서 보는 모습은 이 슬라이드문서를 출력했을 때 볼 수 있는 모습과 같다. 설계 툴에서 이 슬라이드를 보면 배경 이미지가 나타나는 것으로 보이지 않는다. 그림 4.23은 이 슬라이드를 설계 툴에서 봤을 때의 모습이다.

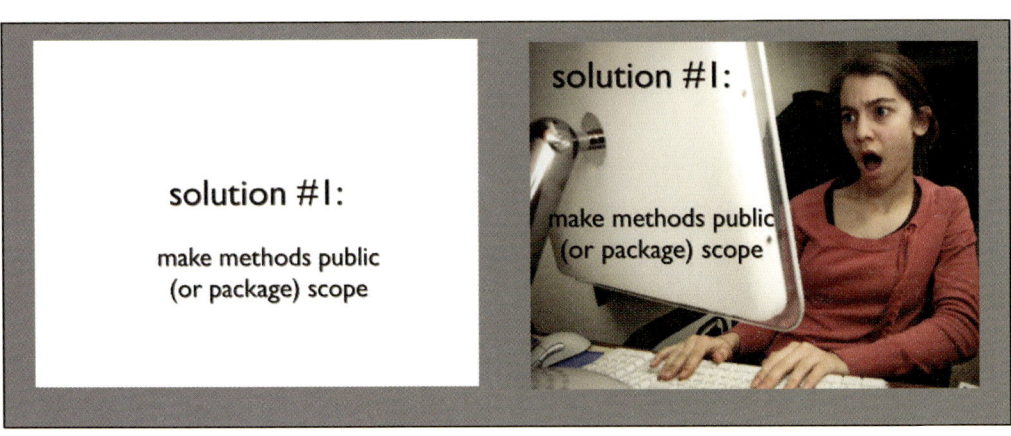

그림 4.22 프레젠테이션할 때의 숨김 슬라이드

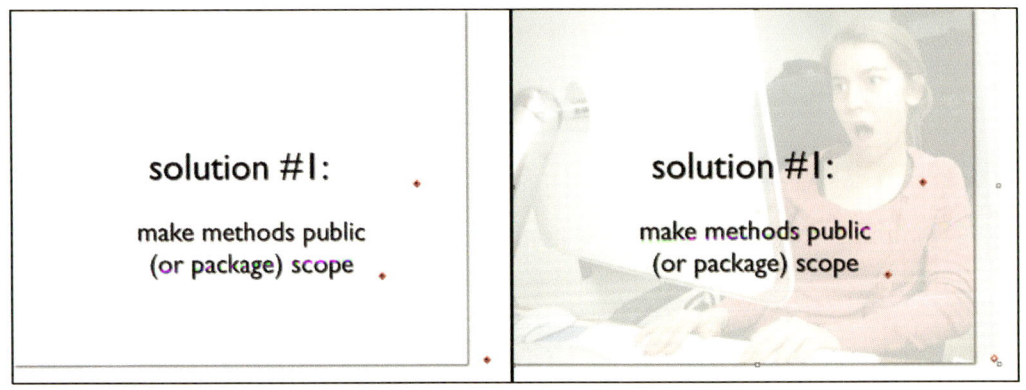

그림 4.23 키노트에서 본 숨김 슬라이드   그림 4.24 눈에 보이지 않는 요소의 고스트 이미지

키노트에서는 숨겨진 애니메이션이 있다는 뜻으로 설계 툴에서 빨간색 다이아몬드 모양이 표시되는 것을 알아 둔다. 오른쪽 아래의 다이아몬드 모양을 클릭하면 그림 4.24와 같이 불투명도를 0으로 설정했던 이미지의 고스트 뷰가 나타난다.

그림 4.24에서 볼 수 있듯이 이미지가 있긴 하지만 그것을 나타나게 하는 애니메이션이 실행되기 전까지는 화면에 나타나지 않는다. 이 예제에서는 결과 슬라이드에서 텍스트도 보기 편한 위치로 옮겼다. 핵심 사항을 슬라이드 중앙에 나타냈다가 서프라이즈 요소를 배치하기 위해 자리를 비켜주게 한 것이다.

설계 툴에서 이미지의 일부가 슬라이드를 '벗어난' 것도 알 수 있는데, 여기서는 전혀 문제가 되지 않는다. 닐은 이미지를 텍스트와 나란히 맞추고 텍스트와 잘 어울리는 일부분만 사용하려고 했다.

주변 텍스트와 이미지를 맞추는 작업이 까다로울 수 있다. 텍스트가 너무 두드러져 보이지 않게 하면 이미지 요소와 대비돼 더 큰 효과를 줄 수 있다.

눈에 보이지 않는 이미지를 슬라이드에 배치할 때 필요한 모든 것을 설정하기 전까지는 이미지의 불투명도를 10퍼센트로 설정한다. 그런 다음 최종 효과를 위해 불투명도를 0으로 설정한다(그리고 다음번 슬라이드 내용을 변경할 때 숨겨진 이미지가 있다는 사실을 기억할 방법을 찾는다).

키노트에서 숨김 적용하기

1. 서프라이즈 요소로 사용할 적절한 이미지나 문구를 고른 후 슬라이드에 추가한다.

2. 그림 4.25와 같이 이미지의 불투명도를 0으로 설정한다.

3. 슬라이드에 다른 모든 요소를 배치한 후 해당 이미지의 불투명도를 다시 100 퍼센트로 복구하는 동작을 추가한다.

4. 원한다면 애니메이션 효과로 이미지를 다시 나타나게 하는 방법을 사용할 수 있다. 단, 서프라이즈 효과를 제대로 적용하려면 불투명도 설정 동작의 실행 시간을 0.10초로 설정하고, 해당 이미지에 대한 빌드인 애니메이션을 추가한다. 빌드인 애니메이션을 추가할 때, 키노트는 항상 슬라이드의 빌드 순서에 적용한 모든 기존 동작 위에 이 빌드인 애니메이션을 놓는다. 이때는 그 순서를 수동으로 바꿔야 한다. 한 번만 바꿔주면 이 설정을 유지할 수 있다.

🔖 파워포인트에서 숨김 적용하기('커튼 트릭'이라고도 함)

1. 서프라이즈 요소로 사용할 적절한 이미지나 문구를 고른 후 슬라이드에 추가한다.

2. 서프라이즈 요소를 가릴 도형을 윤곽선 없이 바탕색과 동일하게 만든다. 특정 문구를 가릴 정도로 작거나 전체 슬라이드 배경을 가릴 정도로 큰 도형일 수도 있다(그림 4.22의 예제 참고). 여러 겹으로 이루어진 화면 요소를 앞으로 보내거나 뒤로 보내서 서프라이즈 요소는 가리지만 슬라이드 문서에서 보고 싶은 다른 텍스트는 가리지 않게 한다.

3. 슬라이드에서 서프라이즈 요소를 보여 줄 준비가 되면 바로 실행될 끝내기 애니메이션을 만든다. 앞서 만든 커튼을 제거하면 이미지가 나타날 것이다. 서프라이즈 효과를 더 극적으로 만들려면 커튼을 제거한 직후에 **나타내기** 애니메이션에서 확대/축소 나타내기 효과를 사용하면 잘 어울린다.

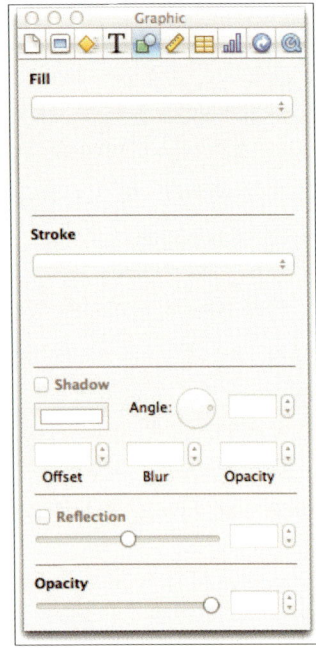

그림 4.25 불투명도를 0으로 설정한 상태

🔖 관련 패턴

이 패턴은 프레젠테이션 시간에 약간의 활기를 불어넣기 위해 슬라이드문서에 적용하면 효과적이다.

45

패턴: 컨텍스트 키퍼

📶 정의

컨텍스트 키퍼는 프레젠테이션의 구조를 드러낸다. 구조화 기법으로 프레젠테이션 장치(애니메이션이나 화면 전환)를 사용해 주제별로 이야기의 구조를 임시로 드러내거나, 청중에게 의미가 있는 다른 맥락을 통해 드러낸다.

📶 동기

컨텍스트 키퍼는 내용만으로 명확히 이해하기 힘든 프레젠테이션에 시각화된 구조를 부여한다.

📶 적용성 및 적용 결과

다음과 같은 경우에 이 패턴을 적용한다.

- 프레젠테이션의 주제가 독립된 단위로 구성돼 있는 경우

- 주제가 복잡해서 이해하기 어려운 부분을 명백하게 알려줘야 하는 경우

- 몇 가지 시각적인 안내를 이용해 청중이 프레젠테이션의 기승전결을 이해할 수 있도록 도와주고 싶은 경우

📡 방법

이 패턴은 탐색 경로 등의 다양한 방법으로 구현할 수 있지만, 단순히 구체적인 기법을 나타내는 것이 아니라 그 이상의 의미가 있다. 컨텍스트 키퍼는 일련의 슬라이드를 더 큰 주제 영역 안에서 함께 묶어주는 역할을 한다. 유명한 기술 강연자인 에릭 도넨버그는 각 섹션에 다른 색깔의 슬라이드 배경을 사용하는 것을 제안한 바 있는데, 단순하면서도 이 패턴을 구현할 수 있는 좋은 방법이다.

컨텍스트 키퍼를 멋지게 구현하는 방법은 키노트에서 매직 무브(magic move) 애니메이션과 화면 전환 기법을 사용하는 것이다. 슬라이드를 전환할 때 매직 무브를 사용하면 양쪽 슬라이드에 계속 표시되는 요소가 첫 번째 슬라이드의 위치에서 다음 슬라이드의 위치로 자연스럽게 나타난다. 이 요소는 화면에서 사라지지 않고, 그저 신기하게 한 위치에서 다른 위치로 이동하게 된다.

📡 키노트에서 매직 무브를 이용해 컨텍스트 키퍼 적용하기

키노트의 매직 무브를 이용해서 컨텍스트 키퍼를 구현하는 방법을 예를 들어 살펴보자. 닐은 Clojure 개발자 커뮤니티를 대상으로 'Neal's Master Plan for Clojure Enterprise Mindshare Domination'이라는 강연을 한 적이 있다. 닐은 자신이 커뮤니티에서 제시하는 아이디어보다 더 좋은 아이디어를 내놓을 수 없다는 사실을 알고 있었다. 그 프레젠테이션의 진짜 목적은 커뮤니티에 있는 이미 훌륭한 아이디어를 분류할 수 있는 발판을 제공하는 것이었다. 그래서 이 강연의 기승전결로 몇 가지 접근법의 범주를 설명하고 각각의 예제를 제시했다.

각 범주를 소개하기 위해 닐은 쿵하고 떨어뜨리기(anvil) 빌드인 애니메이션을 사용했다. 슬라이드 위에서 떨어져 바닥에 '먼지'를 일으키는 효과다(트위터 스타일의 해시태그를 사용해). 범주를 소개하고 나서, 닐은 매직 무브를 사용해 해당 주제를 다루는 내내 화면에 그 해시태그가 표시되게 했다. 그림 4.26의 슬라이드와 같은 형태로 말이다.

#packheat 해시태그는 화면 위에서 나타나, 해당 범주의 내용을 진행하는 동안 매직 무브를 이용해서 화면에 계속 표시된다. 해당 범주의 내용이 끝나면 쿵하고 떨어뜨리기 애니메이션을 사용해 다음 해시태그인 #befriend가 나타나게 한다.

그림 4.26 컨텍스트 키퍼로 해시태그와 매직 무브 사용하기

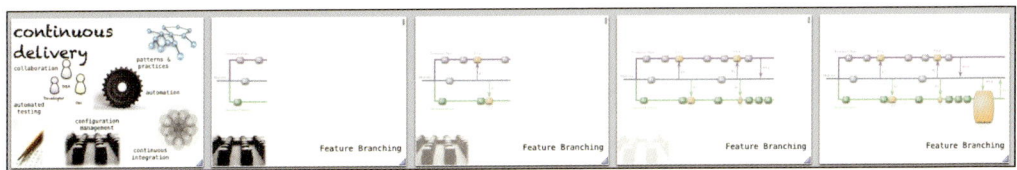

그림 4.27 반복되는 요소에 시선을 빼앗기지 않도록 흐릿하게 처리하기

이 예제에서처럼 해시태그 같은 반복되는 요소를 사용하면 내용을 잘 묶을 수 있지만 워터마크처럼 사용하면 오히려 방해가 될 수 있다. 닐이 사용한 기법은, 매직 무브를 이용해 컨텍스트 키퍼를 구현한 후 이어지는 슬라이드에서는 반복되는 요소를 서서히 흐려지게 만드는 것이었다. 그림 4.27과 같이, 설명의 범주가 새롭게 바뀌면 컨텍스트 키퍼를 원래의 또렷한 색깔로 표시해서 잘 알아볼 수 있게 했다가 이어지는 슬라이드에서는 색깔의 불투명도를 서서히 낮춰서 흐릿하게 만들었다.

파워포인트에서 컨텍스트 키퍼 적용하기

이 책을 쓰는 시점을 기준으로, 파워포인트에서는 이 강력한 기능을 지원하지 않는다. 몇 가지 꼼수를 써서 비슷한 효과가 나오게끔 흉내 낼 수는 있지만, 결과물이 썩 훌륭하진 않다.

불완전하게나마 파워포인트에서 컨텍스트 키퍼로 사용할 매직 무브 효과를 만드는 방법은 다음과 같다.

1. 나타나기 애니메이션을 이용해 첫 번째 요소를 원하는 방식으로 나타나게 한다.

2. 사라지기 애니메이션으로 날아가기나 닦아내기 같은 효과를 선택한다.

3. 다음 슬라이드로 전환된 후 첫 번째 애니메이션은 이전 효과에 대칭되는 나타나기 애니메이션이어야 한다. 예컨대, 이전 슬라이드에서 사라지기 효과로 닦아내기를 선택했다면 효과 옵션에서 왼쪽에서 오른쪽으로 닦아내기 효과를 선택한다.

4. 다음 슬라이드의 나타나기 애니메이션에서는 오른쪽에서 왼쪽으로 닦아내기 효과를 선택한다.

컨텍스트 키퍼로 화면 전환과 애니메이션 효과를 사용하면 대칭되는 애니메이션을 사용해 이전 슬라이드와의 시각적인 연결 고리를 만들 수 있다. 하지만 파워포인트에서는 화면을 전환할 때 여전히 화면 요소가 '사라지므로' 키노트의 매직 무브 같은 매끄러운 효과를 기대하긴 어렵다. 매직 무브의 최대 장점은 슬라이드가 바뀔 때처럼 표준 화면 전환에서는 허용되지 않는 방식으로 화면 요소를 표시할 수 있다는 것이다.

관련 패턴

탐색 경로 패턴은 이 패턴을 구체적으로 구현한 형태로 볼 수 있다.

이 패턴과 같은 방식으로 맥락을 제공하려면 쉽게 알아볼 수 있는 기승전결이 필요하다.

46

패턴: 탐색 경로

별칭

아젠다, 로드맵

정의

프레젠테이션 내에서 중요한 시점마다 슬라이드를 배치해 청중으로 하여금 자신이 전체 프레젠테이션 내용 중 어디를 보고 있는지 확인할 수 있게 한다.

동기

긴 이야기를 할 때 참석자들은 이야기 흐름을 놓치기 쉽다. 특히, 상당히 높은 수준의 기술적인 내용을 다루거나, 배경 지식이 전혀 없을 때는 더 그렇다. 중간중간에 현재 위치를 확인할 수 있는 슬라이드를 넣으면 참석자가 내용의 전체 구조를 파악하기 쉬워진다.

적용성 및 적용 결과

이 패턴은 다음과 같은 경우에 가장 적합하다.

- 프레젠테이션 길이가 긴 경우

- 복잡한 기술 주제를 다룰 경우

- 내용이 매우 추상적이고, '구체적인 설명을 생략'하는 경우

다소 부정적인 측면이 있다면 발표 내용의 구조를 설명하는 메타-프레젠테이션 문제를 다루는 데 프레젠테이션 시간의 일부를 할애해야 한다는 점이다. 만약 항상 이 패턴을 사용하는데 다루는 주제가 그다지 기술적이지 않다면 프레젠테이션의 구조를 다시 생각해 봐야 할 것이다. 참석자들이 구조를 이해하지 못한다면 구조를 수정해서 이해하기 쉽게 만들어야 한다. 참석자들이 어디 부분에서 무슨 내용을 다루는지 이해하지 못해서 중요한 사항을 놓치는 불상사는 없어야 한다. 가끔은 구조를 적절하게 만들기가 까다롭지만 그렇게 하면 프레젠테이션의 내용을 명확하게 이해하는 데 큰 도움이 된다.

인터넷에 찾아보면 프레젠테이션이 정확히 몇 퍼센트나 진행됐는지 '움직이는' 진행률 표시 바를 삽입하게 해 주는 사악한 VBA(Windows 기반 애플리케이션용 스크립트 코드) 코드 같은 것도 있다. 이런 식의 실시간 진행률 표시는 너무 많은 메타-프레젠테이션 정보를 제공해서 정작 중요한 메시지에는 집중하지 못하게 한다(메타적 접근 안티패턴 참고). 청중들이 발표자가 전달하고자 하는 아이디어 맥락 내에서 내용을 가늠해야지, 단순히 얼마 만큼의 시간이 경과됐는지는 알려주는 것은 의미가 없다. 청중들이 진행률을 인식하기 시작하면 문서가 저장되기를 기다리는 사용자처럼 어서 발표가 끝나기만을 바라게 될 것이다.

방법

이 패턴은 다양한 방법으로 구현할 수 있다. 가장 일반적인 방법은 프레젠테이션 전체에 걸쳐 아젠다 슬라이드를 중간중간 삽입하는 것이다. 불탄 자국 패턴과 같은 식으로 다음에 설명할 절을 강조해서 표시하거나 이미 설명한 부분을 흐릿하게 만드는 등의 기법을 사용할 수 있다.

점 목록으로 된 아젠다를 사용해 이 패턴을 구현할 필요는 없다. 들여쓰기를 다단계로 적용하다 보면 개미 같은 글꼴 안티패턴에 빠지기 쉽다.

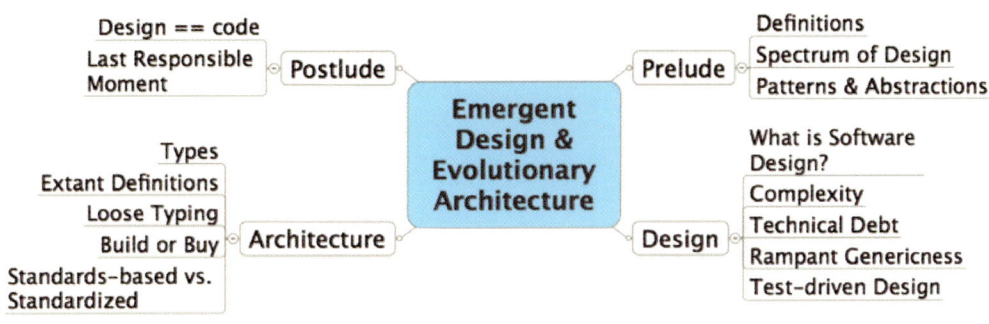

그림 4.28 마인드맵을 이용해 탐색 경로를 적절히 표현한 사례

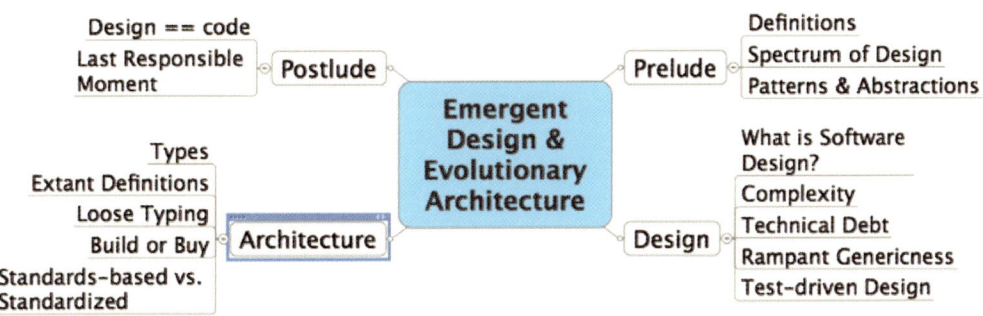

그림 4.29 탐색 경로에서 현재 위치를 강조해서 표시한 사례

닐은 가끔 마인드맵을 이용해 그림 4.28과 같이 전체 구조를 한 장의 그림으로 나타내곤 한다.

프레젠테이션에서 현재 어느 부분을 설명하고 있는지 참석자에게 알리는 데 전체 마인드맵을 보여주는 것이 최선의 방법은 아닐지도 모른다. 그림 4.29와 같이 약간의 강조 표시를 넣어 마인드맵의 정적인 표현을 개선할 수 있다.

프레젠테이션을 하는 동안 닐은 강조해서 표시한 글 상자에 디졸브 애니메이션을 적용해서 청중들이 전체 아젠다를 잠시 확인할 수 있게 하고, 다음에 설명할 주제가 서서히 강조되게 했다. 또는, 현재 설명하는 주제가 아닌 요소의 불투명도를 낮추는 방법도 있다.

관련 패턴

이 패턴은 컨텍스트 키퍼 패턴을 구체적으로 구현한 형태로 볼 수 있다. 아젠다를 나타내는 요소를 다른 내용 안에 넣어 탐색 경로와 북엔드를 조합해서 사용할 수도 있다.

탐색 경로는 이야기의 구조를 나타내지만, 자칫 프레젠테이션의 구조나 주제와 관련한 다른 지엽적인 내용에 관해 지나치게 많은 정보를 청중에게 전달해서 메타적 접근 안티패턴에 빠질 수 있으므로 주의해야 한다.

47 패턴: 북엔드

별칭

커튼 개폐, 예고편

정의

주로 발표자 자신이나 프레젠테이션 내용을 홍보하려는 목적으로 프레젠테이션의 시작과 끝에 비슷하거나 동일한 슬라이드를 넣는다.

동기

북엔드를 사용하는 목적은 다음과 같다.

시작 부분에 사용할 경우

시작 부분에 넣는 북엔드 슬라이드는 청중들이 발표자와 발표 내용이 맞는지 확인할 수 있게 해준다. 또한 발표자에 관해 맘껏 홍보할 수 있는데, 발표 전 대기 시간에 청중들을 지루하게 않게 하면서도 할당된 프레젠테이션 시간에는 영향을 주지 않는다.

발표자가 준비한 주제에 관심이 매우 많지만 그런 강연이 있는지는 잘 몰랐던 사람들이 이 시작 전 홍보 슬라이드를 보고 추가로 참석할 수도 있다. 여러 군데의 강연장을 서성거리다가 그 슬라이드를 보고, '저거 좋네. 어디 한번 들어볼까'라고 생각할지도 모른다. 반대로 이미 자리를 잡은 참석자가 시작 전 북엔드 슬라이드를 보고 마음을 바꿀 수도 있다. 아마도 자신이 잘못 들어왔다는 사실을 깨닫거나 강연 소개 문구를 잘못 이해했다고 여길 것이다. 결국 발표 주제에 더 관심이 있는 참석자들만 남게 된다. 이렇게 자연스러운 청중 선택 과정을 거치면 발표장의 분위기와 질문량, 청중의 반응 강도, 피드백 점수 등이 모두 좋아질 것이다.

끝 부분에 사용할 경우

끝 부분에 넣는 북엔드 슬라이드는 보통 시작 부분에 넣는 슬라이드와 같다. 청중에게 발표자의 전화번호와 웹사이트, 메일 주소, 기타 연락처를 받아적을 수 있게 한다. 이뿐만 아니라 트위터에 오늘 강연에 대한 긍정적인 의견(가끔은 비판적이기도 함)을 올리도록 부추기는 역할도 한다.

마지막에 넣는 북엔드 슬라이드는 한 가지 더 중요한 역할을 한다. 청중에게 프레젠테이션이 끝났음을 알리는 것이다. 무척 사소하게 여겨질 수도 있으나 과거 다른 프레젠테이션에 참석했던 경험을 한번 떠올려 보면 지금 자리를 떠도 될지 몰라서 불편했던 적이 있을 것이다. 다 끝났나? 남은 내용이 더 있을까? 마지막 북엔드 슬라이드를 사용하면 청중이 이를 추측할 필요 없이 확실하게 알 수 있다. 북엔드 슬라이드가 '다 끝났으니 그만 일어나셔도 됩니다. 질문을 하셔도 좋고요.'라고 공손하게 설명해 주니까.

📶 적용성 및 적용 결과

청중들이 프레젠테이션을 들을 준비가 될 때까지 기다리고, 프레젠테이션이 끝난 후에 다음 발표자가 준비하기까지 대기 시간이 필요한 경우에는 항상 이 패턴을 적용해야 한다. 회사와 이사회, 내부 회의, 비공식 회의, 분과회 등을 대상으로 하는 프레젠테이션이 모두 여기에 해당된다. 발표 대상 그룹의 구성원과 얼마나 친한지에 관계 없이, 그중 누군가는 꼭 북엔드 슬라이드의 연락처 정보를 봐야 발표자에게 연락할 수 있는 방법을 알 수 있다.

가능하면 번개 토크 패턴을 구현하는 유명한 스타일인, 이그나이트(Ignite)와 페차쿠차(Pecha Kucha) 같은 독특한 형식에도 이 패턴을 적용한다.

발표자의 연락처 정보를 확실하게 알리면 다음에 연락이 올 가능성이 높아진다. 여러분이 전문 강연자라면 훌륭한 비즈니스 수단이 될 수 있다(하지만 쓸데없이 너무 많은 연락처 정보를 주면 오히려 해가 될 수도 있다).

프레젠테이션에 대한 피드백은 더 투명해질 것이다. 발표자의 트위터 계정 같은 소셜 미디어 링크를 북엔드 슬라이드에 넣으면 더 솔직한 피드백을 받을 수 있다. 일부는 칭찬 글일 테고, 건설적이거나 소극적인 내용도 있을 것이며, 그냥 못돼먹은 비난 글도 있을 수 있다. The Backchannel[3] 같은 소셜 미디어 책을 보면 이런 즉각적인 의견을 다듬고 활용하는 방법을 얻을 수 있다.

평가 양식을 통해 피드백을 받으려면 마지막 북엔드 슬라이드에서 청중들에게 평가 양식을 채워 제출하라고 꼭 알려준다. 프레젠테이션에 관해 유용하고 쓸 만한 의견을 받기란 어렵기도 하고 그만큼 가치 있는 것이기도 하다. 반드시 시련의 장 패턴을 제대로 적용해야 한다.

방법

시작 부분에 사용할 경우

발표자에 대한 정보를 원하는 만큼 북엔드 슬라이드에 담을 수 있다. 보통 다음과 같은 항목을 넣는다.

1. 발표자의 이름

2. 발표자의 직책이나 호칭

3. 메일 주소

4. 트위터 계정

5. 블로그 URL

6. 회사 이름

7. 회사 웹사이트 URL

8. 저작권 정보(또는 Creative Commons License)

끝 부분에 사용할 경우

마지막에 넣는 북엔드 슬라이드에는 'Questions?' 같은 문구를 큰 글씨로 넣어 시작 북엔드와 달라질 수 있다. 이 문구를 넣으면 프레젠테이션이 끝났다는 사실을 알림과 동시에 질문을 해도 좋다는 것을 청중에게 알릴 수 있다.

마지막 슬라이드에는 이 프레젠테이션 슬라이드 자료를 다운로드할 수 있는 링크를 포함할 수도 있다. 요즘은 참고 자료나 슬라이드 자체를 구식으로 출력해서 나눠주지 않고 디지털로 전달하는 것이 일반적이다.

마지막 북엔드 슬라이드에는 보통 다음과 같은 항목을 싣는다.

1. 슬라이드 다운로드 URL

2. SpeakerRate[4] 링크 같은, 발표 내용이나 발표자에 대한 피드백 URL

3. 시작 북엔드 슬라이드에 실었던 항목

그림 4.30 시작 북엔드 슬라이드   그림 4.31 종료 북엔드 슬라이드

관련 패턴

이 패턴의 고급 구현 형태가 프리롤에 포함되는데, 애니메이션 효과를 넣은 동영상 형태로 몇 장의 슬라이드에 걸쳐 반복된다.

북엔드와 비슷한 방식이 간주곡 슬라이드다. 간주곡 슬라이드는 내용의 소주제가 바뀔 때 일종의 버퍼 역할을 한다. 보통 워터마크와 독자의 주의를 분산시키는 기타 요소는 간주곡보다는 북엔드에 넣을 가능성이 크다.

48

패턴: 부드러운 전환

🔖 별칭

서서히 흐려지기, 서서히 암전, 크로스페이드

🔖 정의

디졸브 같은 부드러운 전환 기법을 사용해 항상 한 번에 하나의 슬라이드 자료만 보여 줘야 한다는 강박에서 벗어난다.

🔖 동기

쿠키 틀 안티패턴에서 설명했듯이, 슬라이드를 사용해 생각의 단위를 정의하는 것은 좋은 방법이 아니다. 어떤 생각은 완전히 설명하려면 슬라이드를 여러 장 할애해야 한다. 프레젠테이션 툴에 의지해 정보 흐름의 범위를 정의하지 않도록 주의한다. 대신, 툴의 장점을 최대한 활용해서 슬라이드 전환과 애니메이션 효과로 정보 흐름을 제어하도록 한다.

하나의 슬라이드에서 다음 슬라이드로 넘어가는 화면 전환이 이야기의 흐름을 구현한다. 화면 전환을 사용하지 않는다면(다시 말해, 정보성 문서로 프레젠테이션을 한다면), 모든 정보는 슬라이드 크기의 덩어리가 된다. 일관성 있고 부드럽게 화면을 전환하면 여러 장의 슬라이드에 걸쳐 주제를 시각적으로 통합할 수 있다.

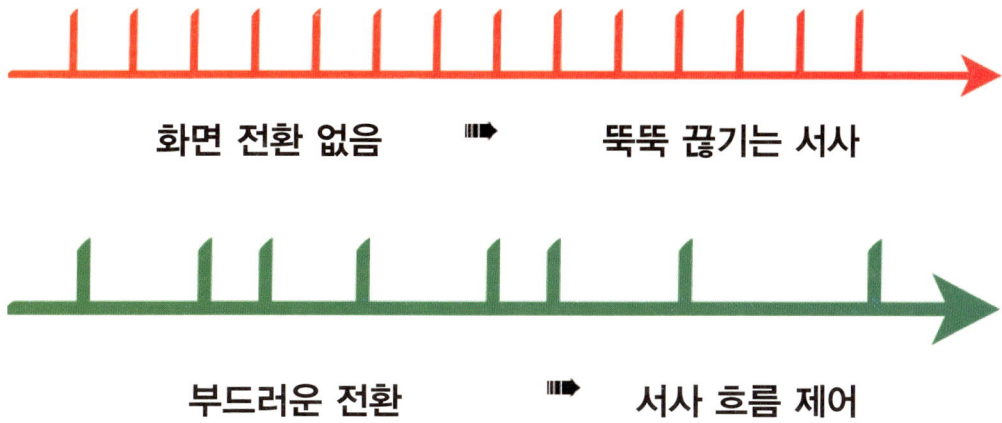

그림 4.32 화면 전환 스타일로 서사 흐름 정의

적용성 및 적용 결과

총알 박힌 시체 안티패턴의 뚝뚝 끊어지는 특성에서 벗어나면 자연스럽게 필요한 정보를 설득력 있게 전달하는 데 집중할 수 있다. 그림 4.32를 참고한다.

화면 전환을 효과적으로 사용하면 모든 정보를 슬라이드 한 장에 억지로 욱여넣을 필요 없이 정보의 흐름을 조절할 수 있다.

방법

화면 전환을 효과적으로 사용하는 데 중요한 요소는 일관성과 미묘함이다. 특정 주제를 다루는 동안은 일관된 화면 전환 기법을 사용하고, 새로운 주제로 넘어가거나 여담을 나눌 때는 완전히 다른 화면 전환을 사용한다.

예를 들어, 닐은 관련된 주제를 다루는 슬라이드 간 화면을 절묘하게 전환하는 방법으로 키노트에서 디졸브 효과(파워포인트의 밝기 변화)를 사용했다가 큐브(파워포인트의 밀어내기)를 사용해 주제가 바뀌었다는 사실을 알려주는 방법을 즐겨 사용한다.

경험상 일반적으로 상호 보완적인 화면 전환과 애니메이션 효과를 선택해야 한다. 예컨대, 닐은 디졸브 화면 전환과 애니메이션을 여러 강연에서 사용했다. 닐은 디졸브 애니메이션을 사용해서 내용을 천천히 쌓아올리고 같은 효과를 사용해서 화면을 전환하기 때문에 프레젠테이션 전체에 걸쳐 일관성을 유지할 수 있다. 다른 프레젠테이션에서는 키노트의 안으로 들어오기(move in) 전환을 왼쪽에서 오른쪽으로(left to right) 옵션으로 사용해서, 화면 요소가 오른쪽에서 왼쪽으로 이동하며 나타나게 했다. 그런 다음 각 슬라이드 요소에는 동일한 애니메이션을 동일한 옵션으로 적용했다. 전체적으로 모든 것이(슬라이드와 슬라이드 개별 요소 모두) 오른쪽에서 밀려와 프레젠테이션 전체가 앞으로 움직이는 것 같은 효과를 낼 수 있었다. 비슷한 화면 전환과 애니메이션 효과를 사용하면 차이점을 감출 수 있어서 슬라이드 간 구분도 흐릿해진다.

이 기법을 간주곡 슬라이드와 연계해서 사용하면 주제가 바뀐 것을 아무도 눈치채지 못할 것이다.

관련 패턴

다중 슬라이드 서사를 만들 때 이 패턴을 서서히 등장 패턴과 함께 사용하면 잘 어울린다.

이 패턴을 사용하면 점진적 일관성 패턴으로 다중 슬라이드를 구현하기도 쉽다.

부드러운 전환 패턴을 사용하면 쿠키 틀 안티패턴을 피하는 데도 도움이 된다.

49

패턴: 간주곡

별칭

디지털 막간

정의

색깔이나 테마를 변경하거나 개요를 넣어 프레젠테이션의 이야기 구조에서 각 논리 부분의 시작이나 끝을 명확하게 알려준다.

동기

프레젠테이션은 3단 구성이나 기승전결 형식의 논리적인 부분으로 구성돼야 한다. 탐색 경로처럼 간주곡 패턴 역시 컨텍스트 키퍼의 한 형태로 프레젠테이션의 구조적인 맥락을 설정하는 데 도움을 준다.

청중이 기나긴 프레젠테이션을 끝까지 앉아서 볼 때는 전체 이야기 중 현재 어느 부분을 보고 있는지 알 수 있는 장치가 필요하다. 작은 시각적 단서(가끔은 다음에 나올 내용을 설명하는 항목이나 단어의 목록도 함께) 이용해 청중이 프레젠테이션의 흐름을 잘 따라오도록 도와줄 수 있다.

📶 적용성 및 적용 결과

이 패턴은 설명이 길거나 주제가 깊고 다양한 경우, 튜토리얼 스타일의 이야기에 적용하면 효과적이다. 길이가 15분이 넘는 모든 프레젠테이션이 효과를 볼 수 있다. 특히 50분에서 90분 정도 길이의 프레젠테이션에 사용하기를 권장한다. 이런 긴 프레젠테이션은 너무나 많은 내용을 다루기 때문에 청중이 발표자의 설명을 따라갈 수 있도록 친절하게 알려줄 필요가 있다.

만약 잘못 사용하면 이런 슬라이드가 오히려 이야기 흐름을 시각적으로 방해할 수 있다. 하지만 공통 시각 테마 내에서 간주곡 슬라이드를 조심해서 사용하면 전체적인 메시지를 강화할 수 있다.

📶 방법

다양한 방법을 사용해서 이 패턴을 구현할 수 있다. 몇 가지 예를 들면 다음과 같다.

- 주요 프레젠테이션과 다른 색깔 사용

- 프레젠테이션에서 다룰 항목의 목록 사용(시작)

- 지금까지 다룬 항목의 목록 사용, 질문 받기(마무리)

- 이어서 다룰 내용을 나타내는 시각 요소나 그림 사용

- 다음 섹션에 대한 흥미를 유발하거나 환기할 수 있는 유도 질문 사용

섹션 변경을 나타내는 또 다른 방법 중 하나는 공통 시각 테마에 맞춰 시각적으로 두드러지는 슬라이드를 사용하는 것이다. 닐이 이 방법을 즐겨 사용했는데, 그림 4.33의 Emergent Design 프레젠테이션에서 빨간색 상자로 표시한 부분이다.

그림 4.33에서 프레젠테이션의 주제는 emergent design의 애자일 소프트웨어 개발 엔지니어링 프랙티스이고, 여기서 사용한 공통 시각 테마는 닐이 이미지 제공 사이트에서 찾은, 식물에서 싹이 돋아나는 이미지 시리즈다. 이야기는 자연스럽게 몇 가지 섹션으로 나눠지고, 새싹 이미지를 사용한 슬라이드로 주제가 바뀌고 있다는 것을 청중에게 명확하게 알렸다.

사례

매튜는 7시간에 걸친 수업 형식으로 진행되는 GitHub Git Workshop[5]에 이 패턴을 적용했다. 간주곡 패턴을 이용해 부분적인 자료를 전달하는 데 필요한 맥락을 제공함으로써 청중들이 본 질적으로 하위 토픽을 모아 미리 볼 수 있게 했다. 학생들은 질문을 할 만한 가장 적절한 시간을 알 수 있었다. 덕분에 매튜는 강연을 자연스럽게 진행했으며, 중간중간 적절하게 질문을 받고 관련 자료에 대한 논의를 이어갈 수 있었다.

관련 패턴

북엔드는 간주곡 패턴을 구체화한 버전으로, 보통 워터마크 같은 내용을 더 많이 사용한다.

간주곡 패턴은 컨텍스트 키퍼 패턴을 구체적으로 구현한 것이다.

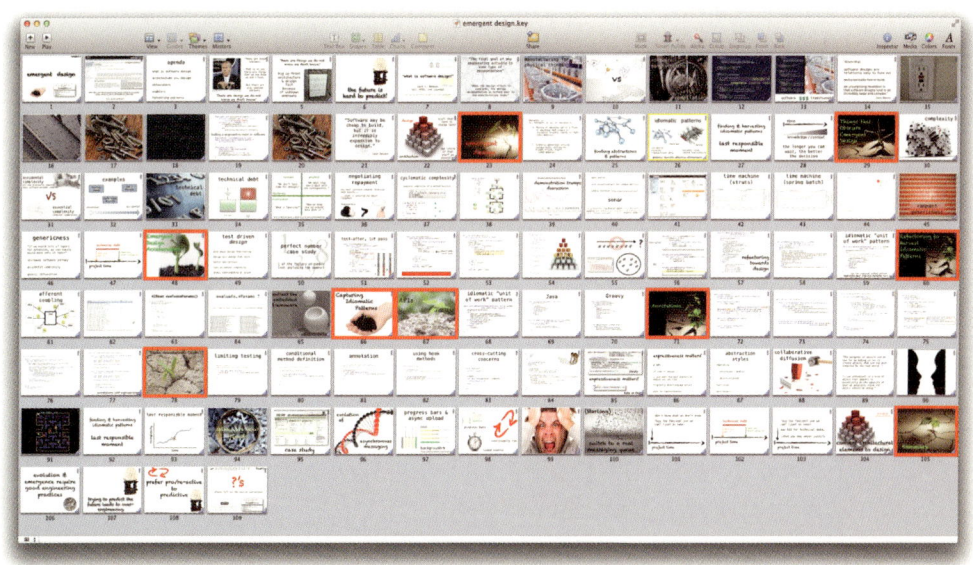

그림 4.33 새싹이 돋아나는 사진을 이용해서 주요 섹션을 구분하고 공통 시각 테마를 만든 사례

50 패턴: 백트래킹

제작 지원

ThoughtWorks[6] 수석 과학자, 마틴 파울러

정의

백트래킹은 일종의 컨텍스트 키퍼 기법으로서, 의도적으로 슬라이드를 반복해서 이야기의 맥락을 재정립할 수 있게 한다.

동기

많은 강연에서 자연스럽게 주요 이야기 흐름을 이어가면서 약간은 흐름에서 벗어난 이야기도 하게 된다. 백트래킹은 이야기가 옆길로 샜다가 즉시 이전의 맥락으로 돌아올 수 있게 도와준다. 반복된 슬라이드를 사용해서 어디에서 이야기가 끊어졌는지 청중에게 알려주고 다음 슬라이드로 자연스럽게 넘어갈 수 있다.

이 패턴은 구조적인 편리함을 넘어서는 효과를 제공한다. 익숙한 지점으로 돌아가는 것은 익숙한 이야기 패턴이다. 코미디언들은 이것을 콜백이라고 부른다. 전에 했던 재미있는 말을 다시 해서 새롭게(어떤 때는 더 강하게) 관객의 웃음을 이끌어내는 것이다. 사람들은 이야기나 영화에서 흐름의 단서를 쫓는 것에 익숙하다. 이런 본성을 프레젠테이션에서도 활용할 수 있다.

📶 적용성 및 적용 결과

이 패턴은 프레젠테이션에서 여담을 다룰 때 적용할 수 있다.

이 패턴을 구현할 때는 DRY(Don't Repeat Yourself, 반복하지 말라) 원칙을 어기게 되므로 주의해야 한다. 백트래커로 사용 중인 슬라이드를 수정할 때는 프레젠테이션 내에서 반복되는 모든 슬라이드를 함께 수정해야 한다.

📶 방법

이 패턴을 구현하는 데 특별한 툴 기능이 필요하진 않다. 주요 이야기 흐름에서 벗어난 여담을 다룰 때는 여담을 다루기 직전에 나오는 슬라이드를 복사하고 여담이 끝난 직후에 이를 붙여 넣는다. 다른 부분과는 차별화되는 슬라이드 전환 효과를 사용해서 주요 이야기에서 벗어난 내용을 다루고 있음을 나타내도록 한다. 닐은 키노트의 큐브 효과를 즐겨 사용하는데, 여담을 시작할 때 오른쪽으로 뒤집었다가 본래 이야기로 돌아갈 때는 다시 왼쪽으로 뒤집어지도록 한다.

이 패턴은 슬라이드 툴을 사용해서 이전 슬라이드로 넘어가는 방식과는 다르다. 백트래킹 패턴은 의도적으로 슬라이드를 복사해 일종의 시각적인 자리 표시자 역할을 하게 한다. 숨김 패턴에서처럼 닐은 항상 발표자 노트에 특수 문자를 써서(이 경우에는 '#_#') 이 슬라이드가 복제된 백트래킹 슬라이드이니 원본만 수정해야 한다는 점을 스스로에게 상기시킨다.

📶 관련 패턴

이 패턴은 컨텍스트 키퍼 패턴을 구체적으로 구현한 형태다.

간주곡 패턴을 이용해 훌륭한 백트래킹 목적지를 만들 수 있다. 간주곡 패턴은 프레젠테이션에서 참조 지점을 만들어 주므로 여담이 끝난 후 그 지점으로 되돌아가면 된다.

51

패턴: 프리롤

정의

프리롤은 북엔드를 애니메이션으로 구현한 형태로, 청중이 발표장을 들여다보고 들어와 자리를 잡는 동안 두세 장의 슬라이드에서 자동으로 돌아간다.

동기

시작 북엔드 슬라이드에 정보가 너무 많으면(최악의 안티패턴) 슬라이드를 두세 장으로 나눠 프리롤을 구현해서 공간을 확보하고 정보가 한곳에 지나치게 몰리지 않게 조절한다.

주변의 다른 발표자들이 정적인 북엔드를 기법을 사용하고 있고 자신의 프레젠테이션을 차별화하고 싶다면 이 패턴을 사용해서 사람들의 주의와 관심을 끌 수 있다.

적용성 및 적용 결과

이 기법은 발표자의 연락처나 이 프레젠테이션의 대상 독자를 설명하는 목록 등 더 많은 알림 공간이 필요한 모든 프레젠테이션에 적용할 수 있다.

프리롤을 적용하려면 파일을 추가로 포함하고 툴도 추가로 사용해야 한다. 전형적인 북엔드를 적용할 때보다 더 많은 시간을 들여야 한다.

📡 방법

일반적으로 이 패턴은 시작 북엔드 슬라이드에만 적용한다. 프레젠테이션이 끝났음을 알릴 때는 애니메이션을 사용하는 것이 정적인 슬라이드를 사용하는 것보다 덜 효과적이다.

프리롤은 키노트나 파워포인트 애플리케이션에 포함된 기능이 아니다. 다음과 같은 두 가지 방법 중 하나로 구현해야 한다. 한 가지는 좀 더 유연하지만 파일을 하나 더 만들어야 한다. 다른 한 가지 방법은 프레젠테이션 파일에 포함되지만 다른 툴을 써야 한다.

파일 두 개를 이용한 방식:

키노트나 파워포인트 파일을 하나 더 만들어서 원 프레젠테이션 파일과 같은 디렉터리에 저장하고, 이 프리롤 파일에 다음과 같은 몇 가지를 설정한다.

1. cube나 fall 같은 재미있고, 청중의 주의를 끌 수 있는 화면 전환 효과를 설정한다.
2. 시간이 흐르면 슬라이드가 자동으로 넘어가도록 설정한다.
3. 마지막 슬라이드까지 넘어가면 슬라이드를 반복해서 재생한다.

동영상 포함 방식:

이 방식으로 구현하려면 슬라이드 프레젠테이션 툴과 동영상 녹화 소프트웨어가 모두 필요하다. 파일 두 개를 이용한 방식을 구현할 때 필요한 모든 작업을 그대로 진행하되 결과를 원래의 프레젠테이션 파일에 넣는 방식이다. 파일 두 개를 이용한 방식에서처럼 키노트나 파워포인트 파일을 하나 더 만든 후 다음과 같이 진행한다.

1. 방금 생성한 프리롤 프레젠테이션을 재생한다.
2. 프리롤 슬라이드 전체가 실행되는 모습을 동영상 캡처 툴로 녹화한다.

3. 반복해서 재생되는 슬라이드를 더 길게 녹화했을 테니, 첫 번째 슬라이드에서 시작해 마지막 슬라이드에서 끝나도록 녹화된 동영상 파일을 자른다.

4. 동영상 내보내기 속성을 프레젠테이션 해상도(presentation-delivery resolution)[7]에 맞춰 설정한다.

5. 동영상을 프레젠테이션 애플리케이션에 포함시킬 수 있는 형식으로 내보낸다. 키노트는 MOV와 M4V, 파워포인트는 AVI와 WMV 형식을 포함할 수 있다.

6. 내보낸 동영상 파일을 프레젠테이션의 첫 번째 슬라이드에 포함시킨다.

7. 슬라이드를 재생시키기 전까지 포함된 동영상이 반복 실생되도록 설정한다.

관련 패턴

프리롤은 북엔드 패턴의 특화된 형태다.

52 패턴: 움직이는 크레디트

별칭

스타워즈 크레디트, 클로징 크레디트

제작 지원

Duarte Design Inc. CEO, 낸시 두아르테[8](Nancy Duarte)

정의

움직이는 코드에서처럼 텍스트가 계속해서 천천히 화면 위로 올라가면서 멀어진다. 이 변형 패턴은 프레젠테이션의 마지막 크레디트에만 적용된다.

동기

프레젠테이션이 점차 정교해지면서 점점 더 많은 사람들이 사진이나 문장, 연구, 인용문, 그림, 예제 코드 등의 요소를 넣는 데 도움을 주고 있다. 이렇게 프레젠테이션 작성에 기여하는 사람들의 목록(선택적으로 발표자의 연락처까지 포함해서)을 프레젠테이션의 마지막 슬라이드에 넣고 재미있는 애니메이션 효과를 적용해 텍스트가 천천히 화면에서 움직이게 만들 수 있다.

엔딩 크레디트는 누구나 쉽게 알아볼 수 있도록 글자가 충분히 크고 화면에 오래 머물러 있어야 청중들이 관심 있는 내용을 기억할 수 있다. 움직이는 크레디트 패턴을 사용하면 크레디트 정보를 한 장의 슬라이드에 모두 담을 수 없을 때 효과적이다. 정적인 북엔드 슬라이드 한 장을 사용하는 것이 더 쉽지만, 담아야 하는 정보가 많다면 영화 크레디트가 올라가는 것처럼 만들어 프레젠테이션이 끝났다는 사실도 명확히 알려주면서 더 많은 정보를 보여줄 수 있다.

적용성 및 적용 결과

애니메이션을 적용한 마무리는 시각적으로 강렬하고 차별화된 효과를 줄 수 있다. 불필요한 눈요깃거리 정도로 인식된다면 부정적인 영향을 줄 수도 있다. 프레젠테이션 내용이 지루했다고 생각하는 청중이라면 애니메이션 효과를 적용한 마무리를 허세 가득한 껍데기라고 생각할 수 있다. 아마 그럴지도 모른다. 하지만 그런 청중이라도 그 효과를 기억하고, 실제 마무리가 멋지게 됐다면, 어쨌거나 그 프레젠테이션을 기억하게 될 것이다.

동영상 포함 방식으로 움직이는 크레디트를 만들면 아무리 사소한 부분이라도 텍스트를 수정하기가 매우 복잡해진다. 슬라이드에서 일반 텍스트는 그냥 클릭해서 수정하면 된다.

청중들 중 일부는 메모를 천천히 하거나 크레디트가 올라갈 때 화면에 집중하지 않아 필요한 내용을 놓칠 수 있다. 이런 경우에는 가장 중요한 URL을 포함한 북엔드 슬라이드를 만들어 크레디트 스크롤이 끝난 후에 화면에 표시해 주면 좋다.

방법

이 패턴을 구현하는 가장 쉬운 방법은 슬라이드에 넣기엔 너무 큰 이미지를 활용하는 것이다. 즉, 그 큰 이미지를 슬라이드 바닥에 맞춰 배치하면 그림의 윗부분은 슬라이드 윗부분을 훨씬 벗어나게 된다. 그런 다음 안으로 들어오기(move in) 같은 애니메이션을 적용하고 방향은 아래에서 위로(bottom to top), 실행 시간은 길게 설정한다. 이 이미지에 적용한 애니메이션이 슬라이드에서 재생되면, 영화의 크레디트처럼 이미지가 천천히 '위로' 움직인다. 움직이는 크레디트는 프리롤 패턴에서 설명한 기법을 조합한 형태로 구현할 수도 있다.

관련 패턴

이 패턴은 움직이는 코드 패턴과 구현 방법이 비슷하지만 용도는 다르다.

움직이는 크레디트는 보통 마지막 북엔드 슬라이드에 나타나거나 그 직전에 나타난다. 여러 가지 면에서 움직이는 크레디트는 프리롤 패턴에 대칭되는 반대 효과를 낸다.

 메리의 프레젠테이션

마케터인 메리에게 가장 중요한 것은 무역 박람회에서 열리는 대규모 제품 출시 발표다. 행사 기획자에게 꼼꼼하게 확인해 봤더니 대상 청중의 60퍼센트만 그 행사에 참석하고 나머지는 PDF 형식의 슬라이드문서를 통해 소식을 받아본다고 한다. '출력된' 버전이 별도로 있다는 건 더 많은 정보를 담을 수 있다는 뜻이므로, 혹시라도 출력해 볼 사람에게 종이 낭비가 되지 않아야 한다. 메리는 동굴 벽화 패턴을 이용해 제품을 시장에 내놓기까지 겪었던 갖가지 어려움을 설명하는 것으로 프레젠테이션의 포문을 열기로 했다. 그런 다음 화면 위로 제목 이동과 불탄 자국 패턴을 사용해서 청중의 관심을 프레젠테이션에 묶어 두면서도 많은 정보를 담아 빽빽한 슬라이드문서를 만들었다. 많은 사람들이 메리가 만든 자료를 문서 형식으로 받아볼 것이므로 처음에는 정보성 문서를 만들려고 했지만 정보성 문서는 프레젠테이션을 하기에는 적합하지 않았다. 메리는 가능하면 프레젠테이션에 참석하는 사람과 문서로만 보는 사람을 모두 만족시키고 싶었다.

위의 내용은 프레젠테이션에 관한 명명법으로서 우리가 만든 패턴을 사용한 좋은 사례다. 이제는 짧은 패턴 이름으로 서로 이야기할 수 있으니, 메리의 프레젠테이션에 관해 엄청나게 많은 내용을 앞 단락에서 다룰 수 있었다.

5장

데모 vs. 프레젠테이션

    프레젠테이션에 종종 데모가 포함되기도 하지만 프레젠테이션과 데모는 서로 다르다. 데모는 보통 툴이나 기술 등이 어떻게 작동하는지 직접 보여주기 위해 사용한다. 반면 프레젠테이션은 뭔가에 관한 정보를 전달한다. 그 뭔가가 툴이나 기술일 수는 있지만 직접 그것을 시연할 수도 있고 시연하지 않을 수도 있다. 이 장에서 설명하는 패턴과 안티패턴은 둘 사이의 이런 미묘하지만 중요한(그리고 놓치기 쉬운) 차이를 명확하게 알려준다.

    스프레드시트 소프트웨어나 프로그래머의 통합 개발 환경 같은 툴의 산출물과 관련한 프레젠테이션을 만드는 경우가 더러 있다. 그런 산출물을 프레젠테이션에 바로 포함시킬 수도 있지만 진실성을 더하면서 위험은 제거할 수 있는 몇 가지 더 좋은 패턴(움직이는 강조 효과, 움직이는 코드, 서서히 등장)을 이 장에서 소개할 것이다.

프레젠테이션을 완전히 망쳐버린 팸

프로젝트 관리자인 팸의 팀은 지난 3주간 미친 듯이 일했다. 그들은 피와 땀, 눈물, 피자, 야근으로 소프트웨어 제품 중 하나에 대해 고객에게 새로운 비전을 제시할 수 있게 됐다. 자신들의 능력 이상으로 노력해 최종 기한에 맞춰 끝냈다. 이제 남은 건 쇼케이스뿐이었고, 여기서 팸이 뛰어난 새 기능을 모두 시연할 예정이었다. 완전히 새로운 제품이다 보니 약간의 버그가 있을지도 모른다는 점은 고객도 이미 알고 있었지만, 새 기능이야말로 제품의 비전을 나타내는 데 필수적이었다. 그런데 불행하게도 팸의 팀과 함께 머피(와 그의 법칙)까지 쇼케이스에 나타났다. 팸이 사전에 여러 번 시험해 봤을 때는 잘만 돌아가던 기능이었건만, 쇼케이스는 그야말로 재앙이었다. 제품의 버그 때문에(그다음 주에는 완전히 해결됐다) 팸은 새로운 비즈니스 비전을 보여 줄 기회조차 얻지 못했다.

팸은 여전히 프레젠테이션과 데모의 차이를 이해하지 못했고 무심코 데드 데모 안티패턴을 구현하기에 이르렀다. 새로운 기능을 프레젠테이션으로 보여주고 승인을 얻으려고 했지만 버그와 결함만 시연하는 꼴이 돼 버렸다. 팸은 새 제품을 시연하고 싶다고 생각했지만 아직 준비가 덜 된 상태였다. 일단 프레젠테이션을 만들고 립싱크 같은 패턴을 사용했더라면 정확히 그녀가 원했던 대로 진행할 수 있었을 텐데 말이다.

신발도 없이 멋진 쇼를 펼친 수브라마니암

소프트웨어 개발자 콘퍼런스의 유명 강연자인 벤컷 수브라마니암은 강연 내용뿐 아니라 독특한 강연 스타일로도 유명하다. 그는 주로 매우 복잡한 주제를 다루는데, 그가 사용하는 프레젠테이션 소프트웨어 비슷한 툴이라고는 텍스트 편집기가 전부고, 여기에 아젠다 정도만 정리한다. 그는 강연 중에 코드를 입력하고 설명하며, 서서히 소프트웨어를 만들고 주기적으로 실행해서 청중을 감탄하게 만든다. 외부에서 관찰하기에 이것은 가장 독특하고 재미있는 방식이다. 100명의 청중이 완벽하게 도취되어 텍스트가 돌아가는 화면에 눈을 고정시키고 있는 것이다.

수브라마니암이 이런 강연을 수년간 해올 수 있었던 것은 그가 말하면서 동시에 글자를 타이핑하는 기술에 통달했고 한 번에 수시간 동안 복잡한 내용을 끌어나갈 수 있는 집중력이 있기 때문이다. 닐이 참석했던 한 강연에서는 엄청나게 복잡한 툴과 수많은 멀티레벨 단계를 다뤘는데, 수브라마니암은 여기서 약 45분 만에 자신이 무엇을, 왜 하고 있는지 설명하면서 인상적인 결과를 만들어냈다. 진행하면서 몇 가지 예기치 않은 상황이 발생했지만, 그는 지금 무슨 문제가 발생했고 이런 종류의 문제는 어떤 식으로 해결하면 되는지 설명하면서 능숙하게 처리했다. 강연이 끝나고 최종 결과물을 보여줬을 때 청중은 그에게 기립박수를 보냈다. 그의 강연은 뛰어난 집중력과 절묘한 스킬의 산물이었다. 프로 운동선수처럼 그는 어려운 일을 쉬워 보이게 만들었다.

참, 그리고 수브라마니암은 항상 강연 전에 신발을 벗는다. 긴장을 푸는 데 도움이 된다고 한다. 신발 벗기 패턴은 여기서 영감을 얻어 탄생했다.

호텔 Wi-Fi에 발등 찍힌 톰

테스터인 톰은 아드레날린 중독자다. 그렇다고 고층 건물에서 뛰어 내리거나 아이스 스케이트화를 신고 얼음 썰매를 타겠다고 달려든다는 소리는 아니다. 톰은 그저 인터넷 연결이 필요한 프레젠테이션을 즐겨 한다. 사실 그는 슬라이드에서 URL을 복사해 웹 브라우저에 붙여 넣고 페이지가 로드될 때까지 기다리는 짓을 자주 하기로 악명 높다. 이런 일을 하다 보면 여러 번의 사과와 욕설이 오가기 십상이다. 웹 페이지가 제대로 나타나지 않으면 청중들은 자연스레 자신의 스마트폰으로 눈길을 돌리게 마련이다. 톰은 직접 뭔가를 시연하지 않으면 청중들이 그 사실을 믿지 않는다고 여긴다. 어떤 상황에서는 맞는 말이기도 하지만, 짜증나게 상태 바를 쳐다보고 있느니 좀 의심하는 게 더 낫다.

사람들의 생각과는 달리, 어떤 호텔은(일부 학회장 역시) 인터넷 연결을 전혀 지원하지 않는다! 톰은 이 사실을 지구 반 바퀴를 날아가서 매우 힘들게 배웠다. 여러분의 짐작대로 그의 강연에는 인터넷 연결이 필요했다. 이미 다양한 장소에서 강연을 성공리에 마쳤던지라 그는 자신감에 차 있었다. 프레젠테이션 하루 전날 밤에야 학회장에서 인터넷 연결이 지원되지 않는다는 사실을 알게 됐다. 톰은 밤새도록 호텔 Wi-Fi로 자신의 데모를 녹화해서 급하게 립싱크 패턴을 구현했다. 다음 날 톰이 에스프레소 머신을 엄청나게 눌러댔다는 건 말할 것도 없다.

호텔과 학회장의 Wi-Fi는 전혀 믿을 게 못 된다. 언젠가는 우리 모두 어디서나 고속 인터넷 연결이 지원되는 세상에 살 날이 오겠지만, 그때까지는 Wi-Fi 연결이 안 될 수도 있다는 가정을 항상 해야 한다. 설령 Wi-Fi 연결이 되더라도 강연에 필요한 수준으로 동작할 가능성은 크지 않다.

53

패턴: 라이브 데모

별칭

라이브 툴 사용, 라이브 코딩

정의

프레젠테이션의 일부로 뭔가가 어떻게 작동하는지 또는 뭔가를 어떻게 해야 하는지를 실시간으로 시연한다. 이 패턴을 성공적으로 구현하면 데모를 예술의 경지로 만들 수 있다.

동기

프레젠테이션에서 데모를 하는 이유에는 여러 가지가 있다. 가장 일반적으로는 청중에게 알리고 싶은 것을 흥미롭고 재미있게 보여주기 위해서다. 아마 급하게 준비한, 총알 박힌 시체 스타일의 개요 슬라이드를 보여주고 즉석에서 툴이나 기술을 시연하는 형태로, 충분히 준비하지 않은 것처럼 보일지도 모른다. 최악의 경우 정보가 보잘것없고 분량이 부족한 상황에서 발표자의 자존심을 살려준다. 이 패턴은 위험 부담이 있으므로 능숙한 강연자에게나 적합하다. 강연자 본인은 멋지게 데모를 펼치고 있다고 착각하지만 실제로는 그냥 스스로를 괴롭히고 있는 경우도 흔하다.

주어진 시간 동안 프레젠테이션을 진행할 자료가 충분하지 않을 때 라이브 데모가 구세주 역할을 할 수 있다. 툴을 다루면서 시간이 잘 흘러갈 테고, 청중의 호응을 이끌어 낼 정도로 잘 진행되면 청중들도 혜택을 얻을 수 있다(하지만 여기에는 어두운 측면도 있으니, 자세한 내용은 데드 데모 안티패턴을 참고한다).

적용성 및 적용 결과

라이브 데모는 다음과 같은 경우에 특히 효과적이다.

- 프레젠테이션이 툴이나 기술에 관한 소개 자료로 이뤄진 경우
- 주제가 완전히 생소한 것이라서 청중들이 알고 있는 내용에서 새로운 아이디어를 끌어내려고 하는 경우
- 이야기의 핵심이 툴을 다루거나 기술을 적용하는 것일 경우
- 다루려는 기술을 청중이 부분적으로라도 따라 하고 싶어할 경우

데모가 기술이나 툴 자체에 초점을 맞추고 있을 때 이 패턴이 효과적이다. 그렇지 않을 때는 데드 데모 안티패턴이 되기 쉽다. 데모를 완벽하게 해 내기는 매우 어려우며, 잘못하면 청중이 이를 쉽게 간파한다. 라이브 데모를 잘하려면 엄청난 연습(카네기 홀 패턴 참고)과 충분한 지식, 대범함이 필요하며, 예기치 않은 상황에서도 침착함을 유지해야 한다. 또한 수많은 사람들 앞에서 복잡하고 오류가 발생하기 쉬운 작업을 수행하면서도 사려 깊고 분명한 문장을 구사하는 능력이 필요하다. 아마 라이브 데모 대신 립싱크 패턴을 사용하는 편이 나을 것이다.

즉석에서 소스 코드를 작성하는 것과 같이 복잡한 기술적 작업을 하다 보면 아무리 열심히 연습했더라도 실수를 하기 마련이다. 현장에서 직접 시연하는 것의 장점 중 하나는 청중을 그 상황에 동화시킨다는 점이다. 뭔가 잘못되더라도 청중은 거기에 공감하게 된다. 실수를 한 발표자가 더 인간적으로 느껴지고, 중요한 접점에 관해 설명할 수 있는 기회가 생긴다. 하지만 이 패턴의 단점 역시 이런 상황에서 나타난다. 회복 불가능한 오류나 실수가 발생하면 발표자의 명성에 심각한 흠집을 낼 수 있기 때문이다.

방법

툴 사용법을 시연하면서 애드리브를 능숙하게 해야 한다. 이 패턴을 적용하는 데 가장 어려운 부분은 발표자가 엄청난 청중의 집중력을 유지해야 한다는 점이다. 누군가 툴을 사용하는

과정을 지켜보는 것은 지루할뿐더러, 실수 때문에 같은 작업을 반복하기까지 한다면 그걸 지켜보는 것은 고문에 가깝다. 따라서 대부분의 발표자는 데모 중에 계속 농담을 한다. 데모가 잘 진행될 때도 이렇게 농담을 하기는 어려운데 예기치 않은 상황이 발생하면 더욱 어려워진다.

주제를 확실하게 한다. 청중의 요구에 따라 주제에서 약간 벗어나는 것은 괜찮다. 이런 즉흥적인 대응이 이 방식의 좋은 점 중 하나이기도 하지만 줏대 없이 헤매는 것처럼 보이면 안 된다. 마음속으로 목표를 잡고 계속 따라가야 한다. 만약 청중이 요구한 대로 했을 때 라이브 데모가 제대로 될 것 같지 않으면 기꺼이 거절해야 한다.

연습이 꼭 필요하다. 수많은 사람들 앞에서 데모를 하려면 그에 관한 전문가가 돼야 한다. 아무리 자신은 그렇지 않다고 부인할지라도(전혀 도움이 안 되는 행동이다. 메타적 접근 안티패턴을 참고한다) 말이다. 데모를 할 때는 능숙하게 보여야 하며 모든 질문에 대답할 수 있어야 한다. 발표장 안에 있는 그 누구보다 많이 알고 있어서 청중의 질문에 막힘 없이 대답해야 한다.

라이브 데모를 진행할 때 발생할 수 있는 위험을 줄이려면 현장에서 시연하기 전에 미리 중간 버전이나 스냅샷을 만들어 둔다. 만약 데모가 잘못 되더라도 준비해 둔 지점에서 다시 시작할 수 있으며 평정심을 되찾을 수 있다.

라이브 데모를 통해 청중에게 어떤 것을 시연하고 싶지만 진행 중에 발생할 수 있는 위험 부담은 줄이고 싶다면, 몇 가지 라이브 데모 예제로 프레젠테이션을 시작했다가 좀 더 안전한 방법인 립싱크 패턴으로 변경한다.

사례

니콘 사가 D4 DSLR 카메라를 출시할 때 라이브 데모를 해야만 하는 상황이었다.[1] 혁신적인 원격 제어 기능이 이미 카메라 하드웨어에 내장돼 있다는 사실을 증명하기 위해(립싱크 패턴을 적용하지 않고), 청중을 향해 카메라를 켜고 현장의 사진을 실시간으로 촬영해 보여줬다. 이 프레젠테이션을 통해 니콘 사는 자신들이 홍보한 기능이 베이퍼웨어일지도 모른다는 의심을 완전히 불식시키고 청중들이 기능을 신뢰할 수 있게 만들었다.

1994년에 빌 게이츠는 Windows 95와 플러그 앤 플레이 기능의 라이브 데모를 하기로 결정했다. 그는 수십 번도 더 연습한 대로 쇼를 시작하고 스캐너에 연결했는데, 이런, 그 무시무시한 '블루 스크린'이 나타났다.[2] 빌 게이츠는 그 상황을 해결하려고 최선을 다했지만 청중들은 그 프레젠테이션의 진짜 목적에 집중하지 못하고 미친 듯이 웃어댔다. 그 혼란스러운 상황은 전 세계에 걸쳐 수많은 TV에서 중계됐다. 결코 빌 게이츠가 원했던 상황은 아니었을 것이다.

관련 패턴

데드 데모 안티패턴은 라이브 데모의 부정적인 이면이다.

데드 데모 대신 립싱크 패턴을 사용하는 편이 낫다.

 데이브의 현란한 코드 쇼

> 개발자인 데이브는 점심 강연에서 할 데모를 준비하느라 한달 내내 애썼다. 그는 새로운 웹 프레임워크를 이용한 끝내주는 예제 몇 가지를 찾아냈고, 이 새로운 기술을 이용해서 매우 빠른 시간 안에 현재 시스템의 중요한 부분을 만들어냈다. 미팅 일정이 다가옴에 따라 그는 예제를 세련되게 다듬었다.
>
> 하지만 데이브는 중요한 미팅 장소를 미처 확인하지 못했다. 미팅은 무선 네트워크를 통해 인터넷을 연결할 수 없는, 블랙홀 같은 곳에서 열렸다. 데이브가 준비한 예제 중 어떤 것도 인터넷 연결 없이는 작동하지 않았기 때문에 데모를 진행하는 동안 데이브는 극도로 스트레스를 받았다. 그가 모든 문제를 해결할 수 있는 꼭 맞는 툴을 찾았다는 사실을 모든 이들에게 알릴 수 있는 완벽한 기회였는데, 현실은 데이브(그들의 점심 시간을 망쳤으므로)와 그가 준비한 데모 기술 모두 참석자들에게 실망만 안겨주게 된 것이다.
>
> 머피의 법칙은 항상 예기치 않게, 중요한 상황에서 우리 곁에 찾아온다.

54 안티패턴: 데드 데모

별칭

라이브 툴 사용, 라이브 코딩, 라이브 데모

정의

툴이나 기술의 데모를 길게 해서 프레젠테이션 자료의 부족함을 상쇄하려고 한다.

동기

이 안티패턴은 주로 다음과 같은 이유(우리 저자들이 속한 소프트웨어 분야에서는 너무도 흔한 경우다)로 사용한다.

- 발표자가 준비한 자료로는 주어진 시간의 일부 동안만 프레젠테이션을 할 수 있어서 툴을 사용하는 것으로 나머지 시간을 '때우려고' 하는 경우
- 발표자가 툴 자체보다는 툴이나 기술을 다루는 자신의 능력을 뽐내려고 하는 경우
- 프레젠테이션의 나머지 분량이 재미 없는 점 목록 설명으로 돼 있어 차라리 페인트가 마르는 것을 보는 게 더 낫다고 여길 경우

혹자는 툴이나 기술의 데모를 이용하면 일반 프레젠테이션에서는 만들 수 없는, 더 재미있고 유익한 어떤 것을 만들 수 있다고 생각한다. 이는 완전히 잘못된 생각이다. 중요한 프레젠테이션일수록 머피의 법칙이 적용될 가능성이 크다는 점은 더 말할 필요도 없다.

적용성 및 적용 결과

이 안티패턴은 발표자가 내용에 내실을 기하기보다 현란한 쇼맨십으로 관심을 끌려고 하거나 사실은 설명할 만한 새로운 내용이 없다는 점을 감추려고 할 때마다 어김없이 나타난다.

데드 데모는 종종 적절한 라이브 데모의 모습을 갖추려고 애쓰지만, 라이브 데모를 제대로 구현하는 데 따르는 어려움 때문에 금세 실패하게 된다.

대다수의 콘퍼런스 참석자들은 라이브 데모 스타일을 좋아하며, 종종 데드 데모를 라이브 데모로 착각해서 참아줄 것이다. 하지만 그런 선호도는 잘못된 비교에서 비롯된 것이다. 툴을 형편없이 다루는 것을 총알 박힌 시체 프레젠테이션을 그저 읽는 것과 비교하면, 극도로 지루한 쪽보다는 약간이라도 활기가 있는 쪽을 선호할 테니 말이다.

이 안티패턴의 적용에 따른 또 다른 문제는 발표자가 다룰 수 있는 자료 분량의 압박이다. 불가피하게 툴의 사용법을 시연하다 보면 프레젠테이션 시간의 일부를 잡아먹게 된다. 그 시간에 더 많은 정보를 다룰 수도 있는데 말이다. 아무리 뛰어난 발표자라도 이 안티패턴을 사용하면 기껏 해야 프레젠테이션에서 다룰 수 있는 자료의 60퍼센트만 다룰 수 있다. 이 장의 뒷부분에서 설명할 몇 가지 패턴(예를 들면, 립싱크나 움직이는 강조 효과)을 사용해서 프레젠테이션을 잘 만들면 발표자의 스트레스를 훨씬 덜어주면서 더 많은 자료를 더 자세하게 다룰 수 있다. 이 안티패턴을 사용할 때 가장 손해를 보는 부분이 바로 밀도 있는 정보의 전달이다.

누군가가 실수를 해서 백스페이스 키를 계속 누르는 모습을 보는 것은 무척 고역이다. 많은 청중 앞에서 타이핑을 해보지 않은 대다수 사람들은 이것이 자신의 책상에 앉아 타이핑하는 것보다 훨씬 어렵다는 사실을 잘 모른다. 타이핑을 하는 사람은 사람들이 자신을 지켜보고 있다는 압박감에 속도를 더 내는 경향이 있다. 서두르다 보면 더 많은 실수를 하고, 그 실수를 만회하려고 더 속도를 내게 된다. 닐은 초보 강연자들에게 프레젠테이션 현장에서 소프트웨어 코드를 작성하려면 백스페이스 키가 없어도 될 정도로 충분히 능숙해야 한다고 얘기하곤 한다.

사례

가장 가벼운 내용이라도 기술적인 것을 다루는 모든 콘퍼런스에서는 이 안티패턴을 적용한 프레젠테이션이 있다.

관련 패턴

라이브 데모 패턴은 이 안티패턴에 대칭되는, 좋은 패턴이다. 립싱크와 움직이는 강조 효과, 서서히 등장은 모두 이 안티패턴을 피하는 방법을 설명한다.

 원숭이도 나무에서 떨어진다?

실화를 바탕으로 한 이야기다. 기술 콘퍼런스에서 강연 경력이 꽤 되는 유명한 강연자가 있었는데, 이 사람은 즉흥적으로, 그때그때 대충 코딩해서 프로그래밍 데모를 하는 것으로 악명이 높았다. 한번은 이 사람이 어떤 콘퍼런스에서 기조연설을 하게 됐다.

강연을 하는 동안 제대로 되는 것이 하나도 없었다. 방화벽 설정 문제로 네트워크 연결이 되지 않아서, 어쨌거나 아무것도 할 수 없었다. 다른 방법도 시도해 봤지만 역시 제대로 되지 않았다. 그는 45분의 강연 시간 중 약 25분이 지났을 무렵 최신 크래시 데모를 하면서 설명을 하다 중간에 멈추고 15초간 어색하게 있다가 '죄송하지만 어쩔 수 없군요'라고 중얼거렸다. 그리고는 무대를 내려가 버렸다. 행사 기획자는 놀라움과 충격을 금치 못했다.

다음날 더 소규모로 진행된 강연에서 그는 그 전날 엉망으로 망쳐버렸던 그 데모를 성공적으로 해냈다.

잘 모르는 환경에서 라이브 데모를 하는 것은 지극히 위험하며, 강연이 중요할수록 위험은 커진다.

곤경에 처한 데이비스

웹 디자이너인 데이비스는 라이브 데모를 여러 번 해 봤으니 잘할 수 있을 거라고 생각했으나, 경험이 많다고 항상 잘할 수 있는 건 아니라는 사실을 (어렵게) 깨달았다. 그의 강연은 외부 웹사이트에 접속해야 하는 라이브 코딩 예제 때문에 완전히 엉망이 돼 버렸다. 라이브 코딩만 해도 충분히 어려운데 자신이 제어할 수 없는 외부 요소에 기대어 일을 진행하는 것은 그야말로 문제를 자초한 행위였다. 이전에 같은 강연을 여러 번 성공적으로 해냈던 터라 데이비스가 마지막으로 프레젠테이션을 한 후에 그 외부 서비스가 변경됐다는 사실을 미처 확인하지 못한 것이 화근이었다.

말할 것도 없이 강연은 그가 바라던 대로 되지 않았다. 라이브 코딩을 하면서 벌어지는 일반적인 실수나 오타 등에는 익숙했지만 서비스가 변경된 것까지는 어떻게 해 볼 수가 없었다. 물론 전날 밤에 강연 내용을 한 번이라도 점검했다면 이런 일은 피할 수 있었을 것이다. 하지만 립싱크 패턴을 적용했다면 외부 서비스의 변경 따위는 문제가 되지 않았을 것이다. 그가 라이브 코딩을 고집했기 때문에 프레젠테이션의 메시지를 제대로 전달할 수 없었고, 망쳐버린 데모와는 전혀 관련 없는 개념을 설명하려고 애쓰느라 옴짝달싹 못하게 됐다.

 데이브의 길고 길었던 데모

개발자인 데이브는 두 가지 툴을 독특하게 조합해서 소프트웨어를 디버깅하는 방법을 고안했다. 그는 이것을 프레젠테이션 자료로 만들어 지역 분과회에서 먼저 발표하고, 나중에는 콘퍼런스에서도 발표하기로 마음 먹었다. 그가 발견한 툴의 조합은 설정하기가 까다로워서 여러 개의 보조 툴을 실행해야 했다.

분과회에서 프레젠테이션을 하던 날, 필수 지원 툴 중 하나가 제대로 작동하지 않아 그걸 손보느라 시간이 걸렸다. 데이브는 문제를 해결하려고 애쓰는 와중에 지금 어떤 일이 벌어졌는지 더듬더듬 설명했다. 결국 문제를 해결했지만 청중의 2/3 이상이 이미 자리를 뜨고 없었다. 프레젠테이션의 내용은 훌륭했으나 내용을 온전히 설명하기도 전에 벌어진 문제 때문에 지겨워진 청중들이 참지 못하고 가버린 것이다.

팸의 이룰 수 없는 꿈

[노트] 이 책의 쉬어가기는 대부분 지어낸 것인데 이 이야기는 실화를 바탕으로 한다. 이 사례를 통해 안티패턴을 발견하고 그에 대한 해결책으로 립싱크 패턴을 만들었다. 이 사건의 당사자인 팸을 보호하고자 몇몇 이름을 바꿨다.

Penultimate Software는 모든 종류의 애플리케이션이 서로 끊김 없이 완벽하게 통신할 수 있게 해 주는 차세대 연결 세트를 만드느라 여념이 없었다. 그런데 그 기술을 채 완성하기도 전에 대규모의 세일즈 콘퍼런스가 열리게 됐다. 프로그래머인 팸은 첫날 기조연설에서 새로운 기능을 시연하게 됐다. 실패했다. 다음날 정오에 있었던 기조연설에서 다시 시도했다. 또 실패했다. Penultimate Software의 회장은 격분했다. 제대로 동작하지도 않는 소프트웨어를 팔 순 없는 노릇 아닌가! 회장님의 지시가 바로 팸에게 떨어졌다. 목요일에 있을 마지막 기조연설에서는 반드시 성공시켜야 한다.

문제는 심각했다. 소프트웨어가 아직 완성되지 않아서 어떻게 작동할지 예측하기가 무척 힘들었다. 결국에는 완벽하게 동작하게 되겠지만 아직은 완성되지 않은 소프트웨어의 기능을 어떻게 보여줄 수 있을까?

팸은 수요일 밤 늦게 호텔로 돌아가서 데모를 손봤다. 여섯 번 정도는 성공적으로 돌아갔는데, 그 후로는 무작위로 실패했다. 너무나 절박했던 나머지 팸은 위험하지만 기발한 계획을 세우기에 이르렀다. 화면 캡처 소프트웨어를 사용해서 툴을 다루는 과정을 전체 화면으로 녹화했다. 물론 제대로 동작하는 경우를 말이다.

목요일, 무대에 오른 팸은 현장에서 툴을 사용하는 것처럼 행동했지만 실은 녹화해 둔 파일을 재생했다. 중간에 무대에 있던 Penultimate 직원 하나가 팸이 지금 하고 있는 것이 무엇인지 질문했다. 아마도 툴에 대한 설명을 듣고 싶어 그랬을 것이다. 그 직원은 팸이 재생을 멈추고 즉석에서 설명을 할 수 없다는 사실을 알지 못했다! 팸은 그를 무시했고, 동영상 맨 마지막에 약간의 사소한 문제가 있긴 했으나 데모를 잘 끝내서 큰 박수를 받았다. 그 기술이 효과가 있었던 것이다!

그날 저녁, 발표자들이 참석한 만찬 자리에서 팸은 자신이 했던 일을 다른 발표자들에게 고백했고, 사람들은 크게 웃고 즐거워했다. 그날 이후로 팸은 콘퍼런스계의 밀리 바닐리(Milli Vanilli)[3]로 불린다. 하시만 그녀가 했던 일은 불가능한 상황에서 발표자의 스트레스를 줄여주고, 현재 버그가 있음에도 불구하고 그 소프트웨어에 대한 비전을 제시한다는 프레젠테이션의 목적을 달성한, 효과적인 속임수였다. 여기에서 영감을 받아 립싱크 패턴을 만들었다.

55

패턴: 립싱크

별칭

밀리 바닐리

정의

라이브 예제라고 하면 멋진 생각처럼 들리겠지만, 실은 **데드 데모** 안티패턴이 되기 십상이다. 이 패턴은 툴이나 기술을 현장에서 시연하는 대신, 사전에 툴을 사용하는 과정을 동영상으로 녹화해서 프레젠테이션을 할 때 재생하는 방법이다.

동기

데모 영상을 녹화해서 사용하는 것은 데모를 라이브로 하는 것에 비해 엄청나게 많은 장점이 있다.

- 시간을 조작할 수 있다. 즉, 필요하긴 하지만 지루한 부분을 빠르게 지나가거나 오래 걸리는 프로세스를 짧게 압축할 수 있다.

- 까다로운 예제에 매달리지 않고 데모 실행에 관해 완전히 집중해서 설명할 수 있다.

- 헷갈리는 부분에서 멈추거나 반복해서 재생하거나, 의도적으로 분기 지점으로 되돌아갈 수 있다. 툴을 보여줄 때 발표자는 보통 오류 같은 만일의 사태에 대비해 다양한 워크플로를 보여줘야 한다. 립싱크 데모를 사용하면 준비 단계에서 툴을 완벽하게 제어할 수 있고, 짧은 동영상 조각으

로 미세한 부분까지 설명할 수 있다. 또한 발표자가 되돌아갔던 지점을 자동으로 전후 상황과 관련 짓기 때문에 데모 자체를 컨텍스트 키퍼로 사용하는 것도 매우 효과적이다.

- 녹화된 데모 영상은 프레젠테이션 툴 내에서 실행되므로 원하는 애니메이션과 화면 전환, 꾸미기 효과를 영상에 적용해 맥락을 덧입힐 수 있다.

- 현장에서는 만들어낼 수 없는 복잡한 시나리오(예를 들면 특수하지만 드문 오류 상황)를 만들어 캡처한 후 이를 분석해서 설명할 수 있다.

- 라이브 데모는 제대로 구현하기에 가장 어려운 프레젠테이션 패턴 중 하나다.

- 데모 영상을 녹화해서 사용하면 발표자의 스트레스를 극적으로 줄일 수 있다. 실수를 하더라도 녹화를 다시 하거나 영상을 편집하면 된다. 일부 참석자들은 발표자가 '실수를 극복하는 과정'을 보는 것을 진심으로 좋아하겠지만, 발표자가 프레젠테이션 중에 그런 과정을 시연할 의도가 없었다면 이미 스트레스가 심한 상황에서 더 큰 압박을 받게 된다.

- 립싱크는 Wi-Fi, 문제가 자주 발생하는 소프트웨어, 복잡한 멀티애플리케이션이나 기기 관련 요구사항 등 기술과 관련해 생길 수 있는 모든 의존성을 줄여준다. 데모에서 작동해야 하는 부분이 많아질수록 청중 앞에서 오작동할 가능성도 커진다.

- 립싱크는 자주 바뀌는 기술을 보여주고자 할 때 더욱 효과적이다. 그 기술의 안정성에 대해 걱정할 필요 없이 기능을 보여줄 수 있다.

적용성 및 적용 결과

라이브 데모를 하는 것처럼 조작하려고 립싱크를 사용하는 것은 잘못된 일이다. 청중이 이를 눈치챌 경우 발표자의 신용도에 큰 흠집이 날 수 있기 때문이다. 대신에 립싱크의 장점을 잘 활용한다. 발표자가 설명과 라이브 데모를 동시에 진행하지 않아도 되면 더 편하게 커뮤니케이션할 수 있다는 사실을 청중들도 쉽게 알 수 있다.

라이브 데모 패턴과 달리 립싱그 패턴의 아쉬운 점을 하나 꼽으라면 청중의 요청에 따라 데모를 즉흥적으로 변경할 수 없다는 점이다. 이것이 중요한 요건이라면 라이브 데모 쪽으로 마음이 기울 것이다. 하지만 대안이 하나 있다. 추가 설정이 필요하긴 하지만 라이브 데모의 즉흥성을 제공하면서도 립싱크처럼 안정적이고 스트레스도 줄여 줄 수 있는 방법이다. 특히, 소스 코드처럼 쉽게 버전을 바꿀 수 있는 경우에 사용하면 효과적이다.

이 방법은 여러 가지 상황에서 시연되도록 툴의 상태를 저장하는 것이다. 툴과 툴의 사용 목적에 따라 이런 스냅샷을 어떻게 나타낼지 결정한다. 예를 들어 문서를 작성할 경우 각 버전을 저장해 폴더별로 번호를 붙인다. 소스 코드를 작성할 경우에는 데모 버전에 태그를 붙여 저장할 때 프로젝트에서 사용하는 것과 같은 버전 관리 툴을 사용한다. 녹화된 데모 영상을 사용할 때 청중이 요구하는 버전이 있으면 해당되는 버전의 코드가 있는지 확인하고 그 버전의 데모를 사용한다.

이 방식을 사용하면 청중의 요구에 따라 여러 가지 버전을 보여주면서도 각 버전이 시작되는 지점에서 프레젠테이션을 재개할 수 있기 때문에 일거양득의 효과를 볼 수 있다.

방법

시연하려고 하는 툴이나 기술이 컴퓨터 기반이면 스크린 캡처 소프트웨어가 설치돼 있을 것이다. 아니면, 모든 플랫폼에서 무료로 또는 낮은 비용으로 사용할 수 있다. 화면 전체나 일부를 동영상으로 녹화할 수만 있으면 된다. 고급 스크린 캡처 애플리케이션을 사용하면 음성이나 커서, 강조 등을 포함시킬지 선택할 수 있다.

일단 데모 영상을 녹화하면 녹화한 영상을 프레젠테이션 툴에서 슬라이드에 추가하는 것은 식은 죽 먹기다. 모든 툴에서 동영상 삽입을 지원하며, 나타나고 사라질 때 다양한 애니메이션 효과를 적용할 수도 있다. 소프트웨어 툴을 보여줄 때는 슬라이드를 다 채우는 전체 화면 캡처가 좋다. 데모 영상을 전체 화면으로 재생하면 애플리케이션의 동작을 녹화한 것이 아니라 애플리케이션 자체가 실행되는 것처럼 보이기 때문이다.

프레젠테이션을 진행할 컴퓨터나 태블릿과 프로젝터의 성능을 확실히 알고 있어야 한다. 동영상 재생이 하드웨어에 큰 부담을 줘서 데모 영상이 불안정하게 재생되는 경우도 있다. 스크린 캡처를 '녹화'할 때는 컴퓨터의 모든 알림 기능과 방해가 될 법한 애플리케이션을 종료한다. 관련 없는 팝업 알림창이 나타나거나 하면 데모 영상이 엉성해 보인다. Windows의 작업 트레이나 OS X의 메뉴 바 서비스 등의 '린트(lint)'도 바탕화면에서 감춰야 한다. 그렇지 않으면 청중은 발표자가 어떤 애플리케이션을 사용하는지 궁금해하기 시작할 것이다. 쓸데없이 관심이 분산되는 것이다.

만약 방해가 되는 것을 제거할 수 없다면 프레젠테이션 툴에서 테두리 없는 흰색 상자를 접착 테이프처럼 사용한다. 잘 사용하면 화면에서 불필요한 것들을 일시적 또는 영구적으로 가릴 수 있다.

관련 패턴

데드 데모 안티패턴은 이 패턴이 만들어진 이유다.

💡 립싱크에 관한 폭풍 논쟁

닐과 매튜, 나다니엘의 세계에서는 데드 데모가 흔하게 펼쳐진다. 소프트웨어 행사에서 일부 강연자들은 코드를 라이브로 작성하는 복잡한 상황을 헤쳐나가지 못하는 걸 일종의 유약함으로 느끼기까지 하는 것 같다. 너무 흔히 벌어지는 일이다 보니, 닐은 매튜에게 립싱크를 사용하는 것이 나쁜 생각만은 아니라고 설득해야 했다.

봄비가 폭우처럼 쏟아지던 어느 날, 디모인에서 콘퍼런스를 마치고 공항으로 가는 길에 닐과 매튜는 청중 앞에서 코드를 라이브로 작성하는 것의 장단점에 대해 이야기하기 시작했다. 매튜는 이런 논쟁을 벌인다는 것에 기가 막혀 했다. 라이브 코딩은 기술 콘퍼런스의 주된 요소이기 때문이다. 하지만 닐은 계속되는 이의 제기에도 지치지 않고 매튜의 주장을 반박했다. 도착할 무렵에는 매튜도 립싱크를 사용해 보기로 동의했고, 그날 이후 엄청난 립싱크 지지자가 됐다.

💡 바브의 헷갈리는 계산

회의가 열렸고, 회계사는 회계 업무를, 애널리스트는 분석 업무를 했다. 수개월간의 노력 끝에 회사의 어느 부서가 살아남고, 어느 부서가 없어지게 될지 평가를 앞두고 있다. 바브의 팀이 운 좋게도 최종 분석 업무를 맡았다. 슬라이드 템플릿과 대부분의 다른 내용은 컨설턴트의 도움을 받아 썼다. 바브는 그저 슬라이드 몇 장만 작성하면 됐다.

문제는 요약 슬라이드였는데, 스프레드시트로 작성된 미가공 데이터에서 합계와 요약 데이터를 도출해 보여주는 것이었다. 늘 그렇듯이 스프레드시트의 값이 회의 당일까지 변동을 거듭했다. 프레젠테이션은 잘 진행했지만 한 시간 가량 지나자 바브는 뭔가 섬뜩한 느낌이 들었다. 지난 한 시간 동안 프레젠테이션을 준비하면서 바브는 스프레드시트의 값을 슬라이드에서 테이블 형태로 바꿨다. 뭔가 놓쳤으면 어쩌지? 합계를 제대로 내긴 했나?

56 패턴: 움직이는 강조 효과

정의

그래픽과 불투명도, 기타 강조 기능을 사용해서, 설명하거나 시연하는 내용을 꾸민다.

동기

이 패턴은 슬라이드 구성 패턴이지만, 이 패턴과 이어서 설명할 두 패턴은 툴이나 절차, 프로세스, 기타 구체적인 산출물의 기능과 상세 내역을 설명하는 프레젠테이션에서 자주 나타난다.

수치 데이터나 소스 코드를 그대로 보여주는 것은 시각적으로 별로 좋지 않다. 움직이는 강조 효과를 사용하면 청중의 관심을 화면의 특정 부분에 집중시키면서 일관된 맥락을 제공하기 위해 필요한 나머지 부분도 그대로 유지할 수 있다. 그리고 정적인 스크린샷에 애니메이션과 화면 전환을 사용해 시각적 효과를 줄 수 있다. 이뿐만 아니라 중요 항목처럼 특정 부분에 관심이 필요하다는 것을 발표자에게 상기시키는 역할도 한다.

이 패턴을 사용하면 슬라이드의 정보를 밀도 있게 전달할 수 있다. 여러 장의 슬라이드에 스크린샷 한 장을 보여주는 것보다 움직이는 강조 효과를 사용하면 슬라이드 한 장에 더 많은 정보를 담을 수 있다. 그러면 슬라이드 수가 줄어 자연히 페이지 수도 줄어들기 때문에 슬라이드 문서 안티패턴을 구현해야 하는 프레젠테이션에는 큰 장점이 된다.

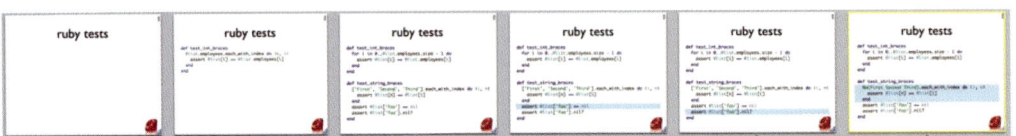

그림 5.2 소스 코드에 움직이는 강조 효과를 적용한 모습

적용성 및 적용 결과

이 패턴은 프레젠테이션의 전체 맥락을 유지하면서 소스 코드 차트, 스프레드시트, 툴 산출물 등 다양한 자료를, 상세함의 정도를 조절해서 사용하고자 할 때 유용하다.

방법

이 패턴은 모든 프레젠테이션 툴에서 다양한 방법으로, 쉽게 구현할 수 있다. 그림 5.2는 튜토리얼 프레젠테이션에 이 패턴을 사용해서 컴퓨터 소스 코드를 설명하는 방법을 보여준다.

그림 5.2에서는 발표자의 설명에 맞춰 슬라이드 한 장(여기서는 6단계의 애니메이션으로 구성)에 소스 코드를 넣고, 애니메이션 효과로 특정 부분을 강조했다.

이 효과를 적용하려면 소스 코드를 글 상자나 표로 된 숫자 데이터로 표시하지 않는다. 대신, 해당 코드나 숫자 데이터를 가져온 소프트웨어 툴의 스크린샷을 사용하고 전체 화면으로 보여준다. 컴퓨터 소스 코드는 개발 환경에서 스크린샷을 캡처해 사용한다. 소프트웨어 개발자는 개발 툴에서 보여주는 방식대로 소스 코드가 표현되는 것에 익숙하므로 소스 코드를 굳이 일반 텍스트로 옮겨 표현하면 어색하게 느낄 것이다. 마찬가지로 스프레드시트에서 가져온 데이터를 표시할 때는 스프레드시트의 스크린샷을 사용한다. 어쨌든 청중 역시 스프레드시트의 데이터를 보는 것에 익숙할 테니 굳이 데이터를 옮길 필요가 없다.

그림 5.2와 같은 효과를 적용하는 방법은 다음과 같다.

1. 보여주고 싶은 소스 코드를 포함한 개발 환경의 화면 영역만 캡처한다. 툴의 나머지 부분까지 캡처할 필요는 없다. 청중들이 개발자 출신이라면 툴에 내장된 구문 하일라이팅만으로 상황을 이해할 것이다(스프레드시트 같은 툴을 캡처할 때는 전후 상황을 이해시키려면 툴의 UI까지 포함해야

할 수도 있다). 보통 스크린 캡처 툴을 사용하면 고정된 영역을 캡처할 수 있고, 다음 화면을 캡처할 때까지 그 영역을 유지할 수 있다.

2. 강조 표시해서 보여주고 싶은 코드의 첫 번째 부분을 강조 표시하고, 정확히 같은 영역으로 화면을 다시 캡처한다.

3. 프레젠테이션의 눈금을 사용해서 기존 이미지 위에 새 이미지를 꼭 맞게 덮어씌운다.

4. 디졸브 나타내기 애니메이션을 사용한다. 두 번 다 정확히 같은 영역을 캡처했으므로 강조 표시된 부분만 변경될 것이고, 강조하고자 하는 부분 주변에서 강조 표시가 '확대'되는 것처럼 보인다.

강조하는 부분에 색깔을 넣을 필요는 없다. 그림 5.3의 슬라이드를 살펴보자.

보통 그림 5.3과 같이 많은 정보를 슬라이드에 담지는 않는다. 의미 단위로 나눠서 전달하는 것이 좋다(쿠키 틀 안티패턴 참고). 하지만 청중이 이런 형식의 현황 보고에 익숙할 수 있고, 이 자료가 회의의 목적을 잘 드러내고 있다. 이럴 때는 그림 5.4에 있는 4장의 슬라이드와 같이, 움직이는 강조 효과를 사용해서 전체 자료를 화면에 표시하고 중요한 부분을 강조해서 표시한다.

그래프의 선과 텍스트에 아날로그 잡음 패턴을 사용해서 원래 자료와 프레젠테이션에 추가한 텍스트를 구분했다. 이런 방식으로 사용하면 움직이는 강조 효과가 컨텍스트 키퍼의 역할을 해서 각각의 상세한 내용을 보다가 익숙한 맥락으로 돌아올 수 있다.

이 패턴을 구현하는 데 그래픽 요소를 꼭 사용할 필요는 없다. 그림 5.5의 버전을 살펴보자.

이 버전에서는 원래 이미지를 배경으로 유지하고 각 부분을 강조하기 위해 불투명도와 이동, 확대 효과를 차례로 사용한다. 각 차트가 원래 위치에서 '확대'되어 화면 가운데에 표시되고 스프레드시트의 나머지 부분은 흐릿해지므로 세련되게 보인다.

이 패턴을 구현하려면 애니메이션 효과를 조심스럽게 겹쳐서 사용해야 한다. 그림 5.6의 키노트 속성을 살펴보자.

그림 5.6에서 전체 이미지(Status_spreadsheet)의 불투명도를 30퍼센트로 설정했다. 동시에 (화면 전환과 함께 자동으로(automatically with transition)를 사용해서 빌드 시작), 겹쳐진 그래프를 같은 크기로 원래 위치에 나타나게 한다. 그런 다음, 전환 후에(after)를 적용해서 화면 중앙으로 이동하고 동시에 200퍼센트로 확대한다. 이 시각 효과를 적용하면 그래프가 스프레드

시트의 원래 위치에서 '확대'되어 나타난다. 다음 요소로 이동하기 위해 현재 요소를 디졸브시키고 다음 요소를 '확대'한다. 이후 '원래 위치로 복구'할 필요는 없다. 해당 요소를 원래 위치에 나타냈다가 화면 중앙으로 이동하게 하는 것이 반대로 하는 것보다 훨씬 큰 시각 효과를 낸다. 대신, 다음에 설명할 항목에 더 신경 쓰도록 한다.

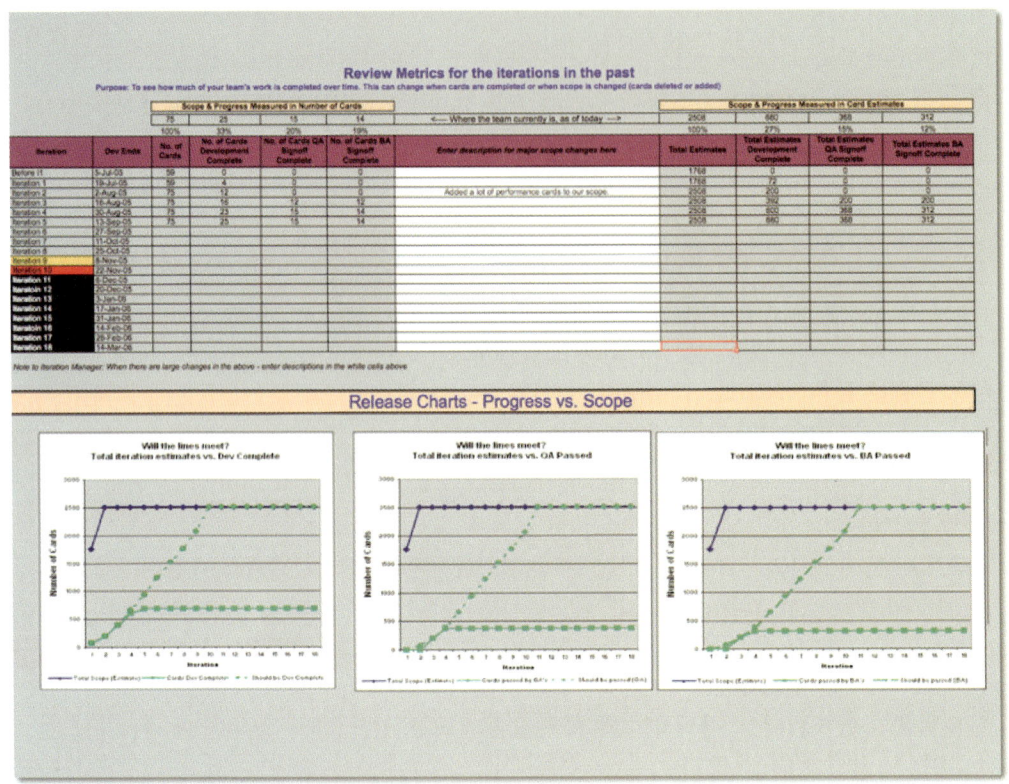

그림 5.3 정보가 밀집된 현황 보고 슬라이드

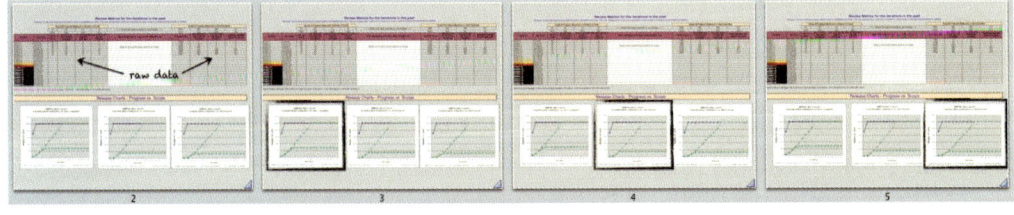

그림 5.4 상자와 선을 움직이는 강조 효과로 사용한 경우

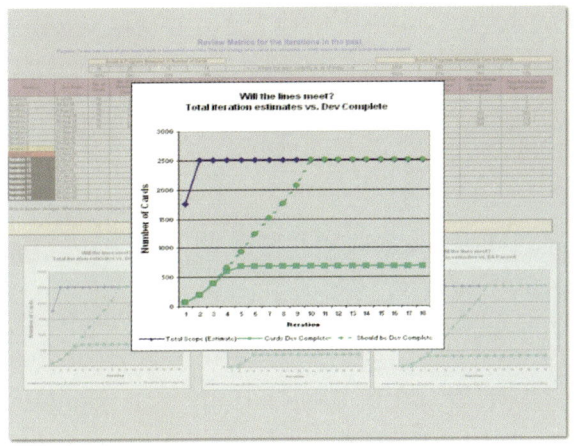
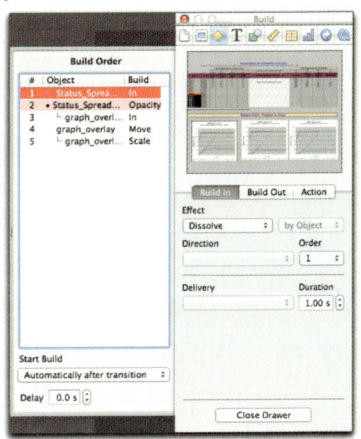

그림 5.5 움직이는 강조 효과로 확대와 불투명도를 사용한 경우

그림 5.6 키노트 속성 창에서 크기, 동작, 불투명도를 설정한 모습

아이패드 같은 태블릿에서 프레젠테이션을 할 계획이라면 고급 애니메이션과 화면 전환 효과가 제대로 동작하는지 조심해서 테스트한다. 아이패드용 키노트의 버전은 데스크톱 버전에 비해 지극히 제한적이므로 그에 맞춰서 준비해야 한다.

그림 5.7에서는 같은 애니메이션 효과를 같은 패턴으로 파워포인트에서 구현한 것이다.

파워포인트에서도 움직이는 강조 효과를 구현한 세부적인 방법은 다르지만 개념은 동일하다.

1. 개요 슬라이드로 시작한다. 각 항목을 강조한 후 돌아가게 될 슬라이드다. 일종의 컨텍스트 키퍼 역할을 한다.

2. 전체 크기의 삽입 이미지(이 예제에서는 차트)를 슬라이드에 붙여 넣고, 이미지의 크기와 위치를 개요 이미지와 동일하게 만든다. 전체 크기의 이미지를 붙여 넣고 크기를 줄이면 보통 이미지의 품질이 높아진다. 반대로, 작은 이미지를 붙여 넣고 크기를 늘리면 이미지 품질이 떨어진다.

3. 삽입된 이미지가 점점 더 커지도록 나타내기 애니메이션을 설정한다.

4. 이동 경로 애니메이션을 추가한다. 파워포인트에서는 여러 가지 애니메이션을 지원하는데 대부분은 보기에 별로 좋지 않다. 이런 애니메이션은 단순할수록 더 좋다. 이 예제에서는 직선을 선택했다.

5. 확대/축소 같은 강조 애니메이션을 추가하고 이전 효과와 함께 시작으로 설정한다. 이렇게 하면 이동과 확대가 동시에 일어나 좀 더 부드럽게 보인다.

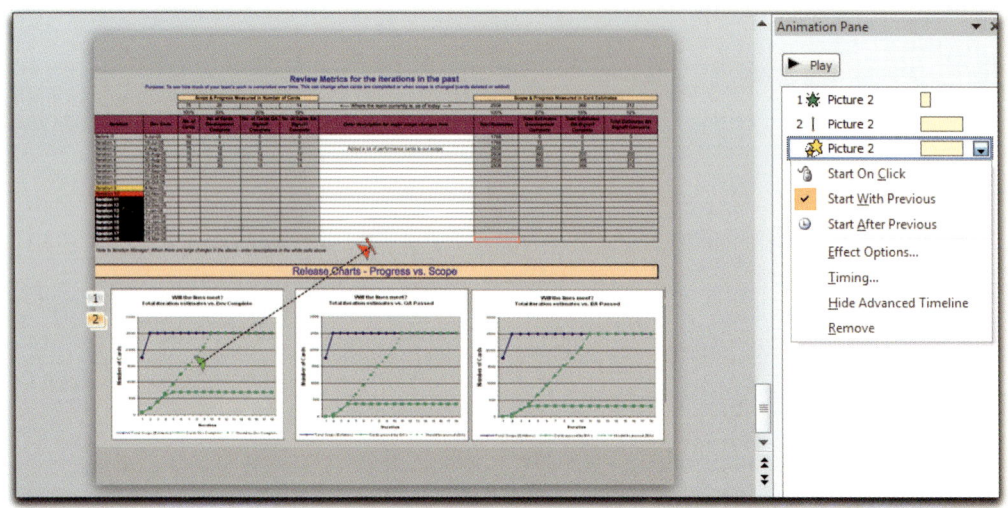

그림 5.7 파워포인트에서 움직이는 강조 효과를 구현한 경우

이 과정을 실제 상황에 테스트해야 한다. 파워포인트는 적절한 하드웨어가 지원되지 않으면 애니메이션 효과가 매우 형편없어진다. 이런 상황이라면 고급 효과를 사용하지 않고 단순한 효과를 사용하면 더 나은 효과를 낼 수 있다. 예컨대, 이동 경로가 화려한 애니메이션보다 단순한 나타내기 애니메이션을 사용하는 것이 좋다.

관련 패턴

이 패턴은 슬라이드 한 장에 들어가는 텍스트와 이미지에 잘 맞는다. 만약 하나의 단위로 된 텍스트 덩어리가 슬라이드 한 장에 담기에 너무 크다면 움직이는 코드 패턴을 적용하는 편이 더 나을 것이다.

57 패턴: 움직이는 코드

별칭

슬라이딩 코드, 뷰포트

제작 지원

Duarte Design Inc.[4] CEO, 낸시 두아르테

정의

텍스트 블록이 화면 아래에서부터 천천히 나타나 화면 위로 넘어간다. 현재 설명하는 부분만 화면에 표시된다. 화면에 보이지 않는 전후 내용도 청중들의 마음속에 남아있으므로 전체 텍스트 블록이 더 큰 캔버스에 표시되는 것과 같은 심리적인 효과가 있다.

동기

슬라이드 텍스트는 발표 공간에서 맨 뒤에 있는 사람도 볼 수 있을 정도로 커야 한다. 하지만 여러 줄로 된 텍스트를 하나의 단위로 보여줄 때는 충분히 읽을 수 있는 글자 크기로 슬라이드 한 장에 모든 내용을 넣기 어렵다. 그렇다고 텍스트 내용을 슬라이드 여러 장에 나눠 담기는 싫은데 말이다.

적용성 및 적용 결과

프로그래밍 코드나 긴 공식, 긴 단계별 프로세스, 중요한 인용구 등을 보여주는 프레젠테이션에서 이 패턴을 이용하면 청중들이 유연하고 안정적으로 내용을 읽으면서 전체 문맥을 파악할 수 있다.

이 패턴을 구현하려면 꽤 많은 시간을 투자해야 한다. 화면 전환 효과를 세심하게 적용해서 각 블록에 필요한 내용을 모두 포함해 적절한 순서로 화면에 표시하고, 텍스트의 이동과 완벽히 조화를 이뤄서 블록을 확대, 축소한다.

미리 정해진 순서로 텍스트를 보여주기 때문에 질의 응답 시간에 내용을 찾아보기가 어렵다. 질문을 받으면 관련 내용을 메모장이나 워드프로세서로 보여 줄 수 있도록 미리 텍스트를 준비해 두는 등의 방식으로 자유롭게 처리할 수 있다.

방법

문맥상 앞뒤 내용을 함께 보여줘야 하는 긴 텍스트가 있다면 텍스트 필드 하나에 함께 담는다. 글자 크기를 22까지 키우고, 내용이 슬라이드 바닥을 넘어가게 둔다. 여러 줄이 넘어가도 상관없다. 그런 다음 텍스트 내용 중 설명할 부분을 강조해서 표시한다. 해당 부분의 색깔을 다르게 하거나 주변에 상자를 그려도 된다. 텍스트 주변에 상자를 그릴 때는 텍스트 블록과 상자를 꼭 그룹으로 묶어야 한다. 텍스트 필드를 입력한 후에는 이동 경로를 지정할 수 있는 애니메이션을 사용해 텍스트 블록이 천천히 슬라이드 위로 움직이게 한다. 발표자가 내용을 전달하는데 필요한 만큼 여러 번 스크롤할 수 있다.

사례

매튜는 긴 프로그래밍 코드 블록을 보여주는 프레젠테이션마다 이 기법을 사용한다. 가장 극적인 적용 사례는 Encryption Boot Camp on the JVM 프레젠테이션에서였다. 프로그램의 한 부분을 보여주고 슬라이드를 휘리릭 넘겨 다음 부분을 보여주는 것이 아니라, 코드를 부드럽게 화면 위로 스크롤되게 만들었다. 이 프레젠테이션에는 여러 가지 예제 프로그램이 포함되어 있고 가장 긴 프로그램은 100줄에 달했다. 각각 3줄에서 8줄 정도의 블록을 한 번에 살펴

봐야 했다. 이 작은 블록들은 전체 프로그램 구조와 연관되어 있으므로, 가끔은 비선형적인 순서로 화면에서 부드럽게 스크롤되는 것을 보면 청중들이 그 프로그램을 이해하는 데 도움이 된다. 세그먼트의 순서가 프레젠테이션에 깊이 관련돼 있으므로 누군가 매튜에게 어떤 세그먼트를 반복해 달라고 요청하면 프레젠테이션 소프트웨어의 역탐색(back-navigation) 기능을 이용해 쉽게 되돌아갈 수 있다.

관련 패턴

이 패턴은 움직이는 크레디트 패턴과 비슷하지만 프레젠테이션의 본문 내에서 사용된다.

58

패턴: 서서히 등장

📶 별칭

교육용 애니메이션

📶 정의

이동과 화면 전환, 강조 표시, 기타 프레젠테이션 효과를 사용해서 궁극적으로 보여주려고 하는 큰 내용의 일부나 세부사항을 서서히 드러낸다.

📶 동기

크고 복잡한 내용 전체를 한 번에 보는 것은 부담스러운 일이다. 내용을 조금씩 드러내면 각 부분을 차례대로 쌓아나가 큰 목적을 명확하게 설명할 수 있다.

📶 적용성 및 적용 결과

설명해야 하는 내용이 크고, 이 큰 내용을 다이어그램이나 사진, 공식, 프로그래밍 코드 등의 형식으로 나타내야 한다면 이 패턴을 적용하는 것이 좋다. 서서히 등장을 사용하면 내용을 청중이 소화할 수 있는 작은 단위로 서서히 드러내 전체 내용을 설명할 수 있다.

각 세부 내용에서 흥미로운 정보를 제공하므로 작게 쪼개진 정보를 하나씩 드러내는 동안 청중이 계속 주의를 기울일 것이며, 결국 그 모든 것을 조합한 전체 그림을 쉽게 이해할 수 있게 된다.

🔖 방법

이 패턴을 구현하는 방법은 키노트와 파워포인트 모두 동일하다. 애니메이션과 화면 전환 효과를 사용해서 전체 내용의 일부분을 보이지 않게 설정한 다음 하나씩 서서히 내용을 드러낸다. 흔히 사용하는 방식은 테두리가 없는 흰색 상자를 '덕트 테이프'처럼 사용하는 것이다.

슬라이드문서를 만들어야 한다면 이 패턴을 적용하는 데 추가 작업이 필요하다는 점을 미리 알아둔다. 슬라이드문서의 목적은 슬라이드의 최종 상태를 출력할 수 있게 만드는 것이다. 서서히 등장 패턴을 사용하면 대부분의 요소가 처음에는 보이지 않게 설정돼 있다. 서서히 등장 패턴을 사용하면서 슬라이드의 최종 버전을 출력할 수 있게 만들려면 평소 하던 대로 슬라이드를 설정한 후 내용을 출력했을 때 원하는 대로 보이도록 추가적인 애니메이션 효과를 적용해야 한다.

1. 내용을 가릴 수 있는 상자 같은 요소를 원하는 곳에 배치한다.

2. 가림막으로 사용한 요소의 불투명도를 0퍼센트로 설정해 보이지 않게 만든다. 이제 슬라이드를 출력할 수 있는 상태가 됐다.

3. 각 상자의 불투명도를 100퍼센트로 설정하고 애니메이션을 추가한다. 이 애니메이션을 슬라이드의 주요 내용을 나타내는 나타내기 애니메이션 위로 옮기고 기간을 가능한 한 짧게 설정한다. 즉, 주요 내용이 나타나기 전에 애니메이션을 슬쩍 끼워 넣어 가림막으로 사용한 요소를 다시 불투명한 상태로 만든다. 주요 내용이 나타나면 이제는 눈에 보이는 가림막 요소 뒤에 가려진 상태이고, 적절한 때에 애니메이션 효과로 가림막 요소를 치울 수 있다.

키노트에서는 매직 무브를 사용해 슬라이드나 슬라이드 간 화면 전환 효과로 큰 상자를 움직여서 서서히 등장을 구현할 수 있다. 현재 보여주고 있는 부분에서 다음에 보여줄 부분으로 부드럽게 넘어갈 것이다. 또 다른 구현 방법은 흰색이나 부분적으로 불투명한 블록을 사용해서 아직 드러내지 않았거나 현재는 설명하지 않는 부분을 가리거나 흐리게 처리하는 것이다.

📶 관련 패턴

움직이는 강조 효과도 비슷한 목적으로 사용된다. 큰 그림에서 일부만 강조해 한 번에 하나씩만 보여주는 방식이다.

 실행 취소로 만든 데모

> 유명 기술 강연자인 데이비드 기어리(David Geary)는 가끔 까다로운 소스 코드를 작성하는 라이브 데모를 완벽하게 해내기 위해 사용하는 한 가지 속임수를 사람들에게 털어놨다. 강연 직전에 데모를 작성하고 나서, 코드 편집 툴의 실행취소(undo) 기능을 사용해 작성한 내용을 시작 지점까지 '취소'하는 것이다.
>
> 프레젠테이션을 진행하면서 다시하기(redo)를 눌러 좀 전에 작성했던 코드를 서서히 '재입력'한다. 일종의 립싱크 패턴이지만 더 인터랙티브하고 설정하기가 어려우며 손이 많이 가는 작업이다.

59

패턴: 라이브 온 테이프

별칭

비디오그램, 프레젠테이션 녹화, 메일 전달, 스크린캐스트

정의

거리가 너무 멀어서, 또는 시간이 없거나 예산이 부족해서 프레젠테이션을 현장에서 할 수 없을 때 현장에 있는 청중에게 이야기하는 것처럼 동영상으로 녹화하는 방식이다.

동기

가끔 발표자 본인이나 회사의 일정 또는 예산 때문에 프레젠테이션을 직접 하지 못할 때가 있다. 프레젠테이션 내용을 녹화해서 전달하는 방식은 발표자가 자신보다 청중들의 일정을 존중한다는 의미다. 게다가 녹화 동영상은 발표 현장을 넘어서 훨씬 더 많은 청중에게 전달될 수 있다. 주어진 시간에 정해진 장소에서 하는 프레젠테이션에 더 많은 사람들이 참석하게 하기는 어렵다. 녹화된 영상의 링크를 전달하기는 말할 것도 없이 쉬운 일이다.

적용성 및 적용 결과

라이브 온 테이프를 직접 하는 프레젠테이션의 단순한 대체 형식으로 생각하기 쉽다. 하지만 이 패턴은 규모가 작고 중요도가 낮은, 다양한 프레젠테이션 형식에도 적합하다. 예컨대, 관리자 대상의 제품 데모나 동료 의사를 대상으로 한 질병 설명, 변호사 대상 증언, 기술자나 프로그래머 대상 장애 데모 등이 여기에 해당된다.

참석자의 입장에서도 정해진 시간에 여기저기 참석하는 것보다 녹화된 영상을 받아 원하는 시간에 보는 것이 비용 측면에서 더 효율적이다. 미리 정해진 시간에 모여 라이브 데모를 보는 것보다 시간이 날 때 간편하게 동영상을 보는 것이 훨씬 쉽다.

라이브 온 테이프는 대부분 슬라이드를 보여 주면서 음성으로 설명하는 프레젠테이션에서는 가장 구현하기 쉬운 패턴이다. 프레젠테이션에서 청중들이 직접 시험해 볼 수 있는 물리적인 요소를 더 많이 활용할수록 이 패턴을 구현하기가 까다로워진다. 인터랙티브 영상 디스플레이 기술을 사용하는 프레젠테이션(예컨대 3D로 MRI나 CAT 스캔 이미지를 회전시키고 관찰하는 경우)에서도, 립싱크 패턴을 사용해서 비슷하게 구현할 수 있긴 하지만, 이 패턴을 구현하기 어렵다.

라이브 온 테이프를 사용하면 단순히 평범한 파일을 전달하는 것에 비해 더 뛰어난 경험을 청중에게 전달할 수 있다. 시각과 청각이 합쳐진, 인상적인 방식으로 더 미묘한 정보를 전달할 수 있다. 생기 없는, 평범한 PDF 파일을 예상했던 청중들이 녹화된 영상을 받으면 더 기뻐할 것이다.

반면, 직접 발표자를 만나기를 기대했던 청중에게는 라이브 온 테이프 버전의 프레젠테이션이 다소 실망을 안겨줄 수 있다. 하지만, 특히 발표자의 일정이 복잡하고 예측 불가능할 때 그런 기대를 잘 조율하면 청중이 실망할 가능성을 낮출 수 있다.

📡 방법

라이브 온 테이프는 여러 가지 방법으로 구현할 수 있다. 여기서는 시간이 덜 드는 방법부터 많이 드는 방법순으로 설명해 보겠다.

언제 어디서나 볼 수 있는 이 해결책을 구현하려면 고해상도의 동영상 녹화를 지원하는 최신 스마트폰과 휴대폰 거치대만 있으면 된다.

애플리케이션 데모나 프레젠테이션 녹화를 더 멋지게 하려면 데스크톱 모니터나 노트북에 내장된 카메라를 이용해 사용자 액션을 함께 녹화한다. 전체 화면 캡처 구석에 발표자의 모습을 화면 속 화면으로 넣어 최종 프레젠테이션을 만든다. 보통 운영체제에는 사용자의 데스크톱 인터랙션의 동영상뿐 아니라 이런 일반적인 내장 카메라에서 동영상을 녹화하는 애플리케이션이 포함돼 있다. 서드파티 화면 녹화 애플리케이션을 사용하면 보통 두 가지 동영상 스트림을 합쳐야 한다.

립싱크 패턴에서처럼, PC의 바탕화면에서 프레젠테이션과 관련 없는 요소를 제거하거나 감춰야 한다. 바탕화면 이미지는 단색으로 처리하는 것이 가장 좋다. 실제로 최종 동영상을 압축해서(파일 크기 축소) 다운로드할 때 속도를 높이는 데 도움이 된다.

📡 사례

애플은 특히 쿠퍼티노 캠퍼스에서 열리는 행사의 좌석 수를 매우 제한하는 경우가 많다. 라이브 온 테이프 형식으로 진행하면서 현장에 참석해서 듣는 사람과 인터넷으로 보는 사람 모두를 고려해서 프레젠테이션을 만든다. 그림 5.8과 같이, Apple Events 사이트[5]에서는 다양한 행사가 이런 방식으로 개최된다.

관련 패턴

이 패턴은 립싱크 패턴을 일부가 아닌 전체 프레젠테이션에 적용한 방식이다.

라이브 온 테이프는 종종 라이브 데모의 절충안으로 사용된다.

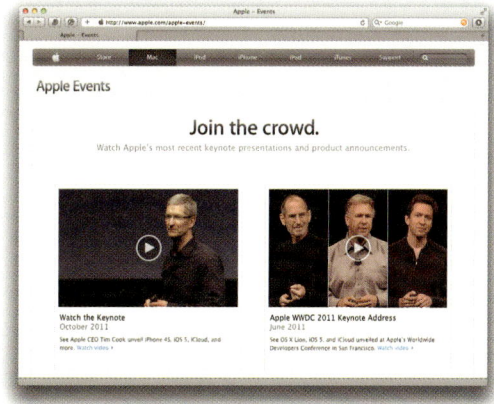

그림 5.8 라이브 온 테이프 영상을 보여주는 애플 페이지

PART 3

전달

프레젠테이션 자료를 만들었으니 이제 잘 전달하는 일만 남았다. 이 파트에서는 흔히 발생하기 쉬운 문제 상황을 피하고 실제 '발표장 앞에 서서' 프레젠테이션을 잘하는 기법을 중점적으로 설명한다

'무대 준비' 장에서는 청중의 마음을 흔드는 데 도움이 되는 몇 가지 방법 등, 프레젠테이션을 하기 직전에 다뤄야 하는 중요한 세부 사항을 설명한다.

이 책의 첫 두 파트에서는 각 장의 맥락에 맞게 패턴과 안티패턴을 섞어서 설명했다. 하지만 '실행 안티패턴'은 특수한 경우다. 열심히 준비한 노고마저도 허사로 만들고 나쁜 습관으로 나타나기가 쉽기 때문이다. 따라서 하나의 장 전체를 실행 안티패턴에 할애했다. 프레젠테이션을 실행할 때 피해야 할 것들을 다룬다.

발표자가 하지 말아야 할 사항을 모두 다룬 후에는 '실행 패턴'으로 마무리한다. 청중의 질문을 다루는 방법과 발표자가 자신의 페이스를 유지하는 방법, 까다로운 청중을 다루는 획기적인 속임수 등 다양한 내용을 다룬다.

6장

무대 준비

서프라이즈 요소를 없애는 것이 효과적인 프레젠테이션의 비결 중 하나인데, 서프라이즈 요소의 대부분은 프레젠테이션의 시간과 장소에서 기인한다. 이 장에서는 다가오는 프레젠테이션을 대비해서 해야 할 심리적, 물리적, 환경적 준비 방법을 다룬다. 이뿐만 아니라 청중의 의견이 발표자의 마음에 드는 방향으로 기울어지게 하는 전략도 몇 가지 소개한다.

60 패턴: 준비

별칭

시기적절, 성공을 위한 옷차림

정의

프레젠테이션 자료를 준비하고 연습했으며 청중에 대한 분석도 끝났다. 하지만 아직 더 해야 할 중요한 준비 사항이 있다.

동기

적절한 준비 없이 프레젠테이션을 하는 것은 위험하다. 최악의 경우 발표자와 청중 모두에게 끔찍한 악몽이 될 수도 있다. 사전에 준비하지 않으면, 하드 드라이브 장애가 발생하거나 휴대폰 연결이 잘 안 되는 등, 많은 문제가 발생해 프레젠테이션에 지장이 생긴다. 마지막에 급하게 투입된 경우가 아니라면 준비를 철저하게 못한 것에 대해서는 어떤 변명도 통하지 않는다.

적용성 및 적용 결과

준비된 발표자는 긴장하지 않는다. 훌륭한 발표를 하는 방법 중 하나는 변수를 없애는 것이고, 그러려면 철저히 준비하는 것이 최고다. 그래도 약간은 긴장하겠지만 적어도 자신이 훌륭한 발표를 하기 위해 할 수 있는 모든 것을 했다는 걸 스스로 알 것이다. 청중을 존중하면 그들도 호감으로 보답할 것이다.

준비만 잘하면 재앙 수준으로 커질 수 있는 일도 사소한 문제로 바뀔 수 있다. 하드 드라이브에 장애가 생기고 배터리가 닳아버리는 등의 문제가 발생할 것이다. 5분만 미리 준비하면 이런 재앙을 막을 수 있다.

방법

콘퍼런스에서 발표할 때는 일정을 잘 알아야 한다. 어떤 콘퍼런스에서는 강연과 강연 사이에 30분의 시간을 주지만 어떤 경우에는 5분 정도로 짧을 수도 있다. 다음 발표자가 준비할 시간이 있어야 하고, 청중도 다른 발표장으로 옮겨갈 시간이 필요하다.

여러 가지 면에서 프레젠테이션은 연극과 같다. 프레젠테이션에는 보통 기승전결이 있고 많은 강연자들이 강연을 준비하는 방법의 일환으로 연극 수업을 활용하기도 한다. 즉흥 연기 훈련을 받으면 계획대로 일이 진행되지 않을 때 궁지에서 벗어나는 데 큰 도움이 된다.

옷을 편하게 입는다. 프레젠테이션만 해도 충분히 스트레스를 받는 일이므로 괜히 불편한 신발을 신어 발만 아프게 만들지는 않는 게 좋다. 발표자가 입는 옷이 발표자 자신을 반영하므로 있는 그대로 자신을 드러내기를 두려워하지 않는다. 어떤 사람들은 발표할 때 정장 바지와 단추를 끝까지 잠근 셔츠를 고수하는 반면, 어떤 이들은 반어적 표현이 씌어 있는 티셔츠를 좋아하며, 또 어떤 이들은 무대에 올라서자 마자 신발을 벗고 서성거린다.

그렇긴 하지만 청중들을 고려해 적절한 옷을 입도록 한다. 연극이나 영화에서 의상이 중요한 역할을 하듯이, 프레젠테이션을 할 때 입는 옷도 이야기 내용만큼이나 중요하다. 무조건 고급스러운 옷을 입으라는 것이 아니라 청중에 대해 잘 알고 그들의 기대를 충족해야 한다는 뜻이다. 만약 의사나 변호사, 회사 중역급을 대상으로 프레젠테이션을 한다면 티셔츠에 반바지, 샌들 같은 복장은 적절한 선택이 아니다. 같은 이유에서 평범한 기술 콘퍼런스에 스리피스 정장을 입고 나타나는 것도 그다지 좋은 선택은 아니다.

어떤 복장이 적절할지 잘 모르겠다면 행사 기획자나 다른 강연자들에게 조언을 구한다. 웹사이트에서 작년 행사의 사진을 살펴본다. 행사 장소 역시 유용한 힌트를 제공할 수 있다. 법률 사무소에서 주최하는 콘퍼런스와 지역 커뮤니티 대학에서 주최하는 행사는 그 성격이 다를 것이다. 그래도 잘 모르겠으면 약간 더 갖춰 입는 편이 낫다.

발표 전날 밤 노트북 가방을 싸고 필요한 모든 것을 준비했는지 꼼꼼히 확인한다. 노트북의 전원 공급 장치나 USB 케이블 등 꼭 필요한 것을 여분으로 준비해서 노트북 가방에 함께 넣어 두면 더 좋다. 100달러치 정도만 투자하면 엄청난 마음의 평화를 얻을 수 있다. 모든 중요한 정보를 출력해서 잊어버리지 않을 곳(예컨대 노트북 가방 같은 곳)에 넣어 둔다.

프레젠테이션 자료는 적어도 한 군데 이상의 장소에 백업해 둔다(인터넷이나 USB 플래시 드라이브, 이동식 하드 드라이브 또는 이 세 군데 모두). 일찍 일어나야 한다면 알람을 설정했는지 확인하고(휴대폰을 알람으로 사용할 때는 전원을 연결한다), 충분히 휴식을 취하도록 한다. 모닝 커피를 꼭 마셔야 한다면 커피를 마실 시간도 남겨둔다. 이 이야기의 교훈? 시간을 충분히 확보하라는 뜻이다.

물을 마시는 것도 중요하다. 말을 하면서 얼마나 많은 음료수를 마시는지 알면 깜짝 놀랄 것이다. 프레젠테이션을 하는 동안 마실 수 있는 음료가 있는지 확인한다. 어떤 유명한 기술 강연자는 강연 시작 전에 꼭 물 두 잔을 마신다. 배가 부를 정도로 물을 마셔 충분한 수분 공급을 해두는 것이다.

교육이나 콘퍼런스에서의 프레젠테이션, 긴 회의 등을 하느라 하루 종일 말해야 한다면 물을 마실 때 전해질을 함께 공급하는 것이 좋다. 예컨대, 스포츠 음료를 마시거나 바나나를 먹는다. 종일 물만 마시면 수분 공급은 충분히 할 수 있으나 미네랄 불균형을 초래할 수 있으므로 전해질을 추가하면 도움이 된다. 우리 저자들이 수년간 기술 콘퍼런스에서 종일 강연했던 경험에서 어렵게 얻은 교훈이다!

관련 패턴

청중 분석 패턴이 이 패턴보다 앞서 적용돼야 한다. 적절한 준비를 하기 전에 프레젠테이션의 대상이 되는 청중을 이해해야 한다.

실행 패턴의 카네기 홀 패턴은 예행 연습을 할 것을 권장한다.

61 패턴: 지지자

별칭

친구, 지원망, 한통속

정의

친구 몇 명을 프레젠테이션에 참석하게 한다. 그들이 지지와 박수를 보내줄 것이다.

동기

프레젠테이션을 하는 동안 자신을 지지해 줄 친구가 있다고 해서 편법을 쓰는 것은 아니다. 음, 아마 그런 것일 수도 있지만 타당한 선을 넘어서진 않는다. 앞줄에 지지자들이 있다는 것은 발표자가 긍정적으로 시선을 맞출 대상이 있다는 뜻이다. 지지자들이 긍정의 대답을 하거나 고개를 끄덕이면 그 기운이 퍼져 다른 사람들도 거기에 동화된다. 청중들은 더 좋은 경험을 얻게 될 것이고 프레젠테이션을 긍정적으로 평가할 가능성이 커지며 다음에도 그 발표자의 프레젠테이션에 참석하게 될 것이다.

적용성 및 적용 결과

이 패턴은 모든 프레젠테이션에서 효과를 볼 수 있으며 특히 다음과 같은 경우에는 더 효과적이다.

6장_무대 준비

- 전에 해 본 적이 없는 내용을 전달할 경우
- 주제에 관해 현저히 회의적인 청중을 대상으로 약간은 적대적인 환경에서 프레젠테이션을 하는 경우. 청중의 수가 정치적 이득으로 환산되기도 하는 상황에서는 특히나 더 그렇다.
- 말 그대로든 상징적으로든, 지역이나 청중, 주제 분야, 형식이 낯선 환경에서 프레젠테이션을 할 경우.

코미디언이나 마술사처럼 일종의 연기를 하라는 뜻은 아니다. 청중 가운데에 사람을 심어 정해진 시간에 질문을 하게 하거나 발표자가 던진 농담에 웃게 해서는 안 된다. 만약 참석자가 발표자의 이런 행동을 눈치챈다면 역효과가 날 것이다. 이 패턴에서 제안하는 것은 그저 공평하게 균형을 맞춰 보자는 것이다.

여행 친구라니, '그게 무슨 돈 낭비야!'라고 생각할지도 모른다. 하지만 지지자가 불안정한 상황을 바로잡는 역할만 하는 것은 아니다. 장비가 고장 나면 도와줄 수 있고 청중 가운데 박수를 쳐 줄 사람이 있다는 뜻이다. 이는 첫 마디를 떼기 전에 발표자의 마음가짐부터 달라지게 한다.

만약 행사에 참석하기 위해 먼 거리를 가야 하고 거기에 몇몇 동료를 데려가고자 한다면 처음에는 허가를 받기 어려울 것이다. 추가 비용의 타당성을 설득하려면 이것을 마케팅 기회로 정확하게 규정해야 한다. 회사 입장에서는 발표장이 가득 차고, 청중의 반응이 긍정적이며, 피드백도 좋고, 참석자들에게 좋은 기억을 남기고, 인터랙션이 원활하면서도 진지하기를 바라야 한다. 지지자가 이 모든 측면을 어느 정도 향상시켜줄 수 있다.

📶 방법

특히 초반에는, 발표자에게 호의적인 동료를 행사에 함께 데려갈 수 있도록 계획한다.

📶 사례

GitHub는 정책적으로 직원들이 콘퍼런스에서 발표하는 것을 지원할 뿐 아니라 동료가 함께 참석할 수 있게 해준다.

관련 패턴

그리스 코러스 패턴 역시 우호적인 지지자를 활용하지만 실제 지지자를 초대하는 것이 아니라 프레젠테이션 자체에서 그렇게 하도록 제안한다.

 데이브의 꼼수(?)

개발자인 데이브는 차세대 제품에 대한 기가 막힌 아이디어를 경영진에게 제안하려고 했다. 열심히 준비하고 정성 들여 슬라이드를 만들었다. 그가 알기로, 상사들은 의사결정을 할 때 부분적으로 주요 인사들의 의견을 참고한다. 그래서 프레젠테이션을 연습하는 것 외에도 자신의 생각을 주요 인사들과 논의해 그들의 피드백을 반영했다.

데이브도 긴장이 되는 것은 어쩔 수 없었다. 경영진에게 프레젠테이션을 할 기회가 흔한 것은 아니니까. 긴장을 풀려고 몇몇 우호적인 인물을 참석하게 했다. 그리고 자신의 지지자들이 앞쪽 중앙에 앉도록 했다. 오랜 시간 준비한 끝에 도착한 데이브는 몇 초간 참석자들과 반갑게 인사했다. 물론, 지난 밤 경기에 대한 한가한 잡담이었지만 웃고 떠드는 와중에 긴장이 어느 정도 풀렸다.

데이브의 프레젠테이션은 성공적이었고 회사 측이 그의 새 아이디어를 채택했다. 그는 이제 기술 분야에서 장래가 유망한 인사가 됐고 많은 임원급 인사가 새 기술에 관해 데이브에게 자문을 구한다.

62

패턴: 포석 깔기

별칭

만나서 인사하기, 악수, 웃음, 예열, 백스테이지 패스, 잡담, 오프닝 밴드, 워밍업

정의

보통 록 콘서트나 코미디 쇼를 보면 스타가 등장하기 전에 오프닝에서 관중의 분위기를 띄운다. 발표자 역시 프레젠테이션을 시작하기 전에 워밍업 단계로 청중의 관심을 얻는 과정이 필요하다. 발표자가 얼마나 뛰어난지, 발표 내용이 얼마나 훌륭한지에 관계 없이 분위기를 띄우는 데 도움이 된다. 발표장에 가서 사람들과 악수를 하며 의욕을 고취시킨다.

동기

프레젠테이션 전에 청중과 몇 분간 잡담을 하면 다양한 효과를 볼 수 있다. 우선 발표자와 청중이 서로를 인간적으로 느낄 수 있게 된다. 어딘지 모르게 친숙해지는 것이다. 그저 날씨 얘기를 하더라도 청중과의 연결고리를 만들 수 있고, 참석자 중에 친숙한 얼굴이라도 있으면 프레젠테이션의 분위기가 완전히 바뀔 수 있다. 또한 청중에 대한 정보를 조금이나마 얻을 수 있는 기회이기도 하다. 왜 이 프레젠테이션에 참석했을까? 콘퍼런스를 즐기고 있나? 기술 수준은 어느 정도일까? 이런 정보를 바탕으로 필요하다면 프레젠테이션 내용을 약간 변경하거나, 더 적절한 내용을 전달할 수 있다.

잡담을 좀 하다 보면 발표자의 긴장도 풀린다. 슬라이드 내용과 적절한 어조를 고민하는 대신에 농담을 던지고 그날의 뉴스를 함께 이야기한다. 유쾌하게 분위기를 전환하면 긴장을 완화하는 데 도움이 될 수 있다.

적용성 및 적용 결과

모든 프레젠테이션에는 약간의 예열이 필요하다.

사람들과 몇 분간 이야기하면 그들은 아주 조금이라도 발표자에 대해 알게 된다. 더 이상 멀게 느껴지지 않는다. 누군가의 엄마일 수도 있고, 달리기를 즐기며, 에스프레소를 좋아하는 평범한 사람으로 느끼게 된다. 뭔가 연결고리가 있는 사람에 대해 비난 글을 쓰기란 훨씬 어려운 일이다.

대부분의 경우 잡담을 나누는 것이 적절하지만 그들의 문화를 고려해야 한다. 보스턴이라면 대부분 레드삭스 팬인 것처럼 말이다.

방법

청중을 분석하는 것이 중요하며, 그 방법으로는 개별 참석자와 대화하는 것만한 게 없다. 일반론이 아니라 프레젠테이션 내용을 조율하는 데 도움이 될 진짜 자료를 모을 수 있다. 청중의 지식 수준이 높으면 더 깊이 파고들고, 주제에 관해 잘 모른다면 복잡한 내용을 대충 넘긴다. 뿐만 아니라 청중들이 특히 어떤 분야에 흥미가 있는지 알 수 있는 기회가 되기도 한다. 프레젠테이션 내용을 완전히 바꿀 수는 없지만 적절한 부분을 강조해서 설명할 수 있다.

포석 깔기를 이용하면 사람들과 관계를 형성할 수 있다. 사람들이 좋아할 만한 다른 강연을 언급하면서 약간의 홍보도 할 수 있다. 또한 출력물을 나눠 주거나, 프레젠테이션에 필요한 사항을 모든 이들이 갖췄는지 확인하고, 강연 소개에 관한 질문에 대답하며, 어떤 내용을 다룰 것인지 명확히 밝힐 수 있는 좋은 기회가 되기도 한다. 사람들과 이야기를 나누면서 그들과 관련된 프레젠테이션의 내용을 짚어 주거나 보통 발표 중에는 나오지 않는 이야기를 해 줄 수도 있다.

행사 장소에 일찍 도착해서 모든 준비를 완료한다. 어떤 발표자들은 문 옆에 서서 참석자들을 맞기도 한다. 참석자들에게 존경심을 가지고 그들의 바디 랭귀지를 읽는다. 일부 참석자가 이메일을 확인하느라 바쁘다고 해서 나무라지 말고, 지나치게 사교적으로 보이려 애쓰지 않는다.

　이 시간은 참석자들이 자신의 관심이나 능력에 맞지 않는 프레젠테이션을 들으러 왔다면 그에 관해 알려줄 수 있는 기회이기도 하다. 참석자들과 잡담을 나눌 때 기술 수준이 맞지 않으면 이를 미리 경고해 준다. 보통 사람들은 기대한 것과 다를 때 나쁜 평가를 내린다. 프레젠테이션 내용이 맞지 않는 사람이 있으면 그들에게 그 사실을 말해 준다. 그런 사람들은 계속 발표장에 남아서 관심 없는 내용을 억지로 듣고 나쁜 평가를 내리는 것보다 일찍 그 자리를 나서서 다른 적합한 내용을 찾아 듣게 하는 것이 낫다. 특히 다른 선택지가 있을 때는 내용이 적합하지 않다는 점을 미리 알려주면 대부분 고맙게 생각한다.

관련 패턴

　청중 분석 패턴을 적용할 때는 추측만으로 내용을 안내한다. 발표 전에 포석 깔기를 적용하면 그런 추측을 확인해서 프레젠테이션의 속도와 설명 수준을 조율하는 데 도움이 된다.

63

패턴: 우월감 표출

🔖 별칭

알파독

🔖 제작 지원

August Technology Group[1], 팀 버글런드(Tim Berglund)

🔖 정의

청중들은 무의식적으로 발표자에게 우위의 지위를 부여하고 발표자가 거기에 부응하기를 기대한다. 청중들은 자의로 참석하든 회사의 요구로 참석하든, 발표자가 설명할 만한 가치 있는 내용이 있고 발표자로서의 역할을 진지하게 해낸다면 그에 대한 혜택을 얻게 된다. 발표자는 기꺼이 그 역할을 받아들여 청중들에게 봉사하는 데 쓰면 된다.

🔖 동기

프레젠테이션 경험이 별로 없는 초보들은 흔히 자신감 때문에 고심한다. 경험이 많은 전문가조차도 충분히 연습하지 않은 새로운 주제를 다룰 때는 초조해지기 마련이다. 오로지 끈질긴 연습만이 이 지난한 문제를 해결할 수 있으나(카네기 홀 패턴 참고), 자신과 청중 간 지위의 차이를 기억하면 단기간에 문제를 완화할 수 있다. 일반적으로 청중은 발표자가 말할 가치가 있는 내용이 있고 발표자는 그들의 전문 분야 커뮤니티에서 우위의 지위에 있는 사람이라고 여긴다. 발표자가 프레젠테이션을 하는 동안 이런 우위의 역할을 기꺼이 받아들인다면 발표자와 청중 사이의 관계가 한결 편해진다. 청중이 발표자와 동등한 입장이거나 우위에 있는 사람들로 구성되어 있더라도 이런 설정이 적절하다. 발표자가 청중들에게 제공할 가치가 있는 내용이 있어서 프레젠테이션을 하고 있는 것이기 때문이다.

적용성 및 적용 결과

이 패턴은 사실상 프레젠테이션 전후로 발표자와 청중 간 지위 차이에 관계 없이, 모든 종류의 프레젠테이션에 적용할 수 있는 심리 구조와 기술을 설명한다. 특히, 골칫거리인 청중이나 장비 장애와 같이 발표자가 조절할 수 없는 문제에 대응해야 할 때 효과적이다.

이 패턴에 암묵적으로 대칭되는 안티패턴은 자신감이 부족이나 열등감 표출 형태로 나타난다. 주로 준비가 부족하거나 기술적인 어려움이 있는 데 대해 사과를 연발하고 청중의 전문성 수준에 전혀 맞지 않는 내용을 전달하는 등의 형태로 나타난다. 불편한 농담과 부자연스러운 겸손함으로 발표자가 스스로를 청중 앞에 설 자격이 별로 없는 사람으로 깎아 내린다. 이런 행태가 표면상으로는 도덕적으로 보일지도 모르지만, 실은 자신이 별로 들을 가치도 없는 내용으로 청중들의 시간을 낭비할 수 있다는 뜻이므로 청중을 모욕하는 것과 다름 없다.

운이 나쁘면 발표자가 우월감 표출 패턴을 적용해서 효과는커녕 잘난 척하느라 청중을 잃게 될 수도 있다. 자신의 우위를 표출하는 데서 안정감을 느끼는 유약한 발표자들은 청중을 소품처럼 사용해서 그들을 모욕하는 발언으로 자신의 강함을 드러내려고 한다. 이런 식으로 이 패턴을 잘못 사용하면 청중들은 이 패턴의 본래 의도와는 반대의 결론을 내리게 될 뿐이다. 어떤 경우든 발표자의 목표는 청중들에게 도움이 되는 것임을 명심한다. 기꺼이 높은 가치를 제공해서 이 역할을 더 효과적으로 해내야지, 쓸데없는 허세로 그 가치에 흠집을 내서는 안 된다.

우월감 표출 패턴을 적절히 사용하면 청중들이 편안해지고 발표자의 메시지를 더 쉽게 받아들일 수 있게 된다. 이뿐만 아니라 프레젠테이션의 시간과 이야기 흐름을 조절하면서 도움이 되는 청중의 반응을 받아들여, 대화 형식으로 프레젠테이션을 진행하는 동안 발표장을 적절하게 제어할 수 있다.

📡 방법

이 패턴을 실행하는 주된 방법은 청중에 비해 우위에 있는 발표자로서의 지위를 편안하게 받아들이는 마음가짐을 택하는 것이다. 이는 외부 기술이 아니라 발표자 자신과 자신의 작업 내용에 확신을 가지고자 하는 심리적인 결정이다. 특히 경험이 없고 자신의 발표 능력이나 청중을 받아들이는 능력에 의구심이 생긴다면, 자신의 가치를 낮춰 드러내는 것이 실은 청중을 모욕하는 처사라는 점을 스스로 되새긴다.

몇 가지 구체적인 기법을 이용하면 높은 가치를 드러내는 데 도움이 된다. 이 기법의 대부분은 메타적 접근과 방해꾼 안티패턴에서 설명한 경고 내용을 변형한 것이다.

- 준비 부족이나 시청각 장비의 문제로 사과하지 않는다. 어떤 방식으로든 기꺼이 받아들일 준비가 돼 있는 청중에게 가치를 제공하고 있는 것처럼 계속 진행한다.

- 청중들이 긴 질문이나 논쟁으로 프레젠테이션을 방해하지 못하게 한다. 질문에는 간결하게 대답하고 논쟁이 시작되기 전에 적절하게 끊어준다. 논쟁에 대해서는 가능하면 프레젠테이션이 끝난 후에 일대일로 대응한다.

- 대답할 수 없는 질문을 받았다고 걱정하지 않는다. 문제의 가치를 인식하고 추후에 답변해 줄 수 있는 방법을 재빨리 제안한다.

이 패턴은 골칫거리인 청중이 발표장 분위기를 제어하려고 하거나 프레젠테이션의 흐름에서 벗어나게 만들려고 할 때 특히 유용하다. 방해꾼 안티패턴에서 다루는 경우로, 대부분의 전문적이고 교육 수준이 높은 환경에서는 드물게 나타난다.

📡 사례

기술 분야에서 어떤 발표자들의 발언을 들어보면 그들의 지식과 통찰, 그들이 설명해야 하는 내용을 들었을 때의 혜택을 환기시킬 수 있다. 몇 명 꼽아보자면 리치 히키(Rich Hickey)[2], 마틴 파울러(Martin Fowler)[3], 켄트 벡(Kent Beck)[4]이 있다. 법률 분야에서 같은 위치를 차지하는 사람으로는 로렌스 레식(Lawrence Lessig)[5]이 있다. 예술 분야에서는 랄프 파인즈(Ralph Fiennes)[6]가 있고, 과학 분야에서는 한스 로슬링(Hans Rosling)[7]이 있다. 수학 분야에서는 스티븐 볼프람(Stephen Wolfram)[8]을, 교육 분야에서는 켄 로빈슨 경(Sir Ken Robinson)[9]을 꼽을 수 있다.

📡 관련 패턴

이 패턴에서 벗어나는 확실한 방법은 찬물 끼얹기 안티패턴을 구현하는 것이다.

이 패턴과 청중 분석 패턴은 밀접하게 연관돼 있다. 청중이 생각하는 높은 가치가 무엇인지 알아야 하기 때문이다.

본 프레젠테이션에 앞선 이야기에서 메타적 접근을 피해야 한다. 그럴듯해 보이지만 전혀 도움이 안 된다.

보이 스카우트가 되라

'늘 대비하라(Be Prepared)'는 보이 스카우트의 모토만은 아니다. 이 말은 놀랄 만큼 유용한 충고다. 프레젠테이션을 하는 동안 예기치 않은 상황이 발생할 것이고, 거기에 대비하는 것은 발표자의 몫이다. 노트북 가방에 여분의 배터리와 전원 장치, 리모콘, USB 케이블, 펜, 종이, 기타 필요한 물품 등을 미리 준비해 두어야 한다. 하드 드라이브를 최신으로 백업해 두는 것도 매우 중요하다.

장기간 이동하던 중에 닐은 노트북의 하드 드라이브가 고장 났다는 것을 알았다. 대다수 사람들에게 이 상황은 엄청나게 공포스럽겠지만 닐은 보이 스카우트였다. 외장 하드에 완벽하게 백업해 두었던 것이다. 외장 하드 때문에 노트북이 좀 느려지긴 했지만 프레젠테이션에는 전혀 영향이 없었다. 사실, 닐이 이 사실을 언급하지 않았기 때문에 청중들은 전혀 몰랐다(메타적 접근 참고). 어떤 콘퍼런스에서 매튜의 노트북이 고장 난 적도 있다. 하지만 이동식 드라이브에 미리 백업해 두었기 때문에 노트북을 빌려서 문제 없이 프레젠테이션을 마쳤다.

노트북을 최신 상태로 외장 드라이브에 백업할 것을 강력하게 권장한다. 적어도 모든 프레젠테이션 자료를 USB 드라이브 같은 또 다른 매체에 저장해 둔다. 또 다른 이중화의 방편으로 슬라이드 자료를 드롭박스(Dropbox) 같은 '클라우드' 서비스에 저장한다. 그럴 일은 없길 바라지만 만약에 문제가 발생하더라도 이런 백업이 일종의 보험이 될 수 있으며 더 큰 재앙을 쉽게 막을 수 있다.

미리 대비하는 것이 하드웨어 장애에만 국한되지는 않는다. 일정과 장소, 발표장을 미리 확인한다. 전에 가봤던 장소라도 충분히 일찍 도착하도록 한다. 매튜와 나다니엘은 심한 안개 때문에 정류장을 놓쳐서 시내 버스 종점까지 간 적도 있다. 중요한 자료는 전자 형식뿐 아니라 실제 출력물로도 챙겨둔다. 일정과 장소, 기획자의 연락처 같은 것들 말이다.

몇 분만 미리 준비하면 엄청난 재앙이 될 일도 살짝 부딪친 정도로 가볍게 넘어갈 수 있다.

어느 강연자의 불법 점유

나다니엘이 어떤 콘퍼런스에 참석한 적이 있는데 거기서 한 발표자가, 좋게 얘기해서, 자신의 발표 시간과 환경을 잊어버렸단다. 이야기가 2/3 정도 진행된 상태에서야 시간이 얼마 남지 않았음을 알아차렸다. 그런 상황에서 대부분의 발표자들은 이야기 속도를 빠르게 하고 내용을 건너뛰는데, 이 사람은 아니었다. 그냥 원래대로 진행한 것이다. 오히려 이야기 속도를 늦췄다. 주어진 시간을 초과하면 기껏해야 조금 불편해지는 정도일 수도 있으나, 최악의 경우 전체 콘퍼런스에 영향을 줄 수도 있다.

이 경우는 후자에 해당됐다. 그것도 엄청나게. 일부 콘퍼런스 센터는 큰 연회장에서 식사를 제공하고 대부분의 프레젠테이션은 토론실에서 이뤄진다. 불행히도 이 사건이 벌어진 곳은 연회장을 삼등분해 세션을 진행하고 다시 합쳐서 식사를 제공하는 구조였다. 이 발표자는 점심 시간 전 시간대에 프레젠테이션을 했고 연회장의 가운데 공간을 차지하고 있었다. 그가 프레젠테이션을 끝마칠 때까지 아무도 점심을 먹을 수 없었다. 나다니엘은 그 발표자가 계속해서 웅얼거리는 동안 호텔 직원들이 그 사람에게 의자를 집어 던지고 싶은 것을 꾹 참고 있는 상황을 괴롭게 지켜봤노라고 회상했다. 콘퍼런스 기획자는 그 발표자를 무대에서 억지로 끌어내려야 했다. 말할 필요도 없이 기억에 남는 강연이긴 했지만 좋은 기억은 아니었다.

어떤 발표자들은 주변 환경을 망각하는 것 같다. 몇 해 전 큰 규모의 국제 행사에서 매튜는 앞 시간 발표자를 거의 끌어내리다시피 해야 했다. 연속된 번개 토크 프레젠테이션의 한 부분을 맡았고 발표자들 간 준비 시간이 거의 없었기 때문에 주어진 시간을 초과하면 뒷사람에게 영향을 더 크게 미쳤다. 앞선 발표자가 인사도 오래 하고 무대에서 청중의 질문에 대한 답변을 계속 이어갔다. 매튜가 자신의 차례를 준비하기 시작했는데도 그 사람은 끝낼 생각을 하지 않았다. 결국 매튜는 계속 꾸물거리고 있던 그 사람의 노트북을 낚아채 사이드 테이블로 옮겨 버렸다. 그제서야 그는 상황을 이해했다.

64

안티패턴: 시간 부족

별칭

시간 초과, 압박, 시간에 쫓김

정의

콘퍼런스에서 정해진 발표 시간이 됐거나 프레젠테이션을 위해 회의실을 예약해 뒀지만, 발표 장소에 가보니 다른 사람이 주어진 시간을 초과해서 그 장소를 차지하고 있는 경우다.

동기

누구에게나 일어나는 일이다. 준비를 마치고 발표장에 일찍 도착해서 차례를 기다린다. 불행히도 이전 발표자가 발표를 계속 하고 있다. 이 상황에 어떻게 대처하느냐에 따라 가벼운 문제가 될 수도 있고, 엄청난 재앙이 될 수도 있다.

적용성 및 적용 결과

언제나 일정이 정해져 있어도 누군가는 그걸 어긴다. 보통 이 안티패턴은 경험이 없는 발표자나 일정에 맞춰 발표하는 것에 익숙하지 않은 사람에게 발생한다. 어떤 발표자는 정해진 시간을 초과하는 것을 즐기기도 하지만 말이다. 회의실이 항상 부족한 회사에서 이런 상황이 자주 발생한다.

가장 극단적인 경우에는 자신에게 주어진 시간이 생각보다 줄어드는 경우다. 마음이 급해지고, 어쩌면 조금 당황하게 될 것이다. 준비하는 데 걸리는 시간으로 5분이나 10분을 예상하고 있었는데, 실제 주어진 시간은 1, 2분뿐이라면 포석 깔기를 포기해야 할 것이고 약간의 신축 이음관이 필요할지도 모른다. 어떤 경우에는 한 절을 통째로 건너뛰어야 할 것이다. 이때는 메타적 접근 안티패턴을 적용하고 싶은 충동을 억제하고 주의를 환기한다.

보다 일반적인 상황에서는 가만히 앉아 기다리지 말고 예의 바르지만 확실한 태도로 상대방에게 얘기해야 할 수도 있다. 우월감 표출 패턴의 변형이라고 할 수 있다. 발표자와 청중은 애초 기획자가 의도한 시간을 사용할 수 있는 권리가 있다. 이 권리를 주장하는 데 겁내지 않는다.

방법

첫째, 당황하지 않는다. 문제를 해결하는 데 전혀 도움이 되지 않으니까. 둘째, 은유적으로 이전 발표자를 발표장에서 끌어내기를 겁내지 않는다. 대부분의 발표자는 다음 사람이 프레젠테이션 장소에 들어오면 으레 눈치채기 마련이다. 그래도 여전히 비켜주지 않으면 출구 근처에서 눈에 띄게 서성인다. 발표자가 조금도 주저하지 않으면 발표장 앞쪽으로 다가간다(가능하면 옆 통로로). 예의 바르지만 확고한 태도를 보여야 한다. 여러분에게도 할 일이 있으니 말이다. 누군가 회의실을 무단으로 차지하고 있을 때 문 앞에 모여 기다리는 사람들이 있으면 다음 일정이 있다는 압박이 될 수 있다. 이전 발표자가 질문에 대답하고 있으면 다음 발표를 준비하기 시작한다. 대부분은 다음 발표자를 배려해 자리를 뜬다.

그런데 어떤 발표자들은 이를 의식하지 못하므로 깨우쳐줘야 한다. 지나치게 공격적으로 보일 수 있지만 그 사람의 노트북을 옮기면 주의를 끌 수 있다. 대화를 방해할 준비를 한다. 이전 발표자가 단상에서 질문에 답변을 하고 있으면 용감하게 큰소리로 얘기한다. 드물게, 이렇게 해도 해결되지 않을 때는 행사 기획자나 대리인에게 연락해 어려운 상황을 해결하도록 한다. 이들은 행사가 제시간에 진행되도록 하는 데 지대한 관심이 있다.

본인의 장비는 알아서 잘 챙겨야 한다. 비슷하게 생긴 리모컨이나 전원 장치를 바꿔서 집어 가는 경우가 종종 생기기 때문이다. 어떤 이들은 테이블 위에 있는 모든 것이 자신의 물건이라고 생각하기도 한다.

두말할 필요도 없이, 다른 사람에게 쫓겨나갈 일은 만들지 말아야 한다. 자신에게 주어진 시간이 얼마나 되는지 확인하고 거기에 맞춰서 프레젠테이션을 하는 것은 전적으로 발표자의 몫이다. 자신이 맡은 프레젠테이션 시간이 어제와 같다거나 모든 이들의 시간이 같을 것이라고 착각하면 안 된다. 발표 시간은 저마다 다를 수 있고 또 매우 다양하다. 누가 문 근처에서 서성거리는 것을 봤다면 자신이 시간을 초과한 것은 아닌지 다시 확인한다. 프레젠테이션을 마쳤다면 다음 발표자가 준비할 수 있게 장비를 챙겨서 자리를 비켜준다. 청중들이 추가 질문을 하거나 내용을 더 듣고 싶어 한다면 그들에게 공손하게 밖으로 나가자고 얘기해서 다음 발표자가 준비할 수 있게 해야 한다.

보통 발표자들은 프레젠테이션을 할 때 모든 슬라이드와 일화, 농담 등이 매우 중요하다고 여긴다. 하지만 프레젠테이션 내용을 만들 때는 어떤 자료가 정말 중요하고 어떤 것은 그저 있으면 좋은 정도인지 철저하게 고려해야 한다. 어떤 내용도 잘라내고 싶지 않겠지만 만약의 경우 최소한 어느 부분을 생략해서 시간을 확보할 수 있을지 항상 생각해 둬야 한다. 극단적인 경우에는 슬라이드 몇 장을 숨기거나 삭제해야 한다는 뜻이다. 가장 선호하는 툴을 사용해서 프레젠테이션을 할 때 슬라이드를 건너뛰는 데 능숙해져야 한다. 모든 툴에는 키보드 단축키가 지원되므로 그때그때 요긴하게 쓸 수 있다.

재빠른 화면 표시(기상 캐스터 패턴에서 설명)의 또 다른 장점은 필요할 때마다 슬라이드의 순서를 재배치할 수 있는 능력이다. 프레젠테이션 중에 슬라이드를 그대로 둔 상태에서 앞으로 빨리 넘겨서는 안 된다. 사람들은 항상 건너뛴 슬라이드를 알아채고, 어떤 이들은 발표자가 어느 부분을 생략했는지 알아내는 데 쓸데없이 집중하기 때문이다.

관련 패턴

시계를 볼 때마다 점점 더 긴장될 때는 준비 패턴이 긴장된 마음을 가라앉히는 데 도움이 된다. 스스로 잘 준비했다는 사실을 안다면 예기치 않은 환경 요인에 대해 스트레스를 덜 받는다.

자신이 왜 늦게 시작하는지 설명하면서 메타적 접근에 빠지지 않도록 주의한다. 무슨 일이 일어나는지는 청중들도 다 볼 수 있다. 열렬한 청중들의 질문에 다 답변할 수 없어서 늦어진 이전 발표자를 나무라는 것은 무례해 보인다.

만약 자신이 이런 상황에 놓일 것 같으면 신축 이음관 패턴이 도움이 될 것이다. 이 패턴을 사용하면 불가사의할 정도로 짧은 시간에 맞춰서 이야기를 압축할 수 있다.

7장

....

실행 안티패턴

이제 결정적 순간에 도달했다. 바로 실행 단계다.
패턴을 적용하기 전에 나쁜 습관이나 안티패턴의 영향을 받지 않았는지 확실히 해야 한다.

말을 더듬는 버릇

닐의 동료 중에 프랭크라는 사람이 있는데, 꽤 훌륭한 발표자다. 프랭크는 아는 것을 분명하게 말할 줄 알고 똑똑하며 매력적이기 때문에 비즈니스 미팅을 할 때 좌중을 휘어잡는 능력이 있다. 하지만 긴장이 될 때는 '솔직히'라는 단어를 연발하는 버릇이 있다. 긴장하면 할수록 '솔직히'라는 표현을 더 많이 쓰곤 했다.

닐과 프랭크가 함께 노력했던 컨설팅 업무에서 큰 규모의 회의를 하게 됐다. 프랭크가 회의 주재를 맡아 대부분의 이야기를 진행하고 구체적인 부분은 닐 같은 전문가에게 넘기기로 했다. 전문가들은 앞 테이블에 앉아 자신의 차례를 기다리고 있었다. 닐은 회의 전에 프랭크의 버릇에 관해 놀렸고, 회의 시작 후에는 프랭크가 '솔직히'라는 표현을 몇 번 사용하는지 세면서 메모장에 쓰기 시작했다. 닐 옆에 앉은 다른 전문가들도 이를 눈치채고 닐이 놓치는 게 있을 때마다 알려줬다.

회의가 끝난 후 모두 모여 뒷풀이를 했다. 닐은 프랭크에게 90분간 발표하는 동안 '솔직히'를 몇 번 사용했다고 생각하는지 물었다. "잘 모르겠어. 꽤 긴장했거든." 프랭크가 대답했다. "10번이나 15번쯤 사용하지 않았을까?".

실은 53번이나 사용했다. 프랭크는 말버릇 안티패턴에 빠져 있었다.

65 안티패턴: 말버릇

별칭

말더듬, 공백 메우기

정의

자기도 모르게 생각을 하기 위해 시간을 끄는 표현(음, 아, 오 같은)이나 우습게 느껴질 정도로 같은 단어(실은 또는 솔직히 같은 표현)를 계속 반복한다.

동기

그 누구도 말을 더듬거나 같은 단어를 반복해서 사용하고 싶어하진 않겠지만, 스트레스를 받거나 생각이 잘 안 날 때는 자연스럽게 그렇게 된다. 여러 사람 앞에서 말할 때는 주변이 조용할수록 과민하게 받아들여 자신이 그 정적을 깨야 할 것 같은 압박에 시달린다. 하지만 머릿속으로 생각한 정확한 단어를 딱 맞는 속도로 말하기는 어렵기 때문에 다음 단어가 떠오를 때까지 그 사이를 메꾸는 단어나 표현을 사용하게 된다.

숨 쉴 공간 패턴에서 설명하는 바와 같이 적절하게 멈추는 것이 더 좋지만 그럴 수 있을 정도로 충분히 긴장을 풀려면 연습을 해야 한다.

📡 적용성 및 적용 결과

모든 발표자들은 자신만의 말버릇이나 표현이 있을 때 몇 가지 단계를 경험한다. 닐의 경우는 '사실은'이라는 단어를 많이 사용하는데, 계속 쓰지 않으려고 노력하고 있다.

준비를 많이 한 발표자들조차도 뭔가 잊어버리기 마련인데 말버릇 안티패턴에 빠지면 그런 부분이 더 두드러져 보이게 된다. 이 안티패턴은 발표자가 알아차리기 힘들어도 청중은 뚜렷하게 인지할 정도로 집중을 방해하므로 서서히 영향을 미친다.

📡 방법

진짜 딸꾹질처럼 말버릇은 발표자도 어쩔 수 없는 일이지만 조심스럽게 노력하면 충분히 없앨 수 있다. 말할 때 이런 버릇을 없애려고 노력해야 한다.

이 안티패턴을 고치는 데 가장 어려운 부분은 자신에게 그런 버릇이 있다는 사실을 알아차리는 것이다. 친구에게 부탁해 말버릇을 세어 보거나 직접 녹음해서 확인한다. 자기 자신이 얼마나 표현을 잘 못하는지 들어보면 처음에는 꽤 충격을 받을 것이다. 하지만 능숙한 발표자가 되려면 이를 악물고 자신의 발표를 듣는 데 익숙해져야 한다. 문제를 찾아야 해결할 수 있으니 말이다.

즉석에서 무뚝뚝하게 '잘 모르겠다'고 하거나 전략적으로 '그 부분은 나중에 자세히 알아보겠다'고 하면 생각할 시간을 벌 수 있을 것이다. 갑작스럽긴 해도, '어…'나 '글쎄요' 내지는 '이런' 등의 표현보다는 훨씬 낫다. 또 다른 전략은 한 단계 높은 수준으로 추상화해서 설명하는 것이다. 책략으로 이해할 소지가 여전히 있지만 말이다.

📡 사례

2012년 미국 대선 후보였던 릭 페리(Rick Perry)는 토론회에서 화려한 말버릇을 선보였다. 대통령직에 선출되면 없애고 싶은 세 가지 연방 기관을 대보라는 질문에, 그는 첫 두 기관의 이름을 대고 난 후, "제가…제가 없애고 싶은…세 번째 기관은, 교육, 어 그러니까…어 통상…. 어, 어디 보자. 못 하겠어요. 세 번째는, 못 하겠어요. 죄송합니다. 이런."[1]이라고 답변했다.

만약 페리가 "하지만 제가 몇몇 기관을 없애고 싶은 진짜 이유는 예산 낭비와 비효율에 관한 시스템적 문제 때문입니다."라고 대답했다면 다소 지루하고 거의 하나마나 한 이야기였더라도 최소한 사람들의 비웃음은 모면할 수 있었을 것이다.

관련 패턴

말버릇의 원인은 정적이 흐를 때 불안해 하는 데서 생기는 스트레스 때문이다. 숨 쉴 공간 패턴이 그런 느낌에 대한 해결책이 될 수 있다.

카네기 홀 패턴은 연습을 통해 이 안티패턴을 극복할 수 있게 도와줄 것이다.

66

안티패턴: 토픽과의 분리

정의

프레젠테이션을 하는 도중에 청중의 기대를 충족하지 못하고 있다고 판단하고 즉석에서 이를 보상하려고 하는 경우다.

동기

프레젠테이션을 하는 도중에 발표자는 여러 가지를 신경 써야 하므로 흥분된 상태에서 청중의 반응을 잘못 판단하기 쉽다. 예를 들어, 미국 중서부 사람들을 대상으로 새로운 장비 제조 과정에 대한 프레젠테이션을 한다고 가정해 보자. 그날의 첫 번째 프레젠테이션이고 무대 조명 때문에 발표자가 청중을 제대로 볼 수 없는 상황이다. 청중들의 침묵을 '지금 설명하는 내용을 이미 알고 있다'는 의미로 이해한 발표자는 청중들이 지루해할까 봐 이야기 속도를 높인다. 사실은 원래 이야기 속도가 적절했는데, 청중들이 이런 환경에 익숙하지 않고 대다수가 피드백에 대한 사회적 관습을 잘 몰라서 조용히 듣는 쪽을 선택한 것인데도 말이다.

적용성 및 적용 결과

이미 복잡한 주제에 관해 프레젠테이션을 할 때 이야기 속도를 더 빠르게 하면 청중이 내용을 이해하기가 어려워져 더 조용해진다.

방법

이 안티패턴을 피하려면 청중이 조용하다고 해서 다 이해했다는 뜻으로 오해해서는 안 된다. 맨 앞줄에 앉은 사람 한 명의 반응을 일반화해서 전체를 대상으로 한 프레젠테이션을 망치지 않도록 주의한다. 주제를 스스로 끌어간다. 정확한 정보를 기반으로 청중의 수준을 가늠해서 뛰어난 프레젠테이션 자료를 만든다. 프레젠테이션을 할 때는 명확하고 자신감 있게 내용을 전달하고 자신이 연습한 속도를 무리하게 바꾸지 않는다.

관련 패턴

복잡한 주제 분야를 다루고 청중의 수준에 맞지 않을까 걱정된다면 시련의 장 패턴이 매우 효과적이다. 연습과 정제 과정을 여러 차례 거쳐서 청중의 수준에 맞춘다.

청중 분석 패턴을 주의 깊게 적용했다면 이 안티패턴에 빠질 위험이 줄어든다.

마틴 파울러의 적절한 청중 분석

사상 최초의 루비온레일스 개발자 콘퍼런스(RailsConf)[1]에서, 소프트웨어 개발 분야의 유명 인사인 마틴 파울러가 기조연설의 한 꼭지를 담당하게 됐다. 파울러는 가장 복잡한 분야의 소프트웨어 패턴을 잘 분류할 줄 알았고, 기조연설에서 패턴의 기본 추상화가 어떻게 작동하는지에 대한 기초적인 내용을 전달했다.

닐의 옆에 앉은 동료 하나가 내용이 너무 부족하다며 파울러가 자신이 관심 있어 하는 고급 주제를 다뤘으면 좋겠다고 불평을 해댔다.

하지만 기조연설이 끝난 후에 청중들은 압도적으로 파울러의 발표 내용을 마음에 들어 했다. 대부분의 청중의 수준에 딱 맞는 내용이었던 것이다. 파울러는 준비를 열심히 해서 청중들의 평균 경험치와 지식 수준을 분석한 후 그 수준에 맞춰 이야기를 진행했다.

모든 청중을 만족시킬 수는 없다. 따라서 청중의 수준을 파악하고 그에 맞게 주제를 끌어 나가는 능력이 필요하다.

67 안티패턴: 돼지 얼굴에 립스틱

별칭

모조품, 향기 나는 쓰레기, 아이 캔디

정의

내용에 대한 준비와 통찰이 부족한 것을 단순히 슬라이드를 시각적으로 멋지게 꾸미는 것으로 대신하려 하는 경우다.

동기

발표자들은 자신의 프레젠테이션이 훌륭해 보이기를 바라며 프레젠테이션이 끝난 후에 좋은 평가를 듣고 싶어한다. 하지만 시간적 제약 때문에 이야기의 뼛속까지 파고 들어가 완벽하게 작업하기가 어렵다. 당장 내일 심포지엄에 참석해 프레젠테이션을 하기 위한 최종 준비를 서둘러 하면서 마지막 몇 분을 활용해야 할 때, 급하게 립스틱이나 눈요깃감을 꺼내 어울리지도 않는 돼지 얼굴에 맘껏 칠한다.

적용성 및 적용 결과

돼지 얼굴에 립스틱은 이야기를 구성하거나 재편할 시간은 부족한데 그럴듯하게 보이게 하고 싶을 때 흔히 사용하는 패턴이다.

슬라이드는 화려하게 꾸몄지만 내용이 부실한 프레젠테이션은 보통 첫 반응은 긍정적이더라도 장기적인 영향은 거의 없다.

방법

프레젠테이션은 항상 청중을 위해서 명확한 구조와 논리적인 흐름, 새로운 통찰이 있어야 한다. 프레젠테이션의 구조는 발표자가 만들어낸 존재의 품질을 결정하는 뼈대 역할을 한다. 발표자는 자신의 프레젠테이션 자료가 형편없다는 사실을 숨기려고 애쓸 것이 아니라, 뼈대에 살을 붙이기 전에 구조가 적절한지 최선을 다해 확인해야 한다.

프레젠테이션을 자주 하는 우리 저자들의 경험으로 비춰볼 때 높은 품질의 잘 짜인 90분짜리 프레젠테이션 자료는 만드는 데 보통 90시간 이상이 들어간다. 기억하기 쉽게 말하자면 프레젠테이션 시간 1분당 준비 시간으로 1시간씩 잡으면 된다. 뛰어난 발표자 중에는 이보다 적은 시간만 있어도 충분하다고 말하는 이들도 있으나, 그들은 단지 전체 투자 시간을 솔직하게 말하지 않는 것일 뿐이다. 여기서 말하는 90시간은 연구 조사와 관련 도서 참고, 웹 검색, 생각, 설계, 원안 구성, 구현, 시연, 연습, 재작업을 모두 포함한 것이다.

사례

많은 사람들이 프레젠테이션 내용을 가능한 짧은 시간만 투자해서 만들려고 프리젠테이션젠(Presentation Zen)[2]이나 슬라이드올로지(Slide:ology)[3] 같은 책을 집어 들고는 시각적인 예제만 참고한다. 이런 책에서도 훌륭한 뼈대와 이야기 구조로 된 좋은 내용을 만들어야 한다고 강조하는 데도 말이다.

관련 패턴

사진광 안티패턴과 밀접하게 연관돼 있다. 돼지 얼굴에 립스틱 안티패턴을 적용하는 방법 중 하나는 웹에서 그럴듯한 사진을 몇 장 가져와 사용하는 것이기 때문이다.

스펜스의 유감스러운 영업 프레젠테이션

스펜스는 제약 회사의 영업 담당 직원으로, 여러 군데를 돌아다니며 자기 회사의 제품을 내과 의사들에게 소개하는 일을 한다. 그는 의사들을 위해 자신의 홍보 자료를 메스날처럼 연마했다.

평소처럼 스펜스는 점심 시간에 한 무리의 의료진에게 영업 프레젠테이션을 하기로 했다. 그들의 관심을 대가로 점심을 제공하면서 말이다. 그런데 내과 의사들이 응급 상황 때문에 모두 불려 나가서 접수원과 사무장, 수납 직원들만 남아 예의상 조용히 스펜스의 프레젠테이션을 듣게 됐다.

스펜스는 청중이 바뀌었다는 사실을 알았지만 그냥 원래대로 프레젠테이션을 진행했다. 병태가 5.5주 이상 경과된 경우에 특정 수용체에 결합된 화학 약품이 어떻게 이러이러한 퍼센트의 효과를 내는지와, 특정 나이나 혈액형의 남성에게만 일부 복잡한 부작용의 위험이 있다는 사실 등의 내용을 설명했다. 어려운 기술 용어가 난무하는 이 프레젠테이션을 사람들은 전혀 이해하지 못했다(적어도 사무실 직원들이 괜찮은 공짜 점심을 먹을 수 있긴 했지만).

만약 스펜스가 이 의료진들이 일주일에 거의 20번은 처방해주는 약에 비해 자사의 약품이 더 효과적일 뿐 아니라 절반 가격이라는 사실을 얘기했더라면 참석자들을 더 잘 설득할 수 있었을 것이고 자신의 목적에도 부합했을 것이다. 그랬다면 그들의 관심을 얻어서 그들이 의사들에게 그 약을 구매하자고 추천하는 일도 가능했을 것이다. 그는 바뀐 청중에게 적합한 언어로 얘기해야 했지만, 그 대신에 쓸데없는 말의 탑 안티패턴을 사용해 그들을 혼란스럽게 하기만 했다.

68 안티패턴: 쓸데없는 말의 탑

별칭

기술 용어, 전문 용어, 약어 혼용

제작 지원

Duarte Design Inc.[4] CEO, 낸시 두아르테

정의

발표자에겐 익숙하지만 다른 사람들에게는 그렇지 않은 매우 특화된 용어를 사용한다. 같은 분야에 있는 사람이 아니면 해석이 불가능하다.

동기

이 안티패턴에는 세 가지 주요한 동기가 있다. 덜 나쁜 것에서 더 나쁜 순서로 나열하면 다음과 같다.

- 그 용어를 쓰지 않아야 한다는 사실을 그냥 잊어버린 경우. 발표자는 매일 일할 때 그 용어를 사용하며, 발표자의 동료들 역시 같은 식으로 말하기 때문에 자연스러운 일이다.

- 가능한 정확하게 내용을 설명하기 위해 그 분야에서 사용하는 가장 분명한 언어를 의도적으로 사용하는 경우.

- 청중들에게 자신의 지식을 과시하고자 하는 경우. 사람들이 이해하기 힘든 단어를 써서 모든 이들을 놀라게 할 기회라고 생각하는 경우다.

적용성 및 적용 결과

전체적으로 또는 부분적으로 기술적인 연구나 업무에 관한 프레젠테이션은 이 안티패턴에 민감하다. 컴퓨터 공학에서 화학까지 그리고 출판에서 동영상 생성까지 다양한 분야를 아우를 수 있다.

약어와 다른 기술 용어는 이것을 잘 아는 청중에게는 강력하고 유용한 도구가 된다. 정보의 밀도를 높일 수 있고 유사한 배경이 있는 참석자들과의 관계를 정립할 수 있도록 도와주기 때문이다. 하지만 발표자 자신에게 익숙한 언어를 항상 청중 모두가 이해하고 있으리라고 보장할 수는 없다. 비전문가나 전혀 다른 분야의 전문가에게는 말도 안 되는 얘기다.

기술 용어를 사용해서 자신의 지적 우위를 드러내려고 하면 역효과가 나타난다. 청중들은 발표자가 프레젠테이션 내용을 명확히 전달하지 못해서 내용을 이해할 수 없었다고 발표자를 비난할 것이다.

방법

자신의 분야에서 다른 사람들과 효과적으로 의사소통을 하고 싶다면 적절한 때에 특화된 언어의 사용을 자제해야 한다. 매우 주의 깊게 청중의 구성과 배경 지식 수준을 확인한다(청중 분석 패턴 참고). 그리고 자신의 프레젠테이션과 청중에게 적합한 기술적 말하기 수준을 정한다. 동료와 이야기할 때는 그 분야의 특수 언어를 사용해도 괜찮지만, 이보다 일반적인 청중을 대상으로 할 때는 더 순화된 용어를 사용한다.

통역사가 있는 행사에서 프레젠테이션을 할 때는 주의해야 한다. 보통 통역사는 표준 언어를 기준으로 통역하지 특수한 기술 분야의 은어는 이해하지 못한다. 자신이 말한 내용을 누군가 통역한다면 약어를 명확하게 사용하고 복잡한 기술 용어를 다룰 때는 말하는 속도를 늦춘다. 그리고 누군가 내가 한 말을 다른 언어로 이해해야 한다는 사실을 계속 인식하고 있어야 한다.

📡 사례

투자자부터 금융업자까지, 관리 직원을 대상으로 하는 소프트웨어 개발 개요와 행정 구매 직원을 대상으로 하는 의료 연구 프레젠테이션 등 모든 분야에서 이 안티패턴을 사용하고 있다.

📡 관련 패턴

관련된 안티패턴으로는 토픽과의 분리가 있는데, 청중들이 이미 다 아는 내용일까 두려워 의도치 않게 설명을 빨리 하게 되는 경우다.

이 안티패턴의 확실한 해결책은 청중 분석 패턴이다.

69

안티패턴: 벙커

별칭

해자, 단상, 엄마 치마

정의

단상이나 책상 뒤로 가거나 무대 위에서 거리를 두고 말하며 청중으로부터 숨는다.

동기

어떤 연구 결과에 따르면 대부분의 사람들은 죽음보다 대중 앞에서 말하기를 더 두려워한다고 한다. 따라서 극도로 긴장한 발표자가 자신 앞에 있는 수많은 사람들로부터 숨을 방법을 찾는 것은 그리 놀라운 일이 아니다.

적용성 및 적용 결과

발표자가 자꾸만 뒤로 숨으면 청중의 신뢰를 얻을 수 없다. 여러 사람 앞에서 말할 때는 그들과 개인적인 유대 관계를 맺어야 프레젠테이션에 추가적인 의미와 뉘앙스를 부여할 수 있다.

기존에 이 안티패턴을 바라보는 관점은 말 그대로 뒤에 숨을 수 있는 뭔가를 지칭했으나 이 책에서는 무대나, 가까이 다가설 수 없게 만드는 기타 주변 환경도 포함한다. 비록 바닥에서 겨우 몇 인치 높은 경우라도 무대 위에서 말을 하면 청중과 친밀한 유대를 맺을 수 없다. 가끔은 이런 차이가 필요한데, 기조연설과 같은 공식적인 환경에서는 특히 그렇다. 하지만 무대는 청중들이 프레젠테이션을 수동적으로 바라보게 만드는 경향이 있다. 무대 위에서 말하면서 청중과의 유대를 얻기는 어렵다. 거기에 무대 조명으로 청중과 발표자 간 분리가 심화된다면 발표자로서는 최악의 상황에 놓이게 된다.

방법

단상이나 책상 뒤에 서지 않는다. 아마 어색해서 손을 어디다 둬야 할지도 모르겠지만 그런 느낌은 시간이 지나면 없어진다. 천천히 돌아다니는 것도 좋은데, 심하게 돌아다니면 오히려 방해가 될 수도 있다.

관련 패턴

이 안티패턴은 카네기 홀 패턴의 중요성을 다시금 일깨워준다. 프레젠테이션 연습을 충분히 하면 별 문제가 없을 것이다.

청중 분석 패턴을 적용하면 프레젠테이션을 하기에 안정적인 수준을 쉽게 판단할 수 있다.

기술 테러(?)에 맞서 싸운 톰

톰의 발표는 훌륭했다. 포석 깔기 패턴을 잘 적용했고 메시지도 분명했으며 엔터테인먼트 패턴까지 적용해 청중을 즐겁게 했다. 그러다가 잘난 체하며 발표자들을 괴롭히는 못된 사람과 맞닥뜨렸다. 이런 사람들은 자신이 발표자보다 더 많이 알고 있다고 생각하고 다른 사람들에게 이를 과시하려고 하는 성향이 있다. 처음에는 그럴듯한 질문을 하며 천진하게 시작했다. 그런데 톰의 답변이 충분하지 않았던지, 자기가 알고 있는 지식을 과시하기 시작했다. 톰은 그 상황을 재빨리, 단호하게 진정시키거나 청중을 잃을 위험을 무릅쓰고 맞서야 했다.

이런 부류의 사람들은 자신이 매우 똑똑하다고 생각하며, 실제로 그런 경우도 많다. 그들은 보통 기술적으로 권위 있는 위치에 있으므로 다른 사람이 자신에게 이의를 제기하는 데 익숙하지 않은 경우가 많다. 자신이 기술적인 논쟁에서 '지고' 있다고 생각되면 한발 물러나 까다롭고 기술적으로 사소한 문제를 걸고 넘어지며 때로는 인신공격성 발언도 서슴지 않는다. 그들의 코를 납작하게 해줄 수 없다면 패배를 인정하고 다른 청중들을 위해 넘어가는 게 좋다.

톰 역시 정확히 그렇게 했다. 자신이 그 논쟁에서 '이기지' 못하리라는 것을 알았고 굳이 그럴 만한 가치가 있는 일도 아니었다. 톰은 그 사람에게 새로운 점을 지적해 줘서 고맙다고 말한 후 자신의 발표 내용으로 돌아갔다.

70
안티패턴: 방해꾼

별칭

타임 싱크, 질문 하나만 더, 훼방꾼

정의

다른 이들을 못살게 구는 사람들과 발표자의 시간과 관심을 독차지하려는 사람, 기술적인 과시 욕구가 강한 사람들 때문에 프레젠테이션에 큰 타격을 입을 수 있다.

동기

참석자들 대부분은 진심으로 발표자가 프레젠테이션을 잘 해내길 바라지만 가끔 발표자를 못살게 구는 사람이 있게 마련이다. 이런 사람들은 발표자를 당황시키려고 애쓴다. 아마 콘퍼런스 기획자에게 무시당했다고 느끼거나, 그날 아침 개가 물었다거나 어떤 개인적인 모욕에 대한 앙갚음일 수도 있다. 이유가 무엇이건 그들이 프레젠테이션을 망치기 전에 조치를 취해야 한다.

발표자를 못살게 구는 사람들뿐 아니라 어떤 청중들은 시간을 낭비하게 만든다. 일종의 공짜 컨설팅으로 여기고 적정 수준 이상의 질문을 퍼부어 발표자의 시간을 독점하려 하거나 주제와 관련된 질문에서 대화를 주도하려는 행위로 선을 넘고는 한다.

기술 분야에서는 과시욕이 강한 사람(잘난 체하면서 발표자를 괴롭히는 유형과도 같음)을 주의해야 한다. 발표자에게 매우 드문 상황에 대한 까다로운 질문을 던져서 자신의 높은 IQ나 자신이 배운 사소한 기술 지식을 과시하려고 하는 사람이 있기 마련이다. 이런 사람들은 갖가지 '아리송한' 시나리오를 제시하고는 발표자가 실수하기를 바라곤 한다. 또 어떤 사람들은 자신이 경험한 이야기를 끊임없이 해대기도 한다.

📶 적용성 및 적용 결과

발표자를 못살게 구는 사람들은 공공 행사에 흔히 나타난다. 행사 참가비가 저렴하고 청중의 규모가 클수록 이런 사람이 나타날 확률이 커진다. 전문적인 주제를 다룰 때는 이 안티패턴이 나타날 확률이 적지만 아예 없진 않으며, 보통은 발표자가 소속된 회사에 대한 불만을 이런 형태로 드러내기도 한다.

아무리 그러고 싶어도 이런 사람들을 무시하기는 힘들다. 기껏해야 발표자의 집중을 방해하는 정도겠지만, 최악의 경우 프레젠테이션 전체를 망칠 수도 있다. 좀 더 유순한 양상을 띠지만 시간을 낭비하게 하는 유형도 치명적이긴 마찬가지다. 도움을 주고 싶겠지만 발표자에게는 그들로부터 다른 청중들을 보호해야 할 의무가 있다. 청중들을 위해 더 나은 분위기를 조성하는 것뿐 아니라 문제가 되는 사람 한 명을 입다물게 만들면 보통 다른 사람들도 억제할 수 있다.

집중을 방해하는 요소를 처리해야 더 좋은 프레젠테이션을 할 수 있다. 발표자가 더 안정적으로 이야기를 진행할 수 있고, 청중들 역시 발표자와 그가 전달하는 메시지에 더 집중할 수 있다.

📶 방법

시간과 주의력은 한정된 자원이다. 참석자들에게 메시지를 전달하는 것은 발표자의 몫이며, 그러기 위해서는 가끔씩 문제를 일으키는 사람들을 처리해야 한다. 우리는 모두 아젠다를 자기 마음대로 조정하는 누군가가 주재하는 회의에 참석해 본 경험이 있다. 프레젠테이션을 할 때 다른 사람이 그런 행동을 하도록 놔둬서는 안 된다.

문제를 일으키는 사람을 그러지 못하게 하기가 누구에게나 쉬운 건 아니다. 하지만 그들에게 단호하게 맞서는 것은 뛰어난 발표자가 되기 위한 중요한 기술이다. 발표자의 어조로 문제를 억제할 수 있다. 자신 있게 말한다. 질문에 답변을 하거나 나중에 답변하겠노라고 제안한다. 대화가 걷잡을 수 없이 흘러가도록 내버려두면 안 된다. 만약 상대방이 계속 대화를 이끌어나가려고 한다면 거기에 굴복하지 말고, 쉬는 시간에 대화를 계속 하자고 제안한다. 아직 다뤄야 하는 분량이 많이 남아 있다는 점을 예의 바르게 상기시켜 주고 나머지 청중들도 고려해 달라고 요구한다.

어떤 사람들은 좋게 얘기하면 들어주지 않을 때가 있는데 이런 경우에는 좀 더 강한 방법을 써야 한다. 그들의 사적인 공간으로 다가가서 조용히 시키는 방법이 있다. 공간이 허락된다면 그들의 자리로 최대한 가까이 걸어간다. 바로 코앞까지 다가가 만류하면 대부분은 물러난다.

누가 다른 이들보다 훨씬 많은 질문을 한다면 이를 정확히 인지해야 한다. 전달하려는 메시지에 집중하고 나머지 청중들의 요구를 잊지 않도록 한다. 그들의 질문에 대해 쉬는 시간이나 콘퍼런스가 끝난 이후에 답변하겠노라고 말할 줄 알아야 한다. 프레젠테이션을 지배하려는 사람은 단호하게 처리해야 한다.

자신의 기술적 지식을 과시하려는 사람들은 제 꾀에 제가 넘어가기도 한다. 할 수 있다면 일시적인 소재로 그들을 당황하게 만든다. 그들에게 질문을 던져서 형세를 역전시키거나, 대신 프레젠테이션을 하고 싶은지 묻고 실제로 그렇게 하게 할 수도 있다. 설사 이들이 흥미로운 이야기를 한다고 해도 청중들은 발표자의 이야기를 듣기 위해 그곳에 왔음을 기억해야 한다.

발표자로서의 우월함을 내보여 문제가 되는 이들을 처리할 수도 있다. 직접 눈을 맞추고 짧은 어구로 말하며, 필요하면 그만 방해하고 여기서 나가라고 단호하게 요구한다. 이런 기술은 많은 발표자들이 완전히 익히기에 다소 어려울뿐더러 과도하게 사용하면 발표자 역시 그들과 다를 바 없는 사람으로 비춰질 위험이 있다. 발표장에서 대화를 주도할 수 있는 힘은 늘 발표자에게 있으며, 그런 상황이 닥쳤을 때 태연하게 행동할 수 있도록 연습해야 한다. 상대방이 비난이나 욕설을 한다고 해서 같은 방법으로 대응하면 발표자가 자신의 역할에 적합하지 않고 무례한 행동에 기대어 질서를 지키려는 것으로 보일 수 있다. 문제가 되는 이들을 상대할 때는 그들을 벌주는 것이 목적이 아니라 나머지 청중들에게 프레젠테이션을 하는 것이 목적임을 명심한다. 그러면 문제를 일으키는 이들에게 해를 끼치거나 다른 청중을 고려하지 않는 등의 잘못된 행동을 피할 수 있다.

자신의 한계를 알면 대부분의 부정적인 청중을 무장해제시키는 데 도움이 된다. 자신이 모르는 것이 무엇인지 알아야 한다. 청중을 속이려 하기보다는 질문에 대한 답변을 모른다고 인정하는 것이 훨씬 낫다. 잘 모르는 내용을 더듬거리며 설명하지 말고 질문을 받아 적은 후 나중에 답변한다. 질문자의 의도가 발표자에게 적대감을 표시하려는 것으로 보이더라도 대부분의 사람들 역시 관련 내용을 궁금해 할 것이므로 '잘 모르겠다' 내지는 '나중에 답변하겠다'고 말하도록 한다.

관련 패턴

청중 분석 패턴을 적용하면 방해꾼이 나타날 가능성을 줄일 수 있으며, 그렇지 않다면 적어도 그런 상황에서 발표자가 덜 놀라게 할 수 있다.

발표자와의 사이에 거리감이 있으면 방해꾼 패턴이 나타날 가능성이 줄어든다. 여기서는 벙커 안티패턴이 도움이 될 수 있다.

우월감 표출 패턴을 적용하면 문제를 일으키는 이들을 단념시키는 데 도움이 될 수 있다.

71 안티패턴: 메타적 접근

🔖 별칭

이야기 자체에 대한 이야기

🔖 제작 지원

테드 뉴워드(Ted Neward)

🔖 정의

프레젠테이션을 하면서 자신의 프레젠테이션에 관해 이야기해서 청중을 지루하게 만들거나 최악의 경우 짜증나게 하는 경우다.

🔖 동기

프로그래밍에서 메타(meta)라는 접두어가 붙으면 자기 자신을 참조한다는 뜻이다. 예컨대 메타데이터(metadata)는 데이터에 관한 정보를 말한다. 데이터 자체를 뜻하는 것은 아니다. 프레젠테이션이 '메타적으로 접근한다면'(긴장이나 탈진, 불안감, 두려움, 당황, 그 외 여러 가지 인간적인 약점 때문에) 다음과 같은 내용을 청중들에게 말하게 된다는 의미다.

- 프레젠테이션 자료를 급하게 만들었다는 사실

- 5분 전까지 주어진 프레젠테이션 시간을 잘못 알고 있었다는 점

- 다른 유형의 청중에게 프레젠테이션으로 할 것으로 생각했다는 점(전문/비전문/성인/대학생/견습생/달인)

- 프로젝터에 문제가 있었는데 지금은 잘 작동한다는 점

- 리모콘 사용을 잊었다는 점

- 완벽하게 준비하지 못했다는 점

- 앞에 있는 청중들의 문화에 대해 아무것도 모른다는 점

- 대개 마지막까지 스트레스의 요인이 됐으나 해결된 것들. 굳이 말하지 않았다면 청중들은 몰랐을 것이다.

적용성 및 적용 결과

발표자가 발표 시간을 효율적으로 사용하지 못하면 청중들은 프레젠테이션 내내 고통을 받는다. 자신이 프레젠테이션을 얼마나 짧게 혹은 길게 할지 말하거나 다른 메타적인 측면을 언급하면 그 귀중한 시간을 아무런 보람 없이 낭비하는 꼴이 된다. 자신이 해야 할 이야기와 그 이야기를 전달하는 것에 집중하도록 한다.

방법

청중과 함께 할 수 있는 제한된 시간을 최대한 잘 활용해야 한다. 명확한 기승전결로 짜임새 있는 이야기 구조를 만들면 청중들은 전체 이야기에서 어느 지점을 설명하고 있는지 직관적으로 이해할 수 있다. 만약 이야기를 조금 짧게 줄여야 한다면, 숨 쉴 공간 패턴을 고려해서 프레젠테이션을 만들어 청중들이 이해하기 쉽게 한다.

철저히 준비하고 대비책을 마련해 두는 것이야말로 이 안티패턴을 피할 수 있는 가장 중요한 방법이다.

- 프레젠테이션을 사전에 철저히 준비한다. 카네기 홀과 시련의 장 패턴을 모두 적용한다.
- 가능하다면 실제 발표 장소의 장비로 연습해 본다.
- 청중 분석 패턴을 적용한다.
- 가장 걱정이 되는 다이어그램(복잡한 색상을 사용했거나 크기가 작은 것들)을 두 가지 버전으로 준비하고 맨 뒷자리에서도 잘 보이는지 미리 확인해서 가장 적합한 버전을 사용한다.
- 프레젠테이션에 필요한 모든 장치는 여력이 된다면 여분까지 준비한다. 적어도 백업 배터리 정도는 챙긴다.
- 숨 쉴 공간 패턴을 적용한다.
- 실제 상황처럼 청중의 질문까지 고려해 연습을 충분히 한다.

사례

이 안티패턴의 사례는 Pop! Tech에서 크리스 차브리스(Chris Chabris)가 했던 'When Intuition Fails' 강연[5]의 시작 부분에서 볼 수 있다. 크리스가 리모콘이 제대로 작동되지 않는다고 얘기했는데, 그 얘기를 안 했으면 아무도 그 사실을 눈치채지 못했을 것이다. 굳이 할 필요 없는 얘기였다네, 크리스.

관련 패턴

발표자들이 메타 정보를 주절거리는 이유는 침묵의 공포에서 비롯된 긴장 때문이다. 숨 쉴 공간 패턴을 적용하면 그런 상황을 해결할 적당한 방법을 찾는 데 도움이 된다.

데이브의 실수

개발자인 데이브는 노르웨이에서 열린 큰 개발자 콘퍼런스에서 기조연설을 해 달라는 요청을 받았다. 요청 받은 주제는 그의 전문 분야였다. 데이브는 주제에 관해 한 시간 가량의 훌륭한 프레젠테이션 자료를 준비했다. 초청을 받았을 때 이미 무엇에 관해 다룰지 마음속으로 결정한 상태였다.

콘퍼런스 장소에 도착해 아젠다를 확인할 때 기조연설 시간으로 45분만 할당돼 있다는 사실을 알고 깜짝 놀랐다. 하지만 그가 준비한 분량에서 15분 정도만 줄이면 되므로 충분히 할 수 있을 거라고 생각했다. 프레젠테이션의 도입부에서 데이브는 청중에게 '원래는 60분 정도의 분량인데 오늘은 45분으로 줄여서 이야기해 보겠다'라고 미리 언급했다. 그런데 웃기는 상황이 벌어졌다. 스칸디나비아인 특유의 극도로 조용한 성격을 고려하지 않은 탓에 이야기 내내 청중의 피드백을 전혀 얻지 못하고 40분만에 프레젠테이션이 끝나버린 것이다.

도입부에서 이야기를 압축해서 하겠노라고 언급했던 터라 데이브는 그 어떤 말로도 참석자들의 흥미를 끌 수 없었다. 프레젠테이션을 일찍 끝내긴 했지만, 많은 사람들이 데이브가 더 설명할 수 있는 내용을 대충 얼버무리고 넘어간 게 아닌가 의심했다. 실제로는 전혀 그러지 않았는데도 말이다. 청중 분석을 제대로 적용하지 않은 탓에 데이브는 청중들이 별 반응을 하지 않으리라는 것을 예측하지 못했다. 상황을 이해했더라면 준비한 내용을 설명할 시간은 충분했다. 메타적 접근 패턴 때문에 스스로 청중들을 실망시키게 된 꼴이다. 청중들은 그 시간을 충분히 즐기지 못하고 속았다는 느낌만 받게 됐다.

데이브는 불필요한 메타 정보를 전달해서 그로 인한 불이익을 당했다. 처음에 프레젠테이션 길이에 관해 쓸데없이 얘기하지 않았더라면 그가 준비한 내용을 잘 전달할 수 있었을 텐데 말이다.

72

안티패턴: 비공식 루트

별칭

여론 형성층, 까치

정의

비공식 루트는 프레젠테이션이 진행되는 도중에 사람들이 그 프레젠테이션에 관해 이야기를 나눌 수 있는 모든 방법을 포함한다. 예컨대, 비즈니스 회의 중에 문자 메시지를 보낸다거나 콘퍼런스에서 트위터에 글을 올리는 경우다.

동기

청중들이 프레젠테이션에 줄 수 있는 관심에는 한계가 있어서 자리에 앉은 이후에도 끊임없이 관심이 분산된다. 뭔가 읽고 쓰거나 가지고 놀 수 있는 것들의 유혹 때문에 발표자가 전달하려는 메시지로부터 주의를 돌리게 된다. 발표 내용을 들으며 메모를 하는 사람도 있겠지만, 이메일을 읽거나 주가를 확인하고, 웹 서핑을 하는 사람도 많다. 또는 트위터나 채팅 등을 통해 발표 내용에 관한 비공식 루트 대화에 참여하고 있는지도 모른다.

적용성 및 적용 결과

발표자는 자신이 잘 만든 프레젠테이션 내용을 전달하면 사람들이 즐겁게 그 내용을 트위터로 확산시키고 발표자의 뛰어난 언변에 열렬한 찬사를 보내기를 바란다. 하지만 이건 와비건 호수

(Lake Wobegon)^역주가 아니다. 어쩔 수 없이 누군가는 별로 긍정적이지 않은 의견을 보일 것이다. 어떤 장소에서는 그런 의견이 울려서 사실상 발표자가 뼛속 깊이 그 의견을 느끼게 된다.

어떤 콘퍼런스에서는 비공식 루트를 통한 의견을 복도나 메인 무대에서 실시간으로 화면에 표시하기도 한다. 이 때문에 발표자가 청중의 부정적인 의견을 프레젠테이션 중에 직접 맞닥뜨리게 돼 논란이 되기도 한다. 비공식 루트를 통한 의견이 발표자 뒤의 화면에 표시되면 갑자기 발표자는 자신이 참여할 수 없는 대화와 마주하는 꼴이 된다. 게다가 일부 청중은 이를 이용해 장난을 치기도 한다. 군중 심리 때문에 부정적인 의견이 더 많이 나올 테고, 발표 내용에는 전혀 도움이 되지 않을 것이다.

모든 발표자에게 비공식 루트는 독특한 시련을 안긴다. 프레젠테이션이 형편 없으면 참석자들의 인내심이 바닥나고 대부분이 재빨리 온라인으로 의견을 올린다. 사람들은 대개 공개적으로는 큰 소리로 말할 수 없는 내용을 온라인에서는 쉽게 이야기하곤 한다. 어떤 경우 그런 의견들은 비난이나 다름 없지만 사적으로만 남는 세션 평가와는 달리 이런 의견은 누구나 볼 수 있기 때문에 동요된 사람들이 자리를 뜨거나 그 발표자의 프레젠테이션을 피하게 된다. 비공식 루트는 발표자가 프레젠테이션에서 의미 있는 메시지를 전달할 수 있도록 철저히 준비해야 하는 또 하나의 이유다.

긍정적 측면에서 보자면 비공식 루트는 트위터 같은 공개 형식을 통해 청중의 수를 급격하게 증가시킬 수 있다. 앞에 앉아 있는 참석자들뿐 아니라 그들을 팔로(follow)하는 모든 이들에게 발표 내용이 전달된다. 청중의 일부만 비공식 루트를 통한 대화에 참여하고 있더라도 발표자의 목소리가 크게 확대되는 것이다. 이런 청중들은 대부분 발표 내용에 이의를 제기해서 발표자가 내용을 더 다듬을 수 있게 도와준다.

방법

잠재적인 문제점에도 불구하고 비공식 루트는 뛰어난 의견을 제시하기도 한다. 참석자들은 재빠르게 링크나 의견을 올린다. 한 콘퍼런스에서 나다니엘이 어떤 기사를 언급했는데 그러고 나서 5분 안에 그 내용이 트위터에 올라왔다. 비공식 루트를 통해 긍정적인 분위기가 확산되면 더 많은 사람들이 그 프레젠테이션에 관심을 가질 것이다.

역자주) 와비건 호수 효과. 설문 조사에서 자신의 능력을 평균 이상으로 답변하는 경향.

좋건 나쁘건 적당량의 직접적인 피드백을 받을 수도 있다. 세션 평가와 참석자의 의견을 검토하고 반영해야 하듯이, 해당 콘퍼런스나 발표 내용에 관한 해시태그를 확인하고 적절하게 답변한다. 사람들은 공개적으로는 물어보지 않을 내용을 트위터에서 질문할 것이다. 그런 피드백을 이용해서 발표 내용을 다듬는다. 많은 사람들이 시간을 들여 작성한 링크나 의견들을 받아들여 효과적으로 활용한다.

집중에 방해가 되는 것은 어쩔 수 없으므로 이를 잘 처리해야 한다. 좋든 싫든 비공식 루트는 존재할 테니 피할 수 없다면 효과적으로 활용하는 법을 배우도록 한다.

- 슬라이드를 작성할 때 전달하고자 하는 핵심 메시지를 트윗글로 짧게 요약하면 어떻게 보일지 고려한다. 즉, 프레젠테이션을 하는 동안 올라왔으면 하는 트윗글을 써 본다. 이 강연의 핵심 메시지는 무엇인가? 참석자들이 그들의 친구와 동료에게 전달했으면 하는 것 한 가지는 무엇인가?

- 어떤 이들은 자신의 작업 내용에 책과 장 요약을 트윗글 규모의 개요와 함께 싣는다. 발표 내용을 140자 또는 한두 개 단락으로 어떻게 요약할 수 있겠는가? 슬라이드나 웹사이트에 포함된 스냅샷 같은 것은 포함할 수 없겠지만, 요약을 하는 과정에서 메시지를 더 선명하게 다듬을 수 있다.

- 핵심 메시지를 작성한 후 프레젠테이션 자료를 만드는 동안 눈에 띄는 곳에 놔둔다. 각 슬라이드를 작성할 때 핵심 메시지를 잘 드러내고 있는지 스스로에게 물어본다.

비공식 루트를 통해 받은 의견이 긍정적이든 부정적이든 발표자로서 해야 할 일은 모든 의견을 읽고 그것을 반영하는 것이다. 참석자 한 명의 의견이라도 늘 거기에 답변하는 것이 좋다. 질문에 답변을 하거나 오해를 정정해 줄 수 있고, 아니면 그저 그들의 시간과 관심에 감사를 표할 수 있는 기회가 될 것이다.

관련 패턴

비공식 루트는 포석 깔기를 적용하기 위한 매우 훌륭한 방안이다.

지지자에게 부탁해서 '내 동료인 대니가 위젯에 관해 흥미진진한 강연을 펼친다고 합니다. Washington Room에서 15분 후에 시작하니 많은 참석 바랍니다' 같은 긍정적인 트윗글을 올리게 하는 것도 좋은 방법이다. 사전에 분위기도 띄우고 훨씬 많은 사람들이 참석하게 할 수 있다.

73 안티패턴: 레이저 무기

🔖 별칭

레이저 포인터 실종

🔖 정의

레이저 포인터는 처음 보면 굉장히 유용한 장치 같아 보인다. 프레젠테이션을 하면서 특정 부분을 강조하거나 지시하고, 화면에 그림도 그릴 수 있기 때문이다.

🔖 동기

보통 프레젠테이션에서 더 효과적으로 강조 표시를 할 수 있는, 프레젠테이션 소프트웨어의 기능을 활용하지 못한 경우에 레이저 포인터를 사용한다. 레이저 포인터는 슬라이드에 실린 정보가 빽빽할 때 적용할 수 있다(매우 단순한 다카하시 패턴으로 구현된 슬라이드에는 레이저 포인터를 써 봐야 별 효과가 없다. 화면에 나타나는 요소가 몇 개 없어서 발표자가 설명하는 내용과 화면의 요소를 대응해서 보는 데 전혀 문제가 없기 때문이다).

발표자와 청중 모두 레이저 포인터에 관한 다음과 같은 불만 사항을 경험하거나 들어본 적이 있을 것이다. 레이저 포인터의 흔들리는 불빛 때문에 보는 사람이 어지러움을 느낄 수 있고, 맨 뒤에 앉은 사람은 레이저 포인터의 작은 점이 잘 보이지 않으며, 발표자가 포인터의 버튼에서 손을 떼는 순간 강조 표시가 사라진다는 점이다.

📶 방법

레이저 포인터는 슬라이드 자체를 가리키는 것이 아니라 슬라이드 내의 요소를 가리키는 용도로 사용한다. 이런 사실을 잘 인지하고 있는 훌륭한 발표자라면 '그렇다면 프레젠테이션 소프트웨어에 있는 툴로 강조 표시를 하는 게 낫지 않을까?'라고 생각할 것이다. 움직이는 강조 효과 패턴을 사용하면 같은 효과를 좀 더 명확하고, 재생 가능하며, 더 생동감 있고, 출력도 할 수 있는 수단으로 구현할 수 있다.

📶 관련 패턴

레이저 포인터를 사용하는 것이 항상 나쁘지만은 않다. 올바른 사용 방법은 광선검 패턴에서 설명한다.

이 안티패턴에 대한 좋은 대안은 움직이는 강조 효과 패턴으로서, 발표자에게 의존하지 않고 발표 자료 자체에 강조 표시를 포함해서 구현한다.

알란의 멍한 시선

애널리스트인 알란이 큰 규모의 금융 콘퍼런스에서 시장 상황의 전망에 대해 발표하기로 했을 때의 일이다. 알란은 대부분의 청중이 관련 배경 지식이 충분할 것으로 예상했으나 확신하지는 못했다.

알란은 모든 이들이 쌩쌩하고 활기에 찬 첫 시간을 배정받았다. 청중의 수준을 확인하고자 "이 중에 CAP 정리에 대해 모르시는 분 있으신가요? 있으면 손 좀 들어주세요."라고 질문을 던지면서 시작했다. 다행히 아무도 손을 들지 않았다. 발표 내용을 준비할 때 알란은 청중들이 CAP 정리를 잘 알고 있을 것으로 예측했다. CAP 정리를 모르면 내용을 이해하기가 불가능했다.

그래서 알란은 준비해 온 내용의 핵심으로 뛰어들었다. 프레젠테이션이 진행될수록 알란이 선물 뿌리기 같은 몇 가지 기법까지 사용했음에도 불구하고 청중들은 별 반응을 보이지 않았다.

프레젠테이션이 끝난 후에 알란은 청중의 한 명이었던 친구에게 어땠냐고 물어봤다. 친구는 자기 주변에 있던 사람들 중 누구도 내용을 이해하지 못했다고 대답했다. 실은 본인도 알란의 프레젠테이션 내용을 이해할 만한 배경 지식이 없었다는 것이었다. 하지만 그 프레젠테이션이 그날의 첫 번째 시간이었고 청중들이 서로 잘 모르는 상황이어서 알란의 질문에 손을 들어 자신의 배경 지식이 부족하다는 사실을 다른 이들에게 알리고 싶어 하지는 않았다고 했다. 사실, 그 친구의 수준이 거기 모인 청중들의 평균치 정도였다. 알란은 자신도 모르게 소극적 무시 안티패턴에 빠졌던 것이다.

74

안티패턴: 소극적 무시

제작 지원

CodeSherpas,[6] 데이비드 복(David Bock)

정의

참석자들에게 어떤 중요한 개념에 대해 잘 아는지(모르는지) 보통은 손을 들어보라고 요구하며 물어봐서 그들의 지식 수준을 확인하려고 하는 경우다.

동기

특히 공개적인 행사에서 프레젠테이션을 할 때 발표자가 제어하기 어려운 변수 중 하나가 바로 청중의 경험과 지식 수준이다. 발표자는 항상 청중이 내용의 상당 부분을 이미 알고 있을까 두려워해 토픽과의 분리 안티패턴에 빠지는 경향이 있다. 이런 두려움을 완화시키는 방법은 청중들이 무엇을 알고 무엇을 모르는지 직접 물어보는 것이다. 하지만 그들의 지적 수준을 모욕하고 싶지는 않으므로 그들에게 무지함을 인정하도록 하는 방법으로 질문을 제기한다.

적용성 및 적용 결과

사람들은 불편한 질문에 대답하지 않을 가능성이 크다. 특히, 주변 사람들 앞에서 자신의 무지함을 인정하도록 유도하는 경우에는 더 그렇다. 질문을 긍정적인 방향으로 바꿔도 결과는 크게 나아지지 않는다. 청중은 자신의 지식 수준을 인정하는 것에 대해 변덕스러우므로 자신이 정확한 피드백을 받고 있다고 확신할 수 없다.

수사적인 질문도 피하도록 한다. 대답을 해야 할지 말아야 할지에 잘 몰라서 불편해할 수 있기 때문이다.

📶 방법

질문을 아예 하지 않거나 다른 방법(강연 전에 하는 것이 좋음)을 써서 청중의 지식 수준을 가늠한다. 그래도 질문을 해야 할 필요가 있다면, 청중의 일부는 그 개념을 잘 모르고, 일부는 일어나서 그 주제에 관한 번개 토크 프레젠테이션을 하고 싶어하며, 나머지는 그 중간쯤 있다고 가정한다. 해당 주제에 관해 30~60초 가량의 요약본을 준비하거나, 그렇게 하기 복잡하다면 프레젠테이션의 나머지 부분을 이해하는 데 필요한 주요 세부사항을 정리해 독립적인 토클릿으로 제공한다. 주제에 관해 이미 알고 있는 사람은 계속 고개를 끄덕이며 자신이 똑똑하다고 여길 것이다. 주제에 관해 조금 아는 사람은 다음 내용을 이해할 정도로 충분한 맥락을 습득하고, 자신이 이해가 빠르고 발표자 역시 똑똑하다고 여길 것이다. 주제를 잘 모르는 사람은 발표 내용이 완전히 엉망은 아니라는 걸 알 정도로 충분한 맥락을 습득하고 나중에 관련 내용을 연구해 볼 기반을 다지게 될 것이다.

📶 관련 패턴

이 안티패턴과 토픽과의 분리 안티패턴은 둘 다 동일한 동기에서 비롯된다. 청중에 대한 확인이 없다는 것이다.

사전에 청중 분석 패턴을 잘 적용하면 이 안티패턴의 영향을 받지 않을 것이다.

75

안티패턴: 머리 둘 달린 괴물

별칭

둘로 나뉜 계층, 분리된 현장, 하나의 문서로 두 마리 새 잡기, 원격 발표

정의

두 종류 이상의 청중에게 동시에 프레젠테이션을 한다. 한 그룹은 현장에서, 나머지 그룹은 '위성을 통해' 프레젠테이션을 보게 된다. 아니면 발표자가 원격으로 프레젠테이션을 하는 동안 모든 청중이 '위성을 통한 생중계로' 모여서 보거나 각자 본다(이 안티패턴은 발생 빈도가 점점 높아지고 있고 잘하면 괜찮을 수도 있지만 그러기 어려워서 안티패턴이 될 소지가 크므로 패턴화의 경계에 걸쳐진 상태다).

동기

물리적인 장소가 여러 군데로 나뉘져 있는 많은 회사에서 시간과 비용을 절약하기 위해 교육이나 프레젠테이션을 한 장소에서 하고 전체 또는 일부 직원들이 동영상이나 기타 유사한 기술을 이용해 가상으로 참석하게 한다.

요즘 기업들에게 장소가 여러 군데로 나뉘는 것은 피할 수 없는 현실이다. 여러 장소를 왔다 갔다하려면 번거롭기도 하고 비용도 많이 들기 때문에 화상 콘퍼런스, 원거리 영상 회의, 웹 미팅이 점점 증가하는 추세다. 기업에서 대부분의 발표자들은 '본 업무'가 있으므로 같은 내용을 여러 번 전달하게 하는 것은 비용이 지나치게 많이 드는 일이다.

원격 프레젠테이션은 '롱테일 프레젠테이션'을 가능하게 하기도 한다. 특정 주제를 듣고 싶어 하는 사람들이 한 지역에서는 많지 않더라도 그 내용이 전역에 퍼지면(다른 도시나 나라) 듣고 싶어하는 사람들도 많아진다. 여기저기 흩어져 있는 청중 덕에 보통은 비용 측면에서 효율적이지 않은 프레젠테이션이 관련된 모든 이들에게 그만한 가치가 있는 일이 될 수 있다.

🔶 적용성 및 적용 결과

원격이나 가상 사이트에 접근하는 데 필요한 기술적인 어려움은 거의 극복된 상태다. 더 큰 문제는 두 가지 유형의 청중이 같은 프레젠테이션을 다르게 경험할 것이라는 점이다. 같은 내용이라도 현장에서 직접 보는 청중과 원격으로 보는 청중 중 한쪽 유형에 더 설득력이 있을 수 있지만, 두 가지 유형 모두를 동시에 만족시키기는 어렵다. 원격으로 보는 청중은 늘 머리 둘 달린 괴물을 경험하게 될 것이므로 발표자는 이를 고려해야 한다.

🔶 방법

회의 일정을 정할 때 원격 회의실에 필요한 장비(전화기, 네트워크 연결, 프로젝터 등)가 갖춰져 있는지 확인한다. 준비 시간을 넉넉하게 잡고 실제 프레젠테이션을 할 때 사용할 장비로 미리 연습해 본다. 시청각 장비를 담당하는 사람들과 사전에 긴밀히 협력해 모든 것이 완벽하게 준비되도록 한다.

원격으로 프레젠테이션을 보는 참석자들에게도 준비 시간을 충분히 준다. 시작하기 전에 연결 상태가 좋은지, 잘 보이고 잘 들리는지 꼼꼼하게 확인한다. 다른 장소에서도 프로젝터를 통해 영사된 프레젠테이션 내용을 보게 된다면, 원격 장소의 환경 설정을 누군가 담당할 수 있도록 사전에 요청한다.

가능하다면 원격으로 보는 참석자들과 미리 관계를 맺어둔다. (가능하면) 대체 커뮤니케이션 방안을 제공하고, 연결이 끊어지거나 콘퍼런스 회선이 효율적이지 않은 경우를 대비해 대비책을 마련한다. 기술적인 문제가 발생하더라도 당황하지 않는다. 원격으로 참석하는 사람들은 그렇게 완벽한 것을 기대하지 않는다. 문제가 발생해도(분명 그럴 것이다), 침착하게 진행하도록 한다.

아직은 완벽한 유비쿼터스 인터넷 세상에 살고 있는 게 아니다. 원격 참석자에게 프레젠테이션을 할 때 적어도 한 명은 연결 문제가 생길 가능성이 있다. 만약 고화질 영상 스트리밍(또는 대역폭을 많이 점유하는 기술)을 이용한다면 인터넷 속도가 느린 사용자를 고려해 성능을 낮추거나 다른 대안을 고려해야 한다.

맥이나 PC 등의 플랫폼 문제에 관해서도 주의해야 한다. 원격으로 영상을 지원하는 데 윈도우와 파워포인트가 필요한데 발표자가 OS X과 키노트를 사용한다면 시작 전에 정신 없이 바빠질 것이고 메타적 접근에 빠질 (절대 그래서는 안 될!) 위험이 높아진다.

관련 패턴

문제가 발생하면 메타적 접근의 유혹이 커지겠지만, 기술적 문제를 간단히 언급하는 것 이상으로 굳이 자세히 설명할 필요는 없다.

원격 참석자들이 보기에는 시각적인 부분이 많이 부족할 테니 사람들이 출력해서 볼 수 있도록 슬라이드문서를 만들어야 할 수도 있다. 하지만 그 전에 효과적인 슬라이드문서를 만드는 데는 엄청난 추가 작업이 필요하다는 점에 주의해야 한다.

8장

실행 패턴

    자, 다 같이 복창해 보자. 프레젠테이션은 발표자가 아니라 청중을 위해 하는 것이다. 무대 위 밝은 조명 아래에 있다고 해서 발표자가 주인공은 아니라는 뜻이다. 발표자의 뛰어난 지적 수준이나 세련된 사진을 자랑하는 시간이 아니다. 청중들은 프레젠테이션을 보기 위해 자신의 가장 소중한 자원인 시간과 관심을 기꺼이 내준다. 사실 청중들은 아마도 발표자를 보고 그날의 주제에 관한 그의 관점을 듣고 싶어서 거기 모인 것일지도 모른다. 하지만 발표자는 들어주는 사람이 없다면 허공에 대고 떠드는 자신의 모습이 얼마나 우스꽝스러울지, 청중의 소중함을 꼭 기억해야 한다.

    청중의 시선을 붙잡지 못하면 프레젠테이션이 엉망이 될 가능성이 크다. 바닥을 보고 얘기하거나 무례한 태도를 보이면 아무도 좋아하지 않거니와 청중들은 곧 불쾌감을 드러낸다. 어떤 사람은 자리를 뜰 것이고, 또 어떤 사람은 가차 없는 비판을 후기로 남길 것이다. 반대로, 사려 깊은 발표자를 알아보고 긍정적인 반응을 보일 것이다. 이 장에서는 프레젠테이션을 실행하는 데 필요한 몇 가지 패턴을 설명한다.

76

패턴: 카네기 홀

정의

프레젠테이션을 하는 연습을 열심히 하는 것도 중요하지만 거기에는 단순히 메시지를 다듬는 것 이상의 의미가 있다. 이 프레젠테이션이 정말 무엇에 관한 것인지 깨달을 수 있다.

동기

먼저 시드 필즈(Syd Fields)가 했던 오래된 농담으로 시작해 보겠다.

한 뉴요커(어떤 버전에서는 아서 루빈스타인이라고도 함)가 카네기 홀 근처에서 길을 물었다. "죄송하지만 카네기 홀은 어떻게 갑니까?" 그러자 행인이 대답했다. "연습하고, 연습하고, 또 연습하면 되죠."

당연히, 이 패턴은 프레젠테이션 연습에 관한 내용이다. 실제 무대에 서기 전에 청중의 규모와 수준을 단계적으로 높여가면서 연습한다. 먼저 고양이를 대상으로 프레젠테이션 연습을 해본다. 고양이가 잠들더라도 기분 상해 하지는 말고. 우습게 들리겠지만 단어를 입 밖으로 소리 내어 말해 보면 프레젠테이션의 맥락 안에서 어떻게 들리고 어떤 의미로 해석될지 다른 시각으로 볼 수 있다. 숙련된 발표자들도 같은 단어를 실제 말해보면 구상하거나 입력했을 때와는 다르다는 사실을 알고 있다. 크게 소리 내서 연습해 볼수록 실제 프레젠테이션 내용(슬라이드뿐 아니라)을 더 잘 다듬을 수 있다.

프레젠테이션을 거듭할수록 내용이 더 세련되게 다듬어진다. 여기서 프레젠테이션 연습이라 함은 머릿속으로 어떻게 말할지 생각만 하거나 거울 앞에서 연습하라는 뜻이 아니다. 배우들도 실제 관객 앞에서 연기하는 것과 리허설은 다르다는 걸 안다.

📶 적용성 및 적용 결과

이 패턴은 모든 종류의 프레젠테이션에 적용된다. 모두 연습을 통해 큰 효과를 볼 수 있다.

이 책의 첫 장에서 밝혔듯이, 우리 저자들은 모두 No Fluff, Just Stuff 콘퍼런스에서 강연을 해왔고 각 콘퍼런스 내의 세션과 프레젠테이션의 수로만 보더라도 발표자로서 많은 경험이 있다고 자부한다. 콘퍼런스에서 기술적인 내용의 프레젠테이션을 두세 번 정도 할 수 있다면 자신의 프레젠테이션이 적당히 다듬어졌다고 여긴다. 연습을 하면 늘 더 좋아진다. 연습은 No Fluff, Just Stuff에서 프레젠테이션의 품질을 좌우하는 비밀 중 한 가지다. 보통 발표자들은 같은 프레젠테이션을 수십 번 하기도 한다. 닐도 어떤 내용은 50번 이상 발표했다. 만약 그렇게 많이 연습했음에도 더 나아지지 않는다면 그만 멈춰야 한다!

자료를 재사용할 기회를 찾다 보면 부수적인 효과가 있다. 그 자료를 여러 번 사용할 것이라는 점을 알고 있기 때문에 더욱 공들여서 내용과 프레젠테이션 스타일을 모두 다듬게 되고, 그런 노력은 수많은 프레젠테이션에 걸쳐 빛을 볼 수 있다. 또한 더 비싼 사진이나 카툰, 기타 자산 등의 비용을 더 합리적으로 처리할 수 있다.

닐은 매년 프로그레시브 록 페스티벌에 참석하는데 각 밴드가 동일한 조명과 음향 시스템, 드럼 키트를 사용해야 함에도 어떻게 무대를 자신만의 것으로 '장악'하는지에 큰 충격을 받았다. 그리고는 이런 환경에서 그렇게 안정적인 무대가 나올 수 있는 것은 관객의 시선의 미치지 않는 곳에서 하는 음향 체크에서 비롯된다는 사실을 깨달았다. 각 공연이 끝날 때마다 다음 밴드를 준비하기 위해 관객들을 물리고 음향을 체크했다. 사람들이 오기 전에 실제 무대를 사용해서 연습할 수 있기 때문에 더 안정적으로 공연을 이어갈 수 있었다.

연습은 모든 일이 잘 풀릴 때도 프레젠테이션을 더 쉽게 할 수 있게 해 주며, 문제가 생기면 결정적인 역할을 한다. 닐이 오스트레일리아, 브리즈번에서 개발자들을 대상으로 프레젠테이션을 했을 때의 일이다. 한여름이었는데 에어컨이 고장 나 버렸다. 브리즈번의 여름은 열대 지방처럼 더운데 말이다! 고생을 좀 하긴 했지만, 같은 프레젠테이션을 수십 번 해봤던 터라 별 무리 없이 끝낼 수 있었다.

또 한 가지 큰 영향을 미치는 것 중 하나가 바로 무대 조명이다. 익숙하지 않으면 프레젠테이션에 매우 방해가 된다. 무대 조명은 청중들이 발표자를 잘 볼 수 있게 해 주지만, 발표자에게는 방해가 된다. 같은 프레젠테이션을 이전에 여러 번 해 봤고 청중의 반응에 익숙하더라도 조명 때문에 앞이 잘 안 보이면 갑자기 안정감이 사라진다. 이런 상황은 연습만이 해결해 줄 수 있다. 청중들이 잘 보이지 않아도 그들이 어떻게 반응하는지, 언제 멈춰야 하고, 어디서 가장 큰 웃음을 끌어낼 수 있는지 등을 경험으로 알 수 있기 때문이다.

발표자들은 누구나 케이블 문제로 발표장 뒤에 있는 프로젝터 옆에 컴퓨터를 놔두고 다른 사람이 슬라이드를 넘겨주면 기억을 더듬어 프레젠테이션을 했던 경험이 있을 것이다. 프레젠테이션을 더 많이 해 볼수록(실제든 가상의 상황이든) 힘든 상황을 더 쉽게 헤쳐나갈 수 있다.

방법

프레젠테이션 자료를(또는 잘 만든 초안이라도) 완성했다고 생각하면 친숙한 사람들을 대상으로 프레젠테이션을 해 본다. 어쩌면 청중이 되어 주는 대가로 동료들에게 점심을 사야 할 수도 있다. 총연습을 해보고 이를 동영상으로 녹화한다. 자신의 모습이나 목소리(목소리가 좋은지의 문제가 아니라 어떻게 들리는가)에 충격을 받거나 당황할 수도 있다. 기승전결에 집중하고 말버릇을 없애도록 노력한다.

프레젠테이션 실력이 좀 늘었다 싶으면 지역 분과회(수많은 사용자 그룹이 있는 소프트웨어 커뮤니티 같은 데 속해 있다면)나 업계 모임을 대상으로 프레젠테이션을 계획한다. 실제 리허설을 네 번은 거쳐야 한다.

1. 첫 번째 리허설에서는 내용의 진행과 시간을 조절하고 어떤 것들이 제대로 안 되는지 확인한다. 이때는 내용에만 집중하고 프레젠테이션 관련 문제는 지나치게 신경 쓰지 않도록 한다.

2. 첫 번째 리허설에서 주요 문제들을 해결했다고 가정하고, 두 번째 리허설은 프레젠테이션 자체의 속도와 전달, 내용의 적합성에 집중한다. 프레젠테이션 자체의 문제를 너무 길게 방치하지 말고, 가능한 한 빨리 모든 부족한 부분을 수정해야 한다.

3. 세 번째 리허설은 두 가지 목적을 위해 진행한다. 첫째, 두 번의 리허설을 통해 수정한 내용과 프레젠테이션 이슈를 테스트한다. 둘째, 더욱 단단히 자리잡은 자료를 점검해서 첫 시간에 정립한 내용 진행을 다듬는다.

4. 네 번째 리허설을 통해서는 자신만의 리듬감을 찾는다. 내용은 발표자의 목표에 맞춰져 있어야 하며, 발표자는 어떤 부분이 좋고 어떤 부분이 약한지 잘 파악할 수 있어야 한다. 이 네 번째 리허설이 끝난 후에는 프레젠테이션 자료와 기술적인 측면이 더 나아졌다는 느낌이 들어야 하며, 더 편하게 내용을 전달할 수 있어야 한다.

확실한 리허설 일정을 정하면 책상 앞에 앉아 대충 슬라이드를 읽어보는 수준이 아니라 완전히 집중해서 연습할 수 있다. 각 리허설에 정해진 목표가 있기 때문에 정확한 목표를 가지고 준비할 수 있다. 실제 상황에서 프레젠테이션을 해 보면 프레젠테이션의 맥락 안에서 자료가 제 역할을 하는지와 그 자료를 전달하는 최선의 방법을 알 수 있으며, 자신이 프레젠테이션을 잘 이해하고 있다는 자신감을 얻을 수 있다.

관련 패턴

이 패턴과 시련의 장 패턴은 비슷해 보이지만 실은 매우 다르다. 카네기 홀은 특정한 목표를 염두에 두고 프레젠테이션을 연습하는 것에 관한 내용이다. 반면 시련의 장 패턴은 프레젠테이션 자료를 다듬는 과정에서 반복해서 나타나는 내용 변경에 대한 것이다.

77

패턴: 감정 상태

정의

청중들의 일반적인 감정 상태를 파악하고 긍정적인 영향을 미치는 요인을 찾아낸다. 그들의 긍정적인 감정을 발판으로 삼아 좋은 영향이 더 오래 지속되게 만든다.

동기

청중들의 마음 상태를 파악하면 프레젠테이션의 긍정적인 영향을 크게 증폭시킬 수 있다. 사무실이나 콘퍼런스 홀 주변의 일반적인 분위기를 알면 프레젠테이션을 할 때 톤을 조절하고 어떤 농담을 던질지 정하는 등 여러 가지로 도움이 된다.

프레젠테이션 내용과 구두 전달 방식, 수사를 수정한다는 건 작든 크든 주제를 청중의 특정한 요구에 맞춰서 다듬으려고 노력한다는 뜻이다.

적용성 및 적용 결과

사람들 앞에 서기 전에 그들의 감정 상태를 파악해서 나쁠 건 없다.

방법

보통은 청중이 최근 힘든 시기를 겪었다거나 새로운 전환기를 맞이하고 있다는 사실을 발표자가 알게 되면 프레젠테이션의 내용을 조정한다. 소셜 네트워크 기술을 모두 동원해서 형세를 파악한다. 중요한 회의에 참석하기 전에 동료나 주요 이해당사자를 찾아 요즘 근황이 어떤

지 파악한다. 콘퍼런스의 경우 뚜렷한 특징이 있으므로 트위터나 관련 블로그, 기타 콘퍼런스 자체를 홍보하는 다양한 방법을 통해 이를 파악한다. 이전 행사의 프레젠테이션을 검토해 다른 발표자들이 어떻게 메시지를 만들어 내는지 확인한다. 행사 기획자에게 연락하는 것도 좋은 방법이다. 대부분 기꺼이 도와줄 것이다. 동료 발표자들과도 대화를 나눠본다. 대부분의 행사에서 발표자 대기실을 마련해 주므로 청중들에게서 벗어나 조용히 작업할 수 있다. 다른 발표자에게 청중에 관해 물어보되, 자신의 프레젠테이션을 준비하느라 바쁠 수도 있으니 방해가 되지 않도록 조심한다. 주최 측에서 발표자들을 위한 저녁 식사를 제공한다면 거기서 다양한 정보를 모아볼 수도 있다.

관련 패턴

소셜 미디어 광고 패턴을 활용해서 감정 상태를 일부 파악할 수 있다.

78

패턴: 숨 쉴 공간

별칭
아코디언, 패딩

정의
매 순간 이야기를 해야 할 필요는 없다. 가끔은 적재적소에 침묵해서 많은 걸 시사할 수 있다.

동기
사람들 앞에서 프레젠테이션을 하는 것은 매우 긴장되는 일이다. 사람들이 긴장될 때 주로 하는 행동 중 하나가 말을 빨리 하는 것이다. 청중들이 침묵하면 스트레스는 배가 된다. 지루해서인지, 아니면 완전히 몰입해서 그런지, 또는 주변 환경이 불편해서인지 등 침묵의 원인을 판단하기 어렵기 때문이다. 사람들의 집중을 한 몸에 받고 있으므로 발표자는 자신이 모든 공간과 시간을 채워야 할 것 같은 압박을 느낀다. 잠깐의 침묵도 끔찍하게 긴 것 같지만, 실은 발표자만 그렇게 느끼는 것이다. 이런 경우 발표자는 자연스럽게 말을 빨리 하게 되고 말버릇을 사용해서 말이 끊어지지 않게 하려고 애쓴다. 숨 쉴 공간 패턴은 억지로라도 말하는 속도를 늦추고 필요하면 짧게 침묵하는 것도 괜찮다고 제안한다.

📶 적용성 및 적용 결과

말을 지나치게 빨리 하면 의미를 이해하기 어렵다. 최악의 경우에는 발표자의 신용도를 해치기도 한다. 발표자가 긴장해서 자신이 드러내고 싶지 않은 모습까지 들킬 수 있기 때문이다.

📶 방법

프레젠테이션을 하는 중에 말하는 속도를 늦춰야 한다는 점을 기억하기에는 발표자의 머릿속에 이미 너무 많은 생각이 들어 있다. 프레젠테이션 내용에 일반적인 상황보다 약간 더 길게 멈출 수 있는 몇몇 지점을 정한다. 프레젠테이션에서 시간은 가장 강력한 정보 채널 중 하나이며, 때로는 번쩍이는 사진이나 다른 장치를 사용하는 것보다 길게 침묵하는 것이 어떤 사항을 더 강조할 수 있다. 기승전결에서 쉬는 시간을 사용하듯이, 특정 부분을 좀 더 강조하거나 생각해 보게 한다.

닐은 발표자 노트에 적는 첫 글자로 특수한 기호를 써서 잠시 멈추고 청중들이 해당 내용을 이해할 수 있게 한다. 어떤 부분에서 잠시 멈춰서 해당 내용을 강조하고 싶다면 그저 자신의 기억에 의존하는 것만으로는 충분하지 않다. 관련 내용을 메모해 두고 다른 문제에 집중하도록 한다.

📶 관련 패턴

청중 분석을 잘 적용하면 청중들의 수준과 능력, 학습 스타일에 따라 프레젠테이션 진행 속도를 조절할 수 있다.

너무 많은 내용을 그저 되는대로 늘어놓는 것보다 기승전결을 구축해야 숨 쉴 공간을 구성할 수 있다.

79 패턴: 신발 벗기

정의

이를테면 신발을 벗는다든가 하는 등의 간단한 행동으로 프레젠테이션을 하는 동안 좀 더 긴장을 완화시킨다.

동기

몇몇 연구 결과에 따르면 많은 사람들이 대중 앞에서 말하는 것을 죽음의 공포에 버금갈 정도로 두려워한다고 한다. 따라서 카네기 홀과 시련의 장 패턴을 열심히 적용했더라도 프레젠테이션은 엄청나게 긴장되는 일이다. 자신만의 긴장 완화 방법이 있다면 그걸 사용하도록 한다.

적용성 및 적용 결과

다소 이상하게 보일 수도 있다.

방법

우리 저자들의 동료 가운데 전문 강연자 몇 명이 프레젠테이션 전에 긴장을 풀려고 신발을 벗기 시작했다. 처음 해봤을 때 얼마나 효과가 있던지 깜짝 놀랐었다. 꼭 신발을 벗는 것처럼 노골적인 행동이 아니어도 된다. 자신이 가장 좋아하는 속옷을 입거나 신발을 신는 것으로도 충분하다.

사례

유명한 전문 강연자 대부분이 긴장을 풀기 위해 자신만의 특이한 행동을 한다. 중요한 회의에서 말하거나 대규모의 청중 앞에서 발표하는 등의 극도로 스트레스를 받는 상황에서는 특히 더 그렇다.

관련 패턴

이 패턴과 숨 쉴 공간 패턴 모두 긴장을 푸는 데 도움이 된다.

> **테리의 음주 토크**
>
> 닐의 친구 중에 테리라는 강연자가 있는데, 늘 마지막 순간에 극도의 스트레스를 받곤 한다. 테리는 항상 프레젠테이션 자료를 미리 준비하려고는 하지만, 늘 막판에 몰아서 하곤 한다.
>
> 테리는 밤을 새서 준비하는 데 선수라서 발표일에 닥쳐서야 모든 준비를 완료한다. 하지만 막판에 급하게 준비한 데다 새로운(급하게 준비했으니) 자료를 발표해야 한다는 중압감에 극심한 스트레스를 받는다. 그런데도 프레젠테이션은 훌륭하게 해낸다. 나중에야 닐은 그의 비결을 알아냈다. 바로 술이었다.
>
> 특히 스트레스가 극심한 프레젠테이션을 하기 전에 테리는 와인을 한두 잔 마신다. 너무 많이 마셔서 프레젠테이션을 할 수 없을 지경까지는 아니고, 평소처럼 자연스럽게 이야기할 수 있을 정도로만 스트레스를 완화시키는 것이다. 신발 벗기 패턴의 극단적인 사례지만 테리가 긴장을 풀고 프레젠테이션을 잘 해내기 위해 필요한 방법이다.

80 패턴: 멘토

별칭
가정 교사, 지식 선물, 점진적인 설명

제작 지원
Duarte Design Inc.[1], CEO, 낸시 두아르테

정의
프레젠테이션을 할 때 발표자는 주인공이 아니라 멘토 역할을 해야 한다. 청중이 주인공이다.

동기
익숙한 할리우드 이야기 중 상당수가 주인공과 멘토에 관한 것이다. 멘토의 역할은 주인공에게 지식과 도구를 전달해 문제를 해결하도록 돕는 것이다. 청중이 영웅이고 발표자가 멘토라면 참석자들은 프레젠테이션을 통해 새로운 기술과 지혜를 습득할 수 있을 것이다. 청중이 프레젠테이션을 듣는 데 상당한 시간을 할애했으므로 그 정도로 충분히 가치 있는 시간이었다는 느낌을 줘야 한다.

적용성 및 적용 결과

이 패턴은 설득이나 교육 또는 정보 제공을 목적으로 하는 모든 프레젠테이션에 적용된다. 발표자가 스스로를 주인공이라고 생각하지 않고 도와주는 사람이라는 겸허한 자세로 프레젠테이션을 한다면 청중에게 사랑받을 수 있을 것이다. 프레젠테이션을 듣는 사람이 어떤 시간을 보내는지 발표자가 신경 쓴다는 사실을 청중들이 알아야 한다.

가끔은 이 패턴 때문에 프레젠테이션 자료의 순서를 다시 고민해야 한다. 예를 들어, 프레젠테이션에서 가장 낮은 수준의 상세한 내용부터 가장 높은 수준의 추상화 단계로 진행하면서 발표자의 전문성을 보여주는 경우가 있다. 하지만 대부분의 참석자가 높은 수준의 정보를 먼저 얻는 것이 더 낫겠다 생각될 때는 순서를 바꿔야 한다.

방법

프레젠테이션을 만들기 전에 청중들의 지식 수준을 가능한 범위까지 분석하고, 이 프레젠테이션에서 청중들이 무엇을 얻어 갔으면 좋을지 생각해 본다. 모든 내용은 이러한 고민에 맞게 작성해야 한다. 관련 주제에 관한 전문가가 이 패턴을 따를 때는 내용을 너무 잘 알고 있다는 점이 오히려 독이 될 수 있다. 자신이 다루는 주제를 이미 잘 알고 있기 때문에 모른 척 할 수 없다. 하지만 해당 주제에 관해 잘 모르는 척 하면서 청중들과 공감해야 한다.

새로운 주제에 관한 프레젠테이션을 준비하기 전에 조사하는 단계에서, 자신이 통찰을 얻고 마음의 장벽을 넘어서 완전히 그 주제를 이해하게 된 순서를 적어둔다. 나중에 청중이 같은 문제로 고민하면 비록 짧은 프레젠테이션 시간 내에서라도 도움을 줄 수 있다.

사례

최고의 제품 및 프로세스 강사들 대부분이 이 패턴을 사용해왔다.

관련 패턴

청중과 함께 발표자가 취하고 싶은 정확한 역할을 지원할 수 있도록 확고한 기승전결이 있어야 한다.

이 패턴은 우월감 표출 패턴을 잘 보완한다. 두 가지 패턴 모두 청중과 공감대를 형성을 중요시한다.

 거의 나노급 프레젠테이션

몇 해 전, 나다니엘은 하나의 트랙으로만 진행되는 지역 콘퍼런스에서 새로운 프레젠테이션을 하기로 했었다. 이전 시간 발표자가 늦게 끝내는 바람에 나다니엘은 행사 기획자의 요청에 따라 '더 빨리' 프레젠테이션을 끝내야 했다. 그로서는 운 좋게도 천정형 디스플레이(heads-up display)를 사용하고 있었기 때문에(마침 처음으로) 이야기를 얼마나 진행했는지, 남은 슬라이드가 몇 장인지 알 수 있었다.

그런데 시작한 지 10분만에 나다니엘은 이야기 속도가 너무 빨라져 슬라이드의 1/3 이상을 진행했다는 사실을 알았다. 그러려고 했던 건 아닌데 말이다. 다시금 이야기 속도를 늦춰야 한다는 사실을 깨닫고는 나머지 내용의 상당 부분을 늘여서 했다. 결국 프레젠테이션은 몇 분 일찍 끝났다. 그는 이 사건으로 값진 교훈을 얻었다. 바로 시간을 꼭 확인해야 한다는 것이었다. 참석자들은 템포의 변화를 눈치챘을까? 나다니엘은 그러지 않기를 바라고 메타적 접근을 피하기 위해 관련 내용을 언급하지 않았다. 타이머와 천정형 디스플레이가 없었으면 프레젠테이션이 엉망이 될 뻔했다. 이런 것들과 함께 약간의 순발력을 동원한 덕에 나다니엘은 훌륭한 프레젠테이션으로 할 수 있었고, 지금까지 강연자로서의 입지를 이어갈 수 있는 기반이 됐다.

81

패턴: 기상 캐스터

정의

화면상의 내용을 가리킬 때도 바로 청중을 향해 이야기한다.

동기

화면에 나타난 슬라이드의 내용을 읽느라 청중에게 등을 보이는 것은 청중에게 일종의 고문을 가하는 것과 같다. TV 기상 캐스터를 보면 녹색 화면과 텔레프롬프터 등의 기술을 자연스럽게 프레젠테이션에 써서 카메라를 계속 바라보며 이야기한다. 비슷한 기법을 활용해서 좀 더 세련된 프레젠테이션을 할 수 있다.

적용성 및 적용 결과

청중과 자연스럽게 소통하는 데 도움이 되는 여러 가지 도구를 사용할 줄 알면 프레젠테이션의 기술적인 부분을 쉽게 이해시킬 수 있다.

방법

키노트와 파워포인트 같은 프레젠테이션 툴을 이용하면 프로젝터에 이미지(현재 슬라이드)를 영사하면서 노트북 화면으로는 다른 것을 볼 수 있다(천정형 디스플레이). 노트북마다 화면 표시 용어가 다르므로 이 책에서는 다음과 같은 용어를 사용하겠다.

- 디스플레이(Display)는 출처에 관계 없이 프레젠테이션 툴에서 표시되는 것을 의미한다.

- 노트북(Laptop)은 노트북의 모니터를 의미한다.

- 외부 장치(External)는 외부 디스플레이 장치로써, 프로젝터나 별도의 모니터를 의미한다.

- 복제(Mirrored)는 노트북과 외부 장치 양쪽에 동일한 이미지를 표시한다는 뜻이다.

- 확장(Unmirrored)은 노트북과 외부 장치에서 서로 다른 것을 표시한다는 의미다. 보통은 바탕화면을 두 개의 모니터에 확장하는 데 사용한다.

기존에는 노트북으로 프레젠테이션을 할 때 화면이 복제돼 나타났다. 즉, 발표자는 청중이 보고 있는 것을 그대로 보게 된다. 하지만 요즘 사용하는 프레젠테이션 툴에서는 화면을 확장할 수 있어서 외부 디스플레이 장치에는 전체 화면 슬라이드를 보여주고 노트북에서는 특별한 '천정형' 디스플레이를 볼 수 있다. 예컨대, 키노트에서는 원하는 대로 요소를 재배치해서 천정형 디스플레이를 사용자가 설정할 수 있다. 그림 8.1은 닐이 사용하는 설정이다.

그림 8.1에서는 현재 슬라이드가 왼쪽에, 다음 화면은 오른쪽에 표시되고, 현재 시간과 경과 시간이 오른쪽 위에 나타나며, 발표자 노트는 화면 아래에 나타나 있다.

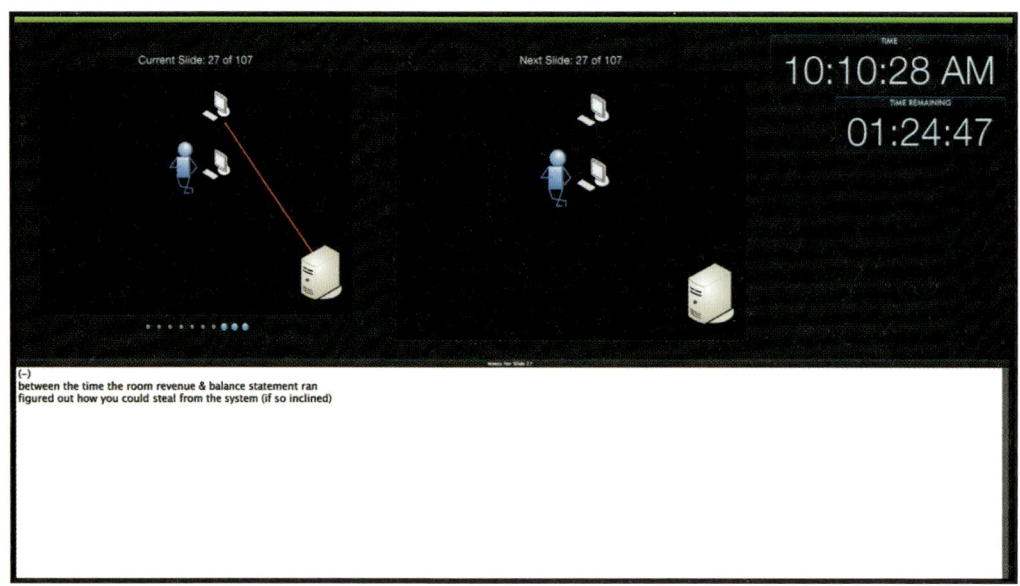

그림 8.1 닐이 키노트에서 사용하는 천정형 디스플레이

이름 그대로 기상 캐스터 패턴은 발표자가 화면과 소통해야 한다고 제안한다. 기존에는 발표자와 화면이 따로 떨어져 있었다. 가끔 영화나 TV 쇼에서 배우가 카메라를 향해 말하는 것을 '제4의 벽을 무너뜨린다'고 하는데, 청중은 이를 예상하지 못하고 있기 때문에 엄청난 효과가 있다. 프레젠테이션에서도 발표자가 화면 위의 프레젠테이션 내용과 작게든 크게든 소통해서 같은 효과를 줄 수 있다.

일부 애니메이션은 이 패턴에 특히 잘 맞는다. 예를 들어, 닐은 키노트에서 뭔가 산산조각이 나는 걸 보여줄 때 축하 꽃종이(confetti) 애니메이션을 사용한다. Test-Driven Design 프레젠테이션에서 닐은 화면 쪽으로 걸어가 화면을 건드리면서 동시에 마우스를 클릭해 축하 꽃종이 애니메이션을 실행했다. 마치 그가 화면을 건드려서 단어들이 우수수 떨어진 것처럼 보였다.

키노트에서 천정형 보기의 단점은 생생한 화면 전환 애니메이션을 볼 수 없다는 점이다. 시작과 종료 상태는 볼 수 있지만 그 사이의 변화 과정은 볼 수 없다. 하지만 천정형 디스플레이의 맨 위에 화면 전환 표시를 켤 수 있는 옵션이 있다(그림 8.1에서 윗부분에 있는 막대, 빨간색 또는 녹색으로 표시됨). 프로젝트 화면에서 화면 전환이나 애니메이션이 실행될 때는 이 막대가 빨간색이고, 애니메이션이 완료되면 녹색이 된다. 천정형 보기에서는 다음 슬라이드를 볼 수 없지만 다음 애니메이션의 결과는 보여 준다. 부드러운 전환 같은 패턴을 사용할 때 꼭 필요한 기능이다.

천정형 디스플레이에서 라이브 애니메이션이 부족한 문제를 기상 캐스터와 유사한 방식으로 해결할 수 있다. 최신 노트북은 대부분 화려한 디스플레이를 지원한다. 가능하다면 발표자 뒤의 화면에 표시되는 영상을 노트북에서도 볼 수 있도록 설정한다. 이런 설정으로 보는 것에 익숙해지면 발표자 노트와 함께 현재 화면의 애니메이션과 기타 특수 효과 등을 번갈아 볼 수 있다. 현재 화면의 내용을 노트북으로 볼 수 있으면, 능숙한 기상 캐스터처럼 청중과 마주보면서도 여전히 화면에 표시되는 내용을 쉽게 조작할 수 있다.

천정형 디스플레이를 이용하면 라이브 데모를 실행하거나 프레젠테이션 중에 컴퓨터와 상호작용하기가 더 어렵다. 노트북으로 두 개의 디스플레이를 확인해야 하기 때문에 모든 사람들이 봐야 하는 작업을 수행해야 한다면 해당 부분을 드래그해서 다른 화면으로 옮겨야 한다. 즉, 발표자의 노트북 화면에서는 더 이상 볼 수 없다는 뜻이다. 이런 경우 발표자가 벽면의 화면을 모니터로 사용하기 위해 마우스를 사용하는 동안 목을 길게 빼고 몸을 뒤트는 등의 부자연스러운 행동을 많이 한다. 이 책에서 설명한 데모 패턴(예컨대, 립싱크)을 사용하거나 데모를 하는 동안은 화면을 복제 모드로 전환하는 방법으로 이런 만일의 사태를 피하도록 한다. 단, 화면 모드 전환은 하드웨어 수준에서 실행되는 동작이므로 티 나지 않게 하기는 어렵다.

천정형 디스플레이를 사용하면 분명 까다로워지는 부분이 있긴 하지만 시간을 들여 적응할 만한 가치가 충분히 있다.

🔗 관련 패턴

이름도 비슷한 선물 뿌리기 패턴에서는 제4의 벽을 무너뜨리고 혁신적인 방법으로 청중과 소통하라고 설명한다.

> **💡 페어 프레젠테이션**
>
> 유사시에는 발표자 자신이 그리스 코러스가 될 수 있다. 어떻게? 바로 동영상의 힘을 활용하는 것이다. 나다니엘이 지금까지 봤던 것 중 가장 기억에 남는 프레젠테이션에서 그의 학생 중 하나가 툴 사용법에 관한 데모를 하기 위해 자신의 또 다른 자아와 짝을 이뤄 '페어 프레젠테이션'을 펼쳤다. 어떤 모습일지 감이 잘 안 오는가? 영화 쥬라기 공원을 보면 알 수 있다. 영화 앞부분에서 공원 소유주는 미리 녹화해 둔 자기 자신과 대화하면서 어떻게 멸종된 공룡들을 되살렸는지를 까다로운 손님에게 설명한다.
>
> 그 학생 역시 비슷한 방법으로 프레젠테이션을 진행했다. 자신의 이야기를 돋보이게 하는 역할로 자기 자신을 활용해서 툴을 사용하는 자신의 모습을 녹화했다. 여러 번에 걸쳐서 그는 라이브와 라이브 온 테이프 사이를 오가며 진행했다. 이는 엔터테인먼트뿐만 아니라 립싱크까지 적용한 접근 방법이었고 클래스 전체에서 열광적인 반응을 이끌어냈다. 당연히 그 학생이 최고 점수를 받았다.

82

패턴: 첫 질문 유도

별칭

워밍업, 아이스 브레이킹, 시동 걸기

정의

질의응답을 활성화시키는 방안으로 프레젠테이션 시작 부분에 상식적인 질문을 던지거나 작은 의문을 갖게 한다.

동기

사람들은 자신이 무지하거나 바보 같아 보이는 것을 싫어한다. 그래서 프레젠테이션의 마지막에 청중들이 질문을 하게끔 하는 것은 상당히 어렵다. 이 패턴의 목적은 청중들이 처음부터 질문을 하도록 미끼를 던져 질의응답을 활성화시키는 데 있다. 누군가 첫 번째 질문으로 딱딱한 분위기를 깨고 나면 다른 사람들도 긴장을 풀고 좀 더 자유롭게 소통하게 될 것이다. 첫 질문 유도는 사람들에게 무언가를 시작하게 하는, 강압적이지 않은 방법이다. 청중들이 긴장을 풀고 질문을 이어나갈 것이다.

적용성 및 적용 결과

이 패턴은 청중들이 소극적일 거라고 예상하거나 즉각적인 반응을 끌어내려고 할 때 적용한다.

이 방법은 매우 상투적이지만 그렇다고 효과가 없진 않다. 비록 너무 뻔하더라도 내용을 이해하는 데 방해가 되는 사회적 장벽이나 기타 장애를 해소할 수 있는 모든 속임수는 효과가 있다.

방법

질문을 던졌을 때 얼마나 큰 반응을 끌어내고 싶은지에 따라 프레젠테이션에서 적절한 위치에 '미끼'를 배치할 수 있다. 닐은 프레젠테이션에 관한 강연에서 이 패턴을 성공적으로 사용한 적이 있다. 시작 슬라이드에서 프리롤 패턴을 사용했는데, 청중들 중 누구도 이전에 그런 걸 본 사람이 없었던 것이다. 강연을 시작할 때 닐은 강연 마지막에 그 효과를 어떻게 만드는지 보여주겠다고 말했다. 강연이 끝났을 때 순조롭게도 첫 번째 질문은 프리롤을 어떻게 구현하는지에 대한 것이었다.

그 이후에는 다른 질문들이 자유롭게 이어졌다.

관련 패턴

청중들이 주제에 관해 이미 품었을 것으로 의심되는 질문이라면 이 패턴을 프리롤에 적용하는 것이 가장 적합하다. 당연히 청중 분석과 우월감 표출 패턴을 적용해야 한다.

첫 질문 유도를 그리스 코러스와 결합해서 코러스가 질문을 하거나 대답을 하는 사람 역할을 하게 하는 방법도 있다.

83

패턴: 선물 뿌리기

🔖 정의

프레젠테이션에 활력을 더하고 심하게 소극적인 청중들과 소통하기 위해 의자를 치우거나, 종이 비행기를 날리고, 사탕이나 기타 소품을 던지는 등의 행동을 한다.

🔖 동기

특히 서로 관련 없는 사람들이 모일 때 프레젠테이션의 사회적 환경이 어색할 수 있다. 소품을 사용하거나 다른 특이한 행동으로 청중의 긴장을 풀어준다.

🔖 적용성 및 적용 결과

이 패턴은 특히 어렵고 미묘한 주제를 다루는 교육이나, 발표자가 청중과의 소통을 강력하게 원하는 상황에 사용하면 효과적이다. 작은 선물을 받는 것을 좋아하는 어린이들에게는 특히 더 효과가 있다.

단, 사탕을 던질 때 사람들 얼굴에 맞지 않게 조심해야 한다!

🔖 방법

이 패턴을 적용하려면 조심스럽게 준비하거나 매우 영리하게 즉흥적으로 실행해야 한다. 프레젠테이션 내용을 구성할 때 어떤 소품을 사용하면 더 설득력 있게 내용을 이해시킬 수 있을지 생각해 본다. 청중들이 소극적일 것 같으면 노트북과 함께 사탕 한 봉지를 준비한다. 프레젠테이션을 어디서 하게 될지 안다면 프레젠테이션 내용에 넣어 활용할 수 있는 소품이 있는지 찾아본다.

질문에 대한 보상을 해주는 방식을 사용하면 매우 효과적이다. 사탕 봉지를 들고 다니며 좋은 질문을 던지거나 대답을 잘하는 사람에게 선물을 주는 것이다. 그러면 청중들의 경쟁 심리를 자극해서, 사탕을 별로 좋아하지 않는 사람도 더 열심히 참여하게 된다.

순간적으로 즉석에서 기지를 발휘하는 것도 좋다. 프레젠테이션 중에 메시지를 전달하는 데 어려움을 겪고 있다면, 주변에 뭔가 끌어들여 활용할 수 있는 물건이 없는지 확인한다.

사례

쉽게 예상할 수 있듯이 이 패턴은 기술 교육에서 자주 사용된다. 유명한 기술 강연자인 브루스 테이트(Bruce Tate)는 웹 애플리케이션에서의 동시성에 관한 주제로 강연을 하곤 했다(즉, 다수의 사람들이 애플리케이션에 동시에 접속하면 발생하는 것에 관한 내용이다). 이 주제는 꽤나 어려워서 그는 의자와 사람들을 이용해 핵심 내용을 설명하고 몇 가지 개념을 구체화했다. 이 과정에서 청중들이 의자에서 일어나 돌아다니게 해서 더 재미있게 강연을 진행할 수 있었다.

관련 패턴

이 패턴은 엔터테인먼트 패턴을 구체적으로 구현한 형태다.

닐과 조의 시끌벅적 Ruby 클래스

닐과 그의 동료인 조 오브라이언은 대기업 개발자를 대상으로 Ruby 프로그래밍 언어를 가르치는 짧은 교육 클래스를 진행하는 데 자원했다. 그런데 그 기업의 개발자들은 수준이 매우 높았고, 기존 방식의 교육이 그들에게는 너무 지루해서 교육에 열심히 집중하지 않는 것으로 유명했다. 닐과 조가 직면한 과제는 어떻게 하면 많은 정보를 효과적으로 전달하면서도 모든 사람들이 즐겁게 들을 수 있는 교육을 하는가였다.

닐과 조는 강연자가 설명을 하면서 소스 코드를 입력하는 라이브 데모를 변형한 형태를 사용하기로 했다. 하지만 그저 한 사람이 소스 코드를 입력한다고 이 청중들을 즐거울 리가 없었다. 그래서 라이브 데모 방식을 약간 변형하기로 했다. 강연자 한 명에 컴퓨터, 프로젝터, 화면을 각각 하나만 사용하는 것이 아니라, 강연자도 둘, 나머지 장비도 두 개씩 준비해 강의장 앞의 양쪽 면에 두기로 한 것이다. 닐과 조는 두 대의 노트북을 각각의 프로젝터에 연결해서 두 가지 이야기를 나란히 진행했다.

프레젠테이션을 진행하면서 강연자 한 명이 슬라이드를 사용해 설명을 하는 동안 나머지 하나는 맹렬하게 소스 코드를 입력해 거의 실시간으로 설명 내용을 구현했다. 그리고 주제가 바뀌면 둘의 역할도 바꿨다. 언제든 한 명은 설명을, 다른 한 명은 미친 듯이 코딩을 했다.

평소 잘 집중하지 못하기로 유명했던 동료 하나가 나중에 찾아와서, 정말 재미있게 강의를 들었고 자신의 집중력이 약해졌던 건 불과 15초도 안 된다고 얘기했다. 그는 이 강연을 더 재미있게 만들 수 있는 유일한 방법은 곡예사를 데려오는 방법뿐일 거라고도 했다. 곡예사가 저글링을 하며 돌아다니면 15초간 잠시나마 약해졌던 집중력마저 해결할 수 있을 거라면서 말이다.

84

패턴: 엔터테인먼트

정의

유머와 이야기, 비유 등을 동원해 청중들의 환심을 사고 메시지 전달을 돕는다.

동기

프레젠테이션은 천년 넘게 지속되어 온, 말로 정보를 전달하는 오래된 방식이다. 진심으로 청중을 사로잡고 싶다면 점 목록으로 된 방대한 자료를 그저 읽어 내려가는 것으로는 부족하다. 효과적인 프레젠테이션에는 청중들이 내용을 일관된 하나의 메시지로 받아들일 수 있게 도와주는 비유와 이야기가 들어있다. 누구나 사실을 있는 그대로 나열할 수는 있다. 하지만 강력한 서사가 있으면 사람들은 쉽게 기억한다. 사람들은 이야기에 반응하며, 청중들은 개인적인 이야기나 재미있는 일화를 들으면 더 관심을 보인다. 아마 재미있는 영화나 콘서트만큼은 아니겠지만 프레젠테이션도 즐거움을 줄 수 있고 또 그래야 한다.

적용성 및 적용 결과

적당한 유머는 거의 모든 프레젠테이션에 효과적이다. 이야기는 사람들이 어떻게 배우고 기억하는가에 매우 중요하다. 두 가지 모두 거의 모든 프레젠테이션에 사용해야 한다.

유머는 모든 훌륭한 프레젠테이션에서 중요한 요소다. 재치 있는 농담을 하면 발표자도 편해지고 청중들도 긴장이 풀린다. 허나 모든 도구가 그렇듯이, 유머도 자칫하면 독이 될 수 있다. 과도하게 사용하지 않도록 주의한다. 그렇지 않으면 청중들은 언제 진지하게 받아들여야 하는지 판단하기 어려울 수 있고, 전달하려는 메시지 역시 웃음에 묻힐 수 있다.

일부 발표자들은 청중들을 즐겁게 하거나 놀라게 하려고 TV 방송 황금 시간대에는 들을 수 없는 농담이나 표현을 사용하기도 한다. 발표자가 생각하기에 얼마나 재미있는지는 차치하고, 프레젠테이션 중에 농담을 하려면 그대로 써도 문제가 없는지 꼭 확인해야 한다. 발표자의 생각과 달리 청중들은 농담을 듣고 불쾌해 할 수도 있다.

회사에서 또는 아이들 앞에서 하기에 껄끄러운 농담이라면 프레젠테이션 중에 해서는 안 된다. 유머는 찬물 끼얹기로 쉽게 변질될 수 있다.

방법

재미있는 이야기를 하는 것은 좋은 영화를 만드는 것과 비슷하다. 이야기를 소개하고 각종 캐릭터와 그들이 처한 상황을 설명해 전달하고자 하는 내용의 토대를 만든다. 모든 재미있는 이야기에는 클라이맥스와 반전, 또는 이야기의 중심 문제를 해결하는 예기치 않은 결말 등이 존재한다. 해결책을 제시하면서 이야기를 마무리하고 요점을 다른 표현으로 다시 한 번 정리해서 설명한다.

대부분의 이야기는 간단해야 하고, 이야기 속 메시지가 프레젠테이션의 기승전결에 어떻게 들어맞는지에 대해 의구심이 들게 해서는 안 된다. 라스베이거스에서 들었던 이야기가 아무리 재미있었어도 프레젠테이션 내용과 관련이 없으면 쉬는 시간에나 해야 할 것이다.

몇 가지 이야기를 준비해 뒀다가 청중들의 집중력이 떨어지거나 시간이 남을 때 사용한다.

유머는 이야기의 중간쯤 사용하고 끝에 한 번 더 쓴다. 시간 간격을 이렇게 두면 청중들의 주의를 다시 집중시키는 데 도움이 된다. 시작할 때 농담을 하는 것도 목표에 맞게 이야기를 진행하는 데 도움이 된다. 쉬는 시간 패턴을 사용해서 엔터테인먼트 요소를 전략적으로 활용한다.

발표자가 사용하는 유머는 프레젠테이션의 내용과 잘 어울려야 한다. 짧은 농담을 빈번하게 한다고 해서 훌륭한 프레젠테이션이 되는 건 아니지만, 내용에 잘 어울리는 유머를 구사하면 프레젠테이션의 질을 높이는 데 도움이 된다. 발표자가 맛깔스럽고 명랑하게 자기 비하적인 유머를 구사하면 청중들이 발표자를 인간적으로 느낄 수 있고 발표자가 스스로를 청중들보다 우월하게 생각하지 않는다는 점도 드러낼 수 있다. 항상 주의해야 할 것은, 발표자에게는 웃긴 이야기가 청중들에겐 불쾌감을 줄 수 있고 코미디는 문화권별로 매우 다르게 인식될 수 있다는 점이다.

일부 문화권에서는 사람들이 더 내성적이어서, 어떤 나라에서(또는 도시에서)는 큰 웃음을 줬던 이야기가 다른 곳에서는 아무런 호응을 얻지 못할 수도 있다. 발표 지역이 처음 접하는 곳일 때는 가기 전에 그 지역에 관해 조사를 해야 한다(청중 분석 패턴 참고)! 반응이 어떨지 확신이 서지 않는 농담은 뺀다.

몇 가지 유머를 짜내는 데도 엄청난 노력이 필요하다. 이 말을 못 믿겠다면 제리 사인펠트(Jerry SeinFeld)의 다큐멘터리 'Comedian'을 보기 바란다.

관련 패턴

청중 분석 패턴을 잘 적용하면 농담이나 유머, 일화 등을 적절한 톤으로 이야기하기 쉽다.

만약 같은 프레젠테이션을 여러 번 할 기회가 생긴다면 시련의 장 패턴을 적용해서 반응이 좋았던 유머를 기억했다가 다음번에 또 사용할 수 있다.

85 패턴: 잠복근무

정의

프레젠테이션 장소에 일찍 간다.

동기

마지막으로 주의해야 할 점은 교통 체증이나 다른 문제로 프레젠테이션을 제시간에 시작하지 못하는 상황이다. 잘못하면 열심히 준비한 프레젠테이션이 시트콤에서나 볼 수 있는 촌극으로 바뀔 수 있다.

적용성 및 적용 결과

이 패턴은 이유 불문하고 항상 적용해야 한다.

일찍 도착해서 나쁠 일은 없다. 최악의 경우래야 생각을 정리하고 참석자들과 잡담을 하며 포석을 깔 여유 시간이 생기는 것뿐이다. 발표자가 늦게 도착하면 청중들은 짜증이 날 테니 포석 깔기의 반대 상황이 된다.

방법

다 같이 따라 해 보자. 발표장에 일찍 도착한다. 발표 장소까지 먼 거리를 움직여야 한다면 교통 체증과 주차 혼잡을 고려해 충분한 시간을 두고 출발한다. 머피의 법칙은 어디서든 나타날 수 있다. 뭔가 잘못될 가능성이 있으면 그리 될 것이다. 도착하면 주위를 살펴본다. 발표장과 발표장 사이 거리는 서로 가까운가 아니면 멀찍이 떨어져 있는가? 휴게실은 어디에 있는가? 발표자용 공간이 따로 있는가? 도움이 필요할 때 행사 기획자나 설비 담당자, 음향기기 담당자는 어디서 찾을 수 있는가? 닐이 라스베이거스에서 열린 한 콘퍼런스에서 강연했을 때는 호텔 방이 콘퍼런스실에서 400m 정도 떨어져 있었고 모두 실내였다.

발표 장소를 찾았으면 몇 분간 둘러본다. 강연대나 테이블이 있는가? 무대 위에 올라가야 하는가 아니면 청중과 같은 높이에 서야 하는가? 조명은 어떻게 조절하는가? 프로젝터와 오디오 연결을 이중으로 확인한다. 문제가 있거나 걱정이 된다면 다 잘될 거라고 생각하지 말고 음향기기 담당자를 찾아 도움을 요청한다. 가능하면 자신의 차례 이전에 진행되는 프레젠테이션에 참석해서 문제가 있으면 이를 어떻게 해결할지 고민해 본다.

콘퍼런스 센터나 호텔의 모든 방이 같을 것이라고 생각해서는 안 된다. 방의 크기는 열댓 명 정도면 딱 적당한 작은 방부터 수천 명을 수용할 수 있는 커다란 홀에 이르기까지 매우 다양하다. 어떤 방은 청중들 대부분이 발표자보다 높은 위치에 둘러앉아서 볼 수 있는 계단식 원형 극장 형태로 돼 있다. 특히 이야기를 하면서 돌아다니기를 좋아한다면 무대가 벙커 안티패턴이 될 수 있다. 우습게 들리겠지만 무대 가장자리가 어딘지 잘 알아야 한다! 발표자가 무대에서 떨어지면 청중들의 기억에 남을 만한 프레젠테이션이 되겠지만 당사자에게는 몹시 부끄럽고 아픈 상처를 남길 수도 있다.

무대가 있는 경우 보통 강연대에서 프레젠테이션을 진행해야 하며, 방 크기에 따라 마이크가 필요할 수 있다. 시설이 좋은 콘퍼런스 센터는 소형 마이크를 제공하므로 프레젠테이션을 할 때 더 자유롭게 움직일 수 있다. 소형 마이크가 편리하긴 하지만 단점이 없진 않다. 마이크를 무음으로 설정하거나 끄는 방법을 확실히 알아야 한다. 마이크 소리가 발표장에 울려 퍼지지 않아도 항상 마이크가 켜져 있다고 생각해야 한다. 콘퍼런스에 모인 모든 사람들과 공유하고 싶은 내용이 아니라면 절대 마이크 가까이에 대고 얘기하지 않는다. 그리고 마이크를 사용하지 않을 때는 꼭 끄도록 한다. 휴게실로 가면서 잡담하는 소리가 수백 명의 사람들에게 방송되는 것만큼 당황스러운 일은 없다.

관련 패턴

발표자가 늦거나 준비하는 동안 지나치게 허둥대면 포석 깔기를 잘 적용할 수 없다.

이 패턴에서 중요한 점은 프레젠테이션을 하기 전에 공간을 미리 둘러보고 프레젠테이션에 방해가 될 수 있는 벙커를 미리 확인하는 것이다.

86

패턴: 광선검

별칭

레이저 포인터의 정확한 사용

정의

레이저 포인터를 제다이 기사처럼 우아하게 다룬다. 록 스타가 아닌 이상 레이저 포인터를 무대 효과를 내는 데 써서는 안 된다.

동기

고양이가 레이저 빔을 가지고 노는 걸 본 적인 있는가? 우리 고양이 친구들처럼 사람들도 본능적으로 레이저의 움직임을 따라가므로 레이저 포인터를 사용해 프레젠테이션의 내용에서 어떤 시각적인 요소에 청중들의 주의를 집중시킬 수 있다. 매우 효과적인 방법이긴 하지만 적절한 순간에 조금만 사용해야 시선을 끌 수 있다.

레이저 포인터를 아껴 사용하면 즉석에서 설명하는 데 도움이 된다. 슬라이드를 작성할 때 무엇을 강조하고 싶은지 스스로 알고 있으면 움직이는 강조 효과 패턴이 효과적이다. 하지만 프레젠테이션 도중에 청중의 질문이나 이야기의 흐름에 따라 유기적으로 특정 부분을 강조하고 싶어질 때도 있다. 이런 경우에 레이저 포인터를 사용하면 그때그때 자유롭게 원하는 부분을 강조할 수 있다.

적용성 및 적용 결과

광선검 패턴은 거의 모든 프레젠테이션 환경에서 적용할 수 있다.

레이저 포인터를 신중하게 사용하면 청중의 주의를 얻을 수 있으므로, 주의력이 약해졌을 때 사용하면 다시 프레젠테이션 내용에 집중하게 할 수 있다.

광선검 패턴을 적용할 때 가장 크게 주의해야 할 점은 과도한 사용이다. 발표자가 모든 슬라이드에 레이저 포인터를 사용하면 사람들은 곧 그것을 무시하기 시작한다. 뿐만 아니라 레이저 포인터를 과도하게 사용하면 시력이 좋지 않거나 색맹인 사람들은 더욱 보기 어려워진다. 레이저 포인터에 지나치게 의지해서는 안 된다. 프레젠테이션이 록 콘서트처럼 되어가기 시작하면 도를 넘어선 것이다. 지나치다 싶을 정도로 덜 사용하는 것이 좋다.

프레젠테이션 중에 강조하는 내용에 집중한다. 여러 번의 프레젠테이션에서 같은 내용을 강조한다면 움직이는 강조 효과를 추가하도록 한다.

방법

영화 스타워즈 시리즈에서 악당은 빨간색 광선검을 사용하고 주인공 일당은 녹색 광선검을 사용한다. 레이저 포인터를 사용할 때는 주인공처럼 녹색을 사용하자. 색맹이 있는 사람들은 녹색을 구분할 수 있지만 빨간색은 보기 어렵다. 색맹이 있는 한 참석자의 말에 의하면, 대부분 레이저 포인터를 사용할 때는 발표자의 손이 어디를 향하는지 보고 추측할 수밖에 없다고 한다.

슬라이드를 넘길 때 손에 들고 사용하는 리모컨은 모든 발표자들이 필수적으로 사용하는데, 이런 리모컨에는 대부분 레이저 포인터가 내장돼 있다. 녹색 레이저가 나오는 것을 선택하도록 한다. 리모컨에 내장된 레이저 포인터는 편리하지만(따로 들고 다닐 필요가 없고 배터리도 함께 사용하므로) 별도의 레이저 포인터만큼 강력하진 않다. 청중의 수가 많고 발표장이 밝을 때는 더 강력하고 비싼 녹색 레이저 포인터를 사용하는 것이 좋다.

레이저 포인터로 특정 요소를 강조할 때 손목을 미친 듯이 앞뒤로 흔들어 '밑줄'을 그으려고 애쓰지 않는다. 레이저 쇼에서는 이렇게 하는 것이 가능한데, 그건 그 동작에 맞게 설계된 장비가 있기 때문이다. 레이저 포인터를 이렇게 사용하면 사람들을 어지럽게 만들 뿐이다. 어떤 부분을 강조하려면 레이저 포인터로 해당 부분을 가리켜서 그대로 유지한다.

관련 패턴

광선검 패턴을 과도하게 사용하면 레이저 무기 안티패턴이 될 수 있다. 광선검 대신 사용할 수 있는 대체 방안은 움직이는 강조 효과 패턴을 적용하는 것이다.

87

패턴: 반향실

별칭

질문 반복!

정의

청중이 질문을 하면 대답하기 전에 질문을 반복해서 다른 말로 바꿔 표현해 본다.

동기

반향실은 모든 발표자가 되새겨야 할 패턴이다. 이 패턴은 '질문이 뭐였죠?!?'와 같이 되묻는, 불만스러운 청중이 있을 때 적용한다.

일부 청중들이 알아듣지 못한 질문에 발표자가 답변하면, 그 답변은 질문을 듣지 못한 사람에게는 의미 없는 내용이 된다. 사람들이 같은 질문을 할 가능성이 있으므로 모든 이들이 질문과 답변을 들을 수 있어야 한다.

적용성 및 적용 결과

모든 질문을 반복해서 말하는 것은 청중을 배려한다는 의미이며 중복된 질문을 피할 수 있는 방법도 된다. 뿐만 아니라 질문에 대한 답변을 정리할 수 있는 시간도 벌 수 있다. 질문을 다른 표현으로 바꿔 말하는 것은 발표자가 질문의 의미를 이해했음을 나타낸다. 어떤 질문자들은 좀 횡설수설하는 경향이 있어서(아마 간결하게 말하는 법을 잘 모르거나, 사람들의 주목을 받는 데 익숙하지 않아서) 발표자가 다른 표현으로 바꿔 말하는 것이 질문 내용을 요약하고 이해하는 데 도움이 된다.

방법

질문을 받자마자 늘 질문 내용을 반복하고 다른 표현으로 바꿔 말하는 습관을 들인다.

관련 패턴

질문을 다른 말로 바꿔 표현하면서 생각하는 것은 연습해서 배울 수 있는 기술이다. 카네기홀 패턴을 적용할 때 리허설 청중에게 주제와 관련된 질문을 하게 하고 이 질문을 반복하고 다른 말로 바꿔 표현하는 것을 연습한다. 시련의 장 패턴을 적용할 때 현장에서 받았던 괜찮은 질문을 기억해 뒀다가 다음 프레젠테이션에 포함시킨다.

88 패턴: 빨강, 노랑, 초록

별칭

간편 설문, 여론 조사

정의

일부 콘퍼런스에서는 프레젠테이션의 품질을 평가하는 간단하고 빠른 설문 시스템을 사용하는데, 발표장 출구 근처에 빨간색, 노란색, 초록색 인덱스 카드(각각 나쁨, 보통, 좋음을 의미)를 쌓아두는 방식이다. 청중들이 카드를 골라서 통에 넣으면 담당자가 점수를 합산한다.

비슷한 방식으로 어떤 쇼에서는 패널들이 토론을 하는 동안 초록색/찬성 또는 빨간색/반대를 사용해서 대화를 지속할 것인지 다른 질문으로 넘어갈 것인지 결정한다.

동기

어떤 것이든 피드백을 받는 것은 좋은 일이다. 사람들은 좋음, 나쁨 또는 보통의 세 가지 옵션만으로 비교적 간편하게 프레젠테이션에 대한 평가를 내릴 수 있다. 대다수 참석자들은 완전한 피드백 형식에 맞춰 내용을 채우는 것을 별로 내켜 하지 않는다. 반면 빨강, 노랑, 초록 패턴을 이용한 평가는 매우 쉽게 할 수 있기 때문에 참여율이 훨씬 높다.

기업 문화에 따라 회의나 다른 사내 프레젠테이션에 관한 피드백을 달라고 요청하기 어려울 수 있으며, 개선을 위해 시련의 장 같은 패턴을 적용하는 것은 더욱 힘들다. 엄격한 회사에서도 간단한 빨강, 노랑, 초록 설문 시스템을 사용해서 전체적인 품질 평가를 할 수 있다.

📶 적용성 및 적용 결과

이 패턴은 발표자에 대한 피드백이 거의 없을 때 특히 유용하게 사용할 수 있다. 통계적으로 봤을 때 이 접근법은 청중의 수가 많을수록 더 큰 의미가 있다.

참석자들이 실제 피드백을 제공하므로 프레젠테이션 내용이 반향을 일으키면 꽤 괜찮은 아이디어를 얻을 수 있을 것이다. 단, 발표자 입장에서는 청중들이 이야기를 어떻게 받아들였는지 궁금할 테지만 빨강, 노랑, 초록 패턴으로는 특별히 적용할 만한 내용을 얻기 힘들다. 프레젠테이션이 매우 훌륭하게(또는 엉망으로) 마무리됐을 수 있지만 왜 그런지에 대한 실제 생각은 들어볼 수 없다. 색깔 카드에는 의견을 적는 공간이 없기 때문에 무엇이 좋았고 나빴는지 추측하는 수밖에 없다.

대부분의 경우 발표자가 참석자들이 어떤 카드를 고르는지 볼 수 있기 때문에 일부 참석자들은 '마음을 바꿔 초록으로' 평가할 수 있다. 다른 사람들의 평가를 보고 마음이 흔들릴 수도 있다.

설문 조사 때문에 출구로 나가는 데 오래 걸릴 수 있다. 사람들이 다른 발표장으로 이동할 때 지연될 수 있어서 특히 쉬는 시간이 짧으면(15분 이내) 문제가 된다.

📶 방법

프레젠테이션이 끝날 무렵, 발표자나 안내 요원이 참석자들에게 설문 방식을 설명한다. 각 발표장에 빨간색, 노란색, 초록색 카드 더미와 사람들이 고른 카드를 담을 수 있는 통이나 상자를 준비해 둬야 한다. 참석자들이 발표장에서 나올 때 해당 프레젠테이션에 대한 자신의 느낌을 대변하는 카드를 집어서 상자에 넣는다. 모든 참석자가 나간 뒤에 안내 요원이 결과를 합산해서 기록한다.

발표장을 나가면서 설문 조사를 하면 사람들이 빠져나가는 속도가 급격히 느려지므로 발표장의 배치와 테이블 위치에 유의해야 한다. 사람들이 쉽게 카드를 골라서(카드 더미를 여러 군데에 두면 더 쉬워진다) 넣을 수 있는 위치에 테이블을 배치한다. 출구가 여러 군데면 출구마다 설문 시스템을 마련해 둔다. 카드는 세 가지 색깔 모두 충분한 양으로 준비한다. 고르고 싶은 색깔이 다 떨어져서 다른 카드를 집어 드는 불상사는 없어야 한다! 안내 요원이 설문 절차를 잘 이해해야 하며, 설문 결과를 합산할 수 있도록 충분한 시간을 줘야 한다.

사례

스웨덴, 말뫼에서 열리는 국제 개발자 콘퍼런스인 Øredev와 주요 국제 도시에서 열리는 기술 콘퍼런스인 QCon 모두 빨강, 노랑, 초록 설문 시스템을 사용한다.

관련 패턴

프레젠테이션을 하기 전에 포석 깔기에 시간을 좀 더 할애하면 좋은 점수를 얻을 수 있을 것이다.

결론

지금까지 더 나은 프레젠테이션을 위해 고려해야 할 패턴과 안티패턴을 살펴봤다. 이제 여러분은 이 책에서 설명한 내용을 기본으로 자신만의 패턴과 안티패턴, 레시피를 만들어 가야 한다. 이 장에서는 이 책에서 설명한 패턴이 왜 소프트웨어 분야의 패턴과 쓰임새가 약간 다른지 설명하고, 자신만의 패턴을 만드는 데 도움이 될 내용을 다룬다. 그리고 자신만의 레시피를 만드는 방법을 안내할 것이다.

돌아온 패턴

첫 번째 장에서 패턴의 개념을 소개하고, 다른 무엇보다도 패턴 이름으로 의미를 알 수 있는 소프트웨어 엔지니어링 분야에서 어떻게 패턴에 관한 아이디어를 빌려왔는지 설명했다. 사실 다른 책에서 설명하는 많은 패턴이 다양한 '별칭(Also Known As)' 절을 포함하고 있어서 패턴이 어떤 과정으로 만들어졌는지 이름의 역사를 설명하고 있다. 소프트웨어 엔지니어에게 패턴

이름은 그 패턴에 관한 모든 측면을 설명하는 공식적인 용어다. 이렇게 기술적인 용어를 만드는 것이 패턴 활용의 가장 좋은 점 중 하나다.

이 책에서는 프레젠테이션 패턴 이름을 다소 다르게 사용한다. 소프트웨어 패턴과 마찬가지로 프레젠테이션 패턴 이름 중 일부는 용어로 만들고자 하는 의도가 있었다. 예컨대, 다음과 같은 대화가 오간다면 우리 저자들이 크게 기뻐할 것이다. "기승전결을 세 개의 장으로 나누기로 했어요. 각 부분을 토클릿으로 만들고, 공통 시각 테마는 작년 월드 시리즈로 할 거예요." 하지만 포석 깔기나 기본 설정 무시 같은 패턴 이름은 일종의 조언처럼 사용하기도 했다. 특히 안티패턴인 경우에는 대부분 조언에 가깝다. 즉, 안티패턴의 이름은 독자 여러분이 하거나, 만들거나, 되지 말아야 할 무엇이나 누군가에 대해 설명한다.

자신만의 노하우 구축하기

패턴과 안티패턴

이 책에서 설명한 프레젠테이션 패턴과 안티패턴이 전부는 아닐 것이다. 이제 이 책에서 방법을 배웠으니, 독자 여러분이 자신만의 패턴과 안티패턴을 계속 구축해 나갈 차례다! 좋든 나쁘든 모든 것에 대한 패턴을 일상적으로 찾아서 이름을 붙인다. 이렇게 붙인 이름이 의미를 형상화시킬 수 있다. 예컨대, 불탄 자국 패턴은 이름 자체에 실제 의미가 들어있지는 않으므로 이 패턴을 보기 전에는 아무런 의미가 없을 테지만, 의미를 알고 난 이후에는 형상화된 이미지를 기억하기가 쉬우므로 매우 훌륭한 이름이다.

그렇지 않으면 패턴의 이름이 일종의 조언이 될 수 있다. 예를 들어, 회사에서는 팀 이름을 알 수 있게 프레젠테이션에 포함해서 마무리하는 것이 좋을 테니, 모든 프레젠테이션 레시피에 포함되는 팀명 기록(Remember the Team) 패턴을 만들 수 있다.

원래 패턴 개념의 형식성에 얽매이지 않도록 한다. 모든 프레젠테이션 패턴에 동일한 수준의 엄격한 규칙을 적용할 필요는 없다. 이 책에서는 내용에 맞게 규칙을 적당히 변형해서 적용했으니 여러분도 그렇게 하면 된다.

레시피

조직에서 패턴 이름으로 표현되는, 공통 패턴 타입의 레시피를 만드는 것이 좋다. 이 책에서는 패턴을 개별 프레젠테이션 툴 기능보다 높은 추상화 수준에서 프레젠테이션 양식을 나타내는 방법으로 사용하지만 레시피보다는 낮은 수준이다. 레시피는 여러 개의 패턴으로 작성할 수 있다. 이 관계는 그림 9.1에 나타나 있다.

그림 9.1에서 애니메이션과 화면 전환 등의 프레젠테이션 툴 기능은 가장 낮은 수준에 있다. 애니메이션 조합 같은 특수한 경우를 제외하고는, 툴 기능이 여러모로 패턴에서 사용되는 용어를 결정한다. 패턴은 다음으로 높은 수준의 추상화 단계에 위치하며, 툴의 기능과 사용법을 결합해 잘 요약된 기술을 나타내는 이름을 생성한다. 레시피는 가장 높은 수준에 위치하며, 여러 가지 패턴을 결합해 실제 프레젠테이션을 만든다.

보통 회사마다 마케팅 보고서와 프로젝트 현황 보고서, 재무 보고서, 이사회 회의록 등에 해당하는 표준화된 프레젠테이션 타입이 있다. 그런데 아쉽게도 이런 프레젠테이션을 일관된 버전으로 작성하기 쉽게 도와주는, 재사용 가능한 자산을 만드는 경우는 드물다. 대부분의 경우 다음 문서를 만들 때는 기존 프레젠테이션 파일을 복사하고 다시 연 다음 내용을 수정하는 방식을 사용한다. 시간이 흐름에 따라 이런 복사/붙여넣기 템플릿에서 유용한 자료와 양식이 누적되지만 제대로 관리되지는 않는다.

첫 번째 장에서 레시피를 구축하는 것이 패턴을 사용하는 훌륭한 방법이라고 설명했지만, 아직 패턴을 광범위하게 경험해보지 않았으므로 그 이상 설명하지는 않았다. 하지만, 이제는 패턴을 어느 정도 경험해 본 상태다. 마스터 슬라이드 템플릿에 워터마크를 잔뜩 넣어서 다른 직원들에게 사용하라고 강요하기보다는, 이 책에서 설명한 패턴과 앞으로 여러분이 만들어 나갈 패턴을 사용해 여러분만의 레시피를 구축할 수 있다.

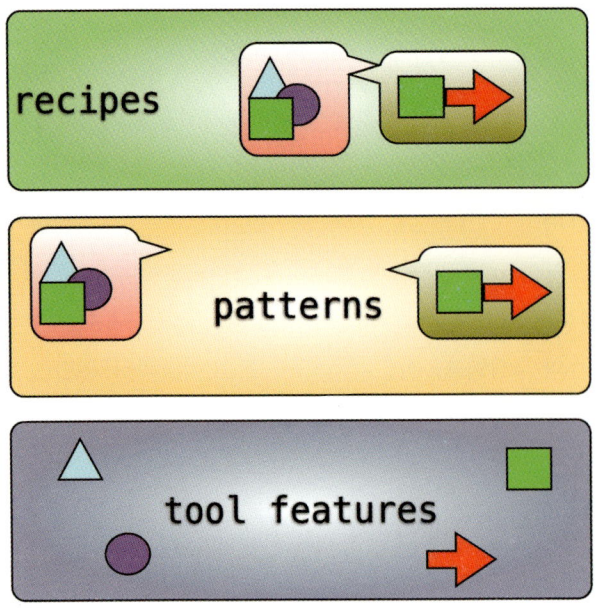

그림 9.1 프레젠테이션 툴 기능과 패턴, 레시피 사이의 관계

다음은 레시피 예제를 나타낸 것이다.

- 피해야 할 안티패턴은 다음과 같다.
    - 총알 박힌 시체
    - 쿠키 틀
    - 워터마크의 홍수
    - 찬물 끼얹기
- 회사에서 기본 슬라이드 템플릿을 제공하겠지만, 스스로 생각하기에 더 나은 것 같으면 기본 설정 무시 패턴을 적용하기 바란다.

- 팀과 경영진 모두를 대상으로 프레젠테이션을 준비할 때는 추가 시간을 할애해서 주문식 강연 패턴으로 더 세부적인 사항을 고려한다.
- 자세한 질문을 허용하기 위해 신축 이음관을 사용해서 제품 기능 프레젠테이션을 만든다.
- 아이디어를 다룰 때는 반드시 4단계를 사용하도록 한다. 회의를 하는 데 많은 비용이 들어간다!
- 제품이나 화면에 영사된 기능에 대해서는 모든 프레젠테이션에 립싱크를 사용하되, 모든 쇼케이스에는 라이브 데모를 사용한다.

마무리

이 책에서는 다른 분야에서 개념을 빌려와 프레젠테이션을 구축하기 위한 새로운 용어를 만들었다. 이제 마지막 남은 관문은 독자 여러분이 이 책에서 설명한 기법을 잘 적용하는 것이다.

패턴 용어집

 숫자

3단 구성 패턴

청중들이 짧은 시간 안에 받아들일 수 있는 정보의 양에는 한계가 있다. 프레젠테이션에서 설명한 주요 항목을 세 가지로 제한하면 큰 부담 없이 내용을 충분히 이해시킬 수 있다.

4단계 패턴

프레젠테이션 내용을 작성할 때는 너무 서둘러 프레젠테이션 툴을 사용하지 않도록 한다. 프레젠테이션 내용을 작성하는 네 가지 단계는 구상, 소재 정리, 구조화, 설계다.

간주곡 패턴

프레젠테이션은 3단 구성이나 기승전결 형식으로 논리적으로 구성돼야 한다. 때로는 이렇게 논리적으로 구분된 부분마다 색깔을 변경하거나 테마를 바꾸고, 개요를 넣어 하나의 논리적인 단위가 시작되고 종결되었음을 명백하게 알려줄 필요가 있다. 이 패턴은 컨텍스트 키퍼 패턴을 구현한 형태로, 북엔드와 비슷하지만 전체 프레젠테이션 내용을 다루는 것이 아니라 각 섹션을 다루는 데 사용된다는 점에서 다르다.

감정 상태 패턴

발표자는 청중의 상태와 상황에 잘 맞춰야 한다. 청중의 분위기와 요구에 맞게 프레젠테이션을 조율한다.

개미 같은 글꼴 안티패턴

슬라이드 한 장에 더 많은 정보를 욱여넣을 심산으로 글자 크기를 작게 만들어서는 안 된다. 슬라이드 크기는 완전히 임의적인 것이라 내용의 적절한 크기와는 아무런 관계가 없다. 뒤에 앉은 사람들은 이 글을 읽을 수 없을 거라고 생각하거나 그렇게 말한다면 청중과의 소통에 실패한 것이나 다름없다. 슬라이드에 읽을 수 없는 작은 글자를 잔뜩 써넣는 것이 내용을 입력하면 공간에 맞게 자동으로 글자 크기를 줄여주는 '유용한' 소프트웨어 탓인 경우도 많다. 슬라이드를 적게 사용한다고 보너스 포인트가 생기는 것도 아니다.

공통 시각 테마 패턴

공통된 시각 요소를 반복적으로 사용해 프레젠테이션에서 서로 다른 부분들을 하나로 묶는다.

광선검 패턴

레이저 포인터는 사려 깊은 발표자가 최소한으로 사용하면 유용한 도구가 될 수 있다.

그리스 코러스 패턴

고대 그리스 연극에는 흔히 코러스가 등장하는데, 이들은 무대 한쪽에 서서 중간중간에 상황 설명을 하거나 막간을 채우는 역할을 했다. 그리스 코러스를 추가한다는 것은 프레젠테이션 중간에 대답을 하거나 환호를 보내거나, 발표자가 불리해지면 그를 지지해줄 사람을 청중 사이에 심어 둔다는 뜻이다.

글꼴 중독 안티패턴

글꼴 중독(Fontaholic)은 여러 가지 서체 섞어서 사용하면 프레젠테이션이 더 매력적으로 보일 거라고 생각하는 사람을 일컫는다. 서체가 조화롭지 않으면 보기에 거슬린다. 보기에 좋지 않고 읽기도 더 어렵다.

기본 설정 무시 패턴

툴에서 제공하는 기본 템플릿을 그대로 사용하지 않는다. 기본 템플릿을 사용해야 한다면 적어도 자신의 스타일에 맞게 수정해서 사용하도록 한다.

기상 캐스터 패턴

TV 기상 캐스터는 녹색 화면과 모니터를 이용해 지역별 날씨를 설명한다. 절대로 청중에게 등을 보이지 않도록 한다. 화면 위의 요소를 가리켜야 할 때는 기상 캐스터처럼 옆으로 비켜 서서 화면과 청중을 함께 바라보면서 설명한다.

기승전결 패턴

프레젠테이션은 일종의 스토리텔링이다. 구술 이야기는 오랜 옛날부터 이어져 내려온 것이다. 기승전결은 보편적인 수사법으로써, 사람들이 평생에 걸쳐 들어왔을 법한 이야기와 비슷한 방식으로 프레젠테이션을 구조화하는 방식이다.

다카하시 패턴

다카하시(Takahashi)는 마사요시 다카하시가 만든(서양에서는 로렌스 레식에 의해 널리 퍼짐) 프레젠테이션 형식으로서, 슬라이드마다 한두 개 단어만 쓰고 이를 매우 빨리 넘기면서 설명한다.

데드 데모 안티패턴

이 안티패턴은 발표자가 설명할 내용이 부족할 때 시간을 때울 요량으로 라이브 데모를 사용하는 경우다.

동굴 벽화 패턴

여러 구획으로 나눠진 큰 캔버스를 이용해 프레젠테이션을 선형적으로 배치하고, 프레젠테이션을 진행하면서 각 구획을 확대한다.

동료 검토 패턴

프레젠테이션의 초안이 최상의 상태일 리 없고 최종본도 아니다. 프레젠테이션에서 다룰 주제를 잘 아는 동료를 찾아 초안을 검토해 달라고 요청한다.

동시 작성 패턴

프레젠테이션 자료를 프레젠테이션에서 나타나는 순서대로 작성할 필요는 없다. 자료는 적절한 순서대로 작성하면 된다. 어떤 순서로 작성했는지 아무도 모를 것이다.

돼지 얼굴에 립스틱 안티패턴

이 안티패턴은 내용은 빈약한데 특수 효과만 화려한 프레젠테이션을 일컫는다. 이런 프레젠테이션을 실행하는 발표자의 바람과는 달리, 청중들은 겉으로 드러난 화려함 이면에 감춰진 부족한 내용을 꿰뚫어 볼 것이다.

라이브 데모 패턴

라이브 데모는 청중 앞에서 제품을 라이브로 실행하는 방식이다. 청중의 신뢰를 얻을 수 있고 제품을 생동감 있게 홍보할 수 있는 방법이지만 데모에 실패할 수도 있으므로 위험 부담이 크다. 대체로 위험 부담을 감수할 만큼 효과가 크진 않다.

라이브 온 테이프 패턴

전체 프레젠테이션을 미리 녹화해서 제공하는 방식이다. '프레젠테이션을 PDF로 저장'해서 제공하는 것보다 훨씬 효과가 좋다.

레이저 무기 안티패턴

레이저 포인터는 일반적으로 슬라이드의 특정 요소를 가리키는 데 지나치게 많이 사용하는데, 이는 움직이는 강조 효과를 적용해서 강조할 수 있다. 또 '뒷자리에서는 잘 읽을 수 없는' 빽빽한 슬라이드를 설명할 때도 레이저 포인터를 주로 사용한다.

립싱크 패턴

라이브 데모를 실행하는 대신 툴을 사용하는 과정을 사전에 녹화해서 프레젠테이션을 실행하는 동안 재생하는 방식이다. 이 접근법을 사용하면 발표자가 스트레스를 덜 받고 현장에서 발생할 수 있는 오류를 피할 수 있으며, 헤드업 디스플레이를 이용해 슬라이드 메타데이터를 볼 수 있다. 뿐만 아니라 녹화된 데모를 재생하는 동안 설명을 덧붙일 수도 있다.

말버릇 안티패턴

말버릇은 자신도 모르게 내뱉게 되는 감탄사('음', '어', 등)로서, 프레젠테이션의 진행에 방해가 된다. 잠시 정적이 흐른다고 크게 잘못된 것은 아니며, 발표자가 말을 잠깐 멈췄다는 이유로 청중 가운데 누군가가 끼어들 리 만무하다.

머리 둘 달린 괴물 안티패턴

이 안티패턴은 프레젠테이션을 라이브로 진행하면서 데스크톱 공유나 동영상 스트리밍 툴을 이용해 원격으로도 제공하는 방식이다. 형식과 전달 요건이 서로 전혀 다른 두 종류의 청중을 대상으로 프레젠테이션을 하느라 프레젠테이션의 가치가 반감된다.

메타적 접근 안티패턴

프레젠테이션 자체에 관해 이야기하지 않는다. 청중들은 그런 것에 관심 없다. 청중들은 발표자가 자세히 설명하려고 준비한 흥미로운 주제에 관해 듣고 싶어서 그 자리에 참석한 것이다. 이건 마치 '스타워즈 에피소드 4: 새로운 희망'의 연극 버전에서 조지 루카스가 어떤 종류의 렌즈를 썼고, 세트 조명의 온도는 어땠으며 배우들의 메이크업은 어떤 브랜드를 사용했는지 따위를 논하느라 시간을 허비하는 것과 같다.

멘토 패턴

청중들은 안내를 받고 싶어하지만 완전히 휘둘리길 바라지는 않는다. 안내자의 역할을 맡아 마치 그 분야의 과외 선생님처럼, 프레젠테이션을 통해 청중에게 새로운 방식과 아이디어, 기술을 가르쳐 준다.

반향실 패턴

참석자가 질문을 하면 대답하기 전에 항상 그 질문을 반복한다. 질문을 반복해서 말하면서 질문자에게 자신이 질문을 제대로 이해했음을 알리고 머릿속으로 답변을 생각할 시간을 벌 수 있다.

방해꾼 안티패턴

상당 규모의 청중을 상대로 프레젠테이션을 하다 보면 발표자의 전제나 접근법, 발견 등을 공격해서 주목을 끌려는 사람이 있기 마련이다. 이런 사람들을 상대하려면 철저히 준비하고 냉철하고 사고하며, 단호하게 행동해야 한다. 이들을 과감하게 다뤄야 프레젠테이션의 흐름을 바로 잡고 나머지 청중들을 보호할 수 있다.

백트래킹 패턴

백트래킹(Backtracking)은 전체 맥락을 되짚어보기 위해 의도적으로 내용을 반복하는 방식이다. 이야기가 계속 진행되는 와중에 청중들이 개념적인 기반을 유지할 수 있도록 도와준다.

번개 토크 패턴

번개 토크(Lightning Talk)는 보통 5분 길이로 시간이 제한된 프레젠테이션으로서, 슬라이드 장수로 길이를 제한하기도 한다. 대부분의 형식에서 슬라이드는 자동으로 넘어간다.

벙커 안티패턴

발표자가 뭔가 뒤에 숨으면 청중의 신뢰를 얻을 수 없다. 여러 사람 앞에서 이야기할 때는 그들과 더욱 친밀한 유대감을 형성해야 프레젠테이션에 추가적인 의미를 실을 수 있다. 연단 뒤에 서지 않도록 한다. 자연스럽게 걸어 다니며 청중과 교감한다. 발표자가 움직이지 않으면 프레젠테이션 역시 매우 정적으로 진행된다.

부드러운 전환 패턴

지나간 내용을 교묘하게 넘기는 방법 중 하나는 슬라이드나 슬라이드의 요소를 거의 보이지 않을 정도로 흐리게 만드는 것이다. 서서히 흐려지게 해서 청중들이 눈치채지 못하게 해야 한다. 슬라이드와 슬라이드의 요소 모두에 전환 효과를 넣어 슬라이드 간 부드럽게 전환되게 만든다.

북엔드 패턴

프레젠테이션 전체에 걸쳐 뚜렷하게 구분되는 슬라이드를 사용해 아젠다를 제공한다. 주로 일반 슬라이드와 시각적으로 구분되는 슬라이드를 사용하며, 진행 상황도 알려줄 수 있다. 북엔드 슬라이드를 이용해 하나의 섹션이 끝나고 다음 섹션이 시작됨을 나타낸다.

불탄 자국 패턴

프레젠테이션을 진행하면서 지나간 내용은 슬라이드에서 회색으로 처리한다. 이렇게 하면 청중들이 앞부분을 뒤적여볼 필요가 없으며 출력 가능한 자료를 만들기에도 더 좋다.

비공식 루트 안티패턴

비공식 루트(Backchannel)는 프레젠테이션이 진행되는 동안 사람들이 그에 관해 떠들어댈 수 있는 모든 방식을 포함한다. 예컨대, 비즈니스 미팅 중에 텍스트 메시지를 보낼 수도 있고 행사 중에 트위터 글을 올릴 수도 있다.

빌린 신발 안티패턴

가끔 다른 사람이 준비한 프레젠테이션을 대신 해야 할 때가 있다. 자신이 작성하지 않아서 본인에게 잘 맞지도 않으며, 프레젠테이션을 하는 내내 어색해 보이는, 그런 프레젠테이션을 해야 하는 상황이다. 만약 이런 상황이 발생하면 그 결과가 훌륭하기는 어렵다.

빨강, 노랑, 초록 패턴

몇몇 콘퍼런스에서는 설문 과정을 단순화하고 참여율을 높이기 위해 발표장 입구 근처에 빨간색, 노란색, 초록색 카드를 놔둔다. 참석자들이 나갈 때 프레젠테이션에 대한 자신의 의견을 나타내는 카드를 집어 설문 상자에 넣는다. 설문 결과는 바로 합산할 수 있다.

사진광 안티패턴

사진광(Photomaniac)은 클립아트와 사진, 소품 등을 임의로 골라 프레젠테이션의 빈 공간에 의미 없이 늘어놓는 것을 말한다.

서서히 등장 패턴

서서히 등장(Emergence) 패턴에서는 발표자가 최종적으로 보여주려는 것(툴, 큰 다이어그램, 소스코드 등)을 정적으로 화면에 표시하지 않는다. 움직임과 화면 전환, 강조 표시, 기타 프레젠테이션 효과를 이용해 점진적으로 정보를 드러낸다.

선물 뿌리기 패턴

의자나 종이 비행기, 사탕(청중에게 던짐) 등의 소품을 이용해서 프레젠테이션에 활기를 더하고 청중과의 소통을 원활하게 하는 방식이다. 특히 심하게 내성적인 청중들을 대상으로 할 때 효과적이다.

셀러리 안티패턴

열심히 씹어도 얻을 수 있는 칼로리가 별로 없는 셀러리처럼, 셀러리 프레젠테이션은 청중들이 이해하는 데 드는 노력에 비해 얻을 수 있는 가치나 배울 만한 새로운 내용이 극히 적다.

소극적 무시 안티패턴

절대 청중에게 '여기 XX에 대해 모르시는 분 있나요?'와 같은 식으로 질문하지 않는다. 사람들은 특히 동등한 이들이 모인 집단에서 자신의 무지함을 인정하는 것을 싫어한다. 긍정적인 질문으로 바꿔서 한다고 해도 별반 다르지 않다.

소셜 미디어 광고 패턴

디지털 시대에 걸맞게 프레젠테이션 마케팅의 주요소도 출력된 전단지와 게시판에서 트위터와 페이스북, 블로그 글, 이메일로 바뀌었다. 발표자는 무료로 또는 낮은 비용으로 제공되는 다양한 방안을 적극적으로 활용해서 자신의 프레젠테이션을 홍보해야 한다. 참석자와 티켓 판매를 증가시키거나 그저 사람들에게 자신의 프레젠테이션에 관해 알리려는 노력을 통해 발표자에 대한 신뢰도로 키울 수 있다.

숨 쉴 공간 패턴

말을 매우 빨리 하고 청중들이 이야기 속에 내포된 깊은 뜻을 완전히 이해할 수 있도록 충분한 시간을 주지 않는 행동은 수많은 발표자들이 흔히 저지르는 안티패턴이다. 어려운 내용을 설명할 때는 숨 쉴 공간으로 의도적인 정적 상태를 유지해서 청중들이 중요한 개념을 이해하고 받아들일 수 있게 한다. 라디오에서는 방송 중단이 중대한 실수가 되겠지만 프레젠테이션에서는 잠시 정적이 흐르는 동안 청중들이 메시지를 받아들일 수 있게 된다.

숨김 패턴

이 패턴은 프레젠테이션을 하는 중에는 드러나지만 슬라이드를 출력한 버전에는 나타나지 않는, 보이지 않는 요소를 사용한다. 프레젠테이션을 하기 전에 출력물(슬라이드문서?)을 제공해야 할 때 이 패턴을 사용하면 청중들이 출력된 문서를 미리 봤더라도 프레젠테이션에 숨겨진 요소가 있으므로 흥미롭게 볼 수 있다.

쉬는 시간 패턴

조사 결과에 따르면 성인들이 집중할 수 있는 평균 시간은 약 20분이다. 약 10~20분마다 유머와 재미있는 이야기, 자극적인 소재를 이용하거나 청중의 참여를 유도해서 청중들의 집중력이 떨어지지 않도록 한다. 그렇지 않으면 청중들은 스마트폰으로 시선을 돌리게 될 것이다.

슬라이드문서 안티패턴

슬라이드문서(Slideuments)는 하나의 문서를 프레젠테이션할 때도 사용하고 출력해서 보는 용도로도 사용하려는 경우다. 이 안티패턴은 흔히 발생하며 실제로 필요한 경우도 많으므로 이로 인해 발생하는 문제를 해결하는 방법을 본문에서 다루고 있다.

시간 부족 안티패턴

프레젠테이션을 하기 직전에 프레젠테이션 시간을 줄여야 하는 경우가 발생해도 발표자는 이런 상황을 잘 다룰 줄 알아야 한다. 잘 대처하면 청중들은 무슨 일이 일어났는지 전혀 모를 것이다. 반면 이런 상황에 제대로 대처하지 못하면 허둥지둥하다가 중요한 내용을 빼버리는 실수를 범할 수도 있다.

시련의 장 패턴

프레젠테이션을 구성하는 것은 실제 프레젠테이션을 전달하는 것과는 다르다. 프레젠테이션을 전달할 때의 압박감에 프레젠테이션 내용이 (가끔은 심하게) 바뀔 것이다.

신발 벗기 패턴

다소 이상하게 보일 수도 있지만 발표자를 편안하게 해 줄 수 있는 요소를 활용해서 프레젠테이션을 더 잘할 수 있다. 예컨대, 신발을 벗는다거나 노트북의 위치를 원하는 대로 설정하고, 편안한 옷을 입거나, 좋아하는 음료를 마시거나, 강연대에서 걸어 나와 청중들과 어울리는 등을 할 수 있다.

쓸데없는 말의 탑 안티패턴

발표자가 청중들의 지식 수준에 상관 없이 어려운 용어를 사용하는 경향이 있다. 세 글자로 된 약어와 기술 용어를 마음껏 사용한다. 청중들이 의아해하는 표정을 지어도 아랑곳하지 않고 자신의 말을 청중들이 다 이해할 거라는 자신감에 차 있다.

아날로그 잡음 패턴

컴퓨터를 이용하면 시각적으로 완벽한 이미지와 텍스트를 만들어낼 수 있다. 하지만 SF 영화에서 보면 디지털 통신에서조차 지터나 잡음 등의 문제가 발생한다. 이런 불완전성은 통신이 원거리상으로 이뤄지고 있다는 것을 암시한다. 아날로그 잡음(Analog Noise)은 청중들이 그 상황을 더 믿을 수 있게끔 해주는 깨알 같은 효과로 사용할 수 있다. 손 글씨와 필름 입자, 울퉁불퉁한 선, 흑백 효과, '아마추어' 사진 효과 등을 이용해 의도적으로 잡음을 넣을 수 있다. 슬라이드에 잡음을 추가하면 시각적인 흥미를 불러일으켜 더 큰 관심을 유도할 수 있다.

애니메이션 조합 패턴

애니메이션 조합(Composite Animation)은 더 인상적이고 교육적으로 도움이 되는 효과를 내기 위해 프레젠테이션 툴에서 제공하는 간단한 애니메이션을 하나 이상 함께 적용하는 방식이다.

엔터테인먼트 패턴

청중을 즐겁게 하는 것은 청중의 주의를 사로잡는 중요한 장치지만 지나치게 사용해서는 안 된다. 양념처럼 약간만 사용하면 큰 도움이 되겠지만, 수단과 목적을 혼동하지 않도록 주의한다.

예고 패턴

문학에서 사용되는 전조처럼, 이 패턴은 어떤 부분이 나중에 (더 큰 공감을 얻으며) 해결될 것임을 미리 알리는 요소를 프레젠테이션의 앞 부분에 추가한다.

요약문 전문 변호사 안티패턴

요약문 전문 변호사(Abstract Attorney)는 형식적인 콘퍼런스 브로셔에 있는 프레젠테이션에 대한 설명을 너무 심각하게 받아들이는 사람을 일컫는다. 이들은 안내문에 나와 있는 설명과 조금이라도 다른 내용이 있으면 프레젠테이션 중이나(흔히 거들먹거리며 질문함) 끝난 후 세션 평가에서, 또는 소셜 미디어에서 (부정적인) 의견을 남긴다.

우월감 표출 패턴

발표자로서 여러분은 발표자와 청중 사이에 차이가 있다는 점을 청중들에게 몸소 보여줘야 한다. 발표자는 새로운 지식과 발견을 전달하고, 청중은 이를 받아들이고 질문을 하며 이런 새로운 관점을 명확히 이해하기 위해 거기 있다.

움직이는 강조 효과 패턴

다른 툴이나 애플리케이션의 사진이나 캡처 화면 등, 슬라이드에 있는 특정 요소에 주목하도록 만들기 위해 강조 표시 기능(툴 자체에 있는 기능이나 OmniDazzle 같은 별도 애드온)을 사용한다. 움직이는 강조 효과는 세부 내용을 다룰 때 화면 전환 효과를 이용해 슬라이드의 다른 부분을 강조한다.

움직이는 코드 패턴

프레젠테이션 내에서 코드를 보여주기는 어렵다. 흑백 텍스트를 그저 슬라이드에 붙여 넣으면 보기에 좋지 않을 뿐 아니라 한 화면에 표시하기에 적절하지도 않은 경우가 많다. 움직이는 코드는 전체 코드의 일부분만 화면에 표시하면서 앞뒤 내용도 보여줄 수 있는 방식이다. 관심이 없는 부분을 가려서 현재 설명하고 있는 부분에 주의를 집중시킨다.

움직이는 크레디트 패턴

1977년작, 영화 스타워즈(나중에 '에피소드 4: 새로운 희망'으로 제목을 붙임)에서 착안한 방식으로, 슬라이드 바닥에서 위로 크레디트가 서서히 움직이게 하는 방식이다. 여기에 발표자 이름과 회사명, URL 등을 싣는데, 제한된 시간 안에 표시하되 너무 빠르게 움직이게 하면 안 된다.

워터마트의 홍수 안티패턴

워터마크의 홍수(Floodmarks)는 마케팅과 브랜드 홍보를 위한 머리글, 바닥글, 워터마크를 지나치게 사용해 슬라이드 본문 영역을 침범하는 경우다. 프레젠테이션을 듣는 동안 발표자가 소속된 회사나 콘퍼런스 이름을 청중들에게 각인시킬 것이다. 최악의 경우 워터마크가 중요한 슬라이드 영역을 침범해 다른 안티패턴에 빠질 수도 있다.

신축 이음관 패턴

프레젠테이션을 한 가지 길이로만 준비하는 것은 기회를 놓치는 것과 같다. 짧은 길이, 중간 길이, 전체 길이 등 다양한 버전을 준비해 두면 여러 상황에서 프레젠테이션을 할 수 있는 추가 기회가 생길 수 있으며, 주어진 시간이 갑자기 줄어들었을 때 쉽게 대응할 수 있다.

잘못된 개요 안티패턴

개요에서 들여 쓴 항목이 하나만 있어서는 안 된다. 하위 점 목록이 하나뿐일 때는 점 목록으로 만들지 않는다. 프레젠테이션에서 점 목록은 아웃라인처럼 보이며, 하위 항목이 하나밖에 없으면 문법적으로 틀리게 '보인다'.

잠복근무 패턴

프레젠테이션 장소에 제시간에 도착하는 것은 말할 것도 없이 당연한 일이다. 하지만 예기치 않은 문제는 언제든 생길 수 있다. 대기할 장소가 적당하지 않으면 근처 커피숍이나 다른 일을 할 수 있는 장소를 찾아 본다. 충분한 여유 시간을 두고 도착해서 남는 시간에 다른 작업을 할 수도 있다. 쓸데없이 발표 장소 주위를 배회할 필요도 없고 말이다.

전문가 집단 언어 패턴

전문가 집단 언어는 프레젠테이션에서 적절한 비속어, 은어, 기타 '관련자'가 쓰는 구어적 표현 등을 정확하게 사용해서 청중과의 유대감을 형성하는 방식이다.

점진적 일관성 패턴

부분적인 단위의 결론으로 모든 아이디어 간 전체 연결 관계만 보여주면서 내용을 조금씩 드러내는 방식이다.

정보성 문서 패턴

정보성 문서(Infodeck)는 최근 생겨난 프레젠테이션 형식으로서 청중을 대상으로 발표하기 보단 혼자 보는 용도로 작성하는 문서다. 의도된 목적에 잘 맞는 슬라이드문서 안티패턴의 한 형태로 볼 수 있다.

종결부 패턴

종결부(Coda)는 슬라이드의 마지막 부분이다. 프레젠테이션에서 말로 설명하지는 않지만 주제와 관련된 자료를 담을 수 있는 별도의 공간을 제공한다.

주문식 강연 패턴

주문식 강연(Á la Carte Content)은 청중이 관심 있어 하는 내용을 이용해서 '그때그때' 프레젠테이션을 작성해 이끌어나가는 방식이다. 보통 이 접근 방식은 다르게 배열할 수 있는 관련 슬라이드 세트(흔히 일련의 토클릿으로 구성됨)를 사용해서 시작한다. 이 방식은 허용된 시간에 비해 많은 내용을 준비했거나 이야기 자체가 자연스럽게 여러 개의 소주제로 나눠지는 경우에 특히 효과적이다.

준비 패턴

프레젠테이션에도 머피의 법칙은 늘 있다. 철저한 준비만큼 확실한 건 없다. 하드웨어 장애나 발표장 변경, 다루기 힘든 청중 등 가능한 모든 상황에 대비해야 한다. 좀 고루해 보일 수도 있지만 체크리스트를 준비하는 것이 좋다. 시원되는 프로젝터 해상도와 청중을 다루는 기법, 디스플레이 동글, 발표자 리모콘, 주제에 관한 메모 노트, 마실 물 등 모든 필요한 항목을 미리 확인하고 준비하면 문제가 생길 위험이 줄어든다.

중요한 이유 패턴

왜 이 프레젠테이션을 하는지, 발표자 자신과 청중에게 확신이 있어야 한다. 이것이 이야기의 주제를 전달하는 데 반드시 필요한 기반이 되기 때문이다. 프레젠테이션을 하게 된 동기는 금전적인 이유가 될 수도 있고, 광고나 교육일 수도 있으며, 그저 영감을 주기 위해서일 수도 있다.

지원 패턴

대부분의 발표자는 프레젠테이션 제목과 요약 설명, 주제의 줄거리, 필요한 경우 과거에 했던 프레젠테이션 샘플까지 동영상이나 PDF 형식으로 제출해야 한다. 콘퍼런스에 발표자로 참석하는 가장 일반적인 방법으로 세부 내용에 집중하고 세련된 지원서를 내면 프레젠테이션의 기회를 얻을 가능성이 높아진다.

지지자 패턴

팀원이나 친구를 청중으로 참석하게 하면 청중 가운데 친숙한 얼굴을 볼 수 있을 뿐 아니라 필요할 때 도움이 될 수도 있다. 이들은 꼭 필요한 질문을 하거나 적절한 때에 박수를 치고 고개를 끄떡여 줄 수도 있다. 청중들은 여기에 동화돼 자연스럽게 따르고 프레젠테이션과 발표자에 대해 더 좋은 인상을 받을 수 있다. 발표자로서는 친숙한 얼굴이 눈에 띄면 스트레스도 덜 받고 더 편하게 이야기를 진행할 수 있다.

찬물 끼얹기 안티패턴

찬물 끼얹기(Alienating Artifact)는 특정 주제로부터 일부 청중을 소외시키는 것을 의미한다. 이미지나 인용문, 불쾌한 언어 등의 형식이 될 수 있다.

첫 질문 유도 패턴

프레젠테이션의 어딘가에 상식적인 질문을 의도적으로 배치해 질의응답 시간의 어색한 분위기를 깰 수 있다.

청중 분석 패턴

아무리 훌륭한 프레젠테이션을 준비했더라도 '잘못된' 청중에게 전달한다면 결과는 참담할 것이다. 프레젠테이션에 참석할 사람들에 대한 정보를 찾아본다. 그들의 직업과 나이, 지식 수준, 배경 등을 알아본다. 가능한 한 참석자들의 수준에 맞춰 프레젠테이션 내용을 조율한다.

총알 박힌 시체 안티패턴

총알 박힌 시체(Bullet-Riddled Corpse)는 모든 슬라이드를 지루한 점 목록으로 채운 프레젠테이션이다. 보통은 발표자가 슬라이드 내용을 그대로 청중에게 읽어준다.

카네기 홀 패턴

예기치 않은 상황에 대처할 수 있는 가장 좋은 준비 방법은 연습이다. 이 패턴은 발표자가 해야 할 연습의 종류의 횟수를 설명한다.

컨텍스트 키퍼 패턴

임시로, 주제별로, 또는 다른 맥락에서 의미가 있는 방식으로, 프레젠테이션 내에서 이야기의 구조를 드러내는 장치.

쿠키 틀 안티패턴

아이디어에 미리 정해진 단어 수가 있는 것은 아니므로 슬라이드를 채우기 위해 내용을 인위적으로 추가하면 안 된다. 고려해 볼 가치가 있는 모든 생각이 슬라이드 한 장에 딱 맞으리란 법은 없으므로, 억지로 끼워 맞추지 않도록 주의한다.

탐색 경로 패턴

프레젠테이션 전체에 걸쳐 아젠다의 흔적을 남겨서 이야기의 진행 상황을 알려준다. 전체 맥락을 이해하는 데 도움이 될 뿐 아니라, 익숙한 요소를 사용해 청중들의 시선을 붙잡아둘 수 있다.

토클릿 패턴

한 시간씩 걸리는 프레젠테이션을 하는 대신 20분짜리 이야기 세 개로 나눠서 진행한다. 이렇게 하면 시간과 내용, 이야기 흐름을 유연하게 조절할 수 있다.

토픽과의 분리 안티패턴

발표자가 주제를 기초적인 것이라고 생각한다면 청중에게도 그럴 것이다. 청중이 해당 주제에 이미 익숙하다고 생각돼 속도를 높인다. 자신이 설명하는 주제가 세상에서 가장 흥미로운 것인 양 포장하지 않는다. 실제로 그렇지 않으니까. 지금, 전달하려는 주제에 관해 듣고 있기가 엄청나게 지겨운, 매우 똑똑한 사람들을 대상으로 말하고 있다고 가정하고, 애드립을 하거나 준비된 내용을 마음대로 건너뛴다.

포석 깔기 패턴

청중들이 매우 우호적인 경우에도 약간의 워밍업은 필요하다. 프레젠테이션을 시작하기 전에 간단한 인사와 악수를 나누거나 진심 어린 질문을 던지면 딱딱한 분위기를 깨고 청중들이 메시지를 더 잘 받아들일 수 있게 된다.

프리롤 패턴

프레젠테이션 시작 시간 전에 주제와 발표자에 관한 정보를 화면에 표시해 둔다. 필요한 정보를 슬라이드 한 장에 다 담을 수 없으면 여러 장의 슬라이드에 담아 재생 화면을 동영상으로 녹화하고 프레젠테이션 자료에 넣어 반복해서 재생한다. 발표자가 프레젠테이션을 시작할 준비가 됐으면 리모컨을 눌러 프레젠테이션의 첫 슬라이드 화면으로 넘어간다.

필수 패턴

필요나 요구에 의해 프레젠테이션을 해야 하는 경우에는 스트레스가 가중된다. 다뤄야 하는 주제에 익숙하고 그 주제가 꼭 필요하다고 느끼지 못한다면 발표자 스스로 동기와 관심을 찾아내야 할 수도 있다.

화면 위로 제목 이동 패턴

핵심 아이디어를 슬라이드 중앙에 배치한 다음 이 아이디어를 슬라이드의 위로 이동시키면서 보조 요소를 그 아래에 배치하는 방식이다. 슬라이드문서 패턴을 이용하면 더 적은 슬라이드를 이용하면서 중요한 사항을 분리해서 나타낼 수 있다.

휴가 사진 패턴

때로는 한 장의 사진이 천 마디 말보다 나을 수 있지만, 사진만으로 뛰어난 프레젠테이션을 만들 수는 없다. 설명 대신 슬라이드에 넣을 사진을 신중하게 고른다. 이 방식을 이용해 발표자는 청중의 주의를 더욱 집중시킬 수 있으며, 관련 설명을 충분히 할 수 있을 뿐 아니라 신중하게 고른 이미지를 통해 설명 내용을 극대화할 수 있다.

참고자료

이 책에서 다양한 소프트웨어 툴과 참고자료, 유용한 웹사이트를 소개했다. 이 책을 끝까지 읽은 후에 관련 자료를 더 쉽게 찾아볼 수 있도록 아래와 같이 카테고리별로 참고자료를 정리했다.

프레젠테이션 관련 서적

- Resonate: Present Visual Stories that Transform Audiences
- Slide:ology: The Art and Science of Creating Great Presentations
- Presentation Zen: Simple Ideas on Presentation Design and Delivery
- Presentation Zen Design: Simple Design Principles and Techniques to Enhance Your Presentations
- The Non-Designer's Presentation Book
- Confessions of a Public Speaker
- Advanced Presentations by Design: Creating Communication that Drives Action

프레젠테이션 관련 블로그

- Presentation Zen
- Slide:ology
- Duarte Design Team Blog
- Burt Decker's Blog
- Six Minutes by D. Lugan
- Speaking about Presenting by Olivia Mitchell
- Recent Presenting Blog Bookmarks by Matthew McCullough

프레젠테이션 관련 웹사이트

- Presentation Patterns Site
- Presentation Patterns Twitter Page
- Matthew's Presenting Bookmarks
- Matthew's Presentation Patterns Bookmarks
- Extreme Presentation Method
- Pop! Tech Presentations
- TED Presentations

프레젠테이션 관련 툴

- Apple Keynote
- Microsoft PowerPoint
- LibreOffice Impress
- Prezi
- SlideRocket
- SpeakerDeck
- Slideshare

크레디트

제작 지원

이 책에서 소개한 패턴을 개발하고 아이디어를 구상하는 데 도움을 주신 분들께 감사드린다. 아래에 이름(성)순으로 나열했다.

- Peter Bell
- Tim Berglund
- David Bock
- Scott Davis
- Nancy Duarte
- Martin Fowler
- Brian Goetz
- Stu Halloway
- Gregor Hohpe
- Jordan McCullough
- Ted Noward
- Mark Richards
- Ken Sipe
- Brian Sletten

- Venkat Subramaniam
- Billy Williams

또한, 참신한 시각으로 아이디어를 정리하고 내용을 다듬는 데 도움을 주신 분들께도 감사드린다. 아래에 이름(성)순으로 나열했다.

- Eileen Cohen
- Bradley Davidson
- Andy Ennamorato
- Justin Ghetland
- Kevlin Henney
- Mitch Hiveley
- Alex Miller
- Mike Noce
- Greg Ostravich
- Claire Pitchford
- Michael Plöd

기호

이 절에서는 저작권 페이지에 이어 이 책에서 사용된 기호를 정리한다.

표지 기호(원서)

앞 표지에 있는 기호는 모두 The Noun Project 컬렉션(www.thenounproject.com)에서 가져온 것으로, 저작권 제약이 없거나(Public Domain) 아래에 설명된 대로 Creative Commons 라이선스에 해당된다. 각 기호의 디자이너가 알려진 경우에는 이름을 밝혔다.
앞 표지 기호(왼쪽에서 오른쪽순)

첫째 줄

NDSTR의 '3D Glasses' 기호, 'Ambulance' 기호(Public Domain), Dara Ullrich의 'Booklet' 기호, 'Neurology' 기호(Public Domain), 'Erlenmeyer Flask' 기호(CC BY 3.0).

둘째 줄

'Lungs' 기호(Public Domain), Camila Bertoco의 'Sheriff Hat' 기호, 'Teddy Bear' 기호(Public Domain), Karl Turner의 'Theater' 기호, 'Traffic Light' 기호(CC BY 3.0), 'Notes' 기호(CC0).

셋째 줄

Carolina Costa의 'Octopus' 기호, John O'Shea의 'Puzzle' 기호, 'Fallout Shelter' 기호(Public Domain), Matthew Miller의 'Tuxedo' 기호, Scott Lewis의 'Weightlifting' 기호, The Honest Ape의 'Eye' 기호.

넷째 줄

'Bread' 기호(CC BY 3.0), Anne Marie Nguyen의 'Memory' 기호, 'Binoculars' 기호(Public Domain), Jacob Eckert의 'Ant' 기호, 'Measuring Spoons' 기호(CC0), 'Feather' 기호(CC0).

다섯째 줄

Matt Crum의 'Handcuffs' 기호, 'Idea' 기호(CC BY 3.0), Plinio Fernandes의 'Ticket' 기호, Scott Lewis의 'Waiter' 기호, 'Mute' 기호(CC BY 3.0), 'Restaurant' 기호(Public Domain).

여섯째 줄

Scott Lewis의 'Roll Film' 기호, 'Fitness' 기호(CC BY 3.0), Proletkult Graphik의 'Dress Shoe' 기호, Samuel Eidam의 'Cleaver' 기호, Stanislav Levin의 'Camera' 기호, 'Genetics' 기호(Public Domain).

텍스트 기호

각 패턴 이름과 연관된 기호는 모두 The Noun Project 컬렉션(www.thenounproject.com)에서 가져온 것으로, 저작권 제약이 없거나(Public Domain) 아래에 설명된 대로 Creative Commons 라이선스에 해당된다. 패턴 이름과 기호는 이 책에서 나온 순서대로 아래에 정리했다. 각 기호의 디자이너가 알려진 경우에는 이름을 밝혔다.

청중 분석('Ranger Station'); 소셜 미디어 광고('Genetics'); 필수('Brass Knuckle', mathies janssen); 중요한 이유('Information'); 지원('Ticket', CC0); 요약문 전문 변호사('Handcuffs', Matt Crum); 기승전결('Waiting Room'); 4단계('Neurology'); 시련의 장('Erlenmeyer Flask', CC BY 3.0); 동시 작성('Fitness', CC BY 3.0); 3단 구성('Chain', Plinio Fernandes); 신축 이음관('Measuring Spoons', CC0); 토클릿('Child Safety Seat', Sylvain Amatoury); 공통 시각 테마('Eye', The Honest Ape); 쉬는 시간('Memory', Anne Marie Nguyen); 찬물 끼얹기('Octopus', Carolina Costa); 셀러리('Restaurant', Sylvain Amatoury); 전문가 집단 언어('Tuxedo', Matthew Miller); 번개 토크('Thunderstorm', CC BY 3.0); 다카하시('Noodles', Robb Whiteman, Patrick Fenn, and Jack Kent); 동굴 벽화('Paintroller', CC BY 3.0); 쿠키 틀('Gingerbread Man', Simon Child); 종결부('Music', CC0); 잘못된 개요('Ambulance',); 동료 검토('Care Staff Area'); 예고('Idea', CC BY 3.0); 총알 박힌 시체('Gun Chamber', CC0); 그리스 코러스('Museum'); 개미 같은 글꼴('Ant', Jacob Eckert); 글꼴 중독('Bar'); 워터마크의 홍수('Water', CC BY 3.0); 사진광('Camera', Stanislav Levin); 애니메이션 조합('Puzzle', John O'Shea); 주문식 강연('Waiter', Scott Lewis); 아날로그 잡음('Radio', SZ); 휴가 사진('Seesaw'); 기본 설정 무시('Public Domain'); 빌린 신발('Shoe', CC0); 슬라이드문서('Skull', Matthew Hock); 정보성 문서('Information', Sven Hofmann); 점진적 일관성('Upload', CC BY 3.0); 불탄 자국('Fire Extinguisher'); 화면 위로 제목 이동('Hat', Adhara Garcia); 숨김('X-Ray'); 컨텍스트 키퍼('Book', CC0); 탐색 경로('Bread', CC BY 3.0); 북엔드('Booklet', Dara Ullrich); 부드러운 전환('Feather', CC0); 간주곡('Cinema', CC BY 3.0); 백트래킹('Repeat', CC0); 프리롤('Roll Film', Scott Lewis); 움직이는 크레딧('3D Glasses', NDSTR); 라이브 데모('Health Education'); 데드 데모('Skull', Matthew Hock); 립싱크('Lips', CC0); 움직이는 강조 효과('Airplane'); 움직이는 코드('Bug'); 서서히 등장('Sloth'); 라이브 온 테이프('Cassette', mathies janssen); 준비('Weight Lifting', Scott Lewis); 지지자('Sheriff Hat', Camila Bertoco); 포석 깔기('Handshake', Jake Nelsen); 우월감 표출('Money', CC0); 시간 부족('Cleaver', Samuel Eidam); 말버릇('Drinking Water'); 토픽과의 분리('Mute', CC BY 3.0); 돼지 얼굴에 립스틱('Piggy Bank', Thibault Geffroy); 쓸데없는 말의 탑('Eiffel Tower', Camila Bertoco); 벙커('Fallout Shelter'); 방해꾼('Announcement', Olivier Guin); 메타적 접근('Russian Doll', Simon Child); 비공식 루트('Television', CC BY 3.0); 레이저 무기('Sword', Christopher T. Howlett); 소극적 무시('Opinion', Plinio Fernandes); 머리 둘 달린 괴물('Theater', Karl Turner); 카네기 홀('Ticket', Plinio Fernandes); 감정 상태('Teddy Bear'); 숨 쉴 공간('Lungs'); 신발 벗기('Shoe', Proletkult Graphik); 멘토('Lecturer', CC0); 기상 캐스터('Rain', CC BY 3.0); 첫 질문 유도('Rain', CC BY 3.0); 선물 뿌리기('Falling Rocks'); 엔터테인먼트('Magic Wand', John O'Shea); 잠복근무('Binoculars'); 광선검('Flashlight', Reinaldo Weber); 반향실('Bullhorn', Jeremy Bristol); 빨강, 노랑, 초록('Traffic Light', CC BY 3.0).

 **저자별 감사의 말**

닐의 감사 인사

믿을 수 없을 만큼 전문적인 지원을 아낌없이 해 준 모든 이들에게 감사드린다. 특히, ThoughtWorks와 이를 만든 천재이자 미치광이 로이 싱햄(Roy Singham), 그리고 이 책을 쓰는 데 지대한 공헌을 한 No Fluff, Just Stuff에서 1년간 수많은 콘퍼런스를 기획했던 이들과 참석자들에게 감사의 말을 전하고 싶다.

그동안 아낌없는 지원과 격려를 보내준 우리 가족과 전 세계의 친구들, 특히, 이웃인 Cocktail Club 그룹과 존 드레셔(John Drescher)에게도 감사 인사를 전한다. 내 인생에서 가장 큰 행운은 바로 전 세계의 사람들과 만나 친구가 될 수 있는 기회가 있었다는 점이다. 세계 각지에서 열리는 콘퍼런스에 참석하느라 여러 가지 불편함도 있었지만 그 정도는 감내할 수 있을 만큼 충분히 값진 보상이었다. 내 친구들과, 엄청나게 이해심 많은 나의 아내 캔디, 가뜩이나 없는 시간의 상당 부분을 잡아먹는 이런 프로젝트를 진행하는 동안 여러 가지 불편함과 남편의 부재를 참아줘서 정말 고맙고, 덕분에 이 책을 쓸 수 있었다고 감사의 말을 전하고 싶다.

매튜의 감사 인사

지난 12년간 필자의 발표를 들었던 청중들은 친절했다. 더 나은 발표자가 되어가는 지난한 과정을 묵묵히 참아줬기 때문이다. Denver Open Source Users Group과 No Fluff, Just Stuff 콘퍼런스 시리즈에 참여하면서 정말 많은 도움이 됐고, 덕분에 나는 기술 분야에서 독특한 강연자로서의 커리어를 지속적으로 쌓을 수 있었다. 이런 과정을 거쳐 무려 4년 전인 2008년, 다른 저자들과 함께 이 책을 쓰자는 이야기가 처음 나오게 됐다. 그 이후 3년간 이 책을 공동 집필했던 기간은 필자의 프레젠테이션 패턴과 스토리텔링, 이야기 구성 기법, IT 역량 측면에서 매우 값진 경험이 됐다.

과학자, 변호사, 물리학자, 프로그래머, 회계사, 화학자 등 사회 각계 각층의 인맥을 친구로 둔다는 것은 축복받은 일이다. 덕분에 교육과 프레젠테이션 분야에 대한 다양하고 값진 시각을 모아볼 수 있었다. 프레젠테이션 패턴에 관한 이야기를 들어주고, 아이디어를 함께 다듬으며 생각을 정리할 수 있게 도와준 나의 친구들과 가족들에게 이 자리를 빌어 감사의 인사를 전한다.

이 책을 집필하는 동안 아낌없는 격려와 지원, 희생과 조언을 해 준 가족들에게 무한한 감사를 전한다. 아버지, 어머니, 조던, 고마워요. 그리고 무엇보다 항상 헌신적으로 내 건강을 챙기고 내가 해야 할 일을 도맡아 준 현명한 나의 아내 매들린에게 고마움을 전한다. 아내가 사랑스런 두 딸 스칼렛과 바이올렛을 내 대신 잘 돌봐준 덕에 이 책을 무사히 탈고할 수 있었다.

나다니엘의 감사 인사

먼저, 공동 저자인 닐과 매튜에게 고맙다는 말을 전하고 싶다. 그들의 열정과 헌신은 내가 더 나은 발표자가 되는 데 일일이 말할 수 없을 만큼 많은 면에서 도움을 주었다. No Fluff, Just Stuff 투어에 참여할 수 있게 기회를 준 제이 짐머맨(Jay Zimmerman)에게도 감사의 인사를 전하고 싶다. 더할 나위 없이 값진 경험이었다. 그동안 No Fluff, Just Stuff를 함께 했던 내 동료들도 빼놓을 수 없다. Stuart Halloway, Justin Gehtland, Venkat Subramaniam, Brian Sletten, Ken Sipe, Mark Richards, Tim Berglund, Peter Bell, Jeff Brown, Brian Sam-Bodden, Kenneth Kousen, Dave Klein, David Hussman, David Bock, Ted Neward, Brian Goetz, Scott Davis, 지난 몇 년간 이들이 내게 준 가르침과 영감은 그 어떤 감사의 말로도 충분치 않을 것이다. 미네소타 대학의 동료들, 특히 강의란 절대 건조하거나 지루한 일이 아님을 내게 가르쳐 준 존 칼리스(John Carlis)에게도 감사의 인사를 전하고 싶다. 마지막으로 무엇보다 중요한 사람, 나의 아내 크리스틴과 우리 아들 에버렛에게 고마움을 표하고 싶다. 내 가족의 사랑과 지원이 없었다면 오늘날의 나는 없었을 테니까. 내가 하는 모든 일이 그들을 위한 것이다.

 저자 정보

닐 포드

닐은 end-to-end 소프트웨어 개발 및 판매를 중심으로 한 글로벌 IT 컨설팅 회사인 ThoughtWorks의 이사이자 소프트웨어 아키텍트, meme wrangler이다. ThoughtWorks에 입사하기 전에는 미국 내에서 잘 알려져 있는 교육 및 개발 업체인 DSW Group Ltd.의 CTO였다. 조지아 주립 대학에서 언어와 컴파일러를 전공해 컴퓨터 공학 학위를 받았고, 부전공으로 수학 통계 분석도 공부했다. 뿐만 아니라 애플리케이션 설계 및 개발을 하며, 교육 자료와 잡지 기사 작성, 영상 프레젠테이션의 전문가이자 여섯 권의 책을 집필한 저자이기도 하다. 닐의 주요 컨설팅 분야는 대규모 엔터프라이즈 애플리케이션의 아키텍처와 설계, 구축이다. 닐은 국제적으로 인정받는 연사이기도 한데, 500개 이상의 전 세계 개발자 콘퍼런스에서 2,000회 이상 강연을 했다. 더 궁금한 점이 있다면 닐의 공식 웹사이트 nealford.com을 방문하기 바란다. 어떤 의견이든 환영하며, 메일(nford@thoughtworks.com)이나 트위터(@neal4d)로 연락할 수 있다.

매튜 맥컬러프

매튜 맥컬러프는 엔터프라이즈 소프트웨어 개발 분야의 15년차 베테랑으로서, 현재 GitHub Inc.에서 교육 부문 부사장을 맡고 있다. 소프트웨어 분야에서 보다 창의적으로 협력할 수 있게 지원하는 역할을 하고 있다. 과거 US 컨설팅 회사를 공동 창립한 경험 덕에 전 세계를 돌아다니며 오픈소스 교육을 진행하고 수많은 기업과 콘퍼런스 기획자, 친구들의 도움을 받았다. 매튜는 전문 저자로서 Gradle, Jenkins, O'Reilly Git과 작업했으며, O'Reilly의 Git Master Class를 만들었다. 또한 No Fluff, Just Stuff 콘퍼런스 투어의 연사이자 DZone RefCards 톱 10 중 세 개의 저자이며, Denver Open Source Users Group의 대표를 자원해서 맡고 있다. 메일(matthewm@ambientideas.com) 또는 트위터(@matthewmccull)로 연락할 수 있다.

나다니엘 슈타

나다니엘 슈타는 미네소타 트윈 시티에서 수석 소프트웨어 엔지니어로 일하고 있으며, 자바 엔터프라이즈 에디션 기반 웹 애플리케이션 개발에 풍부한 경험이 있다. 세인트 존스 대학(MN)에서 컴퓨터 공학을 전공했으며, 미네소타 대학에서 소프트웨어 엔지니어링 석사 학위를 받았다. 지난 몇 년간 나다니엘은 사용자 인터페이스 디자인을 중점적으로 해왔다. 기업의 인터페이스 가이드라인을 만들고 다양한 웹 기반 애플리케이션에 관한 컨설팅을 진행했다. 그는 ACM(Association for Computing Machinery)의 CHI(Computer-Human Interaction)-SIG(Special Interest Group)의 오랜 회원이자 Sun에서 공인한 웹 컴포넌트 개발자로서, 사용자가 애플리케이션을 이해할 수 없다면 개발이 잘못된 것이라는 믿음을 가지고 있다. 사용자 인터페이스 작업뿐 아니라 오픈 소스 Taconite 프레임워크의 공동 창시자로서 나다니엘은 두 가지 기업 자바 프레임워크 개발에 기여했으며 교육 자료를 만들고 다수의 스터디 그룹도 이끌었다. 고향인 미네소타 주의 짧지만 따뜻한 기후 아래 잠시 동안이나마 아내가 허락하는 선에서 골프 수업을 듣기도 했다. 요즘은 Ruby와 Rails, (최근 바꾼) Mac OS X를 살펴보고 있다. 나다니엘은 베스트셀러인 Foundations of Ajax의 공동 저자이기도 하다. 메일(ntschutta@gmail.com) 또는 트위터(@ntschutta)로 연락할 수 있다.

연락처

피드백
이 책에 관한 의견은 메일(info@presentationpatterns.com) 또는 트위터(http://twitter.com/ppatterns)로 보낸다. 모든 의견은 공동 저자 세 명에게 그대로 전달된다.

디지털 자료
이 책에서 소개한 샘플 슬라이드 자료와 각종 블로그 포스트, 저자들의 추가 의견 등은 http://presentationpatterns.com에서 확인할 수 있다.

발표 행사
이 책의 저자들은 종종 사적인 워크숍을 열어 초보 발표자들이 기술적인 프레젠테이션 자료에 최대 효과를 담을 수 있게 만드는 법을 전수한다. 향후 행사 일정과 비용에 관해서는 info@presentationpatterns.com으로 문의한다.

주석

1장

1. http://nofluffjuststuff.com
2. http://jazoon.com
3. http://devoxx.com
4. www.oracle.com/us/javaonedevelop/index.html
5. www.aapa.org/events/annual_conference.aspx
6. www.aaos.org/education/anmeet/anmeet.asp
7. www.aiche.org/Conferences/AnnualMeeting/index.aspx

2장

1. ThoughtWorks 공식 웹사이트에서 마틴의 인물 정보 페이지(http://martinfowler.com)를 참고한다.
2. Dilbert 저작권에 관한 정보는 http://thedilbertstore.com/pages/2481-about_licensing를 참고한다.
3. United Colors of Benetton의 충격적이었던 광고는 http://linda03.wordpress.com/2008/01/08/united-colors-of-benetton-and-its-crazy-adverts에서 볼 수 있다.
4. 충격적인 광고의 정의는 http://en.wikipedia.org/wiki/Shock_advertising를 참고한다.
5. Ignite의 공식 웹사이트는 http://igniteshow.com이다.

3장

1. Friedman, Daniel P. 2008. The Little LISPer. Cambridge, MA: MIT Press.
2. 미국인들의 노화에 의한 시력 감퇴 현상에 관한 자료(www.nei.nih.gov/eyedata/pbd4.asp)를 참고한다.
3. 이 기능을 설명하긴 하겠지만 꼭 필요한 경우에 사용해야 한다. 글 상자 아래에 '+' 버튼이 생기면 이 버튼을 더블클릭한다. 그러면 글 상자 안의 텍스트 글꼴 크기가 자동으로 변경된다. 단, 큰 힘에는 책임감도 뒤따르는 법이라는 것을 꼭 기억해야 한다.
4. 마틴의 개인 블로그(http://martinfowler.com/bliki/HalfSizeComposition.html)에 이 전략이 자세히 설명되어 있다.
5. http://channel9.msdn.com/Blogs/TheChannel9Team/Don-Box-What-goes-into-a-great-technical-presentation
6. http://levien.com/type/myfonts/inconsolata.html
7. FHWA Series Fonts Wikipedia 글(http://en.wikipedia.org/wiki/FHWA_Series_fonts)을 참고한다.
8. ThoughtWorks 공식 웹사이트에서 마틴의 인물 정보 페이지(http://martinfowler.com)를 참고한다.
9. ShutterStock 홈페이지, www.shutterstock.com
10. iStockPhoto 홈페이지, www.istockphoto.com
11. Flickr 홈페이지, http://flickr.com
12. Corbis 홈페이지, www.corbisimages.com
13. 벤컷 수브라마니암의 애자일 개발자 홈페이지(http://agiledeveloper.com)에 있는 블로그
14. http://hbr.org/2012/03/hard-to-read-fonts-promote-better-recall/ar/1

4장

1. www.youtube.com/watch?v=uOgHE5nEq04
2. ThoughtWorks 공식 웹사이트에서 마틴의 인물 정보 페이지(http://martinfowler.com)를 참고한다.
3. The Backchannel: How Audiences are Using Twitter and Social Media and Changing Presentations Forever by Cliff Atkinson, http://amzn.com/0321659511
4. SpeakerRate audience feedback web application 홈페이지, http://SpeakerRate.com
5. GitHub Git Workshop 홈페이지, http://github.com/training
6. ThoughtWorks 공식 웹사이트에서 마틴의 인물 정보 페이지(http://martinfowler.com)를 참고한다.

7. 이 책을 집필하던 시점을 기준으로, 모든 프로젝터에서 안정적으로 지원되는 가장 보편적이고 안전한 해상도는 1024×768이다.
8. Duarte Design 공식 웹사이트에서 낸시 두아르테의 인물 정보 페이지(www.duarte.com/team/nancy)를 참고한다.

5장

1. http://youtu.be/d0DnEoqm-wc
2. www.youtube.com/watch?v=UjZQGRATlwA
3. 밀리 바닐리(Milli Vanilli)는 '보컬'이 사실은 라이브가 아닌 립싱크를 한 것으로 밝혀져 유명해진 1990년대 초 팝 그룹이다. 더 큰 문제는 그 이름뿐인 보컬이 사실 댄서였고, 앨범 프로듀서가 다른 유명하지 않은 가수의 목소리로 히트 앨범을 만들었다는 사실이 밝혀진 것이었다. 이후 이 그룹의 인기는 급락했다.
4. Duarte Design 공식 웹사이트에서 낸시 두아르테의 인물 정보 페이지(www.duarte.com/team/nancy)를 참고한다.
5. www.apple.com/apple-events

6장

1. www.augusttechgroup.com
2. www.infoq.com/presentations/Simple-Made-Easy
3. http://martinfowler.com/tags/talk%20videos.html
4. http://vimeo.com/33530096
5. http://en.wikipedia.org/wiki/Larry_Lessig
6. www.ted.com/talks/hans_rosling_reveals_new_insights_on_poverty.html
7. www.ted.com/talks/stephen_wolfram_computing_a_theory_of_everything.html
8. www.ted.com/talks/ken_robinson_says_schools_kill_creativity.html

7장

1. www.inc.com/articles/201111/4-ways-to-avoid-rick-perry-presentation-meltdown.html
2. Railsconf에 관한 정보는 http://railsconf.com을 참고한다.
3. Reynolds, Garr. 2008. Presentation Zen: Simple Ideas on Presentation Design and Delivery. Berkeley, CA: New Riders Pub.

4. Duarte, Nancy. 2008. Slide:ology: The Art and Science of Creating Great Presentations. Sebastopol, CA: O'Reilly Media.
5. Duarte Design 공식 웹사이트에서 낸시 두아르테의 인물 정보 페이지(www.duarte.com/team/nancy)를 참고한다.
6. 'When Intuition Fails'의 Pop! Tech 프레젠테이션 영상, http://poptech.org/popcasts/chris_chabris_when_intuition_fails
7. CodeSherpas 공식 웹사이트, http://codesherpas.com

8장

1. Duarte Design 공식 웹사이트에서 낸시 두아르테의 인물 정보 페이지(www.duarte.com/team/nancy)를 참고한다.

참고 사이트

1. http://amzn.com/0470632011
2. http://amzn.com/0596522347
3. http://amzn.com/0321525655
4. http://amzn.com/0321668790
5. http://amzn.com/0321656210
6. http://amzn.com/0596801998
7. http://amzn.com/0787996599
8. www.presentationzen.com
9. http://blog.duarte.com/book
10. http://blog.duarte.com
11. http://decker.com/blog
12. http://sixminutes.dlugan.com
13. www.speakingaboutpresenting.com
14. http://delicious.com/matthew.mccullough/presenting+blog
15. http://presentationpatterns.com
16. http://twitter.com/ppatterns
17. http://delicious.com/matthew.mccullough/presenting
18. http://delicious.com/matthew.mccullough/tag_bundle/presentationpatterns
19. www.ExtremePresentation.com
20. www.ExtremePresentation.com
21. www.ted.com
22. www.apple.com/iwork/keynote
23. http://office.microsoft.com/en-us/PowerPoint

24. www.libreoffice.org/features/impress
25. www.prezi.com
26. www.sliderocket.com
27. www.speakerdeck.com
28. www.slideshare.com

찾아보기

번호

3단 구성 46, 50, 52, 67, 215, 356
4단계 45, 60, 68, 69, 93, 110, 111, 122, 123, 356

ㄱ

가르 레이놀즈 17, 169
간주곡 52, 78, 120, 140, 163, 211, 214, 215, 216, 217, 219, 357
감정 상태 27, 320, 357
개미 같은 글꼴 123, 127, 204, 357
개요 슬라이드 230, 247
개요작성 툴 54, 55, 56, 58
공통 시각 테마 26, 56, 57, 66, 72, 75, 79, 136, 137, 140, 142, 160, 216, 357
관용 패턴 178
광선검 308, 343, 357
구상 93
구조화 93
구현 93
그래픽 속성 154
그리스 코러스 124, 125, 267, 332, 334, 358
글꼴 중독 131, 138, 358
기본 설정 무시 79, 93, 136, 138, 157, 162, 358
기상 캐스터 279, 329, 358
기상캐스터 18

기술 강연 51, 77, 89
기승전결 45, 48, 57, 64, 68, 69, 72, 73, 74, 82, 87, 88, 92, 117, 118, 123, 127, 166, 175, 199, 200, 202, 215, 301, 318, 323, 327, 339, 358
기조연설 20, 45, 67, 68, 77, 80, 81, 294

ㄴ

나타내기 105, 145, 146, 180, 192, 193, 198, 248, 254
나타내기 애니메이션 184
나타내기 전 181
노트북 330
논문 공모 33, 43

ㄷ

다니엘 오펜하이머 153
다카하시 90, 94, 95, 101, 307, 359
데드 데모 149, 227, 230, 234, 239, 242, 359
데이비드 기어리 255
돈 박스 128
동굴 벽화 98, 101, 359
동료 검토 42, 43, 112, 359
동시 작성 35, 64, 359
돼지 얼굴에 립스틱 287, 359
디스플레이 330
디자인 패턴 10
디졸브 105, 181, 206, 212, 214, 245, 246

딜버트 77

ㄹ

라이브 데모 230, 235, 236, 240, 259, 337, 360

라이브 온 테이프 256, 332, 360

라이트 테이블 160

레시피 15, 353

레이저 무기 307, 345, 360

로렌스 레식 90, 94, 95

루비 온 레일스 58

립싱크 227, 229, 231, 233, 235, 236, 238, 239, 240, 257, 258, 259, 332, 360

ㅁ

마사요시 다카하시 94, 95

마인드맵 53, 54, 55, 56, 58, 159, 160, 205, 206

마크 리처드 147

마틴 파울러 73

말버릇 282, 318, 361

매직 무브 100, 200, 201, 202, 254

머리 둘 달린 괴물 312, 361

멀린 만 171

메타적 접근 72, 149, 204, 206, 232, 273, 274, 275, 278, 279, 300, 303, 314, 328, 361

메타 정보 302

멘토 126, 326, 361

명시적 예고 118

명시적 신축 이음관 72

무대 준비 261

밀어내기 214

ㅂ

반향실 346, 362

밝기 변화 184, 214

방해꾼 46, 273, 296, 362

백트래킹 56, 57, 74, 218, 362

번개 토크 92, 208, 276, 311, 362

벙커 293, 299, 342, 362

벤컷 수브라마니암 36, 150

벤컷 수브라마니엄 85

복제 330

부드러운 전환 100, 105, 106, 171, 212, 214, 331, 363

북엔드 52, 137, 138, 140, 163, 206, 207, 211, 217, 220, 224, 363

북엔드 패턴 16

불탄 자국 122, 171, 183, 187, 189, 193, 204, 363

불탄자국 18

브레인스토밍 159

브루스 테이트 336

비공식 루트 304, 363

비공식루트 30, 31

비즈니스 프레젠테이션 20, 134, 149, 195

빌드 속성 181

빌드인 144, 186, 189, 190, 192, 197, 200

빌린 신발 165, 363

빨강, 노랑, 초록 348

빨랑, 노랑, 초록 363

ㅅ

사전 준비 패턴 24

사진광 35, 79, 133, 139, 160, 288, 364

산세리프체 132

서서히 등장 147, 214, 236, 253, 364

선물 뿌리기 309, 332, 335, 364

셀러리 87, 364

소극적 무시 309, 310, 364

소셜 미디어 광고 29, 321, 364

소재 정리 93

수동태 113, 114

숨김 194, 219, 365

숨 쉴 공간 282, 284, 301, 302, 322, 325, 365

쉬는 시간 63, 80, 82, 87, 88, 96, 101, 141, 339, 365

쉬어가기 21

스스로 결정하는 모험 149

스토리텔링 48, 99, 117, 158, 358

슬라이드 구성 패턴 103

슬라이드문서 130, 169, 174, 177, 182, 184, 189, 193, 194, 195, 196, 198, 243, 254, 314, 365

슬라이드 속성 181

슬라이드올로지 288

시간 부족 277, 365

시간 패턴 167

시련의 장 40, 46, 59, 60, 63, 81, 166, 209, 286, 302, 319, 324, 340, 347, 366

신발 벗기 228, 324, 366

실행 안티패턴 260, 280

실행 패턴 260, 315

쓸데없는 말의 탑 289, 290, 366

ㅇ

아날로그 잡음 91, 94, 153, 181, 366

아래에서 위로 224

안으로 들어오기 214, 224

안티패턴 10, 352

암묵적인 신축 이음관 71

애니메이션 106, 143, 145, 178, 180, 189, 190, 202, 224, 243, 247, 254

애니메이션 조합 143, 366

애니메이션 효과 18

에드워드 투프트 129

에리카 본 153

에릭 도넨버그 149, 200

엔터테인먼트 82, 332, 336, 338, 339, 367

예고 74, 117, 367

와비건 호수 304

외부 장치 330

왼쪽에서 오른쪽으로 214

요약문 전문 변호사 44, 367

우월감 표출 271, 278, 299, 328, 334, 367

우월감 표출 패턴 272

움직이는 강조 효과 235, 236, 243, 255, 308, 343, 344, 345, 367

움직이는 코드 225, 249, 250, 367

움직이는 크레디트 223, 252, 368

워터마크 75, 353

워터마크의 홍수 134

워터마트의 홍수 368

원래 위치로 복구 246

이그나이트 208

이그나이트 프레젠테이션 93

이동 190, 192

이동 경로 248

신축 이음관 70, 278, 279, 368

ㅈ

잘못된 개요 43, 109, 368

잠복근무 341, 368

전문가 집단 언어 80, 82, 90, 94, 116, 369

전환 후에 245

점진적 일관성 171, 176, 177, 193, 214, 369

정보성 문서 17, 67, 108, 110, 122, 123, 169, 171, 173, 212, 369

종결부 107, 369

주문식 강연 74, 148, 369

준비 262, 279, 369

중요한 이유 37, 42, 370

지원 32, 36, 41, 370

지지자 36, 126, 265, 306, 370

ㅊ

찬물 끼얹기 81, 83, 274, 339, 371

창의적 사고 패턴 47

천정형 디스플레이 328, 330, 331

첫 질문 유도 333, 371

청중 분석 25, 42, 264, 270, 274, 286, 291, 292, 294, 299, 302, 303, 311, 323, 334, 340, 371

초청 32

총알 박힌 시체 111, 121, 130, 142, 170, 182, 184, 213, 230, 235, 371

ㅋ

카네기 홀 40, 46, 81, 92, 166, 231, 264, 271, 284, 294, 302, 316, 319, 324, 347, 371

커튼 트릭 198

컨텍스트 키퍼 16, 50, 99, 101, 184, 186, 199, 206, 215, 217, 218, 219, 240, 245, 247, 372

코너 디멘드-유먼 153

쿠키 틀 54, 104, 109, 111, 122, 123, 170, 175, 182, 212, 214, 245, 372

쿵하고 떨어뜨리기 200

큐브 214

크레디트 77

크리스 차브리스 302

클립 아트 139

키노트 11, 17, 18, 99, 100, 110, 128, 144, 150, 151, 156, 181, 184, 186, 190, 195, 197, 200, 202, 214, 221, 254, 329, 330, 331

키노트 속성 154

ㅌ

탐색 경로 16, 200, 202, 203, 215, 372

토클릿 66, 68, 72, 73, 74, 93, 141, 149, 152, 311, 372

토픽과의 분리 88, 89, 285, 292, 310, 372

ㅍ

파워포인트 11, 17, 18, 99, 110, 123, 128, 139, 145, 150, 151, 155, 193, 195, 198, 201, 221, 247, 329

패턴 10, 352

페르소나 21, 125

페어 프레젠테이션 332

페이드 인/페이드 아웃 105

페차쿠차 93, 208

포석 깔기 27, 31, 268, 278, 306, 341, 342, 350, 373

폭스 박사 효과 89

프레지 98

프리롤 46, 211, 220, 224, 334, 373

프리젠테이션 젠 17, 169, 288

피드백 60, 209

필수 32, 34, 43, 87, 373

ㅎ

해시태그 201

화면 위로 제목 이동 176, 186, 187, 373

화면 전환 18, 106, 202, 221, 243, 251, 253, 254, 331, 367

화면 전환과 함께 자동으로 245

확대 246

확장 330

휴가 사진 108, 142, 158, 374

흩어뿌리기 105

A

American Academy of Orthopaedic Surgeons Annual Meeting 43

American Academy of Physician Assistants Annual Conference 43

American Institute of Chemical Engineers Annual Meetin 43

C

CFP 43

D

Devoxx 43

F

FHWA Series Fonts 132

Fontaholic으로 만든 슬라이드 133

G

GitHub Git Workshop 217

GoF 10

H

HalfSize Composition 128

Helvetica Neue 132

I

Inconsolata 128

J

JavaOne 43, 164

Jazoon 43

L

Lucida Console 128

M

magic move 200

Morguefile.com 77

N

No Fluff, Just Stuff 9, 43, 147

P

PDF 18, 130, 170, 257, 360, 370

R

RailsConf 58

S

SlideShare 27

T

ThoughtWorks 119